KB071949

공자의 숲, 논어의 그늘:

논어에 대한 융합적 접근

신정근

서울대학교 철학과를 졸업하고 동 대학원에서 박사학위를 받았다. 현재 성균관대학교 동양철학과 교수로 재직하고 있으며, 유학대학장 및 유교문화연구소장을 맡고 있다. (사)인문예술연구소를 운영하고 있으며, 〈웹진 오늘의 선비〉를 발행하고 있다.

저서로는 『동양철학의 유혹』, 『논어의 숲, 공자의 그늘』, 『공자씨의 유쾌한 논어』, 『마흔, 논어를 읽어야 할 시간』, 『신정근 교수의 동양고전이 뭐길래?』, 『공자와 손자, 역사를 만들고 시대에 답하다』, 『맹자와 장자, 희망을 세우고 변신을 꿈꾸다』, 『동양철학 인생과 맞짱 뜨다』, 『인생교과서 공자』(공저) 등이 있고, 옮긴 책으로는 『유학, 우리 삶의 철학』, 『공자신화』, 『중국 현대 미학사』, 『소요유, 장자의 미학』, 『의경, 동아시아 미학의 거울』, 『대역지미, 주역의 미학』 등이 있다.

공자의 숲, 논어의 그늘

초판 1쇄 인쇄 2015년 7월 24일
초판 1쇄 발행 2015년 7월 31일

지은이 | 신정근
펴낸이 | 정규상
펴낸곳 | 성균관대학교 출판부
등   록 | 1975년 5월 21일 제1975-9호
주   소 | 110-745 서울특별시 종로구 성균관로 25-2
대표전화 | (02) 760-1252~4
팩시밀리 | (02) 762-7452
홈페이지 | press.skku.edu

ⓒ 2015, 유교문화연구소

값 20,000원

ISBN   979-11-5550-116-0 94150
       978-89-7986-493-9 (세트)

유교문화연구총서 18

공자의 숲, 논어의 그늘:
논어에 대한 융합적 접근

신정근 지음

조선시대까지만 해도 『논어』는 읽어야 할 필독서였습니다. 오늘날 『논어』는 읽으면 좋은 책이 되었습니다. 좋은 책이지만 한문의 원문이 『논어』를 읽고자 하는 사람들의 마음을 주춤하게 만들었습니다. 하지만 최근에 좋은 해설서나 번역서가 나오면서 사정이 크게 달라졌습니다. 평소 『논어』에 관심이 있던 사람은 물론이거니와 그다지 관심이 없던 사람도 『논어』를 읽어보고 싶은 책으로 꼽기 시작했습니다. 즉 『논어』에 대한 인식의 변화가 일어나고 있습니다. 이러한 변화를 일으키는 데에 일조를 할 만큼 높아가는 『논어』의 인기는 나에게 무척 반가운 현상입니다. 이러한 현상이 『논어』를 더 깊이 그리고 더 정확하게 읽는 상황으로 진전되도록 이끌어가야 합니다. 이런 측면에서 반가움만이 아니라 커다란 책임감을 느낍니다.

나는 이전부터 『논어』에 대한 많은 책(저역서)을 출판했습니다. 『사람다움의 발견』(2005)은 공자 사상의 핵심인 인仁의 기원과 전개 과정을 풀어냈습니다. 『공자신화 : 종교로서 유교형성 과정』(2008)은 공자가 종교로서 유교를 확립하는 과정을 도발적으로 다룬 아사노 유이치의 책을 번역했습니다. 『공자씨의 유쾌한 논어』(2009)는 『논어』를 번역투나 한문투가 아니라 우리가 지금 쓰는 일상 언어로 번역했습니다. 『마흔, 논어를 읽어야 할 시간』(2011)은 한문을 모르고 평소 동양 고전에 접하지 않는 사람들도 『논어』를 친숙하게 읽을 수 있도록 소개했습니다. 『논어 : 세상을 바꾸는 것은 사랑이다』(2012)는 『논어』의 원문과 함께 공자 사상의 기본 얼개를 현대 사회의 쟁점과 연계해서 논의했습니다. 『공자와 손자, 역사를 만들고 시대에 답하다』(2014)는 문무文武를 초점에 두고 공자가 춘추 시대의 환경에서 사상을 일구는 과정을 손자와 대비해서 서술했습니다.

이 이외에도 10년 전에 공자와 『논어』를 주제로 썼던 글을 정리해서 『논어의 숲, 공자의 그늘』(2006, 심산)을 펴낸 적이 있습니다. 그 뒤에 다시 같은 주제로 쓴 글을 묶어서 책을 내리라고 생각하지 못했습니다. 『논어』와 공자의 사상과 관련해서 이미 많은 책을 출판했기 때문입니다. 시간이 흐르자 『논어』와 공자를 주제로 쓴 글이 이전과 같은 분량이 되어 10년 전에 생각하지도 못했던 일을 벌이게 되었습니다. 이것이 『공자의 숲, 논어의 그늘』을 펴내게 된 사정입니다. 이 책을 펴내면서 원래의 글을 많이 고쳤습니다. 경우에 따라서는 결론이 바뀐 것도 있습니다. 이전의 글은 그대로 읽고 고친 글은 고친 대로 읽는 것이 좋습니다. 같은 사람이라도 시간이 가면 생각이 바뀌기 마련인데, 옛 생각을 그대로 두면 정직하지 않다고 생각합니다. 이런 점에서 보면 나는 부끄럽게도 아직도 "더 이상 내려갈 수 없는 밑바닥에 이르는 사유"를 하지 못한 채 "이리저리 흔들리며 성장 중인 미숙한 존재"일 뿐입니다.

전작 『논어의 숲, 공자의 그늘』은 『논어』와 공자의 세계를 이해하기 위해 필수적인 중요한 개념, 예컨대 의義·정명正名 등을 축으로 이야기를 펼쳤습니다. 이번 신작 『공자의 숲, 논어의 그늘』은 전작과 성격이 다릅니다. 이번에는 공자와 『논어』의 세계가 역사, 교육, 사회, 언어 등의 다른 학문 분야와 어떻게 연결되는지를 살펴보고자 했습니다. 원래 공자는 근대의 분과 학문 체계에서 활약하지 않았던 만큼 다양한 관심과 지향을 가지고 있었습니다. 따라서 『논어』와 공자에 대한 접근은 처음부터 고전학 또는 동양 철학이라는 분야에 한정되지 않고 학문 간의 융합적 연구가 당연하다고 할 수 있겠습니다. 이러한 특성을 살린 신작 『공자의 숲, 논어의 그늘』은 동양 철학을 전공한 사람만이 아니라 다른 학문에 익숙한 분과 대화를 나누기 위한 융합 연구라고 할 수 있습니다.

신작 『공자의 숲, 논어의 그늘』에는 '공자와 『논어』를 둘러싼 4대 의혹에 답하다'라는 글을 새롭게 집필해 수록했습니다. 공자가 인육을 먹었는가, 공자 출생의 비밀인 야합野合은 무엇인가, 공자와 유교는 여성을 차별하는가, 유교는 조선 망국의 원인인가 등의 사실 여부를 밝혔습니다. 앞으로 기회가 있다면 "유교가 종교인가?"와 "유교가 현대 사회에 어떤 기여를 할 수 있는가?" 등의 주제를 추가로 보충하고자 합니다. 학술 대회나 일반 강연에 참석하면 공자와 『논어』에 대한 많은 질문을 받습니다. 그 중에는 내가 이전에 생각하지 못했던 지적 자극을 주는 경우가 있습니다. 이를 통해 학문의 연구가 끝이 없다는 점을 새삼 깨닫게 됩니다. 반면 공자와 『논어』에 대한 오해와 편견을 듣는 경우도 적지 않습니다. 시간 관계상 길게 말씀드리지 못하고 애매하게 넘어간 경우가 많았습니다. 이 글에서 그때 다하지 못한 이야기를 나누고자 합니다. 정확한 이해를 통해 공자와 『논어』를 더 깊이 그리고 더 정확하게 접근하는 길이 열리기를 바라는 마음입니다.

2015년 4월
如如 신정근 씁니다.

일러두기

1. 『논어』의 번역과 편제는 신정근, 『공자씨의 유쾌한 논어』, 사계절, 2009에
   따른다.
2. 중국의 인명과 지명을 읽을 때 고대는 우리나라 한자음에 따르고 근대 이후
   는 중국어음에 따른다.

|차례|

■ **序文** / 5

제1장 공자와 『논어』를 둘러싼 4대 의혹에 답하다 ············ 13

　　1. 공자는 인육人肉을 먹었는가? / 15

　　2. 공자 출생의 비밀, 야합野合의 정체는? / 25

　　3. 공자와 유교는 여성을 무시한다? / 35

　　4. 유교는 조선 망국의 원인이다? / 48

제2장 『논어』의 키워드, 인仁의 의미 ······················ 59

　　1. 어원과 초기의 의미 / 60

　　2. 공자의 재해석과 맹자의 심리화 기획 / 61

　　3. 신유학: 도덕의 근거이자 존재의 동근원성 / 64

　　4. 근대: 부활의 시도들 / 66

제3장 사람답게 살기와 나답게 살기 ····················· 68

　　1. 그래도 좋은 사람이 많다 / 68

　　2. 사람답게 살기의 출발점 / 69

　　3. 사람답게 살아야 하는 이유 / 71

　　4. 인仁과 사람답게 살기 / 73

　　5. 사람답게 살기와 나답게 살기 / 75

제4장 군자와 소인의 수렴은 가능할까? ···················· 77

　　1. 들어가기에 앞서 / 77

　　2. 사람에 대한 다양한 유형화 작업 / 79

3. 군자와 소인의 의미 / 81

4. 군자와 소인의 현대적 재배치와 중인中人의 탄생 / 84

제5장 네트워킹 센터의 마음 ·· 88

1. 문제 제기 / 88

2. 멀티 플렉스관(복합 상영관)의 개장 / 91

3. 공자의 '마음' 담론의 특징 / 95

4. 맺음말: 군자의 공심公心과 동심同心, 결국 무심無心으로
   귀결된다 / 110

제6장 '사이'의 자아론 ·· 113

1. 문제 제기 / 113

2. 라오쓰광勞思光의 자아관 재검토 / 115

3. 공자孔子: 무아無我와 유기有己의 사이 / 121

4. 장자: 무기無己(무아無我)와 유오有吾의 사이 / 131

5. 맺음말 / 143

제7장 '멍청한 인자仁者'의 문제를 어떻게 풀 것인가? ······· 147

1. 문제 제기 / 147

2. 자유로운 지성에 대한 경계 / 150

3. '멍청한 인자' 또는 '바보 같은 지자'의 문제 상황 / 159

4. 인仁-지知 또는 지知-인仁의 통일성 담론 / 167

5. 맺음말 / 172

제8장 역사 발전관 ··· 176

1. 문제 제기 / 176

2. 정명正名: 역사의 대상, 즉 어떤 사실? / 178

3. 고금古今: 역사의 진행, 즉 어느 방향 / 187

4. 문질文質: 역사의 문제, 즉 어떤 유형(법칙) / 198

5. 맺음말 / 203

제9장 사익 추구의 정당화 ·· 205

1. 문제 제기 / 205

2. 유교 문화에서 '사익 추구'의 정당성 문제 / 207

3. 명청 시대 상업 활동과 윤리·종교의 결합 / 224

4. 결론 / 244

제10장 『논어』, 경영을 말하다 ·· 247

1. 문제 제기 / 247

2. 시부사와 에이치의 변신: 공직에서 실업계로 / 251

3. 초기 자본주의 병폐의 치유와 국부國富의
   지속적인 증진 / 254

4. 시부사와 에이치의 의리합일義利合— 특색 / 261

5. 결론 / 273

제11장 어법語法은 헌법 위에 있는가? ····························· 277

1. 문제 제기 / 277

2. 사람을 무게 달아서 불러 세우는 두 가지 방식 / 281

3. 부분의 진지와 국부의 세계에 갇힌 나 / 285

4. 역할 의존적 호칭과 우리 사회의 풍경 / 291

5. 결론을 대신해서: 사람을 사람으로 대우하는 호명권의
   정당한 사용 / 296

제12장 모국어로 공자와 『논어』를 읽어야 할 이유 ·········· 301

   1. 문제 제기 / 301

   2. 지식과 지혜 / 305

   3. 철학사의 맥락과 고리 / 314

   4. 연구의 차별성과 모국어화 / 320

   5. 맺음말 / 325

제13장 내적 열망에 이끌린 평생 학습론 ························· 328

   1. 문제 제기 / 328

   2. 15~30세: 뜻 세우기와 자리 잡기 / 331

   3. 40~50세: 확실성과 인간 한계의 자각 / 336

   4. 60~70세: 여유와 자유 / 343

   5. 맺음말: Philosophy의 대응어는 호학好學이다 / 347

■ 참고문헌 / 350

■ 後記 / 359

제1장 공자와 『논어』를 둘러싼 4대 의혹에 답하다

세상이 하도 수상하다. 의혹에 의혹이 꼬리를 물지만 어느 하나 속 시원하게 해결되지 않는다. 의혹이 쌓여만 가니 답답한 마음이 더 갑갑해진다. 우리의 언론은 저항력을 잃은 취재원을 대상으로 기사를 양산하지만 진실을 숨기려는 취재원을 대상으로 지구 끝까지 쫓아가서 밝히려는 의지는 없다. 학자도 그렇다. 의혹에 편승해서 이야기판을 키우지만 어느 것이 사실이고 거짓인지 핏발을 세운 채 밝히려고 하지 않는다.

공자는 2500여 년 전의 인물인 만큼 그를 둘러싼 의혹이 산만큼 높다. 사실이 밝혀져도 믿지 못하고 같은 소리를 되풀이하며 '심약한' 아니 '완강한' 사람의 눈과 귀를 흐리고 있다. 공자를 둘러싼 모든 의혹을 다 밝힐 수는 없지만 자주 거론되는 4가지 의혹을 확실하게 정리하고자 한다.

공자는 개인의 이름으로 사상 활동을 한 가장 초기 인물 중의 한 명이다. 『논어』는 그러한 공자의 목소리를 왜곡 없이 전달하는 책이다. 공자와 『논어』는 동아시아의 지성사에서 최고의 지위를 누렸던 만큼 환대를 받기도 했고 그에 반해 질시를 받기도 했다. 이렇게 공자와 『논어』가 오랜 연원을 가진 인물이자 책이다 보니 전승 과정과 역사를 통해 수많은 이야기가 만들어졌다.

수많은 이야기 중에는 역사적 사실에 바탕을 둔 경우도 있지만 오해와 추측에 의해 부풀려진 경우도 있다. 특히 후자는 사람들의 관심을 끄는 자극적인 주제와 결합해서 엉뚱한 이야기가 만들어지기도 했다. 수업과 강연에서 사람들을 만나면 학술적인 물음만큼이나 엉뚱한 이야기를 하면서 그에 관해 어떻게 생각하느냐라는 질문을 의외로 많이 받는다.

나는 공자와 『논어』의 사상을 연구하고 재해석하여 현대 사회와 접합할 수 있는 지점을 찾으려고 하지 그것의 사상을 덮어놓고 무조건 변호하려고 하지 않는다. 아울러 공자와 『논어』에 대한 악의적이며 논란을 위한 논란을 그냥 못 본 체하고 넘어가지 않고 짚을 것은 짚으려고 한다. 이러한 맥락에서 공자와 『논어』를 둘러싼 여러 가지 의혹을 객관적으로 해명할 필요가 있다. 특히 포털 사이트 네이버에서 두 차례 연재물을 집필하면서 댓글을 통해 여러 가지 엉뚱한 이야기를 자주 확인하게 되었다. 때로는 나로서도 처음 들어보는 이야기도 있었다. (http://navercast.naver.com/list.nhn?cid=87&category_id=87)[1]

댓글이나 인터넷에서 소모적인 공방을 벌일 게 아니라 지면을 통해 명백하게 시시비비를 가릴 필요성을 느꼈다. 나는 온라인만이 아니라 오프라인에서 들었던 "공자와 『논어』를 둘러싼 각종 의혹"을 밝혀서 독자가 공자와 『논어』의 사상을 있는 그대로 만나게 되기를 바란다.

---

1 현재 원고는 네이버캐스트 중 〈철학의 숲〉 메뉴 아래 〈동양철학읽기-동양철학, 인생과 맞짱 뜨다〉와 〈고전의 지혜-논어 명언명구〉에 업데이트되어 있다. 전자는 『동양철학 인생과 맞짱 뜨다』, 21세기북스, 2015로 출간되었다.

1. 공자는 인육人肉을 먹었는가?

공자와 관련해서 그의 '식인설食人說'은 온라인과 오프라인에서 가장 많이 떠돌아다니는 이야기 중의 하나이다. 사실 기원을 따져보면 이야기의 발단은 공자가 아니라 그의 제자인 자로子路로부터 시작되었다. 자로는 공자 학교에서 가장 연장자였다. 그는 처음 노나라에서 벼슬살이를 하다가 나중에 노나라를 떠나 위衛나라에서 관직 생활을 했다. 당시 위나라는 BC 496~480년에 걸쳐 약 15여 년간 왕위의 계승을 둘러싸고 내정이 혼란스러웠다.

위나라 영공靈公은 『논어』에도 나오는 남자南子와 결혼했다. 남자는 당시 사교계에 널리 이름을 날린 인물이었다. 남자는 남편 영공만이 아니라 다른 남성과 사랑을 나누었다. 역사서 어디에도 영공이 그에 대해 화를 냈다는 글이 없어서 다소 괴이하게 여겨진다. 1954년 『서울신문』에 연재되어 큰 반향을 일으킨 정비석의 소설 제목을 빌린다면, 남자는 당시 '자유 부인'으로 명망이 높았다.(『좌씨전』에는 경전으로 알려져 있지만 실상 '남자'와 같이 오늘날 신문의 사회면을 장식할 만한 군상들이 숱하게 나온다. 한자를 겁내지 않으면 우리는 『좌씨전』에서 공자가 살았던 시대의 '날것'을 많이 만날 수 있다.) 남자는 BC 496년에 송나라 출신의 공자 조朝를 불러서 조洮 지역에서 밀회를 즐겼다. 남자가 원래 송나라 공주 출신이라, 결혼 전에 남자는 공자 조와 연인 관계로 지냈으리라 추측이 된다. 결혼한 뒤에도 남자와 공자 조 두 사람의 연애가 얼마나 유명했던지 사람들이 노래를 지어서 부를 정도였다.[2]

---

2 신동준 옮김, 『춘추좌전 3』, 한길사, 2006, 426~427(정공14년)쪽.

기 정 이 누 저   합 귀 오 애 가
"既定爾婁豬, 盍歸吾艾豭?"

"이미 그대의 '루저婁豬'를 만족시켜주었는데 어찌 우리 '애가艾豭'를 돌려주지 않는가?"

영공의 맏이로서 위나라의 세자인 괴외蒯聵가 제나라로 사행을 가던 중에 송나라 지역을 지나다 이 노래를 듣게 되었다. 그냥 보면 노랫말이 대수롭지 않게 들릴 수도 있다. 하지만 곰곰이 따져보면 입으로 담기가 민망할 정도이다. '루저'는 발정한 암퇘지로 위나라 남자를 가리키고, '애가'는 늙은 수퇘지로 송나라 공자 조를 가리킨다. 즉 남자가 공자 조와 실컷 놀아났으니 이제 공자 조를 송나라로 보내달라는 말이다. 괴외가 송나라 사람들이 부르는 이 노래를 듣고 틀림없이 피가 거꾸로 솟구치는 충격을 느꼈으리라.

괴외는 평소에 소문을 달고 사는 '어머니 남자'를 달가워하지 않았다. 어머니를 둘러싼 풍문이 돌 때마다 괴외는 괴로워서 참을 수가 없었다. 괴외와 남자 두 사람의 갈등은 불을 보듯 뻔한 일이다. 괴외는 '자유 부인' 남자로 인해 나날이 퍼지는 소문에 진절머리를 냈을 것이다. 그는 아버지 영공과 상의하려고 했겠지만 상황이 뜻대로 되지 않을까 봐 망설였다. 그런데 제나라로 사신으로 가는 중에 소문으로 떠돌던 남자의 자유로운 애정 행각에 대한 확증을 잡게 되었던 것이다.

괴외는 귀국한 뒤에 가신家臣과 함께 남자를 살해하기로 뜻을 모았다. 하지만 귀국하고서 남자를 알현하게 되었을 때 괴외가 신호를 보내도 가신이 꿈쩍도 하지 않았다. 남자가 급박한 상황을 눈치 채고 영공에게 달려가 "괴외가 나를 죽이려고 합니다"라고 외쳐서 그 상황을 벗어난 것이다. 이 일로 인해 오히려 괴외의 정치적 입지가 곤란해졌다. 세자 괴외는 오랜 고민 끝에 남자를 살해하여 자기 나라를 둘러싼 나쁜 소문을 잠재우려고 했다.

괴외가 거사에 성공했더라면 잠깐 폭풍이 지나간 것처럼 시끄럽다
가 정국이 안정을 찾았을지 모른다. 하지만 그의 기도는 결국 실패했
고, 그는 망명을 떠나지 않을 수가 없었다. 의도야 어떻든 간에 결국
그는 "어머니를 죽이려고 한 아들"이 되어버렸기 때문이다. 영공도 남
자를 둘러싼 나쁜 소문이 돈다는 것을 알고 있었지만 늘그막에 마음
을 붙이고 사는 남자를 죽이려고 한 세자 괴외를 용서할 수 없었다.

용서할 수 없지만 죽이기도 쉽지 않은 상황이었다. 아마 양자를 만
족시키는 길은 괴외가 위나라를 떠나 다른 나라로 망명을 가는 수밖
에 없었으리라. 괴외는 송宋나라를 거쳐 진晉나라로 망명했다. 마침
영공에게는 괴외의 동생 영郢이 있고, 망명을 떠난 괴외에게는 아들
첩輒이 있었다.(훗날 첩은 아버지 괴외의 공격을 받아 다른 나라로 쫓겨
나게 되므로 출공出公 첩輒으로 불린다.) 당시 괴외의 동생 영이 있고 그
의 아들 첩이 있으니 위나라 후사를 잇는 데 문제가 없으리라고 전망
했을 수 있다. 영공은 둘째아들과 손자를 사랑하며 맏아들에 대한 기
대를 접을 수 있었다.

이런 상황에서 영공이 재위 42년(BC 493년)에 죽자 누가 왕위를 이
을지 논란이 되었다. 괴외가 망명을 떠난 지도 벌써 3년이 지난 상황
이었다.[3] 영공은 평소 괴외의 동생 영에게 "나에게 적자가 없으니 너
를 후계자로 삼을 것이다"라고 말했다. 영공이 죽은 뒤에 남자가 남편
의 명을 받들어 영을 후사로 삼으려고 했다. 영은 능력 부족을 이유로
완강히 거부하며 다시 출공 첩을 후사로 세우자고 제안했다. 그는 아
마도 자신이 후사가 되면 피비린내 나는 일을 피할 수 없으리라는 미
래를 예견했을지 모르겠다.

영의 양보로 출공 첩은 서둘러 왕위에 올라 후계자 문제를 일찍 정

---

3 신동준 옮김, 『춘추좌전 3』, 한길사, 2006, 438~441(애공2년)쪽.

리하려고 했다. 하지만 괴외의 생각은 달랐다. 영공을 이을 적통은 자기 자신이라고 생각한 것이다. 괴외는 부왕의 사망을 계기로 조국 으로 돌아와 왕위를 이으려고 했다. 이처럼 영공과 괴외를 이어 괴외 와 출공 첩 사이에 또다시 아버지와 아들의 불화가 생겨났다. 대를 이어 부자 갈등이 생겨난 셈이다. 이번에는 양상이 이전과 달랐다. 이전에는 괴외가 망명을 떠나면서 부자가 심각하게 충돌하지 않았지 만 이번에는 두 사람이 팽팽하게 맞섰고, 결국 내전으로 치닫는 상황 이 전개되었다.

공자는 아직 영공이 살아 있을 적에 위나라에 들른 적이 있다. 그는 당시 예법에 따라 남자를 만나려고 했다. 자로는 이 사실을 알고서 발 끈하며 공자에게 화를 냈다. "아무리 위나라에서 관직을 얻으려는 열 망이 강하다고 하더라도 악명이 높은 남자까지 만날 필요가 있느냐?"

영화 〈공자-춘추전국시대(2010)〉
에서 공자와 남자가 만나는 장면

라는 식이었다. 그러자 공자는 하느님을 들먹이며 맹세를 했다. "내가
몹쓸 짓을 했다면 하느님이 나를 버리리라!"[4] 공자는 자로의 우려에도
불구하고 남자를 만났지만 위나라에서 별다른 정치적 성공을 거두지
못했다. 훗날 이 일화는 "자견남자(子見南子)"라는 제목으로 널리 알려
지게 되었다. 린위탕林語堂(1895~1976)은 희곡 「자견남자」(1928)를 쓰
면서 적극적인 남자와 소극적인 공자로 묘사하여 공씨 가문의 항의를
받기도 했다.[5]

공자가 위나라를 떠났지만 위나라의 내정은 계속 공자 학교에서 즐
겨 다루는 주제가 되었다. 상상력을 덧보태면 공자 학교에서 위나라
정국을 토론한 뒤에는 의견이 다른 사람끼리 씩씩거리며 언쟁을 하기
도 하고, 언쟁이 끝난 뒤에는 술집으로 자리를 옮겨 격론을 벌였을 것
이다. 특히 갈등의 씨앗이었던 영공이 갑작스레 죽자 후계자 문제가
위나라 정국의 핵으로 등장했다. 공자 학교 내외에서 출공 첩의 집권
이 정당한지 아니면 괴외의 복권이 정당한지 갑론을박을 벌였다.

당시 국제 사회도 위나라의 왕위 계승이 어떻게 정리될지 커다란
관심사였다. 공자 학교에서 자로는 공자에게 괴외와 출공 첩 중에 누
구를 돕는 것이 맞는지 물어보았다. 이 물음으로 인해 공자의 유명한
'정명正名' 사상이 모습을 드러낼 정도였다.[6] 당시 자로는 정명을 말하
는 공자더러 현실감각이 없다며 '어둡다'〔우迂〕라고 평하고, 공자는 자

---

4 「옹야」 28(149) "子見南子, 子路不說. 夫子矢之曰: 予所否者, 天厭之, 天厭之!" 전체
맥락은 신정근, 『공자씨의 유쾌한 논어』, 사계절, 2009, 256쪽 참조.

5 고영희, 「근대 중국에서의 공자―임어당의 『자견남자』·『공자의 지혜』를 중심으로」,
『유학연구』 제31집, 427~446쪽.

6 「자로」 3(321) "子路曰: 衛君待子而爲政, 子將奚先? 子曰: 必也正名乎! 子路曰: 有是哉,
子之迂也! 奚其正? 子曰: 野哉, 由也! 君子於其所不知, 蓋闕如也. 名不正, 則言不順,
言不順, 則事不成, 事不成, 則禮樂不興, 禮樂不興, 則刑罰不中, 刑罰不中, 則民無所錯
手足. 故君子名之必可言也, 言之必可行也. 君子於其言, 無所苟而已矣." 전체 맥락은
신정근, 『공자씨의 유쾌한 논어』, 사계절, 2009, 498~500쪽 참조.

신을 공격하는 자로더러 '무식하다'〔야野〕라고 평하며 서로 설전을 펼칠 정도로 격렬하게 논쟁했다. 아버지가 아버지답고 자식이 자식답다면 부자가 왕위를 두고 싸우는 일이 아예 일어나지 않았을 터이다. 상황이 이 지경으로 이른 것 자체가 서로 자신의 역할을 제대로 하지 못한 데에 있는데, 누구를 돕는다는 것 자체가 부당한 문제일 수밖에 없다. 하지만 자로는 원론적인 입장이 아니라 현실적인 입장에서 상황을 바라보았기 때문에 "어떻게 해야 하는가?"라는 물음을 제기했던 것이다.

영공의 사후 초반전은 출공 첩의 승리로 끝났다. 이 무렵 자로는 공자 학교를 떠나서 위나라에서 벼슬을 하면서 출공 첩을 지지하게 되었다. 괴외는 아들 출공 첩에게 도전했지만 군사적으로 열세였다. 괴외는 초반전의 열세에도 불구하고 위나라의 진입을 포기하지 않았다. 그는 BC 480년에 진晉나라의 원조와 위나라 내부 세력의 호응에 힘입어 출공 첩을 지지하는 공회孔悝의 집에 몰래 잠입했다.[7] 괴외 일파는 공회를 위협하여 왕권을 성공적으로 장악했다. 출공은 괴외의 출현에 위협을 느껴 제나라로 망명을 떠났다. 정변의 와중에 자로는 우세를 점한 괴외를 저지하고 위기에 처한 공회를 구하려고 하다가 장렬하게 전사하게 되었다. 그는 싸우다 갓끈이 끊어지자 "군자는 죽더라도 의관을 벗을 수 없다"(君子死, 冠不免)라며 갓끈을 바로잡은 채 죽음을 맞이했다. 생사의 현장에서도 공자로부터 배웠던 의연한 삶의 자세를 잃지 않았던 것이다. 평소 자로다운 죽음이라고 할 수 있다.

위나라 내전이 일어났다는 소식이 여러 나라로 전해졌을 때 공자는 벌써 자로의 죽음을 예감했다. 그 예감이 사실로 밝혀졌을 뿐이다. 괴외는 내전에서 승리하고 왕위에 올라 나중에 장공莊公(BC 480~478)이

되었다. 왕이 된 뒤 괴외는 반대파가 패배를 인정하지 않고 다시 반기를 들까봐 여러 가지 조치를 취했다. 그 중에 하나가 자신을 반대했던 세력을 처벌하는 것이었다. 이러한 처벌의 시행 중에 유명한 '젓갈' 이야기가 생겨났다.(자식을 쫓아내고 제후가 된 장공은 3년 남짓 재위하다가 반대파의 공격으로 비참한 최후를 맞았다. 그 뒤 혼란기를 거친 뒤 출공 첩은 다시 위나라로 돌아와 복위하게 된다. 첩은 BC 493~481 그리고 BC 477~470 두 번 제후에 즉위한 특별한 인물이 되었다.)

『예기』「단궁」 상에 보면 자로가 살해된 뒤 '해醢'로 담가졌다는 기록이 나온다.[8]

> 공 자 곡 자 로 어 중 정　유 인 조 자 이 부 자 배 지　기 곡　진 사 자 이 문 고
> "孔子哭子路於中庭, 有人弔者而夫子拜之. 旣哭, 進使者而問故,
>
> 사 자 왈　해 지 의　수 명 복 해
> 使者曰: 醢之矣. 遂命覆醢."

"자로가 죽었다는 이야기를 전해 듣고서 공자는 뜰에 빈소를 마련하고서 곡을 했다. 자로를 아는 어떤 사람이 빈소로 조문을 오자 공자가 그 사람에게 답례의 인사를 했다. 공자는 곡을 다한 뒤에 자로의 죽음 소식을 전하려고 위나라로부터 온 사자를 맞이하고서 자로가 죽게 된 연유를 물었다.

사자는 사건의 전말을 공자에게 전달했다. 공자가 다시 자로가 어떻게 되었냐고 묻자 '해가 되었다'라고 대답했다. 공자는 이 말을 듣고서 자신의 집에 있는 해를 전부 엎어버리도록 했다."

사자의 말 속의 "해가 되었다"는 것은 자로의 시신이 해(젓갈)로 담가졌다는 뜻이다. 두예는 『춘추좌전』의 주를 달면서 해를 육장肉醬(젓

---

8 정병섭 옮김, 『예기집설대전 단궁 상』, 학고방, 2013, 85~91쪽.

갈)으로 풀이했다. 이것은 식용이 아니라 응징용이다. 괴외가 자신의 반대파에게 경고를 하는 시위라고 할 수 있다. 즉 "자로처럼 나에게 협조하지 않으면 젓갈 신세가 될 것이다." 이 소식을 듣고서 공자는 젓갈하면 자로가 연상되었기 때문에 집에 있던 해(젓갈)의 단지를 전부 엎어버려서 더 이상 먹지 못하게 한 것이다. 공자로서는 사랑했던 제자에 대한 예의를 표한 셈이다.

여기서 공자가 인육을 먹었다는 이야기가 생겨나게 되었다. 이 주장은 자로가 젓갈로 담가졌다는 것과 평소 젓갈을 반찬으로 먹었다는 것을 연결시키고 있다. 자로의 시신이 응징용으로 젓갈로 담가졌다고 하더라도 공자가 평소 먹던 젓갈이 인육이라고 단정할 수 없다. 공자는 음식 젓갈을 먹었다고 할 수 있지만 인육 젓갈을 먹었다고 볼 수는 결코 없다. 따라서 공자의 '식인설'은 아무런 근거가 없으므로 전적으로 거짓이라고 할 수 있다.

공자의 경우가 아니라도 중국에 식인 사건 또는 현상이 없었을까? 『사기』 「송미자宋微子 세가」와 「초楚 세가」를 보면 사람을 잡아먹은 이야기가 나온다.[9] 춘추 시대에는 남쪽의 초楚나라는 북진 정책을 펼쳐서 중원 지역을 장악하려고 했고, 북쪽의 제齊나라와 진晉나라는 남진 정책을 펼쳐서 초나라의 북상을 막으려고 했다. 당시 송宋나라와 정鄭나라는 남북 세력의 길목에 놓여서 군사적인 어려움이 많았지만 그때의 강자와 동맹하여 멸국의 위기를 피하려고 했다.

초나라 장왕莊王은 중간 지역의 정과 송나라를 자국의 세력으로 끌어들이려고 노력했다. 정나라는 초에 투항했지만 송나라에서는 자국을 지나는 초나라 사신 신주申舟를 억류했다가 죽이는 사건이 일어났

---

9 사마천, 정범진 외 옮김, 『사기세가 상』, 까치, 1994, 162~163, 227쪽.

다. 노나라 선공 14년(BC 595년)의 일이었다. 다음 해(BC 594년) 초나라는 군사를 보내 송나라를 포위 공격했다. 포위가 장장 5개월에 걸쳐 지속되었다. 포위 공격이 계속되자 송나라는 식량이 바닥나서 고통이 이만저만이 아니었다. 송나라 대부 화원華元은 야밤에 초나라 사령관 자반子反의 침소를 찾아가 비밀 회동을 했다. 이때 화원은 자국의 어려운 상황을 사실대로 이야기했다. 화원은 초나라의 장기간에 걸친 포위로 인해 식량이 바닥나고 땔감이 남아 있지 않은 상황을 솔직하게 고백하며 특이한 표현을 썼다.[10]

> 역 자 이 식   석 해 이 취
> "易子而食, 析骸而炊."

> "식량이 없어 서로 자식을 바꿔서 잡아먹고, 땔감이 없어 사람의 뼈를 쪼개서 불을 때며 밥을 한다."

화원이 성안의 송나라 사람들이 추위에 떨고 굶주림에 힘겨워하는 상황을 과장되게 표현했다고 할 수 있다. 사실이라고 하더라도 식인은 전쟁 중 포위라고 하는 극심한 상황에 일어난 일이지 통상적인 현상이라고 할 수 없다. 이렇게 보면 극단적인 경우 '식인'의 사건이 없었다고 할 수는 없지만, 식인이 습관이라거나 풍속이었다고 할 수는 없다.

그럼에도 불구하고 공자의 '식인설' 또는 중국의 '식인 문화'는 사그라지지 않고 있다. 2012년 4월 1일 조선족 중국인 오원춘吳原春(우위안춘)이 퇴근하는 여성 회사원을 집으로 납치하여 살해한 범행을 저질렀다. 오원춘은 시신을 토막 냈을 뿐만 아니라 훼손하여 1심에서 당시 인육과 장기 밀매의 혐의가 강하게 일었다. 2심에서는 그 혐의가 인정

---

10 신동준 옮김, 『춘추좌전 1』, 한길사, 2006, 498~504(선공14~15년)쪽.

되지 않았다.[11]

나는 이전부터 나돌던 장기 밀매와 인육설이 오원춘 사건과 결부되면서 공자 식인설과 중국의 식인 문화가 다시 강하게 일어났다고 생각한다. 막연한 공포가 거짓과 결합하여 터무니없는 '공자 식인설'이라는 자극적인 이야기를 만들어낸 것이다. 『맹자』를 보면 공자는 나무로 사람의 모양을 본뜬 목용木俑마저 반대했다.[12]

중 니 왈   시 작 용 자   기 무 후 호   위 기 상 인 이 용 지 야
"仲尼曰: 始作俑者, 其無後乎! 爲其象人而用之也."(「양혜왕」 상)

"공자가 말했다. 처음으로 나무 허수아비를 만든 사람은 후사를 얻지 못하리라! 사람의 모양을 본떠서 사용했기 때문이다."

공자는 사람의 모양을 본뜬 허수아비를 장례에 사용하는 것을 반대했다. 이러한 공자가 인육을 태연하게 먹었다고 하면 결코 호응되지 않는다. 식인설을 공자와 왜 결부시키는 것일까? 공자가 중국 문화를 이룩한 사람의 대표자이다. 그 대표자가 인육을 먹었다면 중국 문화가 '식인' 문화에 바탕을 두고 있다는 결론이 나오게 된다. 따라서 '공자 식인설'의 '공자'는 역사적 인물로서 공자가 아니라 중국 문화의 상징물로 쓰이고 있을 뿐이다. 아울러 우리 안에 중국을 깔보려는 심리가 마음 한켠에 깔려 있다는 것을 나타낸다.[13]

---

11 위키백과 : '수원토막 살인사건' 참조 http://ko.wikipedia.org/wiki/%EC%88%98%EC%9B%90_%ED%86%A0%EB%A7%89_%EC%82%B4%EC%9D%B8_%EC%82%AC%EA%B1%B4

12 박경환 옮김, 『맹자』, 홍익출판사, 1990, 36~37쪽.

13 근대 중국의 지식인들은 과거의 전통도덕이 인간성을 말살하고 노예성을 키운다는 점에서 '식인'정신을 비판했다. 류짜이푸·린강, 오윤숙 옮김, 『전통과 지식인―공자와 루쉰의 대결』, 플래닛, 2007, 163~184쪽 참조.

2. 공자 출생의 비밀, 야합野合의 정체는?

사회적으로 한 인물이 성공을 거두면 그 사람의 사소한 이야기가 관심의 대상이 된다. 공자도 오늘날 미디어가 활개를 치는 환경에서 살았다면 당연히 각종 언론의 인터뷰를 했을 것이다. 인터뷰를 하면 꼭 빠지지 않을 한 가지 질문이 있었으리라. 그것이 바로 공자의 출생담이다. 공자는 모르는 상황이지만 훗날 사마천이 공자의 일대기를 그린 『사기』 「공자 세가孔子世家」에서 묘한 말을 남겼기 때문이다.[14]

흘 여 안 씨 녀 야 합 이 생 공 자
"紇與顔氏女, 野合而生孔子."

공자처럼 사마천이 살았을 적에 언론 인터뷰를 했다면, 기자들이 꼭 "당신이 쓴 '야합野合'은 무슨 뜻인가?"라는 질문 세례를 받았을 것이다. 아마도 공자를 둘러싼 다양한 이야기 중에서도 야합은 가장 뜨거운 주제로 널리 알려져 있기 때문이다.

'흘'은 공자 아버지 숙량흘叔梁紇을 가리킨다. '안씨녀'는 공자 어머니 안징재顔徵在를 가리킨다. 인용문은 "아버지 숙량흘과 어머니 안징재가 '야합'해서 공자를 낳았다"는 뜻이다. 도대체 간단한 이 구절이 왜 수많은 사람들의 입방아를 찧을 정도로 뜨거운 주제가 되었을까? 야합은 공자 아버지와 어머니의 성 생활을 비롯하여 아들 공자의 출생 비밀을 알려주는 핵심 키워드이기 때문이다. 이 글자를 어떻게 해석하느냐에 따라 공자가 강간범의 아들이 될 수도 있고 자유로운 성 문화(성 풍습)의 자손이 될 수도 있다. 이처럼 '야합'은 공자의 '흑역사'를 밝혀주는 증거로 널리 이야기되고 있다. 따라서 출생과 관련해서

---

14 정범진 외 옮김, 『사기 세가』 하, 까치, 1994, 417~418쪽.

공자에 덧씌워진 누명을 벗기든 공자 가족의 진면목을 드러내든 사실에 따라 논의를 펼쳐볼 필요가 있다.

먼저 '야합'이라고 해서 꼭 야릇한(?) 성性과 관련되지 않는다는 점을 분명히 할 필요가 있다. 『좌씨전』 정공定公 10년(BC 500년)에 보면 제나라와 노나라가 협곡夾谷에서 회합했다.[15] 공자의 맹활약으로 노나라는 제나라에게 빼앗겼던 땅을 되돌려받게 되었다. 양국의 협정이 끝난 뒤에 제나라 경공이 노나라 정공에게 축하연을 열어주려고 했다. 이때 "가락불야합嘉樂不野合"을 이유로 축하연을 열어서 안 된다고 주장했다. 이때 '가락'은 종鐘과 경磬 등의 악기를 말하고, '야합'은 악기를 야외에 설치해서 연주하는 것을 말한다. 야합은 실내가 아니라 교외에서 벌이는 야외 공연을 나타낸다. 또 『후한서』 「남흉노전南匈奴傳」에 "양기야합良騎野合, 교봉접시交鋒接矢"라는 구절이 나온다. 이 구절은 "좋은 말을 타고 야외에서 맞붙어서 군대가 서로 대적하며 칼을 겨누고 화살을 쏜다"라는 뜻이다. 야합은 성과 아무런 관련이 없고 야외에서 접전을 벌인다는 뜻이다.

이제 '야합'이라는 말만 보고 야릇한 상상을 해서는 안 된다는 것을 알 수 있다. 그럼에도 불구하고 야합을 굳이 성과 연관시키게 되면 참으로 황당한 장면이 연출될 수 있다. 음악 공연을 야외에서 벌이고 있는 중에 옷을 벗고서 사랑을 나누니, 올 누드 공연이 공자 이전에도 있었던 셈이다. 또 말이 뛰어다니고 칼날이 세차게 부딪치고 화살이 날아다니는 전장에서 사랑을 나누니, 목숨을 건 사랑을 하는 것이다. 우리의 언어세계에 야합을 꼭 성과 관련짓지 않는 경우도 있다. "○○○는 정치인으로서 변절과 야합을 거듭했다."라는 식으로 '야합'을 즐겨 쓴다. 이 야합도 성과 무관하다. 그것은 어떤 것이 다른 것

---

15 신동준 옮김, 『춘추좌전 3』, 한길사, 2006, 406~407(정공10년)쪽.

과, 또는 둘 이상의 것이 좋지 못한 목적 아래 서로 어울리게 된다는 음모의 맥락으로 쓰이고 있다.

이제 적어도 야합이 성과 어떤 식이든 관련이 되는 이야기를 펼쳐 보자. 이 이야기가 『사기』에 나오는 만큼 「공자 세가」에 주석을 달았던 인물들의 풀이를 살펴보지 않을 수가 없다. 당 제국의 역사가 사마정司馬貞은 『사기 색은史記索隱』에서 공자 아버지와 어머니의 나이 차이에 주목했다. 숙량흘은 나이가 너무 많고 안징재는 너무 어려서 아내를 맞아들이고 성인식을 치르는 예식(장실초계壯室初笄)을 거행할 수가 없었다. 사마정은 '야野'가 『논어』에서 거칠다, 예에 들어맞지 않다는 뜻으로 쓰인다는 점에 주목해서 '야합'을 불합예의不合禮儀, 즉 예의에 들어맞지 않은 결합으로 풀이했다. 사마정의 풀이는 나름 근거를 가지고 있다. 하지만 그는 '야합'을 인류학이나 풍속사와 연관해서 사고하지 못하고 텍스트에 쓰인 글자 그대로 바라보는 시각을 벗어나지 못하고 있다.

다음으로 당 제국 장수절張守節의 『사기 정의史記正義』를 살펴보자. 장수절도 사마정과 마찬가지로 두 사람의 나이 차이에 주목하고 있지만 그것만이 아니라 나이에 따른 신체의 변화에 더 주의를 기울이고 있다. 장수절의 사적이 알려지지 않았지만 아마도 한의학에 관심을 가졌던 것으로 보인다. 일단 그의 생생한 보고서를 살펴보자.

"남자 아이는 8개월에 이가 나고 8세에 이를 갈며, 16세에 남성 호르 몬이 왕성해지고 64세에 성 기능이 약해진다. 여자 아이는 7개월에 이 가 나고 7세에 이를 갈며, 14세에 여성 호르몬이 왕성해지고, 49세에 성 기능이 약해진다."

나이가 들면 남성이든 여성이든 성 기능이 차츰 퇴화하게 된다. 장수절은 이 구절을 풀이하면서 의학 서적(『소문素問』「상고천진론上古天眞論」)을 뒤지면 나오는 성 기능의 변화에 착안했다. 이에 따르면 남성의 나이 64세가 지나고, 여성의 나이가 49세가 지난 뒤에 결혼하면 '야합'이라고 보았다. 장수절은 숙량흘이 안징재와 결혼할 때 64세를 초과했으리라고 보았다. 장수절의 64세 초과설은 의학에 바탕을 둔 해명이다. 장수절의 해명도 그럴듯해 보이지만 아마 후대의 기준으로 야합을 변호하는 느낌을 지울 수가 없다.

그 이후에 '야합'의 풀이는 크게 두 주장의 범위를 벗어나지 않았다. 청제국 계복桂馥(1736~1805)은 『찰박札樸』 권2 「야합野合」 조항에서 '야합'을 새롭게 풀이했다. 야합은 여자 집안의 사당에서 혼례를 치르지 않고 아이를 낳은 것이다. 이에 따르면 안징재는 미혼모가 된다. 계복의 해명은 아무래도 신성한 공자의 권위를 지키려는 시도를 깔고 있다.

그러다가 근대에 이르러 신화학, 사회학, 정치학, 인류학, 민속학, 풍속사의 연구 방법론을 도입하여 '야합'을 새롭게 풀이하기 시작했다. 다 소개할 수 없으므로 두 가지 경향을 소개하고자 한다. 첫째, 차이상쓰蔡尙思(1905~2008)처럼 중국 철학사를 계급 사관에 따라 해석하고자 하는 흐름에 따르면 공자는 역사적 시효가 끝나버린 노예주 계급의 이익을 지키고자 노력한 인물이다.[16] 이러한 논리에 따르면 야합은 폭력적인 강간에 해당된다. 소녀 안징재가 야외에서 늙은 노예주 숙량흘에 의해 강간을 당해 임신해서 공자를 낳게 된 것이다. 공자는 원치 않은 임신에 의한 사생아가 된다. 이러한 주장은 공자와 린뱌오林彪(1907~1971)를 맹렬하게 비판하던 문화 혁명의 시기에 유행하던 이론이다. 당시 야합은 도덕주의자 공자의 이미지를 벗겨낼 수 있는 훌륭한 소재였다. 공자의 부당한 권위를 공격하는 것은 학문적으로

---

16 차이상쓰蔡尙思, 『孔子思想體系』, 上海人民出版社, 1982, 3~6쪽.

허용되지만 공격을 위해 부당한 논리를 펼치는 것은 상식적으로 용납될 수 없다. 오늘날 중국에서 차이상쓰의 주장을 되풀이하는 사람은 거의 없다.

다른 하나는 공자의 권위를 깨야 하거나 반대로 그걸 지켜야 한다는 부담을 갖지 않고 당대의 풍습 실상에 가깝게 접근하려는 노력이다. 예컨대 김용옥 등은 '야합野合'을 예의, 나이, 신체 등과 관련짓지 않고 글자 그대로 "들판에 씹한다"로 풀이했다.[17] 이러한 풀이는 여러 문헌에서 증거를 어렵지 않게 찾을 수 있다. 『주례』「지관地官 · 매씨媒氏」를 보면 결혼이 개인의 자유로운 의사가 아니라 국가가 주도하는 사업의 일환으로 나오고 있다.[18]

중춘지월 령회남녀 어시시야 분자불금 약무고
"仲春之月, 令會男女, 於是時也, 奔者不禁. 若無故,

이불용령자 벌지
而不用令者, 罰之."

매씨는 원래 남녀의 짝을 맺어주는 일을 맡아보았다. 오늘날(2015년) 같으면 보건복지부 인구정책실 인구아동정책관에 해당된다. 매씨는 남성이 30세가 되고 여성이 20세가 되면 혼인을 하도록 하고 혼인 사실을 다 기록했다. 본분이 이러하니 매씨는 음력 2월이 되면 제짝을 찾지 못한 남녀를 한곳에 모이게 했다. 이 시절에는 절차를 거치지 않고 급행으로 혼인하더라도 금지하지 않았다. 아울러 이 시절에 상이나 재난과 같이 뚜렷한 이유 없이 매씨의 회합 명령에 응하지 않으면 처벌했다.

---

17 김용옥, 『도올 논어 1』, 통나무, 2000, 58~68쪽; 공자 당시 성 문화와 관련해서 류다린劉達臨, 『孔子與性文化』, 東方出版社, 2012 참조.
18 지재희 · 이준녕 옮김, 『주례』, 자유문고, 2002, 170~171쪽.

매씨는 짝 없는 남녀들을 모이게 명령했지만 장소가 어디인지 밝히지 않았다. 『묵자』「명귀明鬼」하를 보면 그런 데이트 장소 또는 집단 성교 장소가 나온다.[19]

연 지 유 조 택　　당 제 지 사 직　　송 지 유 상 림　　초 지 유 운 몽 야
"燕之有祖(澤)，當齊之社稷，宋之有桑林，楚之有雲夢也.

차 남 녀 지 소 속 이 관 야
此男女之所屬而觀也."

연나라 간공簡公이 아무 죄가 없는 신하 장자의莊子儀를 죽였다. 장자의는 죽기 전에 다음처럼 말했다. "사람이 죽어서 아무런 지각 능력이 없다면 어쩔 수 없지만, 지각 능력이 있으면 간공에게 복수를 하리라." 억울하게 죽고 그에 상응하는 벌을 받지 못하면, 정의가 이루어지지 않은 것이다. 묵자는 응보적 정의를 실현하기 위해 귀신이 있다는 것을 증명하고자 했다. 1년 뒤 간공이 조택으로 제사를 지내려고 말을 타고 갈 때, 장자의의 귀신이 나타나 붉은 막대기를 들고 간공을 때려 그를 수레바닥에 넘어뜨렸다. 이로써 장자의는 억울함을 풀었고 세상에는 정의가 실현된 것이다.

장자의의 간공에 대한 응징 사건이 일어난 조택은 보통 장소가 아니다. 제나라의 사직, 송나라의 상림, 초나라의 운몽과 같이 남녀가 모여서 자신의 맘에 드는 사람을 찾는 곳이다. 이곳은 『주례』에서 매씨가 짝 없는 젊은 남녀를 모이게 하는 장소이다. 남녀가 모이는 시절은 매씨가 명령을 내렸던 음력 2월이리라.

왜 하필이면 야합이 음력 2월에 진행되었을까? 지금까지 야합의 이러한 측면은 제대로 해명되지 않았다. 이것은 당시의 우주관이랄까 자연관이랄까 세계관과 관련이 있다. 당시 사람들은 철저하게 자연의

---

19 박재범 옮김, 『묵자』, 홍익출판사, 1999, 206쪽.

주기에 맞춰 살아야 한다고 생각했다. 이런 사고가 바로 '월령月令'에 나타난다. 월령은 '달의 명령'이라는 뜻으로 어떤 달이 되면 그 달에 어울리는 일을 해야 사회적으로 문제가 생기지 않는다는 것이다. 봄에 파종을 해야 가을에 수확을 할 수 있다. 봄의 파종은 자연이 사람에게 꼭 해야 한다고 명령하는 내용이다.

이러한 명령의 목록은 적지 않다. 그 중에 하나가 야합인 것이다. 예나 지금이나 봄은 겨울 동안에 눌려 있던 하늘과 땅의 기운이 분출하여 서로 엉켜서 만물이 소생하는 시절이다. 사람도 당연히 그러한 자연의 운행에 호응해야 한다. 그렇지 않고 짝 없는 남녀의 방치는 자연 운행에 위반하게 되는 것이다. 그렇지 않으면 매씨의 '명령'을 통해 남녀의 결합을 이렇게 서두는 이야기를 찾을 수가 없다. 계절이 겨울에서 봄으로 바뀌었으니 봄의 명령에 따라야 한다는 것이 자연의 명령이라면, 사람이 자연의 명령에 부합하도록 하는 것이 매씨의 명령인 것이다. 젊은 남녀들은 하늘과 대지의 기운이 활발히 교류하여 만물이 왕성하게 자라는 곳을 찾아 천지의 기운에 호응하는 생산적인 성 행위를 하는 것이다.

여기서 매씨의 명령에서 보이듯 혼인을 왜 당사자가 아니라 국가가 나서느냐고 의문을 품을지 모르겠다. 이것은 현대 사회의 관점을 반영하는 물음이다. 현대에서 삶의 양식이 다른 고대 사회를 이해하기란 쉽지 않다. 여러 말보다 천지의 기운과 짝해서 사랑의 행위를 하는 문물을 살펴보자. 쓰촨성 청두시成都市 신두구新都區에서 한 제국의 화상전畵像磚이 다량으로 발굴되었는데, 남녀의 사랑을 담은 내용을 '야합도野合圖' 또는 '고매도高禖圖'라고 부른다.[20] 이것은 지금까지 문

---

20 야합도와 관련해서 가오원高文, 「野合圖考」, 『四川文物』 1995年 01期; 탕광샤오唐光孝, 「四川漢代'高媒圖'畵像磚再討論」, 『四川文物』 2005年 02期; 바이자오제白照杰, 「漢代四川野合圖考釋」, 『東方企業文化·天下智慧』 2010年 9月 등 참조.

헌 연구가 보여주었던 한계를 한방에 날려버릴 수 있는 쾌거라고 할수 있다. 문헌 증거가 있어도 사람들은 야합을 야외 성교로 보기를 주저했다. 공자와 같은 위인이 그렇게 태어났을 리가 없다고 생각하기때문이다. 하지만 쓰촨성의 화상전은 이러한 머뭇거림을 한꺼번에 씻어줄 수 있는 확증이라고 할 수 있다.

http://his.snnu.edu.cn:8000/forums/p/20828/77957.aspx

남녀의 사랑 행위는 비밀스런 과정이 아니다. 남녀는 사랑에 몰두해있지만 다른 등장 인물이 그 상황을 훔쳐보는 것이 아니라 함께 참여하고 있다. 두 마리의 원숭이는 긴 팔로 나뭇가지를 잡고 고함을 치는 듯하고, 두 마리의 새도 나뭇가지에 앉았다가 불청객을 보느라 목을 쑥 내밀고 있다. 이 화상전이 한 제국의 시대를 반영하고 있다면공자 부모의 시대로 소급 적용할 수 있다고 본다. 단 한 가지의 문제점만 남아있다. 『주례』와 『묵자』에 나오는 '야합'은 제 짝을 찾지 못한청춘 남녀들이 야외에서 공공연하게 자연의 일을 하고 있다. 공자의부모 중에 어머니는 청춘일지 몰라도 아버지는 이미 유부남인 데다가 나이가 60세를 넘겼다. 그렇다면 야합은 청춘 남녀만이 아니라 원하는(?) 사람이 참가하는 사랑의 향연이라고 해야 할지 모르겠다.

지금까지 논의로 '야합'의 의미가 밝혀졌다. 야합은 글자 그대로 대지에서 성의 의례를 치르는 자연스런 행위로 보는 것이 타당하다. 그렇지만 『사기』 「공자 세가」와 『공자 가어孔子家語』 「본성해本姓解」를 보면 공자의 출생과 관련해서 풀어야 할 숙제가 한 가지 더 있다. "아니 문제가 다 풀린 것 아냐. 끝났다고 생각했는데 새로운 이야기를 도대체 왜 끄집어내는 거야?"라고 항의하는 소리가 들리는 듯하다. 항의를 할 만하지만 「공자 세가」의 아래 구절을 보면 끝날 때까지 끝난게 아니라는 것을 알 수 있다.

> 야 합 이 생 공 자　도 어 니 구 득 공 자
> "野合而生孔子, 禱於尼丘得孔子."

'야합'이 공자 출생의 비밀을 다 말해준다면, 다음에 "도어니구득공자禱於尼丘得孔子"라는 구절은 도대체 필요한 걸까? "니구산에 기도하여 공자를 얻었다"라는 구절을 어떻게 이해해야 할까? 여기서 우리는 '야합野合'과 '도禱'의 상관성을 살펴보지 않을 수가 없다. 상관성을 푸는 실마리는 비슷한 내용을 다루고 있는 『공자 가어』 「본성해」를 보면 얻을 수 있다.[21]

> 이 부 지 년 대　구 불 시 유 용 남　이 사 도 니 구 지 산 이 기 언
> "以夫之年大, 懼不時有勇(男), 而私禱尼丘之山以祈焉,
>
> 생 공 자　고 명 구
> 生孔子, 故名丘."

---

21 이민수 옮김, 『공자 가어』, 을유문화사, 2003, 414~416쪽.

안징재는 막상 혼인을 생각했지만 남편의 나이가 너무 많았던 탓에 불시不時에 태기가 있으면 자신이 바람을 피운 것으로 사람들의 입방아에 오를까봐 두려워했다. 안징재는 몰래 니구산에 가서 신에게 기도를 한 끝에 공자를 낳았다. 그래서 공자의 이름을 구丘로 지었다.

『공자 가어』를 보면 안징재는 아무래도 남편과 나이 차이가 많다는 것을 꽤 많이 의식하고 있다. 주위사람들은 예사롭지 않은 혼인을 한 안징재가 아이를 가질지 못 가질지 관심이 많았다. 따라서 부부 생활에 집중하는 것으로만은 주위에서 쏟아지는 의혹의 눈초리를 잠재울 수가 없었다. 이런 연유로 인해 안징재는 집에 가만히 있기보다는 니구산으로 가서 자식을 점지해달라고 기도를 올리게 되었다. 이렇게 되면 공자의 수태와 출산은 전적으로 '야합'의 결과로만 일어난 일이 아니라 '니구산 기도'의 약발로 일어난 일이 된다.

전한 후기에 위서緯書가 쏟아져 나올 때 공자의 수태와 출생은 마리아가 예수를 성령으로 잉태한 것과 비슷하게 설명되었다.

숙 량 흘 여 징 재 도 니 구 산　감 흑 룡 지 정　이 생 중 니
"叔梁紇與徵在禱尼丘山, 感黑龍之精, 以生仲尼."

인용문은 『예기』 「단궁」의 소疏에 인용된 『논어찬고참論語撰考讖』에 나온다. 숙량흘과 안징재는 잠자리를 같이 하지 않고 니구산에 기도하러 갔다가 흑룡의 정기에 감응하여 공자를 임신했다가 출산하게 되었다. 비슷한 이야기가 『춘추위春秋緯 연공도演孔圖』에도 나온다. 안징재가 야외로 놀러 갔다가 꿈에 흑제黑帝를 만나 사랑을 나누고서 공자를 낳았다. 이것은 신화와 전설의 주인공이 성교 없이 초자연적 존재의 정기를 받아 자식을 낳는다는 대표적인 감생感生 설화이다.

이렇게 보면 공자의 출생담은 '야합', '도니구산', '감생' 등 종합적으

로 설명되고 있다. '야합'은 당시의 성 문화이자 성 풍습이고 '도니구산'과 '감생'은 결국 공자의 출생은 야합이라는 사회적 사랑과 도니구산과 감생이라는 초자연적 사건의 결합으로 설명되고 있다.

근대 자본주의의 일부일처제를 기준으로 공자 부모 시대의 성 도덕을 평가할 수 없다. 두 시대는 자연관, 성 도덕이 완전히 다르므로 각자의 시대에 입각해서 그 실상을 살펴야 한다. 공자 부모 시대에는 '야합'이 부끄럽거나 규범을 어기는 것이 아니라 자연스럽고 일반적인 현상이었다고 할 수 있다. 이러한 사실을 감안한다면 야합은 글자 그대로 대지에서 성의 의례를 치르는 자연스런 행위로 보는 것이 타당하다. 이전에는 쓰촨에서 발견된 화상전에 보이는 성 풍속을 확인할 수 없기 때문에 공자의 출생을 합리적으로 설명하거나 아름답게 묘사하기 위해 야합의 야생성을 덜어내려고 했던 것이다.

3. 공자와 유교는 여성을 무시한다?

인문사회학계에서 페미니즘(여성주의)은 사람들에게 텍스트 분석만이 아니라 사회 현상을 달리 보는 시야를 열어주었다. 기존 '사람' 또는 '인류'의 특성으로 인식해왔던 많은 내용이, 실제로 남성 중심의 관점에 불과하다는 점이 밝혀졌다. 나아가 그 인류의 특성은 인류의 절반인 여성의 가치를 희생한 터전 위에 세워졌다는 점도 드러났다. 사실 영미에서 페미니즘은 19세기에 시작해서 20세기에 여성의 참정권을 이끌어내는 등 사회적으로 커다란 반향을 일으켰다.

우리나라에서도 페미니즘은 개화기의 여성이 묻힌 존재에서 사회에 얼굴을 드러낼 수 있는 이론의 바탕이 되었다. 그 이후에 사회 곳곳에 뿌리내리고 있는 여성 차별적 요소를 밝혀내고 남성 중심의 사회 윤리를 극복할 수 있는 배려와 보살핌의 정신을 정립하려고 애쓰고 있다.

동양 철학도 인문학의 영역을 차지하고 있는 만큼 여성주의의 영향으로부터 자유로울 수 없었다. 동양 철학은 그 학문의 갈래가 다양함에도 불구하고 유독 유교가 페미니즘과 전선을 형성하는 독특한 양상을 보이고 있다.[22] 도가와 법가 등도 페미니즘의 입장에서 재조명할 만한 데도 그러한 논의가 활성화되지 못하고 있다. 아마 동아시아의 전근대는 여성의 가치와 인권을 존중하지 않았고 유교는 동아시아 사회의 특성을 대변하는 사상으로 간주되기 때문에 '유교와 페미니즘' 사이의 담론이 형성되고 있다고 할 수 있다. 앞으로 유교와 페미니즘 사이의 대화 가능성을 더 연구할 필요가 있을 뿐만 아니라 '도교와 페미니즘', '법가와 페미니즘' 등의 다양한 논의가 제기될 필요가 있다.

여기서 먼저 공자를 비롯하여 유교가 여성에 대한 편견 또는 부정적 견해만을 나타내고 있는지 살펴보기로 하자. 첫째, 『논어』는 철저히 남성들이 주인공으로서 세계를 바로잡은 이야기를 펼치는 무대이다. 인류의 절반인 여성은 조연으로도 등장하지 않고 무대 진행을 돕는 스태프로도 나오지 않는다. 사정이 이렇다 보니 공자에게 '여성 제자'가 있었다는 말도 전해지지 않는다. 나아가 공자가 남자南子와 같은 여성과 만났다는 것 자체가 화제가 되었다. 이러한 특징은 부처와 예수가 순례를 다니며 여성을 만나 대화를 나누고 세례를 했다는 이야기와 차이가 난다. 아마 이런 점 때문에 공자와 페미니즘 또는 유교와 페미니즘은 뭔가 어울리지 않은 만남으로 비춰지게 되는 것이다.

---

22 한국유교학회 편, 『유교와 페미니즘』, 철학과현실사, 2001 참조.

『논어』에서 여성을 가리키는 '여女' 자가 많이 쓰이고 있다. 하지만 '여女' 자는 대부분 2인칭 대명사 '여汝'(당신, 너, 자네 등)의 맥락으로 쓰인다. 여성이 등장하지 않다보니 대명사로 쓰일 때도 그 지시 대상은 거의 대부분 남성 제자를 가리킨다. 하지만 『논어』를 매의 눈으로 샅샅이 살펴보면 여성이 나오지 않는 것도 아니다. 「공야장」 1~2(93~94)에 보면 자신의 딸과 형님의 딸 이야기가 나온다. 예나 지금이나 부모는 딸자식의 결혼에 관심이 많았나 보다.

공자는 평소 제자들을 눈여겨보다가 공야장公冶長과 남용南容 두 명을 사위와 조카 사위로 삼았다. 공자는 공야장이 어떠한 상황에 놓이더라도 신뢰를 저버릴 사람으로 보지 않았다. 공자는 공야장이 설령 교도소에 들어가더라도 오해로 일어난 일이지 실제로 죄를 지을 사람으로 여기지 않았다. 공자는 공야장을 자신의 사위로 삼았다. 남용은 능력이 있을 뿐만 아니라 신중하게 처신하는 인물이었다. 공자는 남용을 조카 사위로 삼았다. 두 경우를 보면 공자는 스스로 절제하여 아내와 부모에게 걱정을 끼쳐드리지 않을 듯직한 사람을 사윗감으로 보고 있는 듯하다. 이렇게 보면 공자도 여느 아버지와 다를 바가 없는 딸 바보의 특성을 드러내고 있다.

하지만 아버지가 아니라 딸의 입장에서 보면 「공야장」의 내용은 다르게 읽힐 수 있다. 결혼은 당사자들의 의사가 가장 중요하다. 하지만 「공야장」에는 당사자들의 의사가 전혀 소개되지 않고 공자가 전면에 나서 '처지妻之', 즉 아내로 주고 있다. 공자의 적극적 개입은 오늘날 기준으로 보면 지나치다고 할 수 있겠지만 당시의 결혼 문화로 보면 당연한 처사라고 할 수 있을 것이다. 그럼에도 불구하고 『논어』의 여성은 자신의 결혼에 대해 제 뜻을 말하지 못하는 수동적 존재로 나타나고 있다.

공자는 딸과 조카딸의 혼사를 좌지우지하는 데에 그치지 않고 여성에 대한 강한 편견을 드러내기도 한다. 일단 「양화」 25(476)에 나오는

그의 말부터 들어보자.[23]

유여자여소인　위난양야　근지즉불손　원지즉원
"唯女子與小人, 爲難養也. 近之則不孫, 遠之則怨."

원문 중에 '손孫' 자는 좀 독특하다. 원래 손자, 자손, 후손을 뜻하지만 여기서 그렇게 쓰이지 않고 양보하다, 순종하다는 '손遜' 자의 뜻으로 쓰인다. 손孫이 불不 자와 결합하면 '불손'으로 구어로 기어오르다, 건방지다, 맞먹으려고 하다의 뜻이다. 전체적인 뜻을 알아보면 다음과 같다. "유독 여자와 소인은 참으로 돌보기가 어렵다. 가까이하면 남성(군자)과 맞먹으려고 하고, 멀리하면 남성(군자)을 원망한다."

공자는 스스로 남성과 군자의 입장에 서서 여성과 소인을 자신과 같은 지위로 보지 않는다. 그는 여성이나 소인과 벗으로 지내거나 사귀는 사이가 아니라 돌보고 길러주는 대상으로 바라보고 있다. 돌보고 길러주는 방식은 가까이 대하며 스스럼없이 지내는 근近과 거리감을 두는 원遠이 있다. 여성과 소인에 대해 '근' 일변도로 대우하면 여성(소인)이 남성(군자)과의 차이를 부정하고, '원' 일변도로 대우하면 여성이 남성을 미워하게 된다는 것이다. 아마 공자는 남성(군자)의 입장에서 여성(소인)을 "때로는 근의 방식으로 때로는 원의 방식으로" 구별해서 대우해야 건방지고 원망하는 일이 없으리라 생각하는 듯하다.

공자가 여성과 소인을 '난양難養'이라고 한 걸 보면 개인적으로도 여성에 대해 부담감을 느꼈으리라고 예상할 수 있다. 개인적으로 '이양易養'으로 느꼈다면 여성과 소인을 대상으로 일반적인 언급을 하지 않았으리라고 본다. 공자는 역사서에서 수많은 여성의 언행을 읽었겠지만 현실에서 수많은 여성을 상대할 일이 없었으리라 예상되기 때문

---

23 신정근, 『공자씨의 유쾌한 논어』, 사계절, 2009, 182~184쪽.

이다. 즉 왕족이 아니라 평민 공자가 여성을 굳이 '난양'으로 말했다는 사실 자체는 평소 여성에 대한 개인적인 체험을 반영하는 말로 읽을 수 있을 듯하다.

『논어』에 여성에 대한 언급이 많지 않지만 나는 공자가 여성에 대해 일정 정도 편견을 가지고 있고 남성과 동등한 존재로 보지 않았다고 생각한다. 여성에 대해 편견을 가진 공자도 여자, 그것도 자유연애로 그 명성이 널리 알려진 위衛나라 영공靈公의 퍼스트 레이디 남자南子를 만난 일이 있다.(「옹야」 28(149)) 두 사람의 만남 이야기가 나올 때부터 특히 제자 자로가 나서서 "도대체 그런 여성을 왜 만나느냐?"라고 대놓고 반대를 했다. 자로가 역정을 낼 정도라면 관심 있는 사람이라면 누구나 찬반의 목소리를 내는 상황이라고 할 수 있다. 호사가들의 입방아가 가만히 있을 리가 없다. 이런 상황임에도 불구하고 공자는 남자와 미팅을 강행했다.

공자가 남자를 만나야 하는 이유가 뭘까? 당시 공자는 자신의 꿈을 실현하느라 조국을 떠나 여러 나라를 떠돌아다니고 있었다. 위나라에 이르러 영공을 만나 자신의 구상을 펼치려고 했다. 이러한 맥락에서 공자는 관례에 따라 여성 남자가 아니라 영공의 부인 남자를 만나게 되었던 것이다. 하지만 제자 자로가 극력으로 반발하는 것으로 보면 만남이 관례이더라도 꼭 만나야만 하는 필수 코스는 아니라고 할 수 있다.

여기서 나는 공자의 절박함을 읽는다. 그가 만남 자체가 오해를 낳는 상황인데도 만나려고 했다는 것은 그만큼 자신의 구상을 현실에 옮기려는 마음이 절박했음을 느낄 수 있다. 이 정도는 누구나 헤아릴 수 있다. 더 중요한 것은 앞서 살펴본 「양화」 25(476)의 내용과 연결시켜서 생각해볼 만하다. 남자는 '난양難養'의 여성이므로 '근원近遠'의 대우를 잘 해야 한다. 그렇지 않으면 문제가 생길 수 있다. 공자가 남자를 만난 것은 "멀리하면 원망한다"는 자신의 말에서 그 이유를 찾을 수 있다. 남자가 원망이라도 할 것 같으면 공자가 어렵사리 찾은 위나라에서도 허탕을 치게 된다. 이렇게 보면 공자는 여성의 마음을 읽으려고 노력하는 세심한 사람이라고 할 만하다.

공자는 3세에 아버지가 다른 세상으로 떠났다. 어머니는 홀로 어린 공자를 키웠고, 공자는 어려서부터 생업에 나서야 했다. 이런 가정사를 감안하면 공자는 여성에 대해 따뜻한 감성을 가졌으리라 추측해볼 수 있지만 그 역시 시대의 한계에 갇혀 여성에 대한 편견을 드러냈다. 그가 여성에 대한 편견을 어떻게 가지게 되었을까? 사실 그 기원은 꽤 멀다. 『서경』「목서牧誓」에 보면 "암탉이 울면 집안(나라)이 망한다"라는 말이 나온다.[24]

> 고인유언왈 빈계무신 빈계지신 유가지색
> "古人有言曰, 牝鷄無晨. 牝鷄之晨, 惟家之索."

옛 사람의 말로 인용했으니 이 구절은 기록자의 말이 아니라 이전부터 전해 내려오는 속담이나 잠언이라고 할 수 있다. 보통 동물의 암수를 구별할 때 자웅雌雄을 쓰는데, 이는 주로 날짐승을 가리킨다. 길짐승은 빈모牝牡를 쓴다. 따라서 '빈계'는 '자계雌鷄'로 쓸 수가 있다. '색索'은 줄, 새끼, 찾다, 꼬다의 뜻으로 쓰인다. 여기서 줄이 꼬여서 제 구실을 못한다는 맥락으로 잘 풀리지 않는다, 엉망이 되다, 망하다는 뜻으로 쓰인다. 전체적으로 옮기면 다음과 같다. "암탉은 새벽에 울지 않는다. 암탉이 새벽에 울면 집안이 망하게 된다."

『서경』의 사관이 인용한 속담은 특정한 사회적 사실을 반영하고 있다. 인류는 처음에 모계 사회matrilineal society에서 출발했다. 수렵과 전쟁이 공동체의 유지에 중요한 일이 되면서 여성을 대신하여 남성이

---

24 김학주 옮김, 『서경』, 명문당, 2002, 271~271쪽.

주도하는 부계 사회patrilineal society가 출현하게 되었다. 위의 속담은 모계 사회에서 부계 사회로 전화된 뒤에 나타났다고 할 수 있다. 사회의 지위, 재산, 권력이 남성 중심으로 재편된 뒤에 여성이 잃어버린 권력을 다시 행사하려고 '반란'을 일으킬 수 있다. 속담은 그러한 반란이 새롭게 등장한 남성 위주의 세상을 망친다는 점을 알려주고 있다. 따라서 이 속담은 남성의 여성에 대한 '은근한' 편견을 넘어서서 '심각한' 적대감을 표출하고 있다.

'색索'은 '색色'과 음이 비슷하여 망신망국亡身亡國의 원인이 미모에 있다는 것을 알려줄 뿐만 아니라 주왕紂王이 달기妲己의 아름다움에 친친 감겨서 헤어나지 못했다는 장면을 시각화시켜주고 있다. 속담의 창조자는 '색索'이라는 말로 헤어날 수 없는 늪의 이미지를 탁월하게 포착해내고 있는 것이다.

『서경』의 사관은 왜 이 속담을 인용했을까? 그는 주왕이 은나라의 마지막 왕으로서 나라를 망친 원인을 밝히고자 했다. 그는 주왕이 아끼는 달기로 인해 정치를 제대로 하지 못하고 향락과 사치에 빠졌다고 보았다. 달기는 주왕이 자신의 역할을 제대로 하지 못하도록 방해를 한 셈이다. 이것은 달기가 부인 자리에 머물지 않고 다른 영역을 넘나들었다고 할 수 있다. 이에 사관은 자신이 기억하고 있던 과거의 속담을 떠올렸고, 그것이 주왕의 몰락과 은나라의 멸망 원인을 밝혀준다고 생각했던 것이다.

유교가 여성을 차별과 억압의 대상으로 본다고 할 때 그 중요한 근거는 『서경』과 『논어』에 나오는 말이 아니라 『예기禮記』, 『대대례기大戴禮記』와 『의례儀禮』 등에 나온다. 세 책은 오늘날 법法과 같은 사회질서의 근간으로 작용했던 예禮를 다양하게 정리하고 있다. 예는 법조문과 비슷하게 추상적인 근본 정신이 있고, 구체적으로 어떤 상황에 이렇게 해야 하고 또 무엇을 하지 말아야 한다는 규범을 담고 있다.

『예기』 「예운禮運」에는 유교에서 말하는 가치가 완전하게 실현된

'이상 사회'의 이미지를 그리고 있다. 그 중의 일부를 살펴보자.[25]

> 인부독친기친 부독자기자   사노유소종 장유소용
> "人不獨親其親, 不獨子其子. 使老有所終, 壯有所用,
>
> 유유소장 궁과고독폐질자   개유소양
> 幼有所長. 矜寡孤獨廢疾者, 皆有所養."

"사람은 자신의 어버이만을 어버이로 돌보지 않고 자신의 자식만을 자식으로 돌보지 않는다. 즉 다른 집의 어버이와 자식도 돌본다는 뜻이다. 은퇴한 노인은 여생을 편안히 마치고, 청장년은 일할 기회를 갖고, 어린이는 무럭무럭 뛰어놀 수 있다. 그 밖에도 홀아비와 과부, 부모 없는 고아와 자식 없는 독거노인 그리고 치매 등 중증 환자들도 모두 보살핌의 복지 혜택을 받는다."

남녀노소가 모두 복지의 사각지대가 없이 인간다운 삶을 누릴 수 있는 세상에 살고 있다. 그래서 이러한 이상사회를 '대동大同'이라 불렀다. 모두에게 같은 기회가 제공되는 사회라는 뜻이다. 오늘날도 「예운」에서 말하는 복지가 실현되기가 어렵다. 대동의 세상은 그만큼 인간이 꿈꾸는 욕망이 고스란히 담겨 있다고 할 수 있다. 이 내용은 과거에 실현되었다기보다는 앞으로 실현하려고 하는 희망 또는 기획에 가깝다고 할 수 있다. 위의 구절에 이어서 논란이 되는 다음의 구절이 나온다.

> 남유분 여유귀
> "男有分, 女有歸."

'분分'은 명사로 몫, 분수, 본분으로 쓰이고 동사로 나누다, 쪼개다

---

25 이상옥 옮김, 『예기』, 「예운」, 명문당, 1993 중판, 456~458쪽.

로 쓰인다. '귀歸'는 보통 돌아가다, 돌아오다의 뜻으로 쓰이지만 특수하게 시집가다의 뜻도 있다. 여성이 일정한 나이가 되면 친정을 떠나 시집으로 들어가는 것을 가리킨다. 이 구절의 뜻은 이렇다. "남성은 능력을 발휘할 직업(직분)을 갖고 여성은 시집갈 기회를 갖는다." 남성은 모두 일할 직장을 가지므로 완전 고용이 되고, 여성은 모두 결혼을 하므로 가정을 이루지 못한 사람이 없다. 하지만 이 말은 남성과 여성의 사회적 성역할을 밖과 안, 사회와 가정으로 구분하고 있다. 이 말은 훗날 여성을 가정 안에 가두고 사회적 참여에 소극적이게 만드는 중요한 근거가 되었다.

이제 '귀歸'는 시집가다가 아니라 돌아가다는 뜻으로 쓰여 '바라며 돌아갈 곳이 있다'는 맥락으로 재해석되어야 한다. 그러면 시댁만이 여성이 돌아갈 유일한 곳이 아니게 된다. 여성은 남성과 마찬가지로 사회, 직장 등에 들어갈 수 있고 되돌아갈 수도 있게 된다.

유교가 여성의 적으로 된 것으로 '삼종지도三從之道'와 '칠거지악七去之惡'을 들 수 있다. 삼종지도는 여성이 자신의 인생을 스스로 결정할 수 없도록 하는 족쇄로 여겨지고, 칠거지악은 결혼한 이후에 남성이 어떠한 짓을 하더라도 여성과 이혼할 수 있는 7가지 이유로 취급된다. 이 시점에서 질문을 하나 던지고 싶다. "삼종지도와 칠거지악이 봉건적 악습이라고 말하는데, 어느 것이 법적으로 먼저 효력을 상실했을까요?" 다들 삼종지도와 칠거지악이 나쁘다는 점은 알고 있다. 정작 그것이 사회 제도로서 더 이상 생명을 유지하지 못하게 되었느냐고 물으면 바로 대답하기가 어렵다. 답은 바로 아래에 나온다.

삼종지도는 『의례』 「상복喪服 자하전子夏傳」과 『대대례기』 「본명本命」에 나온다.[26]

---

26 박양숙 옮김, 『대대례』, 자유문고, 1996, 331~335쪽.

부인유삼종지의　무전용지도　고미가종부
"婦人有三從之義, 無專用之道. 故未嫁從父,

기가종부　부사종자
旣嫁從夫, 夫死從子."

먼저 우리가 '삼종지도'라고 알고 있는 것은 후대의 용어이고 '삼종지의'라는 말이 먼저 쓰였다. '삼종지의'의 내용도 중요하지만 여성에 대한 관점을 나타내는 전체 맥락을 살펴봐야 한다. 이 구절의 뜻은 이렇다. "부인(여성)에게는 세 가지 따라야 할 도의가 있으므로 혼자서 주체적으로 결정하는 이치가 없다. 그래서 시집가기 전에 아버지를 따르고, 시집가서 남편을 따르고, 남편이 죽으면 아들을 따른다."

『의례』에서 여성이 '삼종三從'을 해야 하는 이유로 '전용專用'의 권리가 없다는 점을 들고 있다. 이것은 여성을 남성의 종속물 또는 종속적 지위에 두고 있는 명백한 증거라고 할 수 있다.

이 삼종지의가 오래전에 사망했으리라 생각할 것이다. 물론 문화나 사상의 측면에서 삼종지의는 20세기 즈음에 사라졌을 것이다. 하지만 법과 제도로는 겨우 2005년 3월 31일에 사망 선고를 받았다. 무슨 말이냐 하면 삼종지의는 호주제의 옷으로 기나긴 생명력을 이어왔다. 호주제에 따르면 여성은 결혼 전에 아버지인 호주에게, 결혼한 뒤에는 남편인 호주에게, 남편이 죽으면 아들인 호주에게 예속된다. 또 호주제는 호주의 승계 순위를 아들 → 딸(미혼) → 처 → 어머니 → 며느리 순으로 정해놓아 딸보다 아들 선호를 조장하였다.

호주제가 삼종지의와 똑같다고 할 수 있다. 특히 여성이 이혼하거나 재혼할 경우 문제가 심각해진다. 예컨대 이혼할 경우 여성은 호적이 친정에 있고, 아이들은 전남편에 있다. 여성이 아이를 데리고 살더라도 호주가 될 수 없으니 서로 동거인일 뿐이다. 호주제가 2005년에 폐지되며 여성이 더 이상 남성 호주에게 예속되지 않게 되었다.

칠거지악은 『대대례기』 「본명」에 나온다.[27]

<ruby>婦<rt>부</rt></ruby>有七去 : 不順父母, 去. 無子, 去. 淫, 去. 妬, 去.

有惡疾, 去. 多言, 去. 竊盜, 去.

不順父母, 去, 爲其逆德也. 無子, 爲其絶世也. 淫, 爲其亂族也.

妬, 爲其亂家也. 有惡疾, 爲其不可與共粢盛也. 口多言, 爲其離親也.

盜竊, 爲其反義也."

"아내는 다음 7가지 경우에 이혼을 당할 수 있다. 시부모에게 순종하지 않으면 쫓겨나고, 자식(아들)을 낳지 못하면 쫓겨나고, 간통을 하면 쫓겨나고, 질투를 하면 쫓겨나고, 전염병에 걸리면 쫓겨나고, 말이 많으면 쫓겨나고, 도둑질을 하면 쫓겨난다.

시부모에게 순종하지 않는 것은 도덕을 어기기 때문이고, 자식이 없는 것은 남편의 후사가 끊어지기 때문이고, 간통은 인륜을 어지럽히기 때문이고, 질투는 집안의 질서를 어지럽히기 때문이고, 전염병은 남편과 함께 제사를 받들 수 없기 때문이고, 말이 많은 것은 친척을 이간질하기 때문이고, 절도는 사회 정의를 어기기 때문이다."

『대대례기』에서는 '위爲' 자를 제시하며 칠거지악이 타당하고 정당하다는 점을 밝히고 있다. 현대인의 관점에서 도무지 왜 그렇게 하는지 이해가 되지 않는다고 하는 내용도 있다. 일곱 가지는 부계의 질서에 조금이라도 부정적인 영향을 주는 것이라고 할 수 있다. 그만큼 부계 질서를 굳건하게 지키려고 하는 남성의 철통같은 대비 태세라고 할 수 있다.

---

27 박양숙 옮김, 『대대례』, 자유문고, 1996, 331~335쪽.

그런데 우리는 칠거지악에 대해 보통 이 정도 알고 "칠거지악은 없어져야 한다"고 생각하지만 사실 덜 알려진 내용도 많다. 첫째로 '칠거지악' 바로 다음에 '삼불거三不去'가 나온다. 칠거지악이 너무 쉽게 행사되는 것을 막기 위한 조치라고 할 수 있다. 삼불거는 여성이 자신의 권익을 보호할 수 있는 장치라고 할 수 있다.

> 부유삼불거   유소취   무소귀   불거
> "婦有三不去 : 有所取, 無所歸, 不去.
>
> 여경삼년상   불거   전빈천후부귀   불거
> 與更三年喪, 不去. 前貧賤後富貴, 不去."

"아내는 다음 3가지 경우 이혼을 당하지 않는다. 맞이한 곳은 있지만 돌아갈 곳(친정집 등)이 없으면 내쫓지 않고, 함께 부모님의 3년상을 지냈으면 내쫓지 않고, 결혼 초에 가난했다가 나중에 살림을 불렸다면 내쫓지 않는다."

삼불거가 칠거지악의 가혹한 처분을 막았다고 할 수 있다. 하지만 "'칠거지악七去之惡'이 있는데 '삼불거三不去'가 있으면 무슨 소용인가? 원래부터 칠거지악이 없어야지……"라고 반문할 수 있다. 이상적인 상황으로 맞는 말이다. 이 주장대로라면 인류는 처음부터 변화와 발전의 필요성이 없는 이상적인 낙원에서 살았다고 할 수 있다. 나아가 억압과 불의를 극복해온 역사가 불필요하게 된다. 이러한 반론은 타당하지만 현실적이지도 역사적이지도 않다. 비판을 위한 비판일 뿐 인류가 자유를 위해 걸어온 길을 제대로 평가하지도 못한다. 아울러 칠거지악이 분명히 억압과 예속의 특성을 가지고 있다고 하더라도 당시 남성들도 삼불거와 같은 제한 조건을 다는 최소한 이성을 거부할 수 없었다. 이러한 최소한 이성이 존재할 때 자유를 향한 여정이 꽃필 수 있는 바탕이 있는 것이다.

그런데 칠거지악과 삼불거는 언제 법적으로 사망 선고를 받게 되었을까? 칠거지악과 삼불거는 조선의 마지막 또는 대한제국의 최초 법전『형법대전刑法大全』(1905년 공포)에서 부분적으로 수정된다.『형법대전』은 갑오개혁을 추진할 당시 입법 예고했던 신식법률반포新式法律頒布가 현실화된 것이며, 1895년(고종 32년) 2월 17일 선포했던 "홍범십사조洪範十四條"에 담긴 '형법과 민법의 엄명제정嚴明制定'을 구체화한 결과이다.『형법대전』이 낯설지만 최근 폐지된 간통죄를 최초로 금지한 법 체제였다. 간통죄는 "유부녀가 간통한 경우 그와 상간자相姦者를 6월 이상 2년 이하의 징역형으로 처벌한다"라는 내용을 담은 대한제국 법률 제3호로 공포되었다. 110년 만에 법의 효력을 상실하게 되었다.[28]

『형법대전』에는 칠거지악의 사유로 예시된 자식을 낳지 못하는 경우와 질투를 하는 경우가 삭제되었다. 칠거지악이 '오거지악五去之惡'이 된 셈이다. 아울러 자녀가 있는 경우 이혼을 허용하지 않은 조항을 첨가했으므로 삼불거가 '사불거四不去'가 된 셈이다. 2000년 만에 칠거지악과 삼불거에 변화가 생긴 것이다. 삼불거의 제한 조건을 달았던 이성이 자신의 영역을 조금 넓힌 것이다.『형법대전』은 1908년에 대폭 조문이 폐지되는 등 개정되는데, 이때 오거지악과 사불거가 삭제되었다. 이로써 칠거지악과 삼불거의 폐습은 법률적으로 효력을 상실하기에 이르렀다.

공자와 유교의 텍스트에서는 남성과 여성을 동등하게 바라보지 않는다. 이 사실은 결코 부인할 수 없다. 그럼에도 불구하고 칠거지악과 삼불거가 동시에 논의되고 있으며 역사적으로 칠거지악은 오거지악으로 줄어들고 삼불거는 사불거로 늘어났다. 제한적이지만 동아시아에

---

28 박병호,『한국법제사』, 민속원, 2012; 2015 2쇄, 243~248쪽 참조.

서 여성의 권익을 보장하려는 의식과 노력이 있었다는 점을 부인할
수 없다.

첫술에 배부르지 않지만 시작에서부터 여성을 아무런 보호 장치 없
이 차별하는 것을 받아들이지 않았던 양식이자 이성은 소중한 것이
다. 그 양식과 이성이 결국 여성과 남성의 동등한 대우를 자연스러운
것으로 만드는 데에 중요한 역할을 했기 때문이다. 그 이성은 처음에
"남성과 동등한 대우를 받았으면 좋겠다"라는 원망을 가지게 만들었
고 이어서 입센의 『인형의 집』에 나오는 노라가 "남편과 아이에 대한
의무"만큼 "나 자신에 대한 의무"를 신성한 의무로 여기는 자의식을
키워낼 수 있었던 것이다.[29]

4. 유교는 조선 망국의 원인이다?

조선이 멸망한 지도 한 세기가 넘었다. 조선의 멸망과 관련해서 케
케묵은 이야기가 있다. 주로 유교를 조선 멸망의 원인으로 지목하는
이야기이다. 예를 들어보면 다음과 같은 주장이 있다. "유교가 조선을
망친 주범이다." "유교 때문에 조선이 망했다." "유학자들이 무능해서
전쟁이 일어날 때마다 조선이 참패를 당했다." "고루한 유학자들이 세
계 정세의 변화에 대응하지 못해 나라가 망하게 되었다." 나아가 이러
한 주장은 또 다른 주장으로 이어진다. "유교는 이미 사망 선고를 받
았으니 재해석해볼 이유가 없다." "유교는 현대 사회에 어떠한 기여를
할 수 없다."

이러한 주장이 일말의 가치도 없는 거짓이라고 할 수는 없다. 조선

---

29 헨릭 입센, 김광자 옮김, 『인형의 집』, 소담출판사, 2002, 72, 134~136쪽.

의 건국을 기획했던 정도전鄭道傳 등 신진 사대부와 이성계 등의 군사 집단은 분명 조선을 "불교가 아니라 유교의 나라로" 만들려고 의도했기 때문이다. 조선이 유교와 떼려야 뗄 수 없는 관계를 가지고 있으므로 조선의 멸망을 유교와 연관 짓는 것도 결코 무리라고 할 수 없다. 조선의 멸망과 육교의 책임을 연관 지을 수 있겠지만 "조선 멸망의 모든 책임이 유교에 있다"는 것은 술집에 터뜨리는 화풀이식의 독백이지 진지하게 말하는 학문적 주장이라고 할 수 없다. 아니면 폭탄을 돌리며 억울한 한 명의 희생자를 찾는 놀이라고 할 수 있다.[30] 왜 학문적 주장이 되지 못하는지는 아래에서 다시 다루고자 한다.

사람은 성공의 기여는 떠벌리지만 실패의 부담은 떨쳐버리려고 한다. 이러한 현상은 개인과 집단에게 공통적으로 나타난다. 희생양을 영어에서 whipping boy, scapegoat라고 한다. 왕자가 왕족, 귀족 자제와 함께 교육을 받았다. 왕자가 잘못을 하더라도 나중에 왕이 될 귀한 신분이라 벌을 주기 어려웠다. 이 때문에 같이 배우는 학우 중에 누군가가 왕자 대신 매를 맞았다. 그를 'whipping boy'라 불렀는데, 이는 왕자 대신 매 맞는 소년이라는 뜻이다.

scapegoat를 희생양 또는 속죄양으로 풀이하지만 원래 동물은 양이 아니라 염소이다. 우리는 사람의 잘못을 개에 비유해서 즐겨 말하기 때문에 희생양이 아니라 희생'견犬' 또는 희생'구狗'로 옮겼으면 더 적실했을 것이다. scapegoat는 고대 유대의 풍속과 관련이 있다. 이스라엘의 제사장은 『구약』「레위기」 16장에 나오는 대로 속죄일에 사람의 죄를 용서하는 의식을 치렀다.[31] 이때 제사장은 두 마리 염소 중 한 마리의 피를 언약의 궤에 뿌리고 다른 한 마리는 손을 얹은 다음에 황야로 내쫓았다. 염소가 황야로 떠남으로써 사람의 죄가 사한 것으로

---

30 르네 지라르, 김진식 옮김, 『희생양』, 민음사, 2007 참조.
31 위키피디아(영어) http://en.wikipedia.org/wiki/Scapegoat 참조.

여겨졌다. 원래 이 의식을 '떠나다'는 히브리에 어원을 둔 Azazel이라 불렀다. 훗날 성서를 영어로 번역하며 scapegoat로 옮겼다. scapegoat 를 글자대로 옮기면 희생염소라고 해야 하겠지만 염소와 산양이 비슷 하여 초기에 희생양으로 번역되었다가 그대로 굳어진 것이다.

역사적으로 보면 사회 격변과 자연 재앙이 발생하면 정치 지도자나 민족은 그 원인과 책임을 특정 사람이나 대리물에 전가하여 정치적 심리적 부담을 덜었다. 나치가 '유대인'을 학살한 것이나 일본이 관동 대지진 때 '조센진'을 학살한 것도 희생양 찾기의 일환이라고 할 수 있 다. 유교와 공자가 조선의 멸망에 원인이 있다고 하더라도 응분의 몫 을 넘어서 전부라고 한다면 그것도 희생양 찾기의 실례에 해당된다고 할 수 있다.

그럼에도 불구하고 "조선의 멸망 = 공자(유교)의 책임"이라는 등식 을 말하는 사고와 목소리가 드높다. 이것은 이와 관련해서 정식으로 이야기의 판을 벌여본 적이 없기 때문이다. 그런 이야기판이 없다보 니 "공자의 책임론"을 여기저기에 갖다 붙이는 주장이 기성을 부리고 있다. 특히 이러한 주장은 과격하고 자극적이며 상업적이고 허무적인 내용을 담고 있다. 이것은 한때 한국 사회의 모든 문제를 재임 중의 대통령과 관련 지어서 "이것도 ○○○ 때문이고 저것도 ○○○ 때문 이다"라고 말하던 어투와 하나도 다를 바가 없다. 실질적인 원인은 따 로 있는데 그것을 밝히려고도 하지 않고 화풀이하듯이 책임을 떠넘기 는 현상이라고 할 수 있다.

이러한 주장들의 결정판은 1999년에 나와 많은 사람들의 주목을 받은 김경일의 『공자가 죽어야 나라가 산다』이다.[32] 이 책이 선풍적

---

32 김경일, 『공자가 죽어야 나라가 산다』, 바다출판사, 1999. 이에 대한 비판은 신정근, 「논어를 어떻게 읽어볼 것인가? ─ 역사 허무주의자(김경일교수)에 대한 답변」, 『공 자학』 제10권, 2003, 3~39쪽 ; 신정근, 『논어의 숲, 공자의 그늘』, 심산, 2006 참조.

인 인기를 끈 원인은 초유의 국가 부도 사태를 맞은 이후 실패에 대한 희생양이 필요했다는 데에서 찾기도 한다. 다양한 분석이 가능하겠지만 일단 우리나라에 해묵은 '반기업 정서'만큼 '반유교 정서'가 있다는 것은 분명하다. 이렇게 보면 우리는 총체적 실패나 불행한 결과를 맞이하면 정확한 원인 규명을 하기보다 만만한 대상을 골라 책임을 안기는 희생양 놀이를 즐기고 있다고 할 수 있다. 사정이 이렇다 보니 전국을 떠들썩하게 만든 부정부패나 대형 비리 사건이 터진 뒤에도 당사자들은 잘못을 시인하기보다 자신은 '깃털'일 뿐 '몸통'이 따로 있다고 큰소리를 친다. 이것도 결국 '희생양' 놀이의 한 종류라고 할 수 있다.

박근혜 정부가 들어선 뒤에 창조 경제를 동네방네 떠들었다. 창조 경제가 성공하면 경제가 살아나고 경제가 살아나면 청장년 실업이 해결될 수 있다고 역설했다. 창조 경제를 확산시키려고 하던 남민우 청년위원회 초대 위원장은 청년 일자리 창출을 위해 정부와 기업의 프리미엄 아르바이트 활성화, 게임 산업의 규제 완화, 영종도와 새만금의 카지노 골프장 리조트 건설 등을 제시했다. 하지만 그는 이러한 제안이 반대가 많다는 사실을 알고 그 원인을 다음과 같이 이야기했다.

"국민 정서를 핑계 삼아 아직도 우리는 살아 있는 공자가 우리를 힘들게 하고 있다. …… 공자가 죽어야 나라가 산다고 하지 않느냐, 그래야 일자리가 늘어난다."(『아시아경제』, 2013.7.15.)

남민우 위원장의 주장을 정리하면 다음과 같다. 정치인은 국민 정서를 이유로 골프장 등의 건설에 반대를 하는데, 그 국민 정서는 공자에 바탕을 두고 있다. 따라서 청년의 일자리를 늘리려면 공자에 바탕을 둔 국민 정서를 죽여야 한다. 이러한 논리를 뒷받침하는데, "공자가 죽어야 나라가 산다"라는 김경일 교수의 주장이 동원되고 있다.

사실 남위원장의 논리는 널을 뛰는 정도를 넘어 하늘을 날아다녀서 어디서부터 말을 해야 할지 가늠하기가 어렵다. 골프장 리조트 건설에 대해 주로 환경 보호를 주장하는 단체나 기구 그리고 지역주민이 반대를 한다. 남위원장의 주장에 따르면 그들은 공자를 믿는다고 할 수 있다. 하나 지역주민과 환경 단체가 공자 사상에 근거해서만 골프장 리조트 건설에 반대한다고 볼 수는 없다. 환경 단체나 지역주민은 생태계의 보호나 이해 갈등에 의거해 환경 파괴를 반대하고 있다.

아직도 "살아 있는 공자"의 정체가 도대체 누구를 말하고 무엇을 말하는지 종잡을 수 없지만 공자는 일자리 창출을 방해하는 배후로 지목되고 있다. 이런 주장을 들으면 이래저래 공자는 잠들기 어렵다는 생각이 든다. 한국에서는 무슨 일만 있으면 "공자 유죄론"을 펼치니 공자가 어찌 죽어서 두 다리를 쭉 뻗고 잠을 잘 수 있겠는가?

이제 우리는 희생양 놀이의 일환이 아니라 진지하게 조선 멸망과 유교(공자) 책임의 연관성을 살펴보는 느긋한 관점을 가져야 한다. 첫째, 조선과 대한제국의 관계로부터 출발하자. 조선은 1392년에 태어났다. 19세기 말 급변하는 국제 정세에서 자구 노력을 기울이는 방안으로 조선의 이름을 내려놓고 정치 체제를 바꾸는 개혁을 실시했다. 이에 따라 대한제국大韓帝國은 1897년 10월 12일에 태어나서 1910년 8월 29일, 즉 일본 제국주의의 식민지로 떨어지기 전까지 생명을 유지했다. 명과 청제국의 정치적 간섭을 받으며 그 영향력 아래에 있다가 청과 같은 황제의 나라가 된 것이다. 대한제국은 중화中華 중심의 세계(지역) 질서에서 개별 국가가 자국의 이해를 관철시키기 위해 국제법을 준수하는 만국공법萬國公法의 세계 질서로 들어선 것이다.[33]

---

33 이태진, 『고종 시대의 재조명』, 태학사, 2000; 신명호, 『고종과 메이지 시대─무엇이 조선과 일본의 운명을 결정했나』, 역사의 아침, 2014; 한상일, 『이토 히로부미와 대한제국』, 까치, 2015 참조.

하지만 고종은 조선이 대한제국으로 옷을 갈아입는 과정에서 교체되지 않았다. 그는 1897년에 조선의 왕에서 칭제건원稱帝建元의 황제가 되었다. 이 때문에 우리는 조선과 대한제국을 굳이 구분하지 않거나 구분하려는 의식이 약하다고 할 수 있다. 이 정치 체제의 변화에 따르면 "조선 멸망"이 외세에 의한 사건이라는 말 자체가 성립되지 않는다. 19세기 말 조선은 열강의 이권 개입으로 이전과 다른 정치 상황에 놓여 있었다. 하지만 1894년 개화파는 갑신정변을 일으켜 조선을 황제의 나라로 만들려고 했다. 갑신정변의 실패로 조선의 국호가 지속되다가 10년 뒤 갑오개혁 때에 다시 황제의 나라를 추진했다. 일본의 간섭으로 그 길이 잠시 주춤했다가 결국 1897년에 독립협회 등 여러 정파의 호응으로 제국이 되었다.

따라서 조선은 스스로 간판(국호)을 내리고 대한제국을 세웠으므로 외세에 의한 멸망이라고 할 수 없다. 물론 대한제국은 황제국의 나라로 새로 태어나서 국권을 지키고 못하고 1910년 일본에 합병되었다. 이에 대해 대한제국의 멸망이라고 할 수는 있다. 조선의 멸망과 대한제국의 멸망은 명백히 구분되어야 한다. 두 가지가 구분되지 않으면, 있지도 않은 '조선 멸망'이 엄연한 사실이 될 뿐만 아니라 조선에서 대한제국으로 개혁을 시도한 자구 노력이 전혀 평가를 받지 못하기 때문이다. 일본에 의해 멸망되었다고 하더라도 망국을 피하려고 했던 노력, 그 실패한 노력도 소중한 역사적 자산이다.

동아시아의 중국과 일본도 모두 정치 체제의 변화를 시도했다. 중국은 1911년 신해혁명으로 청제국에서 중화민국中華民國으로 이행하게 된다. '황제의 나라'에서 '인민의 나라'로 탈바꿈을 시도한 것이다. 탈바꿈의 방향이 올바르다고 하더라도 인민의 정치적 역량은 성숙하지 못했다. 이름에는 '민국'이 들어 있지만 위안스카이袁世凱(1859~1916)는 황제가 되어 역사를 뒤로 돌리려고 했다. 그만큼 민국을 굳건히 세울 수 있는 정치적 역량이 부족했다. 그 뒤 근대적 정당(국민당, 공산당)의 대결 과정을 거치면서 오늘날의 정치 체제가 등장했다.

일본은 1867년 막부가 천황에게 국가 통치권을 돌려주었다. 이를 대정봉환大政奉還이라 부른다. 물론 도쿠가와 막부는 대정봉환 이후에도 여전히 실질적인 권력을 행사할 수 있으리라고 판단했기 때문에 대참극 없이 675년간 지속됐던 봉건 제도가 사라지게 되었다. 천황은 권력을 장악한 뒤 학제 · 징병 · 지조地租 등 일련의 개혁 정책을 밀어붙이고, 부국강병富國强兵의 목표를 위해 구미歐美의 근대 국가를 이상으로 삼았다. 이러한 일련의 개혁은 메이지明治 유신이라는 이름으로 성공을 거두면서 일본은 동아시아에서 근대 국가로 성장하는 예외적 성공을 거두었다.

1904년 러일 전쟁의 승리는 비서구권의 국가에게 엄청난 희망을 주었다. 그간 서구의 침략에 속수무책으로 당하던 비서구권이 서구를 상대로 통쾌한 한판승을 거두었기 때문이다. 안중근 의사도 「동양평화론」의 글에서 러일 전쟁에서 일본이 거둔 승리에 기뻐했다고 말할 정도였다. 물론 일본은 대동아 공영권을 내세우며 자국이 중국을 대신하여 서구의 침략을 막는 패자 역할을 하겠다고 했지만 그것은 자신의 제국주의 욕망을 포장하는 이데올로기였을 뿐이다.

이렇게 보면 동아시아에서 일본은 막부 체제에서 천황제로 성공적으로 변화하여 근대의 동아시아를 주도했다. 중국은 황제 체제에서 민국 체제로 전환했지만 지지부진한 성과를 보이며 내적으로 분열되고 외적으로 침략을 받는 혼란을 겪었다. 한국은 중화 질서에서 국제 질서로 활동 무대를 바꾸며 자강의 길을 걸었지만 대한제국은 그 역할을 충실하게 이행하지 못했다. 하지만 유교(공자) 책임론은 조선이 대한제국으로 바뀌면서 시도했던 개혁을 무시하는 오류를 범하게 된다.

둘째, 유교 유죄론은 대한제국의 식민지화에도 아무런 책임이 없다는 역설적인 상황에 이르게 된다. 조선이 유교의 나라를 표방했고 그 방향은 대한제국으로 이어졌다. 이런 측면에서 유교가 조선을 개혁하려는 대한제국의 멸망에 일정한 책임이 있다는 점을 부인하기 어렵다. 그렇다면 유교가 어떤 측면에서 대한제국의 멸망을 막지 못했을까? 유교가 조선과 대한제국을 운영하는 지배적 가치 체계였다. 그렇다면 왕, 황제를 비롯하여 관료와 신민 그리고 백성들은 유교의 사상적 세례를 받지 않을 수가 없다. 이 세례가 억압으로 작용할 수 있다.

이성계는 위화도 회군(1388년)을 하고서 당시 사회의 발전을 가로막던 토지 수조권收租權을 개혁하기 위해 1391년에 과전법을 실시했다. 토지 조사를 시행하고서 수조의 최고 상한제를 실시했다. 이러한 과전법은 대토지 소유를 막을 뿐만 아니라 소농의 경제적 기반을 어느 정도 보장할 수 있었다. 과전법은 고려 말기에 실시되었지만 실제로 이성계가 조선을 개국할 수 있는 물적 기반이자 사회적 개혁 조치라고 할 수 있다.

하지만 19세기는 수조권의 개혁으로 조선이나 대한제국이 탄탄대로의 길을 걸을 수 있는 상황이 아니었다. 서구는 생산 관계를 영주와 농노의 봉건제에서 자본가와 노동자의 임노동에 바탕을 둔 자본주의로 바뀌는 혁명을 일구어냈다. 그에 따라 서구는 지역에 바탕을 둔 국가에서 지역을 초월한 초대형 제국으로 탈바꿈할 수 있었다. 그들의 탈바꿈은 비서구를 향한 침략으로 이어졌다. 그들은 침략마저 역사의 발전이라는 이데올로기를 퍼뜨렸지만 실상 무자비한 착취나 가혹한 살상과 다를 바가 없었다. 19세기의 조선과 대한제국은 14세기의 고려나 조선과는 완전히 상이한 세계를 마주하게 되었다.

여기서 유교가 대한제국이 일본의 식민지로 떨어지거나 스스로 근대화를 이루지 못한 원인이라고 해보자. 이때 유교가 사람들로 하여금 기존과 다른 사회를 상상할 수도 기획할 수도 없는 억압의 체계였다면 유교 유죄론은 타당하다. 즉 유교가 사람의 손발 동작만이 아니라 사고 활동까지 완벽하게 장악하여 대한제국은 유교 이외의 다른 것을 볼 수도 말할 수도 꿈꿀 수도 없는 숨 막히는 세계여야 한다.

하지만 19세기의 조선과 대한제국에서 사람들이 유교 이외 다른 것을 보고 듣고 생각할 수 있다면, 대한제국의 실패를 유교 책임으로만 돌릴 수는 없다. 유교가 사람의 행동과 사상을 통제하는 역량이 그만큼 완전하지 않다는 것을 보여주기 때문이다. 실제로 19세기는 천주교가 전래되어 신자가 늘어나고 있었고 서구 사상이 수용되어 황제의 나라를 대신하여 시민의 나라를 꿈꾸는 사람이 생겨났다. 여기서 우리는 흥미로운 결론을 마주하게 된다. 유교가 대한제국의 실패에 책임이 있다고 생각했지만 그 유교는 사람들의 신체와 정신, 의식과 무의식을 완벽하게 통제하지 못하는 무력하고 불완전한 이념으로 드러나기 때문이다. 아울러 유교에도 책임을 물을 수 없으니 다른 어떤 이념만이 아니라 사람에게도 책임을 물을 수 없게 된다.

셋째, 아직도 대한제국의 실패 책임이 누구에게 있는지 정확하게 밝혀지지 않고 있다. 우리나라는 특이하게도 국가의 근간을 뒤흔들 세기의 사건이 벌어져도 그 책임자가 제대로 밝혀지지 않는 경우가 많다. 아니 책임자를 밝히려는 의지가 없는 것으로 보인다. 1980년의 광주 민주화 항쟁은 민주주의의 가치를 온몸으로 지키고자 하는 시민의 결사 항쟁이었다. 광주 민주화 항쟁에 대한 많은 의혹이 밝혀졌지만 아직도 시민을 상대로 발포를 하도록 명령을 내린 사람이 누구인지 밝혀지지 않았다.

1997년의 국가부도 사태는 한국 사람의 일상과 생업 그리고 산업 전체를 뒤흔든 엄청난 사건이다. 국가부도 사태가 일어났을 당시 김영삼 정부의 정책 결정권자가 잘못을 한 것으로 이야기가 되었다. 하지만 일정한 시간이 지나자 정책 결정권자는 국가부도 사태에 대한 도의적 책임을 질 수 있지만 실질적 책임을 떠안을 없다고 항변했다. 강경식 경제부총리 등은 실제로 소송에서도 그렇게 주장했다. 하루아침에 집을 잃고 길바닥에 나뒹굴고, 가진 재산을 다 잃고 인생을 비

관하며 폐인이 되었는데, 누가 책임이 있는지 속 시원하게 밝혀지지
않았다.

2014년 4월 16일 세월호 수장(침몰)[34] 참사는 원인을 둘러싸고 아
직 재판이 진행 중이라 단언하기가 어렵다. 하지만 참사 이후 밝혀진
사실만으로 유관기관은 승객을 태우는 배의 안전을 책임지는 관리 감
독의 임무를 충실히 했다고 말하기 어렵다. 선주, 선장, 일등항해사는
세월호가 사고의 위험을 안고 있다는 사실을 인지하고서 적절한 조치
를 취했다고 말하기 어렵다. 사고 발생 이후에도 정부는 신속한 구호
를 위해 적실한 안내와 탈출을 도왔다고 말하기 어렵다. 하지만 정부
는 정부대로, 유관기관은 기관대로, 해운사는 해운사대로, 승무원은
승무원대로 도의적인 책임을 말하는 것을 넘어서 실질적 책임을 지겠
다고 말하는 경우는 없다.

현대사의 경우 1980년 광주 민주화 항쟁의 발포 책임자, 1997년 국
가부도 사태의 초래 책임자, 2014년 세월호 수장의 관리 감독과 구호
책임자는 여전히 미궁이다. 사고가 일어나고 그로 인해 고통을 겪는
사람은 있지만 그 책임자는 없다. 아울러 그 책임자를 끝까지 밝혀서
처벌 또는 응징해야 한다는 요구의 목소리가 그렇게 강하지 않다. 이
런 맥락에서 보면 우리나라는 '책임지는 사람' 대신 '책임질 수 없는
유령'이 지배하는 사회라고 할 수 있다. 세월호 생매장의 경우에도 혹
자는 유교가 참사가 일어나게 된 원인이라고 말했다.

나는 이러한 진단을 볼 때마다 '우리나라는 도대체 유교가 없었더

---

34 공자의 정명正名은 사태의 정확한 성격을 규명하며 그에 합당한 평가를 하는 것이
다. 세월호 침몰은 처음에 '사건'으로 불리다가 참담함으로 인해 '참사'로 불리었다.
사람의 대응이 적절하지 못했다는 점에서 무책임하다는 점을 시인한다면 세월호
침몰은 '수장'이라고 불러야 한다. 이때 우리 공동체는 세월호 침몰을 하나의 텍스
트로 심각하게 돌아보고 유사한 일이 재발되지 않도록 각오를 새롭게 할 수 있을
것이다.

라면 어떻게 되었을까?'라는 생각이 들 정도이다. 무슨 문제라도 생기면 죄다 그리고 무조건적으로 '유교'를 소환해서 그 죄를 탓한다. 이렇게 유교 원죄론을 들먹이는 사이에 실질적인 책임자는 요리조리 법망을 빠져나가고 유죄를 무죄로 만드는 마법魔法을 만들어내고 있다. 실질적 책임자를 가리려면 이념에만 주목할 것이 아니라 이념을 움직이는 사람, 최종적 의사 결정을 하는 사람에 주목해야 한다.

도대체 누가 이념과 가치를 만들고 개혁하고 재구성하는가? 당연히 사람이 아닌가! 한 나라에 이념의 노예만 있다면 이념이 사고의 원인이라고 할 수 있다. 그렇지 않다면 세기적 사건 사고의 책임은 사람에게 있지 이념과 제도 자체에 있다고 말할 수 없다. 19세기 말의 조선과 20세기 초의 대한제국을 보라. 왕조 국가는 공공성을 상실하고 몇몇 권문 세족이 정치를 좌지우지하는 세도 정치로 전락했다. 세도 정치가 이전과 전혀 다른 대전환의 시대를 예상하지 못하여 멸국의 길을 걸었다. 그렇다면 세도 정치를 담당했던 사람이 조선 멸망의 책임자이자 대한제국 멸망의 책임자여야 한다. 조선과 대한제국의 유교 원죄론이 멸망으로 인한 고통을 잊기 위해 희생양을 찾는 논리라면 무방하다. 그게 아니라 실질적 원인을 찾는 논리라면 그것은 학문적인 주장이라고 할 수 없다. 이는 우리 사회가 결국 학문적인 주장보다 일부 집단의 이익을 지키려는 정치적 목소리에 의해 움직인다는 것을 보여준다.

제2장 『논어』의 키워드, 인仁의 의미

집만큼 편한 곳은 없다. 편한 곳을 들어가려면 열쇠가 있거나 비밀번호를 알아야 한다. 편한 곳을 지키려면 그 정도의 불편을 달게 받아들여야 한다. 『논어』도 낱말들로 지어진 커다란 집이다. 이곳에 들어가려면 열쇠를 손에 쥐어야 한다. 인仁은 『논어』의 열쇠이다. 그 의미를 스케치하듯이 살펴보도록 하자.

음모를 꾸미고 전쟁을 꾀할 때 상대에게 들키지 않으려고 한다. 들키면 성공할 가능성이 적기 때문이다. 이런 사람도 음모와 사랑, 전쟁과 평화 중에 어느 것이 바람직하냐고 묻는다면 공개적으로 사랑과 평화가 바람직하다고 말한다. 음모와 전쟁이 성공하기를 욕망하지만 그 자체가 정당하지 않다고 생각하기 때문이다. 사랑과 평화의 압도적인 가치 우위에도 불구하고 이 세상에는 포성이 멈추지 않고 완전한 평화는 소망으로 남아 있다.

동아시아 철학의 유산 중에서 오늘날 사랑과 평화의 언어와 가장 가까운 말이 인仁이다. 인의 역사를 조망하면서 평화의 도래를 기획해보기로 하자.

1. 어원과 초기의 의미

철학사의 비중을 고려해볼 때 우리는 인仁이 이르면 한자의 가장 초기 상태에서부터 나타났으리라 예상할 수 있다. 따라서 가장 빠른 갑골문甲骨文이나 아니면 늦어도 금석문金石文에 '인仁' 자의 꼴을 확인할 수 있으리라 예상할 수 있다. 이런 예상은 보기 좋게 어긋나고 만다. 도道가 후대에 나타나는 개념이듯이 인도 BC 8세기에 이르러서야 비로소 문헌에 그 모습을 드러내기 때문이다. 인은 왜 그토록 늦게 학문의 무대에 등장하게 되었을까? 이 질문은 "인이라는 문자가 어떻게 형성되었는가?"라는 또 다른 문제와 결부되어 있다.

인仁이라는 문자는 '사람의 인人'과 '둘의 이二'의 조합으로 되어 있다. 이 조합은 어떻게 하나의 통일적인 의미를 가진 문자로 설명될 수 있을까? 이와 관련해서 두 가지 설명법을 생각해볼 수 있다. 첫째, 인에서 사람이 결정적인 의미이고 이는 단순히 중복을 나타내는 부차적인 요소이다. 이 주장은 인을 보편적인 사람다움으로 연결시키려고 한다. 둘째, 인에서 사람과 둘은 모두 결정적인 요소로서 사회성을 나타낸다. 이 주장은 인을, 사람의 근원적인 상호 의존성으로 해석하려고 한다. 이 둘은 방향을 달리하지만 결국 사람다움을 어디에 두는가라는 공통된 초점을 말한다.

사람다움은 인류가 존속하는 한 영원히 되물을 수 있는 질문의 형식이기는 하지만, 시대마다 달리 채워지는 대답의 내용으로 구체화된다. 현대에는 사람다움이 사이보그나 생물 복제에 대비되어 되물어지고 있다. 이와 달리 고대에는 사람다움이 자연의 힘이나 종족 보존의 과제와 연관되어 되물어졌다. 오늘날 우리가 쓰는 사람이나 인人은 인류의 초기 상태에서 혈족과 종족의 범위를 넘지 않았다. 다른 종족은 오늘날 용어로 사람이나 인에 해당되지만 같은 사람으로 불리기보다는 짐승이나 혐오의 상징물로 대체되어 명명되었다.

이러한 맥락에서 보면 인仁은 처음에는 종족 간의 충돌로 인해 자기 집단 생명의 보존에 기여하는 인물을 가리키게 되었다. 즉 그것은 남성답다(전투는 남자가 하므로), 싸움을 잘하다, 씩씩하다 등을 의미했던 것이다.[1] 흔히 인仁을 보면 '어질다'라는 의미를 쾌속으로 연상하는 사람에게 이러한 풀이는 충격으로 다가올 수 있다. 아무리 충격이 크다고 하더라도 명백한 증거 앞에 달리 할 말이 없을 것이다. 우리는 이런 인의 어원과 연결되는 초기 용례를, 황하黃河 유역의 시가를 모아서 묶어놓은 『시경』 문헌에서 두 차례 확인할 수 있다. 하나는 정鄭 나라의 민요인 「숙이 사냥 나가다」의 "숙만큼 잘 생기고 남자답지 않구려!"이고 다른 하나는 제齊 나라의 민요인 「사냥개의 방울 소리」의 "그 사람 잘 생기고 씩씩하지 않구려!"이다.[2]

여기서 인은 아직 철학이나 학문의 전문 용어가 아니다. 우리가 학교 다닐 때 멋진 학생이나 선생님에게 감탄했던 그런 말이다. "아, 참 잘 생겼다", "참으로 씩씩하네!" 이처럼 인은 초기에 보는 이에게 뚜렷한 인상을 남길 정도로 출중한 힘이나 외모를 가리켰다. 바로 이런 특성은 인이 『시경』 중에서도 궁중의 연회나 종묘의 제사에 쓰이던 시가가 아니라 민요에 채집되어 있다는 점에서 분명해진다.

2. 공자의 재해석과 맹자의 심리화 기획

춘추시대에 이르러 인의 역사에서 최초의 비약이 발생하게 되었다.

---

1 나는 인仁의 어원과 초기 의미를 집요하게 추적해왔다. 이와 관련해서 다음의 두 책에 자세한 논의가 이루어지고 있다. 신정근, 『사람다움의 발견』, 이학사, 2005; 신정근, 『사람다움이란 무엇인가』, 글항아리, 2011 참조.
2 「정풍·숙우전叔于田」 "洵美且仁" 「제풍·노령盧令」 "其人美且仁."

그 주인공은 지금으로서는 공자라고 할 수밖에 없다. 공자는 『논어』
에서 인仁을 58장에서 걸쳐 105차례나 사용할 정도로 그것에 깊이 파
고 들어간 인물이다. 그가 혼자서 단순히 인이라는 글자를 많이 사용
했다는 것이 아니라 인을 "사람다움이란 무엇인가?"라는 보편적인 물
음과 연계시켜서 논의를 진행하고 있기 때문이다.

  『논어』에서 인의 특성을 알 수 있는 대표적으로 용례가 두 가지가
있다. 하나는 번지樊遲라는 학생이 공자에게 인의 의미를 묻자 "애인
愛人"이라고 대답한 곳이다.[3] 다른 하나는 안연이라는 학생이 공자에
게 똑같은 질문을 하자 "극기복례위인克己復禮爲仁"이라고 말한 곳이
다.[4] 애인은 너무도 쉽게 사람을 사랑하다로 번역될 수 있다. 쉬운 번
역에도 불구하고 사랑이 무엇을 말하는지 분명하지 않다. 이 번역이
인재를 놀리지 말고 적재적소에 배치하라고 주문하는 것인지 아니면
각종 세금을 경감시켜 인민의 고통을 줄여주라고 요구하는 것인지 아
니면 도탄에 빠진 인민을 한 사람도 남김없이 구원해야 한다는 목표
를 세우는 것인지 다양하게 읽힐 수 있다. 이런 애매성에도 불구하고
공자는 인으로 적어도 주위 사람을 이용하거나 적대시하는 것이 아니
라 보호와 사랑의 대상으로 파악하고 있다. 즉 인仁은 자기 자신의 이
해나 생존을 넘어서는 계기를 가지게 되었다. 이것만으로도 어원이나
『시경』에서 보이는 인의 특성을 훌쩍 뛰어넘었다고 할 수 있다.

  이런 점에서 극기복례克己復禮는 사람다움의 특성을 한층 더 분명
하게 제시해준다. 애인愛人이 단순히 행위자에게 이렇게 하라는 요구
를 나타내는 반면 극기복례는 그 주문이 예禮를 통한다는 것을 나타
내고 있기 때문이다. 물론 예는 현대의 사회과학적 연구에서 밝혀지
듯이 신분 질서를 고착화시키는 측면이 있다. 하지만 극기복례에서

---

3 「안연」 22(316) "樊遲問仁. 子曰: 愛人."
4 「안연」 1(295) "顏淵問仁. 子曰: 克己復禮爲仁."

예는 사람의 행위를 보다 더 아름답고 품위 있게 만드는 문명화의 과
정을 나타내고 있다. 이것은 우리가 쩝쩝 입맛을 다시며 음식을 먹는
사람에 대해 "매너가 없다"라고 말하며 좋지 않는 촌평을 하는 데에서
어느 정도 엿볼 수 있는 것이다.

　주의해야 할 것은 극기복례가 이기적 욕망을 극복하는 심리적 계기
에만 초점이 있지 않고 규칙을 준수함으로써 평화로운 공동체가 건설
되는 데에 있다는 점이다. 예컨대 두 가지의 축구 경기를 상상해보자.
하나는 심판이 특정 팀을 봐주고 선수들은 반칙을 예사로 한다. 다른
하나는 심판이 엄정 중립을 지키고 선수가 규칙을 준수해야 하므로,
규칙을 위반하면 상응하는 벌칙을 받는다. 극기복례는 두 번째 축구
경기와 닮았다. 선수들이 어떤 개인적 욕망을 가졌는지 몰라도 전체
적으로 축구가 규칙에 따라 제대로 진행되어야 한다는 데에 합의하고
있고, 또 관중과 선수가 경기를 통해 즐거움을 느끼며, 규칙을 준수함
으로써 공동체의 평화를 유지하게 된다.

　그러나 규칙은 사람을 편안하고 자유롭게 만들기도 하지만 사람을
억압하며 특정한 방식으로 길들이기도 한다. 예컨대 법률 중에서도
기본권은 사람을 존엄하며 행복하게 살 수 있도록 하지만 온오프 라
인에서 언론과 사상을 통제하려는 법률은 국가가 시민의 사상을 감독
하고 관리하여 사람을 주눅 들게 만든다. 이럴 때 사람들은 규칙의 존
립 근거를 묻는다. 도대체 "너(규칙)는 어디에서 왔기에 이렇게 나(사
람)를 괴롭히고 못살게 구느냐?"고 말이다. 이 물음에 합리적으로 대
응하지 못하면 그 규칙은 노예 제도나 성차별처럼 반인간적으로 분류
되어 더 이상 존립할 수 없다.

　맹자는 공자의 인이 처한 이러한 위기를 멋들어지게 해결한다. 인
은 사람이 사람답게 살기 위해서 지켜야 할 규칙이며 그것의 기원은
"내 마음에서 우러나는 것이다"라고 주장했다. 최근 머리에 못이 찔린
고양이가 인터넷에서 화제가 되고 있다. 우리는 이런 문제의 장면을

보고서 불쌍하다거나 딱하다는 감정이 들고 그렇게 한 사람을 찾는 데에 도움을 주려고 한다. 여기서 바로 우리는 누가 시켜서 돕는 것이 아니라 나 자신에서 시작된 감정의 결에 따라 돕는 것이다. 이를 통해서 인은 우리의 도덕 감정을 이끌어 가는 원동력이 되고, 그렇게 행위가 이루어지면 사람과 사람을 잇는 연대 의식이 생겨나게 된다.

3. 신유학 : 도덕의 근거이자 존재의 동근원성

맹자의 단계에서 인은 사람만이 아니라 드물게 사람과 동물의 관계까지 확대되어 쓰였다. 이때의 인은 아직 세상의 모든 존재자, 세계와 연계되어 사유되지 않았다. 그것이 맹자가 그만큼 사람의 문제를 해결하는 데 골몰했다는 증거이기도 하다.

또 한 번의 비약이 송나라에서 일어난 신유학 또는 성리학의 등장과 함께 시작되었다. 신유학자들은 위진 시대 사상가들의 물음 의식을 계승해서 세계를, 개별적 현상 사이의 관계 양상이나 상호 의존으로 조망하지 않고 본질과 현상의 틀로 바라보기 시작했다. 개별적인 사태(존재자)는 또 다른 사태(존재자)와 맞물려서 생성하고 변화되는 것이 아니라 개별적 사태를 넘어선 보편적 절대의 재현(실현)으로 간주되었다.

예를 들자면 이전의 사상가들은 음陰이 있으면 양陽이 있고 반대로 양이 있으면 음이 있는 것처럼 여자가 있으면 남자가 있고 남자가 있으면 여자가 있다고 생각했다. 나아가 그들은 세계를 상호 대립하면서도 상호 의존하는 상대들이 지속하며 관계를 맺는 양상으로 보았다. 신유학자들은 음과 양 모두 넘어서 있는, 아니 음과 양 모두를 가능하게 하는 존재의 세계를 발견했다. 그것이 바로 리理이기도 하고 도道이기도 하다. 그래서 오늘날 그들의 학문을 성리학 또는 주자학이라고 부르지만 당시에는 도학道學으로 불리었다. 또 그들이 리를 도와 같은 층위에 두므로 리학理學이라 부를 만하다.

신유학자들이 도달한 지평에서 종래의 규범적 가치들도 하나같이 재해석되는 시련을 겪게 되었다. 그 중에서 인은 효도나 공손만이 아니라 사랑·정의·지혜·문화·신뢰 등을 가능하게 하는 규칙 중의 규칙이 되었다. 즉 인은 모든 규칙이 규칙으로서 성립될 수 있는 생명을 부여하는 절대적 가치가 되었다. 효도나 사랑이 인의 자식인 셈이고 인은 모든 도덕적 가치의 어머니가 되었다.

이 비약이 어렵다면 연애하는 여남의 관계를 생각해보자. 전화하고 안부를 묻고 만나서 밥 먹고 영화보고 함께 놀러가고 다른 친구들과 어울려서 디스코장에 가고……. 이 모든 행위와 마음씀씀이를 한 마디로 압축해보라고 한다면 우리는 "사랑하니까"라고 말할 수밖에 없다. 사랑이 당신의 모든 행위와 의식을 지배하듯이 인이 도덕과 존재의 세계를 지배하게 되었던 것이다.

인의 이러한 화려한 변신에도 불구하고 이견이 없었던 것은 결코 아니다. 신유학자들은 인이 도덕의 존재 근거라는 점에서 동의를 한다. 하지만 그들은 초월적 근거와 현실적 사태가 접점을 이루는 방식을 달리 파악한다. 주희 등은 인이 근거이므로 개별적 덕목들에 부분으로 나뉘어 참여하지만 또 개별자와 동일시되지 않는 지평을 강조해마지 않는다. 반면 왕수인王守仁 등은 개별자와 공존(결합)하지 않는 보편자의 순수한 세계에 신뢰를 보이지 않는다. 특히 후자의 사유 방식은 모든 존재자를 하나의 근원에 참여시켜 그 사이의 차이를 희석시키려고 하는 "만물이 한 몸이다"라는 목소리를 크게 낸다. 즉 그들은 만물일체萬物一體로서 존재의 동근원성을 역설하고 있는 것이다.

4. 근대 : 부활의 시도들

우리가 길 가다 구르는 돌에서 아픔을 느낀다든지 해마다 녹아드는 북극의 얼음을 보고 염려를 한다든지 오랜만에 산을 오르다 문득 멈춰 섰을 때 나와 대기가 하나로 뼹 둘러 있다는 느낌이 들 때를 생각하면 어느 정도 이해할 수 있으리라. 이것은 일종의 형이상학적 체험이나 시적 체험이며 바로 만물일체의 체험이라고 할 수 있다. 근대인들은 이러한 체험에 커다란 의미를 두지 않았다. 그들은 세계를 기계적인 운동으로 설명하므로 그 안에 생명을 느낀다거나 특별한 의미가 있다고 생각하지 않았기 때문이다.

동아시아에는 근대 이전에도 이러한 만물일체에 대한 반발도 적지 않았다. 예컨대 정약용丁若鏞 등은 만물일체가 선종禪宗에서 말하는 "만법귀일萬法歸一"을 성리학자 또는 신유학자들이 차용한 것으로 내친다. 이것은 유효하며 가능한 비판이기는 하지만 사유의 진정성을 숙고하지 않는 태도이기도 하다. 사유의 기원 자체가 사유의 타당성을 가르는 기준이 될 수 없기 때문이다. 하지만 전근대의 학문 행위를 보면 다른 학파에서 사유의 일부를 빌려왔다는 것을 밝히는 것으로 그 사유의 부당성을 입증한다고 생각했다. 또 세계의 동근원성은 원인과 결과 사이의 객관적 관찰과 재연을 강조하는 과학에서는 검증될 수 없는 것이다.

이러한 비판으로 인의 정체성이 완전히 사라진 것은 아니었다. 서세동점의 시대가 시작되면서 서학西學이 동아시아에 전래되었다. 동아시아의 지식인들은 서학에 담긴 과학의 세례를 받으면서 인을 부활시키기 위해서 노력했다. 이들 중 탄쓰퉁譚嗣同(1865~1898)은 빛의 전파 현상을 설명할 때 상정된 에테르ether 존재를 끌어들여 인을 재해석했다. 빛이 에테르라는 매질로 전파되듯이 물질과 물질, 사람과 사람 사이에도 상호 영향을 가능하게 하는 인이 작용한다는 것이다.

이것은 과학적으로 입증될 수 없는 말이다. 하나 인은 자아와 타자의
연대를 가능하게 하는 운동에서 함축하고 있으므로 바로 그 핵심에서
평화와 화해 그리고 생명의 존중이라는 현대의 물음을 푸는 자원이
풀려나올 수 있다. 이 작업은 인이 가진 여러 전통 중에서 놀이의 규
칙 지키기 · 고통의 공유 · 전체의 사유 등을 새롭게 종합하는 길을 통
해 진척될 것이리라.

제3장 사람답게 살기와 나답게 살기

1. 그래도 좋은 사람이 많다

우리는 스스로 "사람답게 살고 싶다"라고 말한다. 또 아울러 주위 사람에게도 "사람답게 살아라!"라고 충고하기도 한다.

하지만 사람답게 사는 것이 그렇게 쉬워 보이지는 않는다. 신문 방송을 보면 연일 사건 사고가 쏟아진다. 부부가 게임에 빠져서 자기 자식이 배고파 우는데도 제대로 돌보지 않아서 아이가 굶어죽는 일이 일어났다. 쌍둥이 아이가 잠을 방해한다며 남편이 아내와 아이를 때려서 숨지게 한 일도 있었다. 우체국에 함께 근무했던 동료가 채무 관계로 다른 동료를 살해했으면서도 장례식에서 유족을 위로한 일도 있었다. 이 이외에도 사람의 귀를 의심하게 만드는 일들이 하루가 멀다 하고 터진다.

이런 소식을 접하면 "사람이 도대체 무엇까지 할 수 있을까?"라는 회의가 든다. 아울러 그냥 뚜렷하게 내세울 만한 거대한 일을 하지 않더라도 주위 사람에게 피해를 주지 않고 사는 것조차 너무 어려운 숙제처럼 보인다. 보통 사람으로 살기도 어려운데, 그보다 좀 더 나은 뭔가를 하면서 사람답게 산다는 것은 더더욱 어려워 보이기 때문이다. 이에 우리는 혀를 끌끌 차면서 "참 세상이 말세야! 사람들이 어쩌려고 저러나?"라는 말을 하곤 한다.

이런 판단은 너무 성급하다. 우리가 사는 세상에는 참으로 잔인한 일도 많지만 그렇지 않는 일도 많다. 밤늦게나 새벽 일찍 길을 가다보면 전날 더러워진 거리를 깨끗하게 정리하는 사람을 볼 수 있는데, 산 더미처럼 쌓인 생활 쓰레기를 차근차근 치운다. 또 밥때가 되면 음식을 정갈하게 내놓는 식당의 아주머니들이 있다. 이분들의 이야기가 화려하게 신문 방송에 나오는 일은 드물다. 하지만 그분들은 돈으로만 따질 수 없을 정도로 힘든 일을 늘 자기 자리에서 맡은 바를 하고 있다. 그렇기 때문에 우리는 깨끗하고 배불리 먹는 생활을 해나가고 있는 것이다. 세상에는 보도되는 좋지 않은 사건 사고에도 불구하고 보도되지 않는 좋은 일들이 많이 있기에 우리는 별탈 없이 살아가고 있는 것이다.

2. 사람답게 살기의 출발점

사람답게 사는 것은 멀고 어려운 것만을 하는 것이 아니라 자신이 맡은 일을 제대로 하는 것이라고 할 수 있다. 사실 이것도 하루가 아니라 인생에 걸쳐 매일 성실하게 한다는 게 여간 어려운 일이 아니다. 매일매일 반복되는 가사일, 쉼 없이 땅을 일구는 농사일같이 매일 꾸준히 하는 것이 그렇게 쉽지만은 않다. 간혹 TV의 체험 프로그램에서 연예인이나 유명 인사가 하루 정도 청소나 농사 등 현장 체험을 하면서 얼마나 힘들어하던가?

그렇지만 자신의 맡은 일을 제대로 하는 것이 사람답게 살아가는 출발점일 수는 있지만 종착점일 수는 없다. 무슨 말일까? 청소와 밥 그리고 농사가 아무리 중요하다고 하더라도 우리가 자신의 일을 제쳐두고 모두 거리에서 청소할 수도 없고 식당에서 음식을 만들 수도 없고 들과 바다에서 생업에 매달릴 수도 없다. 어떤 일이 아무리 중요하다고 하더라도 우리는 자신이 맡은 그 일만이 사람답게 사는 길이라고 할 수는 없다.

바로 여기서 내가 하는 일에만 한정되지 않고, 너와 나 또는 우리모두에게 어울릴 수 있는 것이 있지 않을까 생각해보게 된다. 우리가하는 일은 다르다. 그런 차이에도 불구하고 우리 모두에게 해당이 되므로 특정한 일을 하는 사람에게만 유리하고 그렇지 않은 사람에게불리하지 않다. 실제로 하느냐 하지 못하느냐라는 차이는 있겠지만모두 할 수 있는 것이 사람답게 사는 길과 더 잘 어울리게 보인다.

실례를 들어보자. 2011년 3월 중순에 일본의 동북부 지역을 쓰나미가 휩쓸고 지나가 수많은 사람이 죽고 다치고 삶을 터전을 잃었다. TV에서 지진에 의한 해일이 밀려오는 장면을 보면 자연의 힘이 얼마나 무서운지 실감하게 된다. 근대 이후로 인간은 자연에 대한 통제력을 극대화시키고 있다. 하지만 엄청난 지진과 거대한 해일은 그 통제력을 비웃듯 해당 지역의 사람들이 평생 일구어놓은 공동체를 사라지게 하는 위력을 보인다. 이로 인해 평생 모아놓은 재산을 송두리째 잃거나 사랑하는 사람을 바로 눈앞에서 놓치고 절규하는 사람을 보고서우리는 가만히 있을 수가 없다.

몇 년 전 우리나라의 태안반도에 기름이 유출되는 사건이 일어났을때 많은 사람들이 누가 시키지 않았는데도 도시락을 싸들고 그곳으로가서 기름을 걷어내는 봉사 활동을 했다. 그 덕분에 빠른 시간 안에해안과 섬이 정상으로 돌아올 수 있었다. 일본의 대지진이 일어나자그 소식을 들은 사람은 일본 사람들에게 뭔가 도움이 될 수 있는 일을하는 것이 내 마음도 편하고 도움을 받는 사람이 다시금 스스로 일으킬 수 있으리라 생각하게 된다. 이때 내가 가진 것을 조금씩 나누는것은 직업이나 국가를 떠나서 누가 하더라도 바람직한 일이다. 반대로 각자의 형편에 따라 도움의 손길을 뻗치는 데도 나랑 무슨 상관이냐며 매몰차게 모른 척하거나 나도 어렵다고 거절한다면 우리는 사람으로서 어찌 그럴 수 있느냐, 라며 흥분을 하게 된다.

여기서 바로 사람답게 사는 것이 무엇인지 뚜렷해진다. 그것은 스스로 알아서 나와 남의 일을 칼같이 나누지 않고 공동의 문제를 함께 풀어가는 자세라고 할 수 있다.

3. 사람답게 살아야 하는 이유

공자가 말하는 사람답게 사는 것도 우리가 지금까지 이야기해온 것과 그렇게 다르지 않다. 공자가 살았던 시대에도 오늘날처럼 사람 같지 않은 사람이 있었고, 그들은 다른 사람들의 이맛살을 찌푸리게 만들었다. 군주가 동성동본과 혼인을 하고서 그 사실을 감추느라 부인의 호칭을 고쳤다. 조국을 떠나 망명을 떠난 사람과 동행하다가 돈이 될 만한 물건을 훔쳐서 달아나기도 했다.

그런 사람들 중에서 공자는 특히 두 부류의 사람에 대해 경계의 눈초리를 늦추지 않았다. 하나는 주위 사람이야 어찌 되건 상관하지 않고 돈벌이를 가장 우선으로 치는 사람들이었다. 다른 하나는 부모 덕분에 사회 지도자가 된 인물 중에 그 자리에 전혀 어울리지 않는 사람들이었다.

두 부류가 일으키는 문제를 조금 들여다보자. 먼저 돈벌이를 밝히는 부류이다. 공자 시대는 오늘날처럼 국가가 개인의 복지에 신경 쓰지 않았고 가족도 이전처럼 개개인의 삶을 보장하지 못했다. 개인은 어디에서도 보호를 받지 못하는 만큼 가족과 자신의 생계를 위해서 정말로 치열하게 노력할 수밖에 없었다. 하지만 당시는 오늘날 법처럼 다른 사람을 해치지 않는 범위 안에서 자유로운 경쟁을 관리하는 사회 제도도 없었던 시대였다.

생산력이 낮아 한 사회가 만들어낼 수 있는 재화도 정해져 있었다.

이런 상황에서 누군가 평소보다 더 많은 것을 가지려고 하게 되면, 결국 이미 누군가가 가지고 있는 것을 가로채는 길밖에 없게 된다. 이 시대의 부는 부가가치의 증대가 아니라 공간(소재)의 이동일 뿐이다. 누가 자신이 가진 것을 아무런 이유 없이 순순히 내놓겠는가? 결국 있는 것을 두고 뺏고 뺏으려는 약탈로 인해 음모와 갈등이 생겨나게 된다. 탐욕은 때로는 온갖 위험을 무릅쓰고 보물을 찾게 만들고 듣도 보도 못한 새로운 사치품을 만들게 할 수 있다. 이는 건전하지는 않지만 경제를 돌아가게 할 수 있다. 하지만 공자 시대의 탐욕은 나의 행복을 위해서 남의 얼굴에 피눈물을 흐르게 하는 고통을 주었다.

다음으로 어울리지 않는 사회 지도자를 생각해보자. 우리 주위에도 지역과 중앙에서 활약하던 정치 지도자들이 각종 이권에 개입해서 뒷돈을 챙기는 일은 이제 뉴스거리도 되지 못할 정도이다. 경제계의 유력인사도 간혹 돈의 힘만을 믿고서 자식들 싸움에 끼어들어 폭력을 행사하기도 하고 매값을 쳐주며 약한 처지에 있는 사람을 때리며 인권을 짓밟기도 한다. 공자 시대에도 자신이 잘한 것도 없고 잘하는 것도 없으면서 부모 덕분으로 귀족 신분을 물려받은 사람들이 있었다. 특히 제후나 천자처럼 자격 없는 지도자가 그 자리에 앉게 되면 그 자리에 있는 내내 사람들에게 세금을 더 내라고 들볶거나 심지어 개인적 기분에 따라 중요 정책을 결정해서 사람들을 불안에 떨게 만들었다.

이처럼 제 앞가림도 못하는 사람들이 브레이크가 고장 난 차를 모는 것처럼 아무런 제지를 받지 않고 사회 속으로 들어와 숱한 문젯거리를 만들어냈다. 이들이 일으킨 문제는 개인에게 해당되지 않고 수많은 사람을 절망의 소용돌이로 몰고 갔다. 예컨대 능묘와 별장 등 불필요한 대규모 토목 공사를 일으켜 국가 재정을 파탄내고 빈민 구제나 수리 시설 등 정작 필요한 일을 손대지 못하게 만들었다.

이처럼 공자 시대에는 개인적으로나 사회적으로 절제되지도 준비되지도 않은 사람들로 인해 고통과 불안이 생기는 것을 막을 수 있어야 했다. 그래서 공자는 "사람이라면 최소한 이것이라도 하자!"라는 절박한 생각에서 사람답게 사는 것을 생각하기 시작했던 것이다.

4. 인仁과 사람답게 살기

우리는 인仁을 사전에서 본대로 어질 인이라고 한다. 또 사전을 보면 어질다는 마음이 너그럽고 착하며 슬기롭고 덕행이 높다고 풀이하고 있다. 오히려 인이란 한 글자보다 더 어려워진 느낌이다. 그냥 인을 사람다울 인으로 생각하자. 사전의 말이 어려울 때는 사전을 그대로 믿을 것이 아니라 더 잘 이해되는 말로 바꾸어서 이해하면 좋겠다.

그렇다면 공자는 인으로 사람답게 사는 것을 어떻게 풀이하고 있을까? 우리는 공자가 인을 어렵게 설명하지 않을까, 잔뜩 움츠리고 있을 필요가 없다. 그는 인을 이리저리 다양하게 설명하고 있지만 뜻밖에도 우리가 쉽게 이해할 수 있는 것도 많다.

실례를 들어보자. 「안연」 22(316)이란 곳을 보면 공자는 "인이 무엇이냐?"라는 물음을 받고서 단 두 글자로 대답했다. 애인愛人이라는 것이다.[1] 오늘날 중국어에서 愛人을 '아이런'이라 읽으면 아내, 사랑하는 사람이라는 뜻으로 많이 쓰인다. 공자의 말에서 애인은 그런 뜻이 아니라 사람을 사랑한다는 뜻이다. 어찌 보면 새로울 것이 전혀 없지만 사람다움이 먼 곳에 있는 것이 아니라 아주 가까이에 있다는 것을 알려주고 있다.

가까이는 자기 자신이나 가족 그리고 주위 사람을, 멀게는 고향 사

---

1 「안연」 22(316) "樊遲問仁, 子曰: 愛人."

람이나 지구촌 사람을 사랑하지 않고 사람답다고 할 수 있을까? 우리
가 자신의 아이를 제대로 돌보지 않는 사람을 두고 뭐라고 하는 것은
아이를 사랑하지 않는 것이 사람답지 않다고 생각하기 때문이다. 아
파서 길에 쓰러져 있거나 도움을 절실하게 필요로 하는 사람을 모른
척하는 것을 뭐라고 하는 것도 마찬가지이다. 혼자서 일어날 수도 없
고 홀로 제 스스로를 돌보지 못하는 사람에게 나의 작은 힘이 그 사람
을 살릴 수 있다면 무엇이라도 하는 것이 사람답다고 할 수 있다.

공자도 말만 그렇게 한 것이 아니라 실제로 그렇게 행동을 했다.
예컨대 공자집의 마구간에 불이 난 적이 있었다. 공자는 집으로 돌아
와서 그 소식을 듣고 사람이 다치지 않았는지 먼저 물었다.[2] 당시나
지금이나 말은 신분의 상징이기도 하지만 돈으로 치면 꽤나 비싼 재
물이었다. 공자는 재물보다도 사람을 먼저 걱정했던 것이다. 공자의
제자 중에 간혹 다른 나라에 사신으로 떠나는 경우가 있었다. 이때 공
자는 다른 제자를 시켜서 식량을 보내주었다.

이런 일은 사실 공자라서 할 수 있는 것이 아니라 우리도 얼마든지
할 수 있는 일이다. 우리가 우연히 교통 사고 현장을 지나다가 부상자
를 보면 응급 조치를 취하고 구호를 요청한다. 그것이 사람으로서 기
본이고 또 바로 사랑이다.

우리 주위에는 아직도 하루 먹을 끼니를 걱정하는 사람들이 있고,
아파도 병원비 걱정에 병원을 찾지 못하는 사람이 많다. 개인적으로
나 국가적으로 모든 문제를 해결할 수는 없다. 하지만 우리 입에 따뜻
한 밥이 들어가는 것이 좋듯이 사람이 기본적으로 먹고 살 수 있고
아프면 두려움 없이 치료받을 수 있는 제도를 만들어야 한다. 그것이
사람이 적절하게 보호를 받으면서 편안하게 살아갈 수 있는 길이기도

---

2 「향당」 17(258) "廐焚, 子退朝曰: 傷人乎? 不問馬."

하거니와 바로 사랑이기도 하다.

이처럼 사랑은 너와 나가 차가운 이해 관계 앞에서 한 치의 손해를 보지 않고 한 푼의 이익을 거두기 위해서 날카롭게 쇳소리를 내면서 살지 않도록 한다. 오히려 사랑은 사람을 가진 것과 하는 일로 따지지 않고, 모두 같은 사람으로서 좋은 것을 함께 좋아하고 공분해야 할 것을 공분하게 하는 것이다.

이렇게 보면 사랑은 직업과 나이 그리고 성별을 떠나서 누구나 함께 할 수 있는 것이다. 바로 그렇기에 사랑을 한다면 그것이 인이고 또 그것이 바로 사람다운 것이고 또 그것이 사람답게 사는 것이기도 하다. 이러한 사랑이 더 커지고 더 넓어진다면 세계에는 그만큼 평화의 공간이 늘어날 것이다. 공자가 오늘날 한국에 산다면, 그도 대지진의 고통을 당한 일본 사람들을 위로하고 뭔가 도우는 손길을 보냈으리라.

5. 사람답게 살기와 나답게 살기

이제 사람답게 살기가 내가 하기 너무 어려운 숙제가 아니라는 것을 알게 되었다. 하지만 숙제라면 쉽고 어렵고를 떠나서 자꾸 뒤로 미루게 된다. 특히 우리나라처럼 공동체주의가 강한 곳이라면 더더욱 사람답게 살기가 뒤로 미루는 숙제처럼 느껴진다. 우리는 알게 모르게 개인보다는 가족을, 개인보다는 국가를, 가족보다는 국가를 더 우선시해야 한다는 생각을 갖고 있다. 아마도 교육의 영향이 클 것이다.

그러다보니 언제까지 나보다도 나 아닌 가족과 공동체 그리고 국가를 위해서 희생하며 살아야 하는가, 라며 볼멘소리를 할 수 있다. 이런 소리의 밑바닥에는 개인의 문제는 개인이 해결해야지 타인이나 국가가 나서서 될 일이 아니라는 생각이 도사리고 있다. 이런 사람에게는 나답게 살기가 중요하지 사람답게 살기가 그렇게 급하지 않을 수 있다.

사실 따지고 보면 나답게 살기와 사람답게 살기가 부딪치는 경우도 있지만 꼭 그렇게 쨍그랑 소리를 내지만은 않는다. 강요나 분위기에 못 이겨서 '내'가 나보다 다른 것을 우선적으로 돌보게 한다면 분명 문제가 된다. 하지만 '내'가 자유롭게 선택해서 개인주의자이면서 다른 사람을 위해서 뭔가를 할 수 있다. 이 경우 나답게 살기가 사람답게 살기랑 모순되지 않고 서로 잘 어울릴 수가 있다. 공자도 일찍이 "도가 있다고 사람이 저절로 큰 사람으로 거듭나지 않는다. 사람이 도를 실천하면서 자신 안에 갇히지 않고 드넓은 세계로 나아가게 할 수 있다."고 말했다.[3] 여기서 도를 사람답게 살기로 바꿔서 생각해볼 수 있다. 우리는 이제 누군가 사람답게 살아야 될 듯한 묘한 분위기가 아니라 내가 생각하기에 정말 좋아서 사람답게 사는 세상을 가꾸도록 해야겠다. 그렇게 된다면 '나'는 먹고 사는 것을 걱정하는 생활인이면서도 그런 이해를 조금 벗어나서 생각하는 지구인이 될 것이다. 생활인과 지구인이 '나' 안에서 잘 어울리는 것이 바로 공자 시대나 현대에서 사람답게 살아가는 길이 될 것이다.

---

3 「위령공」 29(424) "人能弘道, 非道弘人."

제4장 군자와 소인의 수렴은 가능할까?
― 중인中人 탄생의 스토리 ―

1. 들어가기에 앞서

오늘날 사회과학에서 시대를 이끌어가고 변혁하는 주역을 부르는 말이 많다. 1980년대에는 '민중'이 부당한 현실의 질서를 변혁하는 주체로 각광을 받았고, 2000년 이후로 사회의 부정과 비리를 감시하는 주체로 '시민'이 주목을 받고 있다. 아울러 인터넷과 스마트폰의 급속한 보급으로 '네티즌'이 개인적으로 정치적 의사를 표현하고 집단적으로 의사를 결집할 수 있는 새로운 세계가 열리고 있다. 그로 인한 새로운 세계는 국내에 한정되지 않고 국외와도 연대할 수 있는 길을 개척할 수 있다. 이러한 측면에서 공자가 춘추시대를 이끌어갈 주역으로 설정했던 군자의 의미를 살펴보고자 한다. 아울러 그 군자의 반대 진영에 있던 소인의 의미도 함께 살펴보고자 한다.

먼저 '군자君子'와 '소인小人'이라는 용어의 뜻부터 분명히 하고 시작하자. 우리는 책이나 사극에서 군자나 소인이라는 말을 자주 보고 듣는다. 예컨대 사극에서 상대방을 서로 '소인배'로 말하며 핏대를 올리곤 한다. 하지만 우리는 언어 생활에서 자기 자신이나 타인을 군자나 소인이라는 말로 잘 평가하지는 않는다. 우리는 실제로 군자와 소인보다는 '된장녀'·'고추장남'·'미시족' 등의 신조어를 만들어 쓰면서 즐긴다. 그만큼 우리는 사람을 더 이상 군자와 소인으로 분류하지 않으니 그 개념이 현실을 규제하는 힘을 잃어버린 것이다. 이런 언어 환경의 영향으로 사람들은 아무래도 자신이 소인에 가까워서 자신더러 군자가 되라고 하면 너무 어려워서 감당할 수 없다고 손사래를 친다.

군자는 원래 한자말인데 '君子'로 적는다. '군君'은 임금, 지배자라는 뜻이다. '자子'는 의자나 탁자의 자처럼 접미사이기도 하고 공자와 맹자의 자처럼 미칭 또는 존칭을 나타낸다. 따라서 군자는 누군가를 다스리는 분, 백성을 지배하는 사람을 가리켰다. 『시경』과 같은 초기 문헌에서 군자는 임금을 가리키는 말로 쓰인다. 『논어』를 보면 군자는 여전히 임금을 가리키기도 하지만 고상한 인격을 갖춘 사람을 가리키는 말로 쓰인다. 이처럼 공자에 의해서 군자라는 말이 임금에만 쓰이는 전칭專稱에서 일반 사람으로 확대될 수 있는 개방적인 말로 바뀌게 되었던 것이다. 이렇게 되면 군자는 타인을 다스리는 것이 아니라 자기 자신을 다스리는 사람을 나타내게 된다. 요약하면 군자는 자율적 존재를 뜻한다. 이런 측면에서 보면 공자는 자신의 새로운 생각을 담아내기 위해 기존의 개념에다 새로운 의미를 집어넣어 재활용을 한 것이다. 사상가는 언어에 대한 뛰어난 감각을 지닌 사람이라고 할 수 있다.

소인은 '小人'으로 적는다. 소는 작다는 뜻이고 인은 사람이라는 뜻이다. 둘을 합치면 소인은 작은 사람을 나타낸다. 글자 그대로 보면 소인이 왜 비칭이나 멸칭으로 쓰이는지 납득이 되지 않는다. 소인은 결국 키가 작다는 뜻인데 우리는 까닭 없이 어린이를 뭐라고 할 수 없기 때문이다. 여기서 작다는 것은 물리적 크기가 아니라 정신적 성장 또는 가치의 우열을 상징하고 있다. 예컨대 우리가 누구더러 '덜 자란 놈'이라고 하면 그 말은 사리분별을 제대로 하지 못한다는 뜻이다. 이렇게 보면 소인은 자기중심적이어서 관심과 시야가 좁은 사람을 가리킨다고 할 수 있다. 이 정도의 사전 지식을 챙기고 논의를 쫓아가보자.

2. 사람에 대한 다양한 유형화 작업

옛날에 나는 중학교를 다닐 때 '난 사람'과 '된 사람'이나 '든 사람'의 실례를 찾아오라는 숙제를 한 적이 있다. 그때 꽤나 고민을 했던 것으로 기억한다. 모두 다 같은 사람을 분류한다는 것 자체가 이상했기 때문이다. 하지만 시간을 두고 생각해보니 여성과 남성이 나뉘고, 아이와 어른이 나뉜다는 점을 생각하면서 나름대로 기준을 찾으려고 했던 기억이 난다.

우리는 비로소 눈에 보이는 사람의 장단점만이 아니라 앞으로 되어야 하는 사람다움을 고민하게 된다. 이처럼 우리는 사람을, 고유한 특성을 가진 개인으로 분류하곤 하지만 명성·인격·학식 등으로 유형화시켜서 품평하곤 한다. 또 학문이나 시대의 변화에 따라 새로운 유형의 분류가 나타나고 주체의 등장이 논의되곤 한다. 예를 들어 사회학에서는 일찍부터 우연·다수·이성 등을 척도로 군중crowd·대중mass·공중public 등을 구분해서 사용하고 있다.

또 문명의 전개나 세계화의 진전이나 인터넷의 확산으로 인해 시민·지구시민global citizen·네티즌netizen 등의 새로운 개념이 생겨나고 있다. 특히 지구시민은 아직 사람들에게 국민처럼 현실감과 책임감 있게 다가오지는 않지만 국가의 경계를 넘어서 지구적 관점을 가지기를 권유하는 말이다. 나아가 그것은 너무나도 형식적인 인류라는 말과 달리 생태나 핵 문제나 일방적 세계화의 한계를 제기하고 해결을 모색해 나갈 주체를 가리킬 수 있다. 네그리는 대중multitude을 무제한적인 권력을 구축한 제국에 대항하는 주체로 삼고자 했다. 이러한 조어는 결국 산업화 시대와 다른 현대 사회의 특성을 보여주는 것이라고 할 수 있다.

지금까지 이야기한 유형화는 한 사회의 현상을 분석하거나 지구 공동체를 살기에 바림직한 곳으로 만들기 위한 개념적 규정들이다. 군자와 소인도 처음에는 특정한 직분에 종사하거나 일정한 특성을 보이는 사람의 유형을 가리키는 용어였다. 즉 군자는 참정권을 가지고 공동체의 의사 결정 과정에 관여하는 계급(남성)을 가리키고 소인은 생산 노동에 종사하는 계급을 가리켰다. 군자는 한껏 멋을 부린 옷차림새로 인해 찬탄을 자아내는 사람을 가리키기도 하고 소인은 대신이 임금에게, 아내가 남편에게 자신을 겸칭하는 말로 쓰이기도 했고, '소인배 같은 놈!'이라는 말꼴처럼 오늘날도 남을 멸시하는 말로 쓰이고 있다. 또 군자와 소인은 문학 작품의 경우 선인善人과 악인惡人처럼 인간이 드러낼 수 있는 특정한 성향의 소유자, 즉 전형성으로 나타나기도 한다.

물론 군자와 소인이 도덕적으로 추구 또는 배제해야 할 과제를 나타내지만 우리는 두 용어를 너무 도덕의 문맥으로 보는 편향된 시각을 가지느라 그것들의 다양성을 놓치곤 했다. 도덕적 문맥을 고려하면 두 용어는 "너는 군자가 되어야지 소인이 되어서는 안 된다"라는 명령의 문맥으로 정리될 수 있다. 전통(고대) 사회는 공동체가 종교나 도덕의 권위로 구성원에게 특정한 인격을 갖추어야 한다고 명령하거나 요구할 수 있었다. 반면 현대 사회의 경우 종교 국가를 제외하면 대부분 기본권으로 사상과 양심의 자유를 보장하므로 도덕적 삶은 개인의 자율적 판단에 맡겨져 있을 뿐이다. 오늘날 마더 테레사(1910~1997) 수녀가 아름답고 올바르고 숭고한 삶을 살았다고 하더라도 우리는 모든 사람들이 그렇게 살도록 요구할 수 없다. 도덕적 요구가 정당하다고 하더라도 그 기준이 너무 높으면 보통 사람은 다가갈 수 없는 도덕이 되기 때문이다.

마찬가지로 우리가 군자가 되거나 군자처럼 산다면 반대로 소인이 되지 않거나 소인처럼 살지 않는다면 그것이 분명 옳고 좋은 삶이겠지만 그 기준이 너무 높아서 모든 사람에게 요구할 수 없다고 말할 수 있다. 즉 현대의 인간에게 군자다움의 기준이 너무 높아서 현실적으로나 보편적으로 실행(규제) 불가능하다는 것이다. 또 군자와 소인이 현실의 인간에게 있어서 과연 절대적인 대립적 특성으로 규정할 수 있는가에 회의를 해볼 수 있다. 어찌 보면 그것은 야누스처럼 인간에게 들어 있을 수 있는 양면성으로 볼 수 있지 않을까? 또 우리가 군자가 되어야 한다는 이념적 당위성에도 불구하고 소인일 수밖에 없다는 현실적 주장의 목소리도 있다. 이런 점에서 우리는 군자와 소인의 전통적 의미를 살펴보고 아울러 그것의 현대적 재해석을 시도해볼 필요가 있다.

3. 군자와 소인의 의미

군자와 소인은 각각 동아시아의 삶과 사유의 흔적을 기록한 초기 문헌, 『시경』과 『서경』에 보인다. 춘추전국 시대에 이르면 『좌씨전』에서는 "군자는 정신 노동에 종사하고 소인은 육체 노동에 종사한다" (양공 9년)는 식으로 양자를 대비시키고 있다.[1] 즉 당시 사람들은 역사와 현실의 경험을 군자와 소인이라는 유형으로 종합화시켜서 그것을 인간의 형태나 인격의 유형으로 고찰하기 시작했던 것이다. 예컨대 이러한 탐구의 신기원을 연 인물로 공자를 들먹이지 않을 수 없다. 그 이후에는 군자와 소인의 의미가 추가되고 풍부하게 되었지만 기본적

---

1 "君子勞心, 小人勞力." 비슷한 의미 맥락이 『좌씨전』 성공13년에 보인다. "君子勤禮, 小人盡力." 신동준 옮김, 『춘추좌전 2』, 한길사, 2006, 84~85, 184~186쪽.

으로 공자의 그림자를 벗어나지 못했다.

몇 가지 실례를 통해 군자와 소인의 이미지를, 우리 주변에서 볼수 있는 인간 군상에서 확인해보도록 하자. 요즘에 들어 사람들은 재테크니, 10억 모으기라는 말을 공공연하게 하지만 얼마 전만 해도 우리는 누군가가 돈돈하면 돈을 너무 밝힌다며 비난조의 평을 했다. 군자와 소인의 경우도 사적인 이익을 둘러싼 태도가 둘 사이의 차이를현격하게 벌려놓는다. 공자는 이를 "군자는 옳음(사회 정의)에 관심을두지만 소인은 이익의 문제에 관심을 둔다"라는 말로 표현했다.[2] 이이후로 동아시아 사회에서 군자는 개인의 이해에 전혀 아랑곳하지 않는 순결하며 완전한 인물로 간주된 반면 소인은 무슨 일이든 이익과손해의 잣대로 바라보는 음흉하며 이기적인 군상으로 여겨졌다. 더나아가 군자는 대의를 위해 자기 희생적 삶을 살 수 있지만 소인은다른 사람을 속여서라도 자신의 이익을 키우려고 한다. 이렇게 지나칠 정도로 소인을 백안시하는 것은, 그들이 사적 영역만이 아니라 공적인 영역조차도 공익이나 공동선의 실현보다는 사익의 추구를 우선시하기 때문이다.

군자와 소인은 생활 습관, 대인 관계, 의사 결정 등의 측면에서도극히 대조적인 모습을 보인다. 예를 들자면 "군자는 마음씀씀이가 너그럽고 넓지만 소인은 늘 근심에 싸여 있다."[3] 도덕주의자들은 군자가 이해를 초월하여 살아가므로 너그러울 수 있는 반면 소인은 어찌될지 모르는 이해의 세계에 사로잡혀 있으므로 걱정과 불안을 달고산다고 풀이한다. 굳이 그렇게까지 볼 필요는 없다. 이 구절은 단순히쾌활하거나 우울해 보이는 개개인의 성격이나 기분을 나타낼 수 있다. 아무리 군자가 사적인 문제에 고민을 하지 않는다고 해서 우울하

---

2 「리인」 16(082) "君子喩於義, 小人喩於利."
3 「술이」 37(188) "君子坦蕩蕩, 小人長戚戚."

지 않을 수 없고 소인이라도 잘 되는 날에 쾌활하게 웃지 않으리라고
할 수 없지 않는가!

또 "군자는 주위 사람의 장점을 도와주고 그들의 잘못을 도와주지
않지만 소인은 이와 반대된다."[4] 이에 대해 주석자들은 군자와 소인
을 이타주의와 이기주의로 풀이한다. 달리 생각하면 군자는 권고와
제지를 내세우며 타인에게 간섭을 일삼는 사람일 수 있는 반면 소인
은 타인의 삶에 무관심한 듯 냉정을 유지하면서 자신의 세계를 일구
는 사람일 수 있다. 또 "군자는 자기 자신에게서 책임(원인)을 찾지만
소인은 주위 사람들에게서 책임(원인)을 찾는다."[5] "군자는 조화를 내
세우지 동조를 바라지 않지만 소인은 동조를 내세우지 조화를 고려하
지 않는다."[6] 전통적으로 군자는 자기 희생적이며 공동체의 안녕과
질서를 우선시하는 인물로 여겨지고 소인은 책임을 회피하며 이익을
위해 집단의 위력을 동원하는 파렴치한 군상으로 여겨졌다. 여기서도
소인이 바람직하다고 할 수 없더라도 오늘날 현실에서 찾아볼 수 있
는 보통 사람이며 군자는 이상적이기는 하지만 문제를 개인의 인격으
로 환원시키는 한계가 있는 듯하다.

공자는 춘추시대의 다양한 사회 현상과 인물 군상을 경험하면서 그
것을 군자와 소인의 이원적인 틀로 망라시켜 유형화시키고 있다. 이
이후로 군자와 소인은 점차 느슨하거나 유동적인 분류 틀이 아니라
도덕과 반도덕의 이항 대립물처럼 고정적인 인식 틀이 되어갔다. 그
결과 군자는 현실적 인간이 추구해야 하고 숭배와 찬탄의 위인으로
비상하게 되었고, 소인은 공동체나 공적 영역에서 추방되어야 할 반
사회적 인물처럼 무시와 질시의 범인으로 추락하게 되었다. 그러나

---

4 「안연」 16(310) "君子成人之美, 不成人之惡. 小人反是."
5 「위령공」 21(416) "君子求諸己, 小人求諸人."
6 「자로」 23(341) "君子和而不同, 小人同而不和."

이러한 군자와 소인의 이해는 좀더 유연해지고 완화될 필요가 있다. 왜냐하면 현대는 일종의 도덕 영웅과 같은 군자가 인간의 도덕화를 진두지휘할 수 있는 사회 구조가 아니며 사익의 추구와 같은 세속적 가치가 범죄 행위처럼 금기시되는 사회가 아니기 때문이다.

이런 점에서 우리는 『논어』의 군자와 소인의 구분을 전칭 판단이나 일반화로 보기보다는 대체적인 경향성으로 보는 개방적인 관점을 지녀야겠다. 즉 군자와 소인의 틀을, 현실과 이상의 사이를 잇는 도덕적 당위의 문제라기보다 다양한 현상들을 이원적인 경향으로 분류하여 지속적 사회 발전의 틀을 짜는 문제로 바라볼 수 있다. 이렇게 보면 군자는 자율적 책임(구원) 의식을 바탕으로 공동선의 증대를 우선시하는 유형이라 할 수 있다. 반면 소인은 사익의 실현을 최우선적인 목표로 설정하고 경쟁(투쟁)을 사회 발전의 동력으로 승인하는 유형이라고 할 수 있다.

4. 군자와 소인의 현대적 재배치와 중인中人의 탄생

근대는 한 공동체/사회의 신분·생산력·에너지원·자유·평등·기본권 등의 측면에서 역사를 앞과 뒤로 나누는 분기점이 된다. 물론 요즘 유럽 중심의 하나의 근대를 비판하고 복수의 근대가 논의되고 있다. 하지만 헌법에 구현된 가치를 볼 때 근대의 국가는 전근대와 무시할 수 없는 차이를 가지고 있다.

고대 사회는 공동체가 구성원에게 어떤 부류의 사람 역할을 수행하도록 요구했다. 그 수행 방식은 개개인의 선택에 맡겨져 있는 것이 아니라 전통을 원본으로 삼아야 했다. 성인과 같은 영적 지도자가 공동체의 위기를 구원하고 사람의 나아갈 길을 제시했다. 성인은 문화권에 따라 명칭은 다르지만 스승으로 불리었다. 그래서 성인은 한자의 사師나 인도어의 구루guru로 불리었다.

아울러 거대한 자연은 사람에게 단지 무한한 자원을 제공하는 물질이 아니라 말없이 바람직한 가치를 보여주는 의미의 세계였다. 근대에 이르면 사정이 달라진다. 사람은 더 이상 전통과 위인의 가르침을 받아들여야 하는 수동적 존재가 아니라 이성이 발견하는 길을 따라 살아가는 자율적 존재가 된다. 이로써 개인은 사회나 국가의 부당한 간섭을 벗어나게 되었고 질서 형성에 참여하는 주체가 된다. 나아가 타인의 권리를 침해하지 않는 한 사람은 물질적 가치나 세속적 욕망의 실현을 개인의 행복으로 추구할 수 있게 되었다.

이런 맥락에서 보면 고대 사회에서 군자는 성인과 같은 일종의 도덕 영웅이고 소인은 그런 영웅의 인도를 거부하고 나아가 공동체의 위기를 증폭시키는 존재가 된다. 이와 같은 소인과 군자의 구분론은 현대성 여부를 따질 수 없게 된다. 우리가 "군자와 소인, 어느 인간형이 현대적일까?"라는 물음에 유효하게 검토하려면 일단 "군자에 의한 소인의 추방" 또는 "소인에 의한 군자의 멸시"라는 극단적 관점에서 벗어나야 한다. 즉 우리는 군자와 소인 각각을 존재할 만한 가치가 있는 인간 유형으로 인정하고 넘어가야 한다.

다음으로 또 이 글의 주제에 대한 해답이 의미 있으려면 앞서 '현대적이다'라는 말의 의미가 분명하게 규정되어야 한다. '현대적'이라는 말이, 우리가 현실 세계에서 얼마나 많이 찾아볼 수 있느냐라는 양적인 확인을 가리킬 수가 있다. 또 그 말이 현대적 가치(현대성)와 정합적인가라는 질적인 기준을 나타낼 수가 있다. '현대적'이라는 말이 양적인 확인 가능성을 나타낸다면 대답이 너무나도 쉽다. 그 답은 다름이 아니라 바로 '소인'이다. 공자 당시만이 아니라 현대 사회에는 세속적 욕망을 삶의 중요한 목표로 설정하고 공동체의 구원보다는 개인의 행복을 위해서 살았던 소인이 많기 때문이다.

그런데 '현대적'의 뜻이 질적인 기준을 가리킨다면 이야기는 조금 복잡해진다. 군자와 소인을 고대의 순정한 의미로 보는가 아니면 양자를 종합적 맥락으로 보느냐에 따라 논의가 달라지기 때문이다. 먼저 후자의 경우를 이야기해보자. 앞서 말했듯이 고전적 의미의 군자와 소인 그 자체만으로 현대 사회의 가치나 질서 형성의 원칙과 부합되기 어렵다. 이런 측면에서 우리는 군자와 소인을 상호 수렴시켜서 새로운 개념을 생각해볼 만하다. 그것이 다름 아니라 소인적 군자 또는 군자적 소인이다. 새로운 존재의 이름을 다시 조어한다면 '중인中人'이라 부를 수 있다.

중인은 소인의 특성과 군자의 특성이 맞물릴 수 있는 공유 지대를 가리킨다. 즉 소인의 동그라미와 군자의 동그라미가 겹치는 지대를 말한다. 겹쳐지지 않는 극단의 영역은 중인에서 제외되는 것이다. 이런 측면에서 중인은 군자적 소인이거나 소인적 군자라고 부를 수 있는 것이다. 아울러 중인은 수도승과 같은 군자의 특성과 탐욕적인 소인의 특성을 벗어나서 현실에 있을 법한 특성을 담아낼 수가 있다.

이 중에서도 우리는 중인의 소인적 군자에 주목해보자. 오늘날 우리는 합리적 경제 활동에 종사하면서 이해 관계에 완전히 매몰되지 않고 공공선의 증대에 관심을 가지는 시민의 자질을 발휘하거나 요청받고 있다. 이런 시민의 자질은 바로 소인적 군자의 의미에 근접할 수 있다. 우리가 정당한 이익 추구를 통한 개인의 행복을 실현하고자〔소인성〕하면서 동시에 자율적 존재로서 삶의 방향성을 설계하기〔군자성〕때문이다. 지금 이야기의 순서를 바꾸면 군자적 소인의 특성을 말한다고 할 수 있다.

이어서 전자의 맥락을 생각해보자. 우리는 일군의 사람을 가리키는 말로 인민·민중·국민·시민·주민 등등의 말을 쓴다. 이 중에 인민과 민중은 정치 철학의 용어로서 권력의 주체를 가리킨다. 그들은 권력의 획득과 배분에 참여할 수 있는 권리를 가지고 있다. 시민과 주민은 자격과 사실의 문제로 나누어 생각해볼 수 있다. 주민은 사람이 특정 지역에 주거지를 가지고서 실제로 살고 있다는 사실에 초점이 있다. 여기에는 특별한 자격을 요구하지 않는다. 다만 주거지를 특정한 장소에 두는 사실로부터 주민이 된다. 사실 우리는 시민이라는 말도 주민보다 좀 더 큰 범위의 행정 단위에 소속된 것을 나타내는 식으로 사용하기도 한다. 기원에서 따져보면 시민은 일정한 자격을 가진 사람을 지칭하던 용어이다. 구체적으로 말하자면 시민은 도시에 살며 중세의 봉건 체제를 타파하고 민주적 가치를 긍정하는 일군 세력을 가리켰다. 이런 용법에 주목하면 주민에는 '주민답다'는 말이 성립할 수 없지만 시민에는 '시민답다'라는 말이 가능하다.

고대의 순정한 의미에서 보면 군자와 소인은 상이한 인격 또는 삶의 지향을 가진 유형이었다. 하지만 소인은 경제적 이해득실을 날카롭게 따지던 현실 속의 사람을 가리켰다. 반면 군자는 그러한 현실의 사람이 공동체의 위기를 초래하는 무가치의 삶을 산다고 비판하고 그것을 초월하는 삶의 가치를 일구고자 했다. 우리도 지금보다 더 나은 사회를 바라는 꿈을 꾸고 실현을 위해서 노력을 아끼지 않는다. 이런 형식적인 측면에서 보면 소인보다는 군자가 현대적이라고 할 수 있다.

하지만 군자의 내용(자격)은 현대인이 다가가기에 높을 수 있다. 그 요건을 완화시키거나 조정한다는 전제 위에서 군자보다는 소인이 현대적이라는 결론을 끌어낼 수 있다. 우리는 군자와 소인 양자의 특성을 아우르기 위해 둘의 수렴성에 착안하게 되었고, 그 존재는 '중인中人'이라는 이름으로 새롭게 태어날 수 있는 것이다.[7]

---

7 이 글은 『전통 청바지: 옛것은 과연 낡은 것일까?』(김교빈·김시천 공편, 웅진지식하우스, 2007)에 수록된 「현대적 인간형은 군자일까, 소인일까」를 개고하여 수록한 것이다.

제5장 네트워킹 센터의 마음

1. 문제 제기

동아시아 사람이라면 "세상사 모든 일이 마음먹기에 달려 있다"라는 말을 즐겨 쓰고 그만큼 또 그 말을 쉽게 듣는다. 원래 이 말은 『화엄경華嚴經』의 "일체유심조一切唯心造"에 나오는 구절을 푼 말이다. 하지만 언어 생활에서 이 구절이 불교에서 나왔다는 것 자체가 그렇게 중요하지 않다. 기원은 『화엄경』일지라도 그 의미는 불교를 넘어 동아시아인들에게 다양한 의미의 파장을 낳았기 때문이다. 어찌 보면 "일체유심조"는 『화엄경』 원래의 의미 맥락과 상관없이 쓰이고 있는지도 모른다. 그만큼 마음은 학파를 넘어서 모든 사람이 공통으로 쓰는 자원이 된 것이다. 그래서 일상 생활이나 인생의 중요한 선택 상황에서 사람들은 "일체유심조"라는 말을 습관처럼 되새긴다.

마음이 이렇게 일상어와 전문어에서 빈번하고 중요하게 사용되다 보니 마음이 다른 말과 결합해서 다양한 용어가 생겨나서 쓰이고 있다. 또 마음 '심心' 자를 조합해서 만든 숱한 어휘를 통해 우리는 사고하고 행동하는 과정을 주관하고 유도한다.

예컨대 양심과 참마음은 옳고 그름을 가르며 훼손될 수 없는 존엄한 터전을 가리킨다. 큰마음과 공심公心은 개인적인 이해를 넘어서서 장기적이며 전체의 관점에 설 수 있는 태도를 가리킨다. 진심盡心은 기준에 다소 미치지 못하더라도 자신의 능력을 최대로 발휘했다는 사실을 주장하며 사용한다. 야심野心은 설혹 타인에게 피해를 줄지언정 자신의 욕망을 최우선적으로 실현하겠다는 굳은 결의를 나타낸다. 이 이외에도 왈칵 성내는 진심瞋心, 세속적 욕망으로 찌든 진심塵心, 이러지도 저러지도 못한 두 마음은 비워야 하는 허심虛心의 대상이기도 하다. 이 중에서 공자는 마음을 사심私心보다는 공심公心, 욕심欲心보다는 무심無心 중심으로 쓰이도록 물꼬를 튼 인물이다.

상황이 이러하다 보니 동아시아 철학의 초기 단계에서부터 마음이 중요한 철학 개념이자 사상으로 자리 잡았으리라 예상할 수 있다. 특히 『서경』 「대우모大禹謨」와 같은 문헌을 검토하면 이러한 예상도 가히 잘못이라고 할 수는 없다. 논란의 여지가 있겠지만 필자는 「대우모」를 위고문상서僞古文尙書로 보므로 앞서 말한 예상을 다시 검토해볼 필요가 있다.[1]

나는 마음이 맹자孟子 이후에 동아시아 철학사에서 중요한 철학 개념으로 등장했다고 본다.[2] 그렇다고 해서 맹자 이전에 마음 심心의 글자가 없었다거나 문학, 사학, 철학의 학문 어휘로 쓰이지 않았다고 주장하는 것은 결코 아니다. 이 주장은 맹자 이전에 마음을 사상의 최종 근거, 핵심 가치나 가치의 근원으로 간주하지 않았다는 점을 말할 뿐이다. 즉 마음이 철학의 맥락에서 사용되었다고 하더라도 그것은 핵심, 근원을 가리키는 언어에서 종속 지위에 머무르고 있었다.

이런 측면에서 우리는 맹자 이전, 여기서는 『논어』에서 마음이 이야기되고 있다면 도대체 어떤 방식으로 사용되고 있는지 살펴볼 필요

---

1 이 부분은 "人心惟危, 道心惟微, 惟精惟一, 允執厥中."의 16자를 가리킨다. 이 구절이 송나라 성리학과 그 이후 철학사에 끼친 영향은 실로 엄청나다. 이와 관련해서 신정근, 『철학사의 철학』, 글항아리, 2012 참조.
2 신정근, 「전국시대 심心 주제화의 서곡」, 『유교사상연구』 제18집, 2003 참조.

가 생긴다. 만약 독자가 『논어』를 주희의 『논어집주論語集注』에 근거해서 읽는다면, 오랜 시간의 간격을 가진 두 지성인의 차이를 무시하게 된다. 이 글에서는 『논어』를 훗날 특정한 사상적 경향을 반영한 주석이 아니라 이경해경以經解經의 방법론에 따라 읽어내고자 한다.

공자의 마음과 관련해서 일찍이 영미 연구자가 논란을 벌인 적이 있다. 핑가레트는 공자의 마음을 철저한 공적인 맥락으로 보는 반면 슈워츠는 내면주의 맥락에서 읽어내고 있다.[3] 나는 공자의 마음을 조지 허버트 미드(1863~1931)의 상징적 상호주의와 연관 지어 "마음 = 표정 = 행위"의 연속성을 강조하고 있고, 조긍호는 공자의 마음을 심리적 기제의 맥락으로 읽어내고 있다.[4]

이 글은 공자의 마음을 군자와 소인의 양상으로 나누어서 군자는 공공연公公然하며 객관적인 특성을, 소인은 사적이며 주관적인 특성을 드러내는 것으로 밝혀내고자 한다. 특히 이 글은 공자의 마음을 용례 분석에 그치는 것이 아니라 현대적 논의로 재해석하는 데에 특징이 있다.

데카르트가 사람을 사유의 주체로 정립하면서 근대 철학이 시작되었다. 이로써 인간은 마음의 인식 능력과 그 결과를 바탕으로 세계를 법칙으로 재편성하고 자신의 욕망을 충족시키는 대상으로 조직했다. 하지만 마음은 분명한 듯 보이지만 타인은 결코 접근할 수 없는 비밀의 정원이었다. 공자의 논의를 살피면 마음은 투명하면서 주위 사람과 교섭하며 의사를 주고 받는 중심 역할을 수행하고 있다. 나는 공자의 마음을 네트워킹 센터로 규정하려고 한다. 바로 이 점이 이 글의

---

3 핑가레트H. Fingarette, "The Problem of the Self in the Analects," *Philosophy East & West*, v.29, n.2, 1979; 핑가레트, 송영배 옮김, 『공자의 철학』, 서광사, 1991; B. 슈워츠, 나성 옮김, 『중국 고대 사상의 세계』, 살림, 2004 참조.
4 신정근, 『사람다움의 발견』, 이학사, 2005; 조긍호, 『선진 유학 사상의 심리학적 함의』, 서강대학교출판부, 2008 참조.

변별점이라고 할 수 있다.

공자는 말년에 죽음을 예감한 듯한 언행을 보였다. 먼저 그는 "태산이 무너지는구나, 대들보가 쓰러지는구나, 철인이 시드는구나!"라며 노래를 읊조린 뒤에 병을 얻었다.[5] 다시 빈소 자리에 관한 꿈을 꾸고서 자신이 은나라 사람의 후예라는 점을 확인했다. 그 뒤 7일 만에 세상을 떠났다. 인간은 죽음 앞에서 단독자로서 가장 사적인 존재의 특성을 드러낼 수 있다. 공자는 죽음을 앞둔 상황마저 자신을 공적인 존재의 자리에 놓고서 회한을 토로하고 있다. 이것은 공자가 죽음마저 개인적인 사건으로 끝내지 않고 공적인 활동으로 연장시키려고 하는 마음의 원망을 그대로 나타낸 것이라 할 수 있다.

2. 멀티 플렉스관(복합 상영관)의 개장

"일체유심조", 즉 모든 것이 일어나는 마음〔심心〕, 즉 멀티 플렉스 극장이 언제 시작되었는지 살펴보자. 물론 심心 자가 만들어진 처음부터 "일체유심조"의 극장을 열지 않았다. 어떤 과정을 거치면서 심이 극장으로 변해 가는지를 추적해보고자 한다. 공자가 마음을 그 이전과 달리 독특한 맥락에서 사용한 것은 사실이지만, 그가 처음으로 마음 용어를 만든 이가 아니다. 공자가 심心을 나름대로 사용하기 이전에 있었던 역사를 간단하게 훑어보자.

오늘날 한자는 최초의 글꼴이 유지되는 것이 아니라 갑골문자甲骨文字 이래로 끊임없이 쓰기에 편하도록 간단하고 네모꼴로 진화된 결과물이다. 갑골문은 은나라 중후반기에 제사·군사 등과 관련해서 점

---

5 『예기禮記』 「단궁檀弓」 상 "泰山其頹乎, 梁木其壞乎, 哲人其萎乎!"

을 친 결과를 거북과 소 등의 뼈에 새긴 글자를 말한다. 아직 갑골문에서 마음의 글꼴을 찾지 못했다. 최초의 용례는 갑골문자 다음에 나오는 금석문金石文이다. 금석문은 상주시대에 청동과 돌로 그릇을 만들면서 그릇의 속 또는 표면에 제작과 관련된 사연을 적은 글이다. 금석문의 마음 심心의 글꼴은 심장을 본뜬 형태이다. 당시 이미 초보적인 해부학의 지식이 있었다는 것을 알 수 있다. 전쟁에서 칼에 찔려 밖으로 드러난 심장을 보았는지 아니면 실제로 수술을 하며 심장을 보았는지 알 수는 없지만 상형의 글꼴만으로도 당시 사람들이 실제로 심장을 본 것은 분명하다.

금석문 「사장반史牆盤」은 미씨微氏 가문의 사관 장〔사장史牆〕이 자신의 가문이 일찍이 은주殷周 교체기에 주나라에 투항한 뒤에 봉지를 받고서 협력 관계를 유지하다가 통혼을 하는 등 을조乙祖에 이르러 복심腹心되었다는 내용을 기술하고 있다. 복심은 오늘날 '심복心腹'과 같은 뜻이다. 이 밖에도 마음은 "그 마음을 환히 밝게 하다", "너의 마음을 삼가 밝게 하여 너의 동료를 이끌어 왕의 몸을 보호하라"는 식으로 쓰이고 있다.[6]

복심은 원래 몸의 배와 심장을 가리키지만 둘 다 생명 유지에 빼놓을 수 없다는 점에서 마음놓고 부리거나 일을 맡길 수 있는 사람을 가리킨다. 복심은 사람이 주종 관계에 있으면서 서로 공동 운명체여서 가장 신뢰할 만한 사이를 나타낸다. 나머지 두 경우 마음은 상황 여하에 따라 어두워지거나 밝아지고 각오 여하에 따라 축 처지거나 활짝 개기도 하는 기분을 가리킨다. 이는 일정 정도 지속되는 불쾌함

---

6 사장반의 원문과 풀이에 대해서 전광진, 「중국 청동기 사장반史牆盤 명문에 대한 문헌학적 연구」, 『중어중문학』 제24집, 1999 참조. 최근의 성과로는 마아이민麻愛民, 「牆盤補釋」, 『考古與文物』 2003, 제6기; 마아이민麻愛民, 「牆盤與文獻新證」, 『語言研究』 2003, 제23권 제3기; 류환劉桓, 「牆盤銘文札記」, 『故宮博物院 院刊』 2004, 제1기 총제111기.

과 유쾌함의 감정에 가깝다. 특히 군사적 상황에서 감정은 전투의 승부에 커다란 영향을 주는 사기로 이어질 수 있다.

이처럼 마음은 두 세력이 힘을 모아서 정치 질서를 유지하고 군사 활동에서 우위를 확보하는 데에 중요한 요소로 간주되고 있다. 이는 정치와 군사가 눈에 보이는 물리력만이 아니라 심리적 요인에 의해 영향을 받는다는 것을 찾아냈다고 할 수 있다. 하지만 이 자료만으로 마음이 도덕과 사상의 맥락에서 쓰인다고 볼 수는 없을 듯하다.

다음으로 눈여겨볼 만한 자료로 『역경』·『서경』·『시경』 등을 들 수 있다. 이들 자료에는 『논어』에 볼 수 없는 그 나름의 특성을 지닌 심心이 등장하기 때문이다. 일단 심 자의 빈도수부터 살펴보자. 용례를 찾아보면 마음은 『역경』·『서경』·『시경』에서 각각 7, 26, 162차례 쓰이고 있다.[7] 이들은 모두 『논어』 이전의 문헌으로 금석문 이후의 마음 용례를 보여주는 믿을 만한 자료이다.

세 문헌 중에서 유독 『시경』에서 마음이 많이 쓰이고 있다. 『시경』은 사람의 정서를 표현하는 문학 작품이기에 시인이 현실과 상상을 넘나들고 있다. 이 과정에서 시인은 다른 두 문헌보다 마음을 많이 이야기할 수밖에 없으리라. 특이하게도 『시경』의 심은 독특한 형식으로 쓰이고 있다. 시에서 많은 경우 "아심我心……"(내 마음이 어떠하다)의 꼴로 쓰인다.[8] 이때 '아我'가 주로 제후와 같은 특별한 사람을 가리키므로 모든 사람에게 적용된다는 식으로 일반화시키기는 어렵다. 시가 감정을 표현하는 만큼 사회적 금기와 충돌하더라도 양도할 수 없는 개인의 참된 정서를 노래할 수 있다. 우리는 이를 탈출구가 없는 세상에 태어난 것을 두고 하늘과 부모를 원망하는 시에서 확인할 수 있다.

---

7 신정근, 「전국시대 心 주제화의 서곡」, 『유교사상연구』 제18집, 2003 참조.
8 신정근, 『논어의 숲 공자의 그늘』, 심산, 2006 참조.

예컨대 결혼한 지 얼마 되지 않았는데 남편이 갑자기 징집되었다. 마른하늘에 날벼락과 같은 이야기가 아닐 수 없다. 갓 결혼한 새댁은 왕업王業의 수호에 참여한 남편의 처지를 이해하려고 해도 이해하기가 쉽지 않다. 더욱이 전쟁에 나간다는 것은 그만큼 모든 것이 불안하다는 것이다. 새댁은 정체를 알 수 없지만 국정 불안에다 신변 불안까지 겹쳐 아심我心이 괴롭기만 하다. 버림받은 아내가 남편에게 자신을 제대로 보여줄 수 있기를 바라며 마음을 노래했다.

"내 마음이 거울이 아니니 환히 비춰서 보여줄 수 없네. …… 내 마음이 돌이 아니니 데구루루 구를 수도 없고 내 마음이 돗자리가 아니니 돌돌 말 수도 없네."[9]

상대가 나의 말을 믿지 않고 오해를 하면 억울하고 답답하다. 말과 행동으로 되지 않으니 마음을 보여주면 믿어줄까? 진심을 보여줘서 억울함을 풀고 싶다. 그렇지 못한다면 마음을 접어서 포기할 수 있기를 바라고 있다.

『시경』에 이르러 사람은 상상의 힘을 빌려서 자신을 다양한 사물로 대체시키면서 마음을 감정이 자발적으로 일어나는 기관으로 인식하기 시작했다. 돌아오지 않는 남편이 죽었는지 살았는지 모르며 참기만 하거나 까닭 없이 버림받고서 운명이려니 한다면 사람이 아니라 목석이다. 사람인 한 슬픔·불안不安·공포恐怖의 '근원 사태'를 겪고서 그 무엇도 억누를 수 없는 격정激情을 표출할 수밖에 없다. 그것이 바로 진정성의 힘이다. 진실로 걱정하기에 불안을 드러내고 참으로 억울하기에 진실을 밝히고 싶은 것이다. 하지만 진정의 표출은 시詩를 통해

---

9 『시경』 「패풍邶風·박주柏舟」 "我心匪鑒, 不可以茹. …… 我心匪石, 不可轉也. 我心匪席, 不可卷也."

서 울부짖을 뿐 현실에서 그 부당성을 고발하고 진실의 해명을 요구
하지 않는다. 나의 진정이 드러나지 못하는 것을 안타까워하지 불의
와 투쟁하여 정의正義를 수호하려는 움직임을 보이지 않는다. 내 마음
이 알려질 수만 있다면 그것으로 문제는 해결이 되는 것이다.

3. 공자의 '마음' 담론의 특징

1) 마음은 쌓지도 감추지도 않는다

공자는 학교를 운영하면서 예의 · 음악 · 활쏘기 · 말 타기 · 셈하기 ·
글쓰기, 즉 육예六藝를 가르쳤다. 육예는 실용이 아니라 세상을 전체적
으로 통찰하여 나아갈 길을 모색하는 엘리트의 종합적 능력과 교양
교육에 해당되었다. 이는 르네상스 시기의 인문학에 가까웠다.

나아가 공자는 일찍이 『역경』 · 『서경』 · 『시경』의 문헌을 정리하고
연구했을 뿐만 아니라 학생들에게 『시경』의 문학, 『서경』과 『춘추』의
역사, 『역경』의 형이상학을 학습하도록 했다. 이 때문에 공자는 고전
문헌에 나오는 마음의 존재를 충분히 의식하고 있었다고 볼 수 있다.

공자는 금석문에서부터 『시경』까지 성장한 '마음'을 더 키우리라 예
상할 수 있다. 이제 그는 마음을 양도할 수 없는 개인의 감성을 일으
키고 고대 성인이 발견하여 전승한 진리(이상)를 이해하여 그것에 따
라 현실을 인도하는 실천적 방안을 내놓는 중심 기관으로 보았으리라
생각할 수 있다.

공자가 『시경』의 마음, 즉 억제할 수 없는 진정眞情을 일으키는 기
관을 더 진전시키려고 한다면, 그는 마음을 자기 이외에 누구도 접근
할 수 없으며 지식을 탐구하며 대상 세계를 분류하는 비밀의 방으로
꾸미는 쪽으로 나아갈 수 있을 것이다. 하지만 공자는 이런 기대를 저
버리는 이야기를 『논어』 곳곳에 뿌려놓았다.

공자는 자신이 바람직하다고 생각하는 이상적인 인물이 갖는 특성을 설명하고 있다. "슬기로운 사람은 헷갈리지 않고, 평화를 위해 사는 이는 속을 태우지 않고, 용기 있는 자는 두려워하지 않는다."[10] 세 가지 이상적인 인물은 속빈 사람처럼 너무나도 태평스럽다. 슬기·평화·용기는 나의 이해를 위해 있는 것이 아니고 또 누구도 그 자체의 가치를 부정하지 못할 정당성을 가지고 있다. 그것을 실현하기 위해서 노력해야겠지만 그것을 두고 번민할 이유는 없다. 따라서 세 부류의 인물이 자신의 사적인 편향을 가지거나 드러낼 까닭이 없는 것이다. 만약 사람이 비밀의 방과 같은 마음을 가지려면 확실하지 않고 긴가민가해서 헷갈리며 뜻대로 되지 않을까봐 근심 걱정으로 시간을 보내며 다른 사람에게 빼앗길까봐 두렵다. 이런 사람은 늘 조마조마하며 불안해하는 모습이 역력하다. 아는 사람이 왜 그러냐고 물어봐도 별일 없다며 터놓고 말하지 않을 것이다.

제자들은 선생님이 자신들에게 말해주지 않는 비밀스런 것이 있지 않을까 생각했던 적이 있었다.

"이 사람들아, 내가 뭔가를 숨긴다고 생각하는가? 나는 자네들에게 숨기는 게 하나도 없다네. 내가 진리의 길을 걸어오면서 자네들과 함께 나누지 않는 것이 없다네. 이게 바로 구라는 사람일세."[11]

제자들은 공자의 마르지 않는 지식의 샘을 부러워하며 속이거나 숨긴다고 생각했을 수 있다. 그들은 선생님이 말과 행동으로 지식의 일부를 자신들에게 보여줄 뿐 중요한 것은 보이지 않는 곳에 깊숙이 숨

---

10 「자한」 29(239) "子曰: 知者不惑, 仁者不憂, 勇者不懼."
11 「술이」 24(175) "子曰: 二三子以我爲隱乎? 吾無隱乎爾. 吾無行而不與二三子者, 是丘也."

겨두었으리라 생각했던 것이다. 이에 대해 공자는 언행으로 드러나는 것 이외에 자신만이 알고서 타인에게 비밀로 하는 것이 없다고 솔직하게 고백하고 있다.

『논어』에는 사람과 사람 사이에서 일어나는 불인정不認定, 불일치不一致, 원망怨望(원한)의 이야기를 많이 다루고 있다. 감정에는 한때 표출하고 사그라지는 종류도 있지만, 지속적으로 유지되면서 판단과 행동을 방향 짓는 종류도 있다. 불인정, 불일치, 원망(원한)은 사그라지지 않고 지속되려면 그 감정을 약해지지도 줄어들지도 않고 굳게 쌓아두는 비밀스런 장소가 필요하다. 『시경』의 연장선상에 생각하면 아심我心(나의 마음)이 그 역할을 하리라 예상할 수 있다.

공자는 인정認定과 관련해서 주위 사람들이 자신을 알아주느냐 주지 않느냐에 신경 쓸 것이 아니라 자신에게 그만한 실력을 갖추고 있는지 없는지 신경 쓰라고 권고하고 있다. 나아가 그는 주위 사람의 인정 여부를 초월하는 사람이 되기를 바라고 있다.

  "주위 사람들이 알아주지 않더라도 성내지 않는다면 군자, 즉 자기 주도적인 사람답지 않겠는가?"[12]

성내지 않는다는 것은 불인정을 마음에 담아두지도 않을 뿐만 아니라 그것으로 인해 어떠한 심리적 영향을 받지 않는다는 말이다. 군자는 남의 인정에 의해 휘둘리지 않는 자기만의 세계를 가지고 있다는 뜻이다.

백이伯夷와 숙제叔齊는 고죽국孤竹國의 왕자로서 왕위를 계승할 수 있는 합법적 자격을 가지고 있었다. 아버지가 자신들보다 동생을 총

---

12 「학이」 1(001) "人不知而不慍, 不亦君子乎?"

애한다는 사실을 알고서 백이와 숙제 두 사람은 아무런 미련 없이 조
국을 떠나서 수양산에 은거하면서 내정에 전혀 끼어들지 않았다. 두
사람이 왕위의 권리를 내세운다면 나라는 정치적 격변에 휩싸여서 숱
한 사람들이 죽고 죽이며 부모 형제는 원수지간이 될 수밖에 없다. 두
사람은 위대한 포기를 통해 나라의 정치적 안정을 도모한 것이다. 훗
날 자공은 공자에게 두 사람이 자신들의 행동을 후회했을지 공자에게
물어본 적이 있었다.

공자는 두 사람이 인仁, 즉 공동체의 평화를 추구해서 그것을 얻었
는데 무슨 원망을 했겠느냐며 후회 가능성을 부정했다.[13] 사람이 합당
한 욕망, 즉 권리가 좌절되었을 때 원인 제공자를 저주하면서 원래의
상태로 되돌리기 위해서 투쟁을 할 수 있다. 이렇게 되면 투쟁으로 갈
등의 승부가 날 수는 있지만 인간관계는 그 이전 상태로 되돌릴 수
없을 정도로 심하게 악화될 수밖에 없다. 백이와 숙제는 권리의 실현
이 부정당했지만 투쟁의 길로 들어서지 않았다. 만약 그들이 자신의
일을 후회했더라면 포기 이후의 고난에 찬 삶을 받아들이지 않았을
것이다. 그 삶을 받아들였다면 포기하고서도 후회하지 않았다고 볼
수 있다.

이렇게 보면 공자는 마음을 사람 사이를 대립과 분열로 이끄는 감
정을 일으키지도 않을 뿐만 아니라 그것을 축적해서 이후의 판단과
행동에 영향을 주는 기관으로 보지 않는다. 오히려 그가 말하는 마음
은 그런 감정을 조금도 담아두지 않아 텅 빈 상태로 있다고 할 수 있
다. 예컨대 a와 b의 관계에서 a가 b를 인정하지 않고 b의 권리를 박

---

13 「술이」 15(166) "冉有曰: 夫子爲衛君乎? 子貢曰: 諾, 吾將問之. 入曰: 伯夷叔齊, 何人
也? 曰: 古之賢人也. 曰: 怨乎? 曰: 求仁而得仁, 又何怨? 出曰, 夫子不爲也." 이와 관
련해서 자세한 논의는 신정근, 『사람다움의 발견』, 이학사, 2005; 신정근, 『사람다
움이란 무엇인가?』, 글항아리, 2011 참조.

탈했을 때, a로서는 b가 자신에게 복수하려고 하는지 지금 상황을 수용하는 것인지 전혀 알 수 없다. 이때 b는 a가 결코 들여다볼 수도 없고 헤아릴 수 없는 두꺼운 장막으로 쳐진 검은 마음을 가지고 있는 것이다. 『논어』에 따르면 b는 a에 어떠한 감정을 갖지 않을 뿐만 아니라 들여다볼 수 없게끔 감춘 것이 없는, 즉 흰 마음을 가지고 있다.

2) 마음은 표정表情과 언행言行으로 그대로 옮겨진다

속임수는 사람의 언행과 마음이 다른 것이다. a가 b를 속여서 많은 이익을 노린다면, a는 b에게 다가가서 b를 위해 움직이며 b의 환심을 산 뒤 결정적인 순간에 배반을 할 것이다. 속고 난 뒤에 b는 a의 속과 겉이 다른 줄 알았지만 그 이전에는 전혀 눈치 챌 수 없었다.

『논어』에서 마음을 음모와 사기만이 아니라 의사와 의중을 전혀 들여다볼 수 없는 기관으로 간주하고 있을까? 공자는 사람이 마음〔心〕 → 표정〔色〕 → 언행〔行〕의 세 단계를 거쳐서 타인과 교제를 한다고 본다.

공자는 여러 차례에 걸쳐서 교언영색巧言令色, 즉 듣기에 솔깃한 말이나 유들유들 웃는 얼굴이나 지나친 공손이 사랑과 거리가 멀다며 주의해야 할 태도라고 이야기하고 있다.[14] 공자가 왜 교언영색을 부정적인 자세라고 간주했을까? 언과 색이 마음과 다를 수 있기 때문이다. 예컨대 우리가 가게에 가면 친절한 말과 표정으로 대하지만 제품에 문제가 있어서 교환과 환불을 요구하면 표정을 바꾸면서 딱딱하게 나오는 경우가 있다. 이것이 바로 교언영색의 사례일 수 있다. 비용이 들지 않을 경우 겉으로는 친절한 척하지만 비용이 문제가 되면 불친

---

14 「학이」 3(003) "子曰: 巧言令色, 鮮矣仁!" 「공야장」 26(118) "子曰: 巧言令色足恭, 左丘明恥之, 丘亦恥之. 匿怨而友其人, 左丘明恥之, 丘亦恥之." 「양화」 17(468) "子曰: 巧言令色, 鮮矣仁."

절한 태도로 확 바뀌는 것이다. 이렇게 얼핏 보면 『논어』에 분명히 마음과 말·표정 사이의 불일치가 나타나고 있다. 하지만 맥락을 살피면 공자는 교언영색이 바람직하지 않는 태도로 보고 있다. 따라서 공자는 말과 색 그리고 마음이 달라지지 않고 한결같은 상태를 유지하는 것을 바람직한 것으로 보고 있는 셈이다.

공자는 교언영색과 다른 유형을 실례로 들고 있다. 그는 우리가 보통 외유내강外柔內剛이라는 표현을 즐겨 쓰는데, 그는 이와 다른 외강내유外剛內柔의 인물을 제시하고 있다. 그런 사람은 얼굴빛이나 표정은 누가 접근하기 어려울 정도로 사납고 엄숙하다. 하지만 남에게 보이는 측면과 달리 그런 사람은 마음 씀씀이가 물러터져서 바퀴벌레만 보아도 호들갑을 떨 정도로 매사에 벌벌 떨며 두려워하곤 한다. 공자는 이런 사람을 뭔가 모자란 소인에 비유하고, 그들이 마치 남몰래 벽과 담을 뚫어 물건을 훔치는 도둑과 닮았다고 보았다.[15]

여기서도 공자는 소인이 표정과 마음이 달리 나타난다는 점을 실례로 들고 있다. 하지만 이 실례는 바람직해서 누구나 그렇게 해야 하는 것이 아니라 이러한 형태를 보여서 안 된다는 맥락에서 이야기되고 있다. 그렇다면 공자는 표정과 마음, 즉 색色과 내심內心이 하나가 되어야 한다는 점을 강조하고 있는 것이다.

공자는 사람이 하는 행위가 분명히 마음과 표정의 선행 사건이 있다는 점을 부정하지는 않는다. 즉 그는 사람이 마음 또는 내심이 먼저 표정으로 드러나고 마지막으로 행위로 마무리된다고 보고 있다. 예컨대 우리가 오랜만에 친구를 만나서 반가운 마음이 들고 그 마음이 환한 표정으로 나타나서 환대를 표시하고, 이어서 악수나 포옹을 하고 그 사이 안부를 물으며 헤어진 이후의 일을 이야기하게 된다. 이때 반

---

15 「양화」 12(463) "子曰: 色厲而內荏, 譬諸小人, 其猶穿窬之盜也與?"

가운 마음과 환한 표정과 포옹은 『논어』의 마음과 표정과 행위에 대응한다고 할 수 있다. 만약 반갑다고 인사하면서 표정이 어둡거나 반갑다고 말해놓고 이야기를 건성으로 한다면 우리는 마음과 표정 그리고 행위의 세 국면이 일관되지 않다는 것을 느끼고서 뭔가 이상하다고 생각하게 된다.

공자에 따르면 마음이 그것을 쏙 빼닮은 표정을 낳고 다시 표정이 그것을 쏙 빼닮은 행위를 낳게 되므로 마음과 행위가 서로 동일성을 갖는다. 즉 마음과 표정 그리고 행위가 세쌍둥이마냥 다른 점을 찾아볼 수 없는 것이다. 이로써 우리는 행위만 보더라도 그 사람의 마음이 어떠한지를 그대로 들여다볼 수 있게 된다. 이러한 사람은 결국 행위와 표정 그리고 마음 사이에 커튼이 쳐져서 속을 알 수는 없는 검은 마음이 아니라 가리어진 것이 없이 투명하여 훤히 비추는 흰 마음을 가지고 있다고 할 수 있다.

3) 마음은 자립적 실체實體가 아니라 네트워킹 센터이다

공자는 마음과 표정 그리고 행위 사이 다른 것의 틈입을 허용하지 않으며 세 국면의 절대적 연속성을 내세우고 있다. 이것이 바로 사람의 자아가 분열되지 않고 통합성을 지니는 길이기 때문이다. 마음이 표정과 행위에 비해 고유한 특성을 가지지 못한다고 한다면, 마음은 표정 또는 행위로 환원해서 설명이 가능해진다. 이로써 공자의 마음은 독립성이 없게 되고, 이는 출발점은 다르다고 하더라도 사고·정서 및 내적인 정신 경험을 제외하고 전적으로 관찰과 측정이 가능한 행위(자료)를 연구 대상으로 삼았던 고전적 행태주의behaviourism의 심리학과 비슷해진다.

우리는 이런 비판을 벗어날 수 있는 실마리를 조지 허버트 미드의 상징적 상호 작용론symbolic interactionism에서 찾을 수 있다.[16] 그는 자아를 자족적 실체로 보지 않는다. 그는 자아를 영어의 주격 I와 목적격 Me－이를 주체아主體我와 객체아客體我로 옮기기도 한다－로 구분한다. Me는 다른 사람의 눈(거울)에 비춰진 나이다. 비춰진 나, 즉 Me는 무시해도 좋을 만큼 아무런 가치가 없는 것이 아니라 그것은 타자와 교제하면서 나를 객관적으로 돌아보게 하고 나를 새롭게 만들어나가는 소중한 자료가 된다. 이때 I는 Me에서 드러난 자료를 바탕으로 해서 나를 끊임없이 재구성하게 된다. 이를 통해 미드는 자아가 타자와 환경으로부터 고립되지 않는 유기적인 관계를 회복하며 또 환경에 수동적으로 조종되지 않고 개성을 빚어내는 주체적 대응의 가능성을 확보한 것이다. I와 Me는 서로 상대에게로 환원되지 않고 그 자체의 특성을 잃지 않는 것이다. 이로써 나는 순수한 주관적 존재가 아니라 상호 소통할 수 있는 타자를 내면화함으로써 일반화된 타자(generalized other)의 특성을 갖는다고 할 수 있다.

우리는 미드가 말한 I와 Me의 관계를 『논어』에 적용할 수 있을지 살펴보자.

근현대인은 사람의 행위를 고독한 결단으로 보는 데에 익숙하다. 하지만 우리는 성장 과정을 보면 부모, 친구, 또래 집단, 교사, 주위 환경, 연예인, 인기 스타 등으로부터 많은 영향을 받는다. 공자도 존재의 고뇌에 찬 선택보다는 주위 사람들로부터 끊임없이 영향을 받는 측면을 강조하고 있다. 예컨대 우리는 뛰어난 인물을 만나서는 어떻게든 본받아서 그 사람과 같아지도록 바라고 모자라는 사람(반면교사)을 만나서는 교훈을 받아들여서 스스로 단속한다.[17] 나는 긍정적인 인물을 닮아서 내 속에서 그 사람과 같은 측면을 키워내고 부정적인 인물을 보고서 내 속에서 그 사람과 같은 측면을 제거하려고 한다.

---

16 J. H. 미드, 나은영 옮김, 『정신 · 자아 · 사회: 사회적 행동주의자가 분석하는 개인과 사회』, 한길사, 2010 참조.

17 「리인」 17(083) "子曰: 見賢思齊焉, 見不賢而內自省也."

물론 이러한 모방과 배제의 수양은 쉽지가 않다. 공자도 이 사실을 알았는지 실망한 듯이 복잡한 심정을 토로한 적이 있다. "끝인가 보다! 나는 여태까지 어느 누구도 자신의 시행착오試行錯誤를 시인하고 교훈을 받아들여서 자기 스스로 따져보는 사람을 본 적이 없구나!"[18] 공자가 그런 사람을 보지 못했다고 하더라도 그렇게 해야 한다는 것을 부정한 것은 결코 아니다. 이에 따르면 사람은 누구에게나 무엇에 호소하지 않고 내면적 고뇌를 겪을지언정 전적으로 자신의 지성에 의지해서 최종적인 입장을 선택하지 않는다.

사람은 나를 주위의 긍정적 인물이나 부정적 인물과 병칭시켜서 객관적으로 관찰하고 있다. 이 과정이 바로 미드가 말하는 Me이다. 그 과정은 대조로만 끝나는 것이 아니라 그 결과(자료)가 곧바로 I에게로 전달된다. I는 그 데이터를 기초로 고칠 것은 고치고 받아들일 것은 받아들이고 키워야 할 것은 키우는 작업을 지휘하게 된다. 그 결과는 다시 Me에게로 전송이 된다.[19] 이렇게 공자의 내자성內自省과 내자송內自訟은 미드의 I와 Me 사이의 지속적 선순환 과정을 그대로 재연하고 있다.

이제 공자의 마음은 주위 환경과 완전히 절연한 채 가치와 방향을 결정하여 구체적인 행위를 선택하는 자립적 실체가 아니라는 것은 분명해졌다. 그의 마음의 특성을 어떻게 규정할 수 있을까? 나는 공자의 마음을 네트워킹 센터로 보고자 한다. 사람은 가족, 친구와 사회적 역할 등으로 짜인 복잡한 관계망에서 많은 타자와 이어져 있다. 관계가 지속적이라면 네트워킹이 활성화되어 있고 관계가 간헐적이라면 네트워킹이 상대적으로 불활성화되는 것처럼 차이가 있다.

---

18 「공야장」 28(120) "子曰: 已矣乎, 吾未見能見其過而內自訟者也."
19 J. H. 미드, 나은영 옮김, 『정신·자아·사회: 사회적 행동주의자가 분석하는 개인과 사회』, 한길사, 2010 참조.

나는 숱한 관계망으로부터 지속적인 나를 분류하고 평가하는 데이터를 수신한다. 나는 수신한 데이터 중에서 의미와 무의미를 걸러내서 의미 있는 데이터와 기성의 의미 체계로서 나를 조합해서 나를 새로운 텍스트로 교직해낸다. 나는 타인과 관계망에서 나만을 새롭게 구성하면서 동시에 타인을 분류하고 평가해서 그 데이터를 끊임없이 전송한다. 이는 기존의 매체(TV, 라디오, 메시지 등)가 일방향 미디어에서 쌍방향 미디어로 바꾸어가는 방향과 유사하다. 이런 점에서 보면 공자의 사상에서 사람은 다양한 역할로 맺어진 매듭node 또는 결절점이라면 마음은 매듭이 다른 매듭과 쌍방향으로 수신과 발신을 되풀이하면서 매듭의 질과 양을 발전시키면서 개성을 갖추도록 하는 네트워킹 센터라고 할 수 있다.

4) 군자의 흰 마음은 공공연한 지향이 있다

공자의 사상에서 마음이 주위 환경과 끊임없이 교류한다고 하더라도 타자에 의해 비춰진 나의 데이터와 자아에 의해 비춰진 타자의 데이터가 모두 무조건적으로 수신되지 않는다. 폭력, 사회적 편견, 종교적 편향을 담은 메시지는 수신이 거부될 뿐만 아니라 네트워킹 시스템에서 걸러낼 수 있어야 한다. 이처럼 데이터를 거른다는 것은 네트워킹 시스템에 의미 없는 메시지가 부유하는 것이 아니라 자체 정화 기능을 가지고 있으며, 개별적인 네트워킹 센터에도 개별적 지향이 있다는 것이다.

예를 들자면 세계 각 나라마다 KBS, MBC, SBS, NHK, CCTV, BBC, CNN 등의 방송국이 있더라도 각각 색깔과 지향이 다르듯이 이 네트워킹 센터도 신정근, 홍길동, 황진이, 임꺽정 등 사람마다 다른 특성을 드러낼 수 있다.

그러면 공자의 마음이 네트워킹 시스템에서 공유하고 있는 지향이 무엇인가 살펴보자. 이와 관련해서 공자는 사람이 사람에 대해 공정한 평가를 내리는 것을 중시하고 있다. 그는 인자仁者, 즉 평화를 일구는 사람이라야 함께 하는 사람을 제대로 좋아할 수 있고 제대로 미워할 수 있다고 보았다.[20] 왜냐하면 적어도 사람이 참으로 평화에 뜻을 두어야만 이해 관계에 의해 타자에게 해악을 끼치려고 하지 않기 때문이다.[21] 이 취지를 살린다면 사람 사이의 네트워킹은 적어도 평화를 일구어 세상에 질서를 가꾸는 방향으로 설정되어 있고, 그 속에 참여하는 사람도 그 가치를 공유하고 있는 셈이다.

네트워킹 시스템이 잘 짜여 있어도 그것의 운영은 시스템의 결절점(매듭)을 이루는 마음을 가진 사람에 의해 결정된다. 이 사람이 네트워킹에 참여하면서 데이터를 조작하여 그것의 자유로운 송수신을 교란하거나 데이터 소유의 비대칭을 바탕으로 권력을 행사하게 된다면, 네트워킹 시스템은 그 권력을 유지하는 도구로 전락될 수 있다.

공자는 네트워킹에 참여한 사람은 군자, 즉 자율적 사람이 되어야 한다고 보았다. 군자가 되려면 먼저 자신을 갈고 닦아서 맡은 바를 신중하고 차분하게 수행해야 한다. 이것은 자신을 스스로 통제하며 역할에 충실한 것을 기본으로 요구하는 것이다. 이어서 자신을 갈고 닦아서 주위 사람들을 편안하게 해주고 더 나아가 백성(인류)을 편안하게 해주려는 지향을 가져야 한다.[22] 이로써 네트워킹 센터로서 사람은 자신의 마음이 자기 통제를 바탕으로 하여 타인과 상성相成으로 나아가도록 설정하고 있다.

아울러 공자는 네트워킹에 참여하는 사람이 데이터의 송수신과 해독 과정에서 차이가 있다는 사실을 알고 있었다. 그는 이 차이가 권력

---

20 「리인」 3(069) "子曰: 唯仁者能好人, 能惡人."
21 「리인」 4(070) "子曰: 苟志於仁矣, 無惡也."
22 「헌문」 45(393) "子路問君子. 子曰: 修己以敬. 曰: 如斯而已乎? 曰: 修己以安人. 曰: 如斯而已乎? 曰: 修己以安百姓. 修己以安百姓, 堯舜其猶病諸?"

관계로 변환된다면, 네트워킹은 쌍방향雙方向의 소통疏通이 아니라 일
방향一方向의 지시指示-복종服從 시스템으로 전락될 수 있다. 그는 이
를 막기 위해서 획일성의 독점이 아니라 다양성의 공존이 일어나야
한다고 생각했다.

　자공이 공자에게 물었다.
　"한평생 내내 나침반으로 삼아 자신을 이끌어 갈 만한 한 마디가 무
엇인가요?"
　공자는 자신의 생각을 내보였다.
　"관용의 원칙이지, 자신이 바라지 않는 것을 주위 사람들에게 끼치지
않도록 하라."[23]

이는 흔히 호혜성互惠性(reciprocity)과 역지사지易地思之(Put yourself
in other person's shoe)로 풀이되는 서恕(또는 황금률Golden Rule)를 말한
다. 이 속에서 공자는 한 사람이 데이터의 송수신과 해석에서 어떠한
우위 또는 절대적 지위를 가지는 상황을 배제하고 있다. 사람은 차이와
비대칭의 조건에서 출발해서 자신의 속도와 폭으로 네트워킹 시스템
중의 기지국을 책임지고 있는 것이다.

　이렇게 보면 마음은 어떠한 왜곡－중대와 축소, 과장과 허위 등의 조
작－없이 그대로 표정과 행위로 드러나면서 동시에 타자와 공존하며
차이를 존중하는 방향성을 드러내고 있다.

5) 소인의 검은 마음은 속과 겉이 다르다

　지금까지 공자의 마음을 군자의 입장에서 살펴보았다. 군자의 마음

---

23 「위령공」 24(419) "子貢問曰: 有一言而可以終身行之者乎? 子曰: 其恕乎! 己所不欲,
　勿施於人."

은 투명하고 주위와 끊임없이 교류하여 개성을 드러내기 때문에 하얀 색이 그 마음의 특성을 상징할 수 있다. 공자는 사람이 군자의 흰 마음을 추구하기를 요구했으므로 그것이 공자의 마음을 대표한다고 할 수 있다.

앞의 논의에서 언급했듯이 공자가 부정했지만 『논어』에 소인의 검은 마음이 분명히 들어 있다. 이제 검은 마음을 들여다볼 차례가 되었다.

우리는 오늘날 쇼핑센터에서 교언영색巧言令色, 즉 듣기에 솔깃한 말이나 유들유들 웃는 얼굴을 보면 친절하다고 생각하는 반면 말이 퉁명하고 표정이 무거우면 불친절하다고 생각한다. 현대인은 감정노동을 하는 노동자의 마음(영혼)까지 신경 쓰지 않고 다만 그들의 언행을 보고 친절한지를 판가름할 뿐이다. 공자는 교언영색巧言令色의 친절한(?) 언행이 속마음에서 우러나온 것인지 아니면 가식假飾인지에 주의를 기울인다. 그는 교언영색에서 마음과 언행 사이의 불일치를 읽어냈기 때문에 가식적 친절을 가짜로 보며 그것에 의미를 부여하지 않는다. 공자가 부정적으로 보기는 했지만 교언영색에는 언행으로만 판단할 수 없는 검은 마음이 전제되어 있다는 것을 알 수 있다.

『논어』를 보면 마음과 표정 · 행위의 불일치만이 아니라 말과 행위의 불일치를 다루는 내용이 있다. 공자는 제자의 행위를 무척 실망한 듯 아주 격정적으로 비판하고 있다. "나는 지금까지 주위 사람과 어울리며 어떤 사람이 '……을(를) 하겠다'라고 약속하면 그 말대로 실행되리라 믿어왔다. 이제 나는 어떤 사람이 '……을(를) 하겠다'라고 약속하더라도 그 사람이 말대로 실행하는지 살펴보게 되었다."[24]

공자는 처음에 말과 행위는 쌍둥이여서 말하면 그 말이 바로 행위로 일어난다고 보았다. 이런 주장은 오스틴이 『말과 행위』에서 주장

---

24 「공야장」 11(103) "子曰: 始吾於人也, 聽其言而信其行, 今吾於人也, 聽其言而觀其行. 於予與改是."

한 수행적 발화performative utterance를 연상시킬 정도로 둘 사이에 닮은 점이 많다. 공자는 말과 행위의 연속성을 믿었지만 당시에 또 둘을 갈라놓는 현상이 생겨나기 시작했다. 예컨대 어떤 사람이 "금연하겠다!"고 선언해놓고 금방 담배를 피우면, 다음에 그 사람의 말이 실제 행위로 이어질지 믿기 어려워진다.

여기서 언급과 행行 사이의 불일치는 단순히 둘의 불일치에 한정되지 않는다. 군자는 마음과 표정 그리고 행위가 연속적으로 일관되게 드러난다. 하지만 지금 세 단계 중 제일 마지막 단계에서 균열이 생긴다면 행위(언행)가 표정이나 마음과도 더 이상 연속되지 않는 연쇄적인 불일치가 일어날 가능성이 생겨나게 된다. 그렇게 되면 사람은 누군가의 말을 듣고서도 그 사람이 행위가 어느 방향으로 향할지 알 수 없고 표정을 관찰하고서도 그 사람이 무슨 말을 할지 모르게 되니, 이제 마음은 더 이상 알 길이 없게끔 몇 겹의 장막帳幕으로 둘러쳐진 검은 마음이 되어버린다.

우리는 이러한 검은 마음이 바로 소인의 특성을 반영한다는 점을 『논어』에서 확인할 수 있다. 자공의 생각에 따르면 군자의 잘못(과실)은 일식이나 월식처럼 비밀이 아니라 늘 공개되어 있다. 군자는 잘못을 하더라도 사실을 시인하고 잘못을 고치려고 한다.[25] 즉 군자는 일시적으로 자신을 완벽하게 통제하지 못하여 잘못을 저지를 수 있다. 이것은 의식적으로 마음과 표정 또는 행위가 불일치하게 된 것이 아니라 의식하지 못한 상태에서 둘 또는 셋 사이에 불일치가 생겨난 것이다. 이러한 일시적인 불일치는 수정을 통해서 금방 일치의 상태로 복원될 수가 있는 것이다.

반면 소인小人은 잘못을 저지르게 되면 반드시 다른 일로 꾸며대기

---

25 「자장」 21(509) "子貢曰: 君子之過也, 如日月之食焉, 過也, 人皆見之, 更也, 人皆仰之."

시작한다.[26] 소인은 약속 시간에 늦게 와서는 늦게 출발한 것을 말하지 않고 차가 막혔다며 뻔뻔스럽게 변명을 한다. 소인이 변명을 한다는 것은, 역설적이지만 그들도 마음과 표정 그리고 행위가 일치되어야 한다는 것을 알고 있다는 것을 반증하는 셈이다. 하지만 소인이 고의가 아니라 주위 환경 탓이라고 하는 순간부터 마음과 표정 그리고 언행의 사이가 끊임없이 벌어지기 시작한다. 이러한 상황이 되풀이되면 소인은 마음과 표정 그리고 언행 사이를 고의로 분리시켜서 자신의 속내를 전혀 알 수 없게 만들어버린다. 마음을 있는 그대로 드러낸다면, 그것은 소인이 하고자 하는 것을 실패로 만들게 하고 이루고자 하는 욕망을 좌절시키게 만드는 것이다. 예컨대 왕위를 노리는 왕자가 세자에게 속마음을 들키지 않아서 언젠가 왕위를 가로챌 수 있지, 속마음이 들통난다면 자신의 욕망을 결코 이룰 수 없게 된다.

이렇게 보면 『논어』는 군자君子의 흰 마음만이 아니라 소인小人의 검은 마음이 들어 있다. 검은 마음은 독립적 실체일 수가 있다. 검은 마음은 자신과 주위 사람을 철저하게 분리하고 자신의 이해와 욕망을 가장 우선시하며 그것을 실현하기 위해서 최선의 방법을 입안하고 주도면밀하게 실천해나간다. 공자는 검은 마음의 사람이 많아진다면 공동체가 타락하고 부패한다고 보았기에 그들은 수양과 감화를 통해서 변화되어야 할 대상이었지 제 권리를 주장할 수 있는 떳떳한 주체가 아니었다. 철학사를 훑어보면 공자는 수양을 통해 흰 마음을 키우고 검은 마음을 줄여야 한다는 마음 이론을 형성하는 데에 초석을 다졌다고 할 수 있다.

---

26 「자장」 8(496) "子夏曰: 小人之過也必文."

4. 맺음말 : 군자의 공심公心과 동심同心, 결국
무심無心으로 귀결된다

소인小人은 타인이 들여다볼 수 없게 장막으로 둘러친 검은 마음(불투명한 마음)을 가지고 있는 반면 군자君子는 타인이 확인할 수 있는 흰 마음(투명한 마음)을 가지고 있다. 공자는 검은 마음을 흰 마음으로 바꾸어야 한다고 주장하고 있다. 따라서 『논어』에 검은 마음과 흰 마음이 둘 나타난다고 하더라도 가치로 보면 흰 마음만 있는 셈이다. 사실 중국에서는 리쭝우李宗吾(1879~1944)가 일찍이 후흑학厚黑學을 주창하며 생존의 논리에 뛰어난 낯가죽이 두껍고 속이 검은 사람을 발견하기 전까지 검은 마음은 늘 음지에 있었다. 하지만 실생활에서 검은 마음은 성공을 위해 유효하며 탁월한 기획을 하는 센터이다. 미워하는 사람을 봐도 밝은 얼굴로 인사하고, 부정의로 고통을 당해도 간과 쓸개를 내어놓을 수 있는 것이 '후흑厚黑'이기에 가능한 것이다.[27]

이제 마지막으로 흰 마음은 과연 나의 마음, 즉 『시경』에서 처음으로 발견했던 아심我心인지 알아보자. 근대에게 타인의 정체는 수수께끼와 같다. 자아는 확실하지만 타자는 오리무중이라는 유아론에 빠지게 된다. 이를 넘어서기 위해서 서양 철학에서 공통감각, 계급의식, 간주관성(상호 주관성), 가족 유사성 등이 제시되었다. 공자의 마음, 즉 군자의 흰 마음은 애초에 자립적 실체가 아니라 네트워킹 센터였던 만큼 늘 타자와 데이터를 수신하면서 송신하고 송신하면서 수신하며 송신된 데이터를 재해석해서 네트워킹의 결절점(매듭)으로서 자아를 개성 있게 직조할 수 있다.

---

27 리쭝우, 신동준 옮김, 『난세를 평정하는 중국 통치학』, 효형출판, 2003 참조. 이러한 관점은 동양철학을 철학보다는 처세술로 보도록 만든다. 이에 대한 비판적 논의로는 신정근, 「동양고전은 왜 처세로 읽하나」, 『경향신문』, 2012.6.22 참조.

따라서 우리는 군자의 흰 마음을 들여다보기 위해서 내면의 자아 또는 내면의 관찰자를 상정할 필요가 없다. 우리는 흰 마음에 다가서 가 위해 내아內我가 특별한 접근권special access right을 주장할 필요 가 없다. 흰 마음은 늘 나와 너에게 공적 초대장을 발송한다.

공자의 말을 들어보자.

"우리가 만약 그 사람이 함께 하는 사람을 찾아보고, 그 사람이 좇는 방법을 들여다보고, 그 사람이 편안해 하는 상태를 살펴본다면, 그 사람 이 어떻게 자신의 정체를 숨길 수 있겠는가? 그 사람이 어떻게 자신의 정체를 숨길 수 있겠는가?"[28]

사람은 마음의 장막에 덮여서 감추어진 존재가 아니라 발갛게 벗겨 져서 완전히 드러난 존재, 즉 투명한 존재일 뿐이다. 물론 찾아보고 들여다보고 살피는 것이 그냥 보기만 하는 단순한 관찰은 아니다. 그 것은 이전과 이후를 비교하고, 일시적인 것과 지속적인 것을 구분하 는 등 심층적인 사고를 수반하는 활동이다. 문제는 이러한 정신적 활 동에도 불구하고 타인과 그의 마음은 여전히 알 수 없는 미지의 것으 로 남느냐에 있다. 공자는 그것이 "없다!"라고 말한다. 그렇다고 해서 공자가 오늘날 프라이버시에 해당되는 사적인 영역까지 알 수 있는 독심술을 말하는 것은 아니다. 적어도 공공의 영역에서 잔여물이 없 다는 뜻이다.

그런 투명한 존재가 개성을 가진다고 하더라도 그 개성은 네트워킹 시스템에서 송수신의 속도, 데이터의 집적의 차이에 불과한 것일까 아 니면 그 이외에 또 다른 차이가 있을까? 아니면 공자는 애초부터 수도 동귀殊道同歸, 즉 가는 길은 다르지만 도달 지점은 똑같다고 보았을까?

---

28 「위정」 10(026) "子曰: 視其所以, 觀其所由, 察其所安. 人焉廋哉? 人焉廋哉?"

나는 공자가 같은 성인이라고 하더라도 요순과 문무의 차이를 인정하는 측면에서 볼 때 네트워킹 센터의 고유성uniqueness을 완전히 부정하지 않는다고 생각한다. 전체적으로 보면 그는 길이 다르지만 도착지가 동일한 상태를 지향한다고 생각한다. 이 귀결은 모두가 각각 하나의 마음을 갖는 일인일심一人一心이 아니라 모두가 같은 하나의 같은 마음을 갖는 만인일심萬人一心의 상태라고 할 수 있다. 결국 마음으로 보면 무심無心이 되고 자아로 보면 무아無我가 된다. 이런 무심론과 무아론이 차이를 적극적으로 주장(토론)하기보다는 동화(同化/同和)를 바람직하다고 여기며 개성의 표출보다는 억제를 선호하는 사회 문화와 어느 정도 관련이 된다고 본다.

그렇다고 공자의 사상에서 흰 마음이 숨조차 제대로 내쉴 수 없는 압제와 전제의 사회로 이어지는 것은 결코 아니다. 그것은 공자 사상의 흰 마음이 아니라 역사 시대를 운영했던 책임자에게 원인이 있는 것이다. 군자의 흰 마음은 재질에 따라 끊임없이 거칠게 갈고 쪼개며 쪼고 곱게 다듬는 절차탁마切磋琢磨의 과정을 통해 차이를 지향한다.[29] 또 군자가 그리는 공동체는 자기 통제를 한다면 차별받은 이방인이 없는 우주 가족cosmopolitan을 추구한다.[30] 공자는 상상하지 못했겠지만 절차탁마의 차이 지향은 공동체와 대립하는 개체로 나아가지는 못하더라도 독특성을 지닌 개체로 나아가는 길을 열어줄 수 있을 것이다. 그것은 네트워킹 센터로서 흰 마음이 분투하는 여정으로 맺어지는 결실이다.[31]

29 「학이」 15(015) "子貢曰: 貧而無諂, 富而無驕, 何如? 子曰: 可也, 未若貧而樂, 富而好禮者也. 子貢曰: 詩云: '如切如磋, 如琢如磨', 其斯之謂與?"

30 「안연」 5(299) "司馬牛憂曰: 人皆有兄弟, 我獨亡. 子夏曰: 商聞之矣, 死生有命, 富貴在天. 君子敬而無失, 與人恭而有禮. 四海之內, 皆兄弟也, 君子何患乎無兄弟也?"

31 이 글은 『마음과 철학: 유학편』(서울대학교 철학사상연구소 편, 서울대학교출판문화원, 2013)에 수록된 「공자 흰 마음과 검은 마음」을 개고하여 수록한 것이다.

제6장 '사이'의 자아론
— 『논어』와 『장자』를 중심으로 —

1. 문제 제기

말끝마다 '나'라는 말을 가장 많이 사용하는 시대가 현대일 것이다. '나'의 상용은 단순히 문법의 이유가 아니라 이해와 성취 그리고 행복 등 다양한 의미 맥락과 관련이 있다. 지금은 가문의 영광이 있으면 '나'란 어떻게 되어도 상관없는 것이 아니라 그것이 '나'와 무슨 상관이 있느냐라고 되물을 수 있기 때문이다.

철학만이 아니라 일상 생활에서 자신의 정체성을 확인하는 것은 행복한 삶과 관련되든 의미 있는 삶과 관련되든 중요한 문제임에 틀림이 없다. 자아 문제라고 하면 집단 정체성을 드러내는 동양보다는 개인의 권리와 자유를 내세우는 서양에서 오랫동안 탐구해왔으리라 생각할 수 있다. 소크라테스 당시에도 "너 자신을 알라!"라는 격언이 있었지만 서양의 근대 철학에 이르러서야 비로소 자아가 철학의 중심 주제가 되었다.

데카르트Descartes는 방법적 회의를 통해서 절대로 의심할 수 없는 철학의 토대를 찾고자 했다. 여기서 그는 속임을 당하건 착각을 하건 꿈을 꾸건 간에 어떠한 상황에서도 사람이 생각하고 있다는 의식의 활동성을 부정할 수 없다고 주장했다. 나아가 생각한다는 것은 생각

하고 있는 의식 활동의 주체마저도 확실한 존재로 긍정할 수밖에 없
게 된다. 이에 데카르트는 사유와 존재의 근원적 통일성을 나타내는
유명한 명제, 즉 "나는 생각한다. 그러므로 나는 존재한다."고 선언하
게 되었다.[1]

서양 현대 철학에 이르러 자아는 사람의 사고, 행위, 의지를 자율적
이며 완전하게 규제할 수 있는 순백한 실체인가에 대해 거센 도전을
받고 있다. 칸트는 판단하는 자아와 규정당하는 자아의 분열을 극복
하여 동일성의 의식에 이르기 위해 초월 자아를 내세웠다. 프로이트
는 욕망에 주목해서 자아가 의식보다 무의식에 의해 규정된다고 주장
했다. 비트겐슈타인 이래로 자아는 언어와 문화에 의해서 조합된 구
성물이라는 비판마저 등장하고 있다.

그러나 사람이 문화, 언어, 욕망에 의해―전적으로 또는 부분적으로
―규정된다고 하더라도 동일한 문화권 안의 사람이 모두 단 하나만 있
는 원본의 복사물로 치환될 수는 없다. 사람이 동화되거나 동일한 특
성으로 수렴되는 측면만큼이나 이화되거나 상이한 개성을 발현하는
측면을 결코 무시할 수는 없기 때문이다. 이런 점에서 자아 문제는 여
전히 관심을 두고 연구할 만한 의의를 갖는다고 할 수 있겠다.

불교에서는 자아를 특별한 맥락에서 논의해 왔다. 불교에서는 서양
철학과 달리 출발부터 고정불변의 실체로서 자아의 부정〔무아無我〕을
내세웠다. 이 주장을 언어 철학의 관점으로 말하자면, 자아는 원래부
터 존재하지도 않는 것을 존재한다고 주장하는, 즉 애초부터 잘못된
물음으로 간주한다. 왜냐하면 사람만이 아니라 세상의 모든 존재는
일시적인 조건에서 결합되어 있는 상태에 지나지 않기 때문이다. 이
를 해명하기 위해 오온五蘊이니 연기緣起를 말한다. 이렇게 보면 불교

---

1 서양 근·현대 철학자들의 자아관과 관련해서 한자경, 『자아의 연구』, 서광사, 1997
  참조.

는 자아를 독립적 실체로 간주하는 서양의 근대 철학과는 전혀 다른 전제 위에 서 있다고 할 수 있다.

선진시대 제자백가들은 자아를 어떤 맥락에서 논의했을까? 흥미롭게도 『논어』와 『장자』를 들춰보면 우리는 무아無我라는 발언을 확인할 수 있다. 예를 들면 「자한」4(214)에서는 '무아毋我'라고 하고, 「제물론」에서는 '무아無我' 등이 쓰이고 있다. 글자에만 주목해보면 이 주장은 초기 불교에서 줄곧 주장되어온 불교의 무아설과 같아 보인다. 나의 문제 의식은 바로 여기에 있다. 『논어』와 『장자』에서 말하는 '무아'는 불교에서 말하는 '무아'와 표면상의 일치만을 보이고 내용상으로 아무런 관련이 없는 것일까? 양자는 표면상의 일치를 넘어서 내용상으로 상통할 수 있는 계기가 있는 것일까? 이를 위해 먼저 라오쓰광勞思光을 사례로 동양 철학에서 자아 문제를 다룰 때 고려해야 할 사항을 먼저 검토하고자 한다.

2. 라오쓰광勞思光의 자아관 재검토

동양 철학에서 '자아' 문제를 논의하려면 몇 가지 질문을 통과해야 한다. 질문이 있다는 것은 동양 철학에서 자아를 논의하는 것이 쉽지 않다는 것을 보여준다. 그럼 무슨 질문이 있을까? 첫째, 동양 철학에 서양 철학의 self에 대응할 만한 개념이 있는가 하는 문제가 있다.[2] 개

---

2 핑가레트H. Fingarette는 『논어』의 기己에 주목해서 그의 재귀적 특성을 밝히고 있다. "The problem of the Self in the 'Analects'", *Philosophy East & West*, v.29, n.2, 1979, 129~140쪽. 천징陳靜은 아我, 오吾에 주목해서 장자의 자아, 주체 문제를 논의하고 있다. 「吾喪我: 莊子齊物論解讀」, 『哲學研究』, 2001, 5期. 쉬커첸徐克謙은 독獨 자에 주목해서 『장자』의 개인과 개체, 개인주의와 관련된 논의를 끌어내고 있다. 『莊子哲學新探: 道·言·自由與美』, 中華書局, 2005; 2006 2쇄, 195쪽.

념이 없다고 하더라도 '자아'와 관련된 사유조차 없다고 단정할 수는 없다. 어떤 문제 의식이나 개념을 '자아'와 연관되는 물음으로 간주할 수 있을지 검토를 해봐야 한다. 예컨대 성性의 사유와 맹자의 대체大體가 자아 문제의 맥락에서 살펴볼 수 있을 듯하다. 그리고 영어의 I와 독일어의 Ich가 주체를 나타내는 용어로 쓰인다는 점을 감안하면 고대 한어의 아我·오픔·기己 등의 일인칭 대명사를 자아의 문제로 살펴볼 수 있을 것이다. 이 중에 아我는 가아假我·진아眞我·대아大我·소아小我·개아個我·국아國我[3]·민족아民族我처럼 현대 동아시아의 일상 언어나 전문 학술 용어에서 자아를 가리키는 말로 널리 쓰이고 있는 실정이다.

둘째, 동양 철학에서 자아가 과연 서양 근대 철학의 self처럼 철학의 기초로서 작용했는가 하는 문제가 있다. 토대로서 작용했다면, 자아는 어떤 역사적 맥락에서 문제로 제기되었는지 논의가 되어야 한다. 토대로서 작용하지 않았다면, 자아는 서양 철학과 어떻게 다른 맥락에서 문제로 제기되었는지 논의되어야 한다. 아마 동양 철학에서 자아는 전자보다 후자의 관점에서 풍부하며 의미 있는 주제가 될 만하다. 예컨대 춘추 시대에 이르면 종법제가 무너지거나 느슨해지면서 사람은 종족으로부터 분리되었고 다시 사회의 새로운 통합 기구로 등장한 국가의 신민으로 재편성되었다. 이제 사람이 결코 해체(분리)될 수 없는 천륜天倫이 아니라 이합집산이 용인되는 거래去來라는 새로운 관계에 놓이게 되었다. 여기서 사람은 추방되건 가입하건 자신을 둘러싼 혈연적 관계와 사회적 조직으로부터 일정한 거리를 확보하게 되었다. 이렇게 확보된 거리는 사람을 종족과 국가로 환원해서 설명

---

3 국아國我는 일본에서 "국민으로서의 자부심, 국민으로서의 의무 등을 포함하는 국가 의식이 강력한 국가적 집단아"를 가리키는 말이다. 미나미 히로시, 서정완 옮김, 『일본적 자아』, 소화, 2002 2판 1쇄, 35쪽.

할 수 없게 만든다. 우리는 이 지점에서 춘추 시대에도 서양 근대의 individual과 다르지만 개인, 개체가 등장했다고 할 수 있다.[4]

동양 철학의 개별 문헌이나 개별 사상가를 대상으로 자아를 다룬 경우는 적지 않다.[5] 하지만 자아문제가 개별적인 대상을 넘어서 일정한 시대를 전체적으로 통관하는 경우는 많지 않다. 이런 사례로 우리는 라오쓰광의『중국 철학사中國哲學史』를 검토해볼 만하다. 그는 위에서 이야기했던 자아 문제를 다루기 위한 전제에 대해서 아무런 언급을 하지 않는다.

그는 단번에 자아 또는 자아의 경계를 1) 육체적 자아 또는 생리적 자아(형구아形軀我, physical self), 2) 인지적 자아(인지아認知我, cognitive self), 3) 도덕적 자아(덕성아德性我, moral self), 4) 생명적 자아 또는 심미적 자아(생명아生命我 또는 정의아情意我, aesthetic self) 등 네 가지로 분류한다.[6] 육체적 자아는 생존과 직결되는 생리적 또는 심리적 욕망을 핵심으로 한다. 인지적 자아는 사람이 지각을 통해 대상을 이해하고 추리를 통해 지식을 넓혀가는 것을 핵심으로 한다. 도덕적 자아는 가치의 자각과 그 실현을 핵심으로 한다. 심미적 자아는 용기로 드러나는 생명력과 예술 활동으로 드러나는 생명감을 핵심으로 한다.

---

4 춘추전국 시대 개인의 등장을 다룬 글로는 신정근,『사람다움의 발견』, 이학사, 2005; 마샤오후馬小虎,『魏晉以前個體自我的演變』, 北京: 中國人民大學出版社, 2004; 쉬커첸徐克謙,『莊子哲學新探: 道·言·自由與美』, 北京: 中華書局, 2005; 2006 2쇄 참조.

5 이와 관련해서 드 베리De Bary ed., *Self and society in Ming thought*, New York: Columbia Univ. Press, 1970 참조.

6 라오쓰광은 이 분류를 먼저『철학 문제의 원류(哲學問題源流)』에서 시도했고 그것을 중국 철학사 서술에 그대로 원용한 것으로 보인다.『신편新編 중국철학사中國哲學史』1권, 桂林: 廣西師範大學出版社, 2005; 2007 2쇄, 108~215쪽. 펑유란은 '중국 철학사'를 두 번 쓴 사람으로 널리 알려져 있지만 라오쓰광도 마찬가지로 '중국 철학사'를 두 번 썼다. 펑유란은 이념의 차이를 보이지만 라오쓰광은 완성도의 차이를 보인다.

전체적으로 보면 공자는 도덕적 자아를 주장했고, 양주를 비롯하여 노자와 장자는 심미적 자아를 주장했다고 본다. 좀 더 구체적으로 살펴보자.

공자는 육체적 자아의 고통과 쾌락, 이득과 손실, 삶과 죽음을 중시하지 않았고 오히려 극단적인 경우 그것의 부정을 주장했다. 또 공자는 지식을 도덕적 자아의 종속물로 취급하면서 독립적 의의를 인정하지 않았다. 공자는 한편으로 용기와 예술의 의의나 효용성을 역설하여 심미적 자아를 긍정하는 것으로 보인다. 하지만 용기와 예술이 도덕의 지도와 안내를 받지 않는다면 그것이 오히려 죄악을 낳게 된다고 본다. 이런 점에서 공자의 생명도 도덕의 제약 아래 놓여 있다고 할 수 있다. 그러므로 공자는 네 자아 중 도덕적 자아를 최고의 경계로 본 셈이다.

도가의 경우 장자를 살펴보자.[7] 먼저 장자에 따르면 육체는 결코 주체가 될 수 없으므로 육체는 자아(주체)가 아니라 대상일 뿐이다. 더 나아가면 육체는 사물과 동일한 대상적 존재인 것이다. 사람들은 이 사실을 모르고서 육체의 삶과 죽음을 주체의 지속과 소멸로 착각하는 것이다. 장자는 지식을 추구하여 객관적 진리를 밝힐 수 있다고 생각하지 않았다. 왜냐하면 사람들은 모두 이해, 학파, 습관 등의 영향으로 편향된 시비 판단에서 결코 벗어날 수 없기 때문이다.

이에 따르면 지식은 구원이 아니라 갈등을 낳는 원인이 되므로 장자는 인지적 자아를 부정한다고 할 수 있다.[8] 아울러 그는 장자가 덕

---

7 라오쓰광은 양주·노자·장자 중에서 장자의 자아 문제를 제일 집중적으로 다루고 있다.

8 노자나 장자의 사상과 관련해서 흔히 "도가는 지식을 부정했다"라는 독단이 널리 퍼져 있다. 이것은 노자와 장자에 쓰이는 지知와 명明의 차이를 구별하지 않는 데에서 생기는 혼란이다. 지知는 오늘날 知識knowledge에 해당하지 않고 계략trick에 어울린다. 명明은 세계의 변화 과정을 인위적으로 분할하지 않고 전체를 통람하는

을 추구할 대상으로 보는 것이 아니라 무시하고 모멸한다고 주장한
다. 장자가 덕을, 모략을 일삼는 지식(정보), 떨어져 있는 것을 하나로
붙이는 풀, 시세 차익으로 배를 불리는 상행위와 동급으로 처리하고
있기 때문이다.[9] 반면 장자는 양생養生과 전생全生을 통해 어떠한 구
속에 얽매이지 않는 자유를 말하고, 마음의 평화를 통해 道에 따라 전
개되는 흐름을 인식의 틀에 가두지 않고 관상觀賞(관조觀照)의 대상으
로 한다. 이런 관조의 자유가 예술을 낳으므로 장자는 자아의 심미적
측면을 역설했다고 할 수 있다.

라오쓰광이 자아 문제를 중국 철학사의 서술에 끌어들인 것은 탁견
이라고 할 수 있다. 하지만 그가 수행한 작업의 결과를 보면 이른 시
도였던 만큼 아쉬움도 많다.

첫째, 자아를 끌어들여서 철학사를 해명하는 나름의 특색이 부각되
지 않는다. 라오쓰광은 공자孔子와 도가道家(양주楊朱, 노자老子, 장자莊
子)를 각각 덕성아德性我(도덕적 자아)와 정의아情意我(심미적 자아)로
분류하지만 실제로 아我를 생략한다고 해도 크게 문제가 될 것이 없
다. 즉 "공자는 도덕에, 도가는 예술에 집중했다"고 하더라도 라오쓰
광의 결론과 별다른 차이가 나지 않는다. 이처럼 자아 문제가 공자와
도가의 상이한 특징을 해명하는 데에 크게 기여를 하고 있지 못하다.
라오쓰광의 연구가 이렇게 밋밋하게 된 데에는 나름의 이유가 있다.
그가 자아에 주목하면서도 정작 그것이 공자와 도가의 어떤 개념이나
사상 체계와 연결될 수 있는지 그 접점에 전혀 관심을 두지 않았기
때문이다. 그 결과 철학사를 자아 문제로 설명하면서도 서양 철학과

관조觀照에 해당한다. 이렇기 때문에 『노자』와 『장자』에서는 지知를 끊임없이 부정
하지만 명명을 갖출 것을 강조하고 있다.
9 그는 이 주장의 근거로 "故聖人有所遊. 而知爲孼. 約爲膠, 德爲接, 工爲商. 聖人不謀,
惡用知? 不斵, 惡用膠? 無喪, 惡用德? 不貨, 惡用商?"(「덕충부」)을 제시하고 있다.

구별되는 동양 철학의 특징이 드러나지 않고 있다.

둘째, 결론과 그 결론을 논증하는 과정에도 되짚어볼 만한 측면이 있다. 라오쓰꽝은 공자를 덕성아德性我(도덕적 자아)에, 도가를 정의아情意我(심미적 자아)로 배당하는 결론을 내리면서 그 근거로 공자가 예술(음악)을 도덕에 종속시켰다는 점을 제시했다. 이에 따르면 도가는 도덕으로부터 예술의 독립을 주장한 것이 되고, 예술은 정의상 효용성을 배제하는 순수 예술로만 한정되게 된다. 하지만 예술이 정치적 도덕적 효용성을 강조한다고 하더라도 정의 방식에 따라 공자의 예술도 예술로 분류될 수 있다. 이에 의하면 라오쓰꽝의 결론은 자의적이라고 할 수 있다.

또 라오쓰꽝은 공자가 용기를 의義의 제약 아래에 두었다는 점[10]을 들어서 정의아情意我(생명적 자아)를 부정한 것으로 본다. 그는 공자가 육체적 자아를 부정했다는 주장을 위해 살신성인殺身成仁[11]을 근거로 제시했다. 여기서 살신殺身이 반드시 육체적 생명과 관련되는지 문제가 되지만 그것은 내버려두자. 하지만 성인成仁에 이르는 살신殺身이 밥먹고 인사하는 일상적 행위와 분명히 다른 이상 손쉬운 결정도 아니거니와 아무런 흔들림도 없이 실행할 수 있는 사태도 아니다. 용기가 발휘되기 때문에 일어날 수 있는 일이다. 이렇게 보면 살신성인은 어떤 생명이 부정되지만 동시에 새로운 생명이 창조되는 사건이다. 따라서 공자를 정의아와 상관없는 것으로 규정하는 데에도 논리적 문제가 있게 된다.[12]

---

10 「양화」23(474) "君子義以爲上. 君子有勇而無義爲亂, 小人有勇而無義爲盜."
11 「위령공」9(404) "志士仁人, 無求生以害仁, 有殺身以成仁."
12 『역경』의 "生生之謂易"(「계사전」상) "天地大德曰生"(「계사전」하)에서는 생명을 사람 차원이 아니라 천지(우주) 차원으로 확대해서 논의하고 있다. 공자 또는 유가가 라오쓰꽝의 주장처럼 육체적 자아를 부정했다고 할 수 있겠지만 생명적 자아로서 정의아를 부정했다고 하기는 무리인 듯하다.

3. 공자孔子 : 무아無我와 유기有己의 사이

공자는 『논어』 「자한」 4(214)에서 사람이 남김없이 없애야 하는 네 가지 병리 현상을 열거하고 있다. 그 중의 하나로 '무아毋我'가 있다. 이 무아毋我를 무아無我와 같은 맥락으로 보는 데에 별다른 어려움이 없다. 첫째, 『사기史記』 「공자세가孔子世家」, 『의례儀禮』 「사혼례士昏禮」의 소疏에서는 모두 무아無我로 인용되고 있다. 둘째, 옛날 책에서는 무毋와 무無가 의미상의 차이 없이 통용되곤 했다. 셋째, 병리 현상을 하나하나 제시하기 전에 '절사絶四'라는 절이 모두 무無의 뜻이다. 주희가 절을 "남김없이 없애다"(無之盡)로 풀이하는 것도 같은 맥락이다.[13] 여기서 우리는 『논어』가 분명히 '무아無我', 즉 아我의 부정을 주장한다는 논의의 출발점을 확보할 수 있다.

그렇다면 이제 우리는 "공자가 왜 아我를 부정할까?"라는 맥락을 살펴보기로 하자. 우리는 「자한」 4(214)를 통해 공자가 아를 병리 현상으로 연결시켜 부정한다는 점을 읽어낼 수는 있다. 하지만 「자한」 4(214)에는 더 이상 읽어낼 수 있는 자료가 없다. 결국 『논어』의 다른 구절을 통해서 무아를 주장하는 그림의 틈새를 메워갈 수밖에 없다.

우리가 무아無我의 맥락을 살피려면 『논어』에 나오는 심心(내內) · 색色 · 행行의 관계를 따져볼 만하다. 왜냐하면 공자는 심心(내內) · 색色 · 행行의 관계를 통해 사람이 사유에서 행위에 이르는 과정을 설명하고 있기 때문이다. 다만 공자는 이 과정을 인간 일반의 관점에서 서술하지 않고 군자와 소인의 두 유형으로 나누어서 설명한다. 즉 군자와 소인은 인간의 동일성을 실현하는 과정에 나타나는 개별성의 표출

---

13 이와 관련된 자세하고 정치한 논의는 정수덕程樹德, 『논어집석論語集釋』, 北京: 中華書局, 1990, 573~575쪽; 신근근, 『사람다움의 발견』, 이학사, 2005, 275~282쪽 참조.

이 아니라 서로 화해와 공존이 불가능한 대립적 특성의 현실화를 대변한다고 할 수 있다.

"얼굴빛은 인을 띠지만 행실은 그와 어긋난다."[14]

"얼굴빛은 근엄하나 마음씀씀이가 무르다."[15]

시간의 요소를 집어넣으면 「안연」 20(314)에서 얼굴빛은 행위보다 적어도 비슷하거나 앞서서 반응이 드러나고 「양화」 12(463)에서는 마음씀씀이가 얼굴빛보다 적어도 비슷하거나 앞서서 일어난다고 할 수 있다. 이 사실을 종합하면 사람의 구체적인 행위는 내內/심心 → 색色 → 행行의 순서를 따른다고 할 수 있다.

주목할 것은 또 있다. 「안연」 20(314)에는 얼굴빛과 행위가 서로 어긋나고, 「양화」 12(463)에서는 얼굴빛과 마음씀씀이가 상반되고 있다. 둘을 종합하면 행위는 얼굴빛을 부정하고 얼굴빛은 마음씀씀이를 부정할 수 있다. 즉 "내內/심心 ≠ 색色 ≠ 행行"이라고 할 수 있다. 이렇게 되면 우리는 사람의 행위를 보고서도 그 행위가 어떤 동기에서 일어난 것인지 전혀 신뢰할 수 없게 된다. 예컨대 어떤 사람이 나에게 웃으면 친절을 베풀지라도 그 친절이 나를 도우려고 하는 것인지 해치려고 하는 것인지 나 스스로 믿을 수 없다. 나아가 설령 내가 상대의 행위를 보고 있더라도 그의 얼굴빛을 알 수 없고, 얼굴빛을 보고 있더라도 마음씀씀이를 전혀 알 수 없게 된다. 이로써 마음은 상대(공인)가 어떤 식으로도 접근할 수 없으며 자신만이 알 수 있는 지극히 비밀스러운 무대가 된다. 서양 철학의 유아론을 연상시킨다고 할 수 있겠다.

---

14 「안연」 20(314) "色取仁而行違."
15 「양화」 12(463) "色厲而內荏."

그 비밀스런 무대에서는 도대체 무슨 일이 일어나고 있을까? 공자는 "얼굴빛은 근엄하나 마음씀씀이가 무르다"는 말 다음에 "소인小人에 비유하자면 벽을 뚫거나 담을 넘어가는 도둑과 흡사하다!"고 한다. 여기서 우리는 "내內/심心 ≠ 색色 ≠ 행行"의 과정은 소인의 특성을 나타내는 것임을 알 수 있다. 공자는 소인小人의 행위 목표가 이익〔利〕에 고정되어 있다고 주장했다.[16] 소인小人은 사적 이익을 추구하면서도 공적으로 그 사실을 대놓고 주장하지 못하고 보이지 않는 곳에서 범법에 가까운 짓을 벌이고 있는 것이다.

이런 점에서 우리는 소인小人의 교언영색巧言令色을 부정적으로 보고 또 원망을 품고 있으면서 사람과 친구로 어울리는 것을 왜 부끄러워하는지 그 연유를 알 만하다.[17] 소인의 이런 형태는 공공연하게 드러난 언행이 속마음의 연속이 아니라 그것과 상관이 없거나 극단적으로 그것과 반대일 수가 있다. 그렇게 되면 소인은 언젠가 전혀 뜻하지 않는 상황에서 지금 여기서 하는 '언행言行'과 완전히 상반되는 대응對應을 할 수 있기 때문이다.

이런 소인은 사적 이익을 위해 상대를 속이는 것을 불사한다는 점에서 사람을 수단으로 삼는다고 할 수 있다. 아울러 소인의 현실적인 성공과 득세는 사회적으로 도덕적(윤리적) 삶을 살려는 사람의 의지를 꺾게 만들고 극단적으로 도덕의 무용론을 퍼뜨릴 수 있다. 왜냐하면 선善과 악惡의 경계가 허물어지고 선이 욕망에 기생하는 상황을 초래할 수 있기 때문이다. 그리하여 공동체를 기만의 사슬로 묶여진 이익투쟁의 장으로 만들어 버린다. 공자는 이와 같은 존재를 특별히 '향원

---

16 「리인」 16(082) "君子喩於義, 小人喩於利."
17 「학이」 3(003) "巧言令色, 鮮矣仁." 「공야장」 26(118) "巧言令色足恭, 左丘明恥之, 丘亦恥之." 오늘날 서비스업에서 사근사근하거나 듣기에 솔깃한 말, 부드럽거나 애교가 넘치는 얼굴빛은 근무의 기본적인 수칙이라고 할 수 있다. 하지만 업무 중의 말투와 얼굴빛이 어떠한 동기에서 나왔는지 문제를 제기하지 않는다.

鄕愿'이라 부르면서 그를 덕德의 생명을 침해하는 자라 비판하고 있다. 향원은 주위 사람에게 절대로 싫은 소리를 하지 않으며 좋은 게 좋다는 식으로 일을 처리하는 사람을 가리킨다. 즉 향원은 좋은 게 좋다는 실용적 기준 이외에 다른 어떠한 기준의 존재를 부정한다.[18]

이러한 논리에 따른다면 소인小人은 이익을 기준으로 나와 남을 함께 할 수 있는 개별 존재로 구분하고 있다. 또 소인은 목표 실현을 위해 타자와 공유가 불가능한 내면의 정신 세계를 가꾸고 있다. 이처럼 개체의 목적을 기획하고 총괄하는 정신 세계를 『논어』의 용어로 하면 '아我'가 되고 서양 철학의 용어로 하면 '자아'라고 할 만하다. 그렇다면 공자가 말하는 무아無我는 소인의 자아성을 부정하는 맥락으로 이해할 수 있다.

이제 소인小人과 구별되는 군자君子의 "내內/심心 → 색色 → 행行의 관계"를 살펴볼 때가 되었다. 공자가 구세救世의 기회를 얻기 위해 천하를 주유하다가 위衛나라에 머문 적이 있었다. 공자가 숙소에 머물면서 경쇠를 연주했다. 지나가는 사람이 공자의 연주를 듣고 자신을 알아주지 않으면 그만두면 될 텐데 왜 이렇게 고생하느냐는 말을 남겼다. 그러면서 연주에 "포부(마음)가 들어 있구나!"라고 촌평했다. 이 말을 전해들은 공자도 그다지 반대를 하지 않는다.[19]

공자는 안회의 학습 태도에 약간 의구심을 가지고 있었다. 늘 듣기만 할 뿐 질문도 하지 않고 반론을 펼치지도 않았던 것이다. 공자는 안회의 사생활을 살펴보고서야 그가 자신의 정신 세계를 완전히 이해하고 있을 뿐만 아니라 일상 생활에서 실천하고 있다는 것을 알아차렸다고 한다.[20]

---

18 「양화」 13(464) "鄕愿, 德之賊也."
19 「헌문」 42(390) "有心焉, 擊磬乎!"
20 「위정」 9(025) "吾與回言終日, 不違如愚. 退而省其私, 亦足以發, 回也不愚."

군자라고 하더라도 과실, 과오로부터 해방될 수 없다. 군자의 과실
은 자신이 말하지 않는 한 알려지지 않는 사적인 사건이 아니라 일식
이나 월식처럼 알려고 하는 사람이면 누구에게나 노출되어 있다. 군
자는 과오를 저지르더라도 그것을 꼭 고치므로 오히려 사람들의 존경
을 받는다.[21] 반면 소인은 과실을 범하면 변명을 늘어놓아서 결코 잘
못을 시인하려고 들지 않는다.[22]

「헌문」 42(390)에서 공자는 시국에 대한 나름의 견해가 있었고 그
것이 경쇠를 연주하는 과정에 그대로 실려 있었으며, 지나가는 이는
그 연주를 듣고 연주자의 속내를 읽어내고 있다. 즉 연주를 통해 공
자의 마음이 과객의 마음으로 교류되고 있다. 이러한 정신 세계의 교
류는 공자와 안회 사이에서도 재연되고 있다. 「위정」 9(025)에서 공
자는 안회의 학습 태도 때문에 처음에 자신의 교육 내용이 안회에게
제대로 전달되지 않는 줄 알았다. 하지만 사생활을 관찰하고서 자신
의 취지가 안회에게 완전히 전달되고 있다는 것을 알아차렸다. 즉 말
을 통해서 공자의 마음이 안회의 마음에 이전되고 다시 그것이 안회
의 삶에 재현되고 있는 것이다.

그리고 「자장」 21(509)의 경우 군자의 일거수일투족은 오늘날 CCTV
에 촬영되어 저장되는 것처럼 타자他者의 시선視線에 완전히 노출되어
있다. 그 결과 군자는 숨기려고 해도 숨길 수 있는 사적인 세계를 갖지
못한 채 공적 존재가 되고 있다.[23] 즉 그의 내면 세계는 훤히 들여다보이
는 유리와 같다고 할 수 있다. 물론 현실에서 공자와 과객, 공자와 안회
사이처럼 완벽한 정신의 교류가 일어난다고 할 수는 없다. 이는 공자가
최소한 이해 조건을 단다거나 어찌해도 전달 또는 변화 불가능한 사람

---

21 「학이」 8(008) "過則勿憚改." 「자한」 25(235) "過則勿憚改."
22 「자장」 8(496) "小人之過也必文."
23 「자장」 21(509) "君子之過也, 如日月之食焉. 過也, 人皆見之更也, 人皆仰之."

을 인정하고 있기 때문이다.[24] 하지만 그러한 교류의 보편화 가능성을 부정할 필요는 없을 듯하다.

맹자는 이를 극적으로 표현한 적이 있다.

"군자가 어느 곳을 지나가더라도 변화의 바람이 일어나고 어딘가에 머물게 되면 신묘할 정도로 엄청난 변화가 일어난다."[25]

즉 공자나 맹자는 도덕적 세계의 실현과 관련해서 사람이 간주관적 존재라는 것을 믿고 있었던 것이다. 이런 논리를 따른다면 군자는 완전하게 공적인 존재로 환원될 수 있으므로 내밀한 사적 세계를 가지고 있지 않다. 그런 점에서 군자는 개별적 자아의 영역에 고립된 것이 아니라 공통의 목표와 지평을 공유하는 존재이다. 즉 군자는 소인처럼 '나'라 할 만한 독립적 개체성을 결여하고 있다는 점에서 무아無我라고 할 수 있다.

『논어』에서 자아와 관련되는 논의가 여기에서 그친다면 공자는 분명 무아론자無我論者가 되는 것이다. 반대로 『논어』에서 자아를 긍정하는 논의가 있다면 사정은 달라진다. 그렇게 되면 일견 모순적으로 보이지만 공자는 어떤 점에서 무아無我를, 어떤 점에서 유아有我를 주장한 것이 된다. 아니면 '아我'의 내용을 달리하면서 근본적인 차원에서 유아를 주장한다고 할 수 있다. 이와 관련해서 주목할 만한 곳이 있다. 그것은 바로 「안연」 1(295)이다.

스스로 반성하여 예禮(전통 문화, 소통의 절차)로 돌아간다면 화해(평

---

24 「옹야」 21(142) "中人以上, 可以語上也. 中人以下, 不可以語上也." 「태백」 9(198) "民可使由之, 不可使知之." 「양화」 3(454) "唯上知與下愚不移."
25 「진심」 상13 "君子所過者化, 所存者神."

화)의 세계를 일구게 된다. 하루라도 스스로 반성하여 예로 돌아간다면 온 세상 사람들이 모두 평화의 길로 돌아온다. 평화를 일구는 것은 나로부터 말미암지(시작되지)〔유기由己〕 타자로부터 말미암겠는가?(시작되겠는가?)〔유인由人〕[26]

유기由己는 지금까지 이야기한 무아無我와 모순되는 듯하다. 왜냐하면 아我로부터 말미암기 위해서는 아我가 있을 수밖에 없다. 즉 유기由己는 유기有己를 전제하게 된다. 그렇게 되면 유기有己(유기由己)는 무아와 모순이 되는 것처럼 보인다.

그런데 무아와 유기가 쓰이는 고유한 맥락에 차이점이 있다. 무아無我는 사적 이익의 추구, 개인적 과실(책임)의 회피라는 문맥에서 쓰이면서, 아我는 그와 같은 추구와 회피의 성공을 기획하고 추진하는 독립적인 실체를 가리켰다. 반면 유기由己는 부정적 소극적 맥락이 아니라 긍정적 적극적 맥락에서 쓰이고 있다. 「안연」 1(295)의 경우 기己는 예禮에 바탕을 둔 인仁의 세계를 건설하는 맥락이다. 복례復禮와 위인爲仁은 세계에 질서를 부여하고 사랑과 생명의 가치를 증대시키는 도덕적 활동이다. 여기서 유기由己는 이러한 도덕적 활동이 무엇으로부터 말미암아서 시작되는지 해답을 제시하고 있다.

만약 부모 · 스승 · 지배자의 명령으로 위인을 하게 된다면 그것은 유인由人이지 유기由己가 아니다. 또 선인들이 만든 전통이나 사회 규범이 지시하는 대로 상황에 맞는 행위를 기계적으로 재연한다면 그것도 유인이지 유기가 아니다. 도덕적 활동이 전적으로 나를 넘어선 외적 영역 또는 타자에 의해서 인도되고 지시되었다면, 무아와 논리적으로 아무런 문제가 생기지 않는 무기無己가 된다. 하지만 공자는 기

---

26 「안연」 1(295) "克己復禮爲仁. 一日克己復禮, 天下歸仁焉. 爲仁由己, 而由人乎哉?"

己가 위인爲仁을 낳는 기원이자 주체라고 분명하게 주장하고 있다.

「옹야」 30(151)을 보면 위기由己의 맥락이 한층 분명하게 거론되고 있다.[27] 인仁은 기己가 어디에 서고 싶다면 다른 사람도 서게 해주고, 기己가 잘 되고 싶다면 다른 사람도 잘 되도록 해주는 것이다. 이로써 사람과 사람은 자기 보존을 위해서 끊임없이 경쟁을 하거나 극단적으로 약탈을 하는 관계가 아니라 타인의 욕망이 나의 그것과 동등하게 존중되고 서로 협동하는 관계에 놓여 있게 된다. 이때 내가 경쟁이 아니라 협동의 길로 나아가느냐 나아가지 않느냐는 전적으로 기己에게 달려 있다. 즉 유기由己이다.

「옹야」 30(151)에는 인仁과 성聖이 대비되고 있다. 인仁이 나와 타자 또는 주위 사람의 관계라고 한다면, 성聖은 그 관계를 훌쩍 넘어서 나와 만인의 관계이다. 즉 성은 지역과 계층을 가리지 않고 아울러서 인민에게 혜택을 주고 또 문제 상황을 해결해 주는 것이다. 바로 여기서 인仁과 성聖은 경쟁적 세계에서 나의 욕망과 그것의 충족을 우선시하면서 다른 사람이야 어떻게 되든 신경 쓰지 않는 소유 지향적 존재와 관련이 없다는 점이 드러난다. 오히려 인仁과 성聖은 자신의 행위를 상호 존중에 바탕을 둔 전통 예식에 지속적으로 밀착시켜 나가면서 나와 타인을 동등하게 간주하고 타인이 처한 문제 상황을 해결하는 과제를 떠안기도 한다. 이런 점에서 인仁과 성聖의 사람은 구세적救世的이며 책임적責任的 존재의 특성을 지닌다고 할 수 있다. 이것은 훗날 북송 사대부의 기상을 함축적으로 표현한 범중엄의 선우후락先憂後樂 정신[28]과 일맥상통한다고 할 수 있다.

---

27 「옹야」 30(151) "子貢曰: '如有博施於民而能濟衆, 何如? 可謂仁乎?' 子曰: '何事於仁! 必也聖乎! 堯舜其猶病諸! 夫仁者, 己欲立而立人, 己欲達而達人. 能近取譬, 可謂仁之方也已.'"

28 「악양루기岳陽樓記」 "先天下之憂而憂, 後天下之樂而樂歟!"

지금까지의 논의를 볼 때 우리는 공자의 자아관을 무아론자와 유기론자 중 어느 쪽으로 규정해야 할까? 아니면 둘이 양립 가능하다고 해야 할까? 나는 무아론無我論과 유기론由己論(유기론有己論)이 자아와 관련된 서로 다른 계기를 나타내고 있으므로 둘이 모순되지 않는다고 생각한다. 그렇다고 둘 사이의 차이점이 없는 것은 결코 아니다. 무아無我는 사적 이익의 추구를 위해서 타인에게 결코 발각되지 않는 독립적 마음의 세계를 일구고 극단적으로 상대와 자신을 속이는 짓을 제지하는 맥락이므로 "……을 하지 마라"는 소극적인 요구와 관련이 있다. 반면 유기由己(유기有己)는 자기 보존의 욕구에 사로잡히지 않고 나와 남의 처지를 동등하게 고려하면서 질서와 화해의 세계를 위해 협력하는 맥락이므로 "……을 하라"는 적극적인 요구와 관련이 있다. 물론 유기由己(유기有己)가 되려면 자연히 무아無我를 함축하게 되므로 공자를 유기론자로 규정하는 것도 가능하다. 하지만 공자를 유기론자로 보게 되면, 공자가 자아를 내면의 독립적 실체로 간주하는 듯한 오해를 낳을 수 있다. 이런 점에서 공자를 무아론과 유기론의 사이에 있는 것으로 보는 쪽이 더 타당하게 여겨진다.

마지막으로 따져볼 문제가 남아 있다. 공자가 무아론과 유기론의 종합, 즉 정신적 실체를 부정한 자아관을 주장한다면, 내가 다른 사람과 구별되는 나임은 어디에 있는 것일까? 공자의 자아관이 무아를 말한다고 하더라도 불교의 무아설과 동일하지 않다. 불교에서는 경험적 자아를 넘어서는 윤회의 주체와 인격의 동일성을 긍정하지 않는다. 하지만 공자가 정신적 실체를 배제한 자아를 내세우더라도 구세의 책임적 자아를 말하므로 인격의 동일성을 부정한 것은 아니다.

공자는 『논어』 전편에 걸쳐서 언행일치言行一致, 즉 하겠다고 말하는 것과 실제로 하는 것의 일치를 바람직한 존재의 기본으로서 역설했다. 그는 제자 자로의 단점을 여러 차례 질책하면서 교정할 것을 요구하면서도 한번 하겠다고 약속했으면 질질 끌지 않는 자로의 특성을 높이 샀다.[29] 공자는 사람들에게 무엇을 하겠다고 약속하거나 표방하는 것에 신중할 것을 요구했다. 그 결과 사람이 무엇을 표방해놓고 그렇게 살지 않는 것은 자연히 부끄러워할 만한 일이자 변명 없이 잘못을 시인하고 고쳐야 할 일이었다.[30] 여기서 내가 무엇을 하겠다고 스스로 결의를 다지고 다시 그 내용을 대외적으로 표방하는 것은, 나만이 아는 사적인 사건이 아니다.

정치인이 선거에 나와 공약公約을 제시하는 것처럼 "내가 이것을 하겠다!"고 선언하는 것은 공적 사건이다. 그래서 공동체의 구성원들이라면 누구라도 그 사람이 무엇을 하겠다고 실제로 말했는지 잘 기억하고 있다. 따라서 그 사람이 어떻게 하겠다고 선언한 이후에, 그가 걸어가는 삶의 궤적과 그가 이전에 말한 것이 일치하느냐의 여부는, 모든 사람이 확인 가능한 일이지 결코 사사로운 비밀이 아니다. 즉 그는 다른 사람에게 들통나지 않고 자기만 알기 위해서 모든 사실을 내면에 감추는 내장형內藏型 인간이 아니다. 오히려 그는 심사숙고해서 자신의 정체성을 공포하고 그런 다음에 그것에 따른 삶을 살아가는 내외일치형內外一致型 인간이다.

여기서 나는 "무엇을 하겠다."의 '무엇'과 "어떻게 하겠다."의 '어떻게'의 조합에 의해서 타자와 구분되는 고유성을 지니게 된다. 예컨대 같은 성왕聖王이라 하더라도 요임금의 길, 순임금의 길, 우임금의 길이 구별되는 것이다. 이렇기 때문에 공자는 보편성이 무차별적으로 적용되는 획일적인 사회보다 개인의 고유성이 살아 있는 다양한 사회를 바람직하게 보았던 것이다.[31]

---

29 「안연」 12(306) "子路無宿諾."
30 「리인」 22(088) "古者言之不出, 恥躬之不逮也."
31 「자로」 23(341) "君子和而不同, 小人同而不和."

4. 장자 : 무기無己(무아無我)와 유오有吾의 사이

먼저 문자적인 의미에서 보면 장자가 '무아無我'를 주장한 것은 사실이다. 「제물론」의 제일 앞부분을 보면 제자 안성자유顔成子游가 스승 남곽자기南郭子綦의 어떤 변화를 눈치 채고 그 연유를 묻자 스승이 대답하고 있다. 그 대답 속에서 남곽자기는 "나는 나를 잊었다."(오상아吾喪我)고 말한다. 구문상으로 잊는 나〔오吾〕와 잊히는 나〔아我〕의 구분이 있는 듯하여 조금 논란이 있지만 상아喪我를 무아無我의 맥락으로 보는 데에는 무리가 없겠다.

「제물론」에는 상아喪我만이 아니라 직접적으로 무아無我를 말하는 구절이 있다. "그(그것)가 아니면 내가 없고, 내가 없으면 그(그것)가 드러날 곳이 없다. 이처럼 둘(피아) 사이가 가깝다. 무엇에 의해서 다르게 드러나는지 알 수 없다."[32] 그(그것)가 무엇을 가리키는지 의견이 분분하지만 이 구절의 앞에 나오는 12가지 감정으로 볼 수 있다.[33] 이에 따르면 아我는 피彼와 무관하게 그것이 되는 것이 아니라 피彼의 생성을 전제로 할 때에만 비로소 그것이 된다. 적어도 여기서 아我는 객관 세계와 무관하게 세계를 인식해서 분류하게 되는 선험적 그것도 아니고, 세계를 창조하고 의미를 부여하는 절대적 그것도 아니다. 아我는 타자의 그것을 전제하고서야 비로소 있게 되는 의존적 그것이라는 점에서 장자의 자아관은 유아有我가 아니라 무아無我로 드러난다.

이 외에도 주목할 만한 것이 있다. 예를 들어 「제물론」을 보면 장자의 '무아無我'와 연결이 되면서도 공자의 유기를 부정하는 듯한 구절이 있다.

---

[32] 「제물론」 "非彼無我, 非我無所取."
[33] 추이다화崔大華, 『장자기해莊子歧解』, 鄭州: 中州古籍出版社, 1988, 52~53쪽.

"지인은 기가 없고, 신인은 공이 없고, 성인은 명이 없다."[34]

지인至人·신인神人·성인聖人은 존재론적 차이가 없고 다만 최고 경지에 도달한 사람을 달리 표현하고 있을 뿐이다. 지인이란 더 이상 이를 곳이 없는 상태에 도달한 사람을 가리키고, 신인은 변화를 일으키는 특별한 능력을 지닌 사람을 가리키고, 성인은 완전한 지식을 가지고 있어서 세계의 전개 과정을 훤히 꿰뚫고 있는 사람이다.[35] 즉 완전한 존재의 삼위일체라 할 수 있겠다.

무無는 기본적으로 '없다'는 뜻이지만 여기서는 '……에 의해서 영향을 받지 않는다', '……이 가치가 있는 것으로 보지 않는다'라는 뜻이다. 이에 따르면 성인은 명예, 즉 다른 사람으로부터 주어지는 영예로운 이름에 우쭐대거나 좋아하지 않는다. 신인은 특별한 능력으로 공동체에 혜택이 되는 일을 하지만 그것을 자신의 공적으로 생각하지 않는다. 무기無己는 '사심이 없다'거나 '내가 옳다〔自是〕는 생각을 버리다'로 풀이된다. 하지만 앞에서 논의해 온 공자의 자아관에 깃든 문제의식과 연결해서 보면 무기無己는 세계가 처한 문제를 기꺼이 떠맡아서 해결을 하겠다는 구세의 책임적 자아를 부정하는 맥락으로 볼 수 있다. 이것은 공자가 무아無我를 말하면서 유기由己(유기有己)를 주장했던 것에 반해 장자가 유기由己(유기有己)의 부정으로서 무기無己를 사상의 출발점으로 삼았다고 할 수 있다. 무기無己를 주장하면 무공無功과 무명無名이 자연스럽게 도출된다. 내〔기己〕가 부정된다면 공적과 명예가 있다고 하더라도 '나'에게 배당될 수 없다. 즉 소유할 수 있는 내가 없기 때문이다. 이것은 불교의 무아설이 관리를 넘어선 소유의 부정, 즉 무소유로 귀결될 수밖에 없는 논리와 일맥상통한다.

---

34 「제물론」 "至人無己, 神人無功, 聖人無名."
35 다양한 주석과 관련해서는 추이다화崔大華, 『장자기해莊子歧解』, 22쪽 참조.

『장자』에는 무기無己를, 구세의 책임적 자아를 부정하는 맥락으로
볼 수 있는 근거가 많다. 『장자』에서 허유許由라는 인물은 요堯임금이
제위를 물려주고자 하지만 사양하는 인물로 나온다.[36] 허유는 요임금
에 의해 세상이 이미 안정되고 평화로워졌다고 평가를 내린다. 자신
이 요임금을 대신한다면 그것은 이름(명예) 때문에 그렇게 하게 될 것
으로 본다. 이름(명예)은 실질에 찾아드는 일시적인 손님에 불과한데
자신이 그 노릇을 맡아야 할 이유가 없다고 한다.[37] 이 고사는 완벽하
게 '성인무명聖人無名'으로 압축될 수 있으며 동시에 '성인무명'의 의미
를 풀이하는 예시라고 할 수 있다. 아울러 넘겨주는 명예를 거절하는
것은 그것을 무가치하게 생각할 뿐만 아니라 그것을 받을 '나'가 없다
는 뜻이기도 하다.

이야기는 여기에 그치지 않는다. 요堯임금은 나름대로 평천하平天
下의 이상을 이루고서 막고야산藐姑射山에 있는 신인을 방문하고서 분
수汾水 부근의 수도로 돌아왔다. 요는 신인과 논쟁해서 그들을 설득한
게 아니라 오히려 완전히 설득을 당해서 자신의 본분을 잃어버렸다.
방문 이전까지 요는 치자治者로서 정력적으로 정사를 돌보았다면 이
후에는 천하에 아무런 관심이 없는 사람처럼 변해버렸다는 것이다.[38]
여기서 장자는 치천하治天下의 명예가 그토록 위대하며 영원히 추구
할 만한 것이 아니라 일순간에 아무런 가치가 없는 것으로 전락할 수
있다는 말을 건네고 있다.

공자의 경우 치천하治天下와 그 결과로서 평천하平天下는 추구해야
할 이상(책무)이자 누려야 할 명예이다. 하지만 장자의 경우 두 가지

---

36 이 고사는 「소요유逍遙遊」, 「외물外物」, 「양왕讓王」 등에 보인다.

37 「제물론」 "子治天下, 天下旣已治也. 而我猶代子, 吾將爲名乎? 名者實之賓也. 吾將爲
賓乎?"

38 「제물론」 "堯治天下之民, 平海內之政. 往見四子藐姑射之山, 汾水之陽, 窅然喪其天下
焉." 이 변화는 「제물론」 서두에 나오는 남곽자기의 고목사회枯木死灰를 연상시킨다.

는 내려놓아야 할 부담이자 피해야 할 질곡이다. 또 "도道의 참다움으로 몸을 닦고 도道의 나머지로 나라와 가문을 다스리고, 도道의 찌꺼기로 천하를 다스린다."[39]라고 하는 데에서 알 수 있듯이 평천하가 도로부터 가장 멀리 떨어진, 즉 도에 대한 왜곡이 가장 심한 일로 간주되고 있다. 이로써 우리는 장자가 적어도 세계에 대한 책무를 지닌 존재로서 자아를 부정하고 있다[무기無己]는 것을 확인할 수 있다.

장자가 구세의 책임적 자아를 부정한다면 『장자』에서 사람은 도대체 어떠한 특성을 지닌 존재로 그려지고 있을까? 이 논의를 통해서 장자의 자아관을 판정할 수 있을 것이다.

첫째, 사람은 학파·정파·이해 등에 종속될 뿐 시비의 보편적 기준을 가지지 못한다. 즉 사람은 현실적 관계와 이해를 초월하지 못하고 그것에 예속된 존재일 뿐이다. 이 점을 장자는 다양한 관점에서 논의하고 있다. 유가儒家와 묵가墨家가 시비是非의 논쟁을 벌일 경우, 한 쪽이 그르다[비非]고 하면 다른 쪽은 그것을 옳다[시是]고 하고, 한 쪽이 옳다고 하면 다른 쪽은 그것을 그르다고 한다.[40] 두 사람의 논쟁에 제3자가 끼어들어도 공정한 판단이 불가능하다. 예컨대 제3자가 저쪽과 같은 사람일 경우, 이미 저쪽과 생각이 같으면 공정하게 판단할 수 없다. 제3자가 이쪽과 같은 사람이라도 사정은 마찬가지이다. 또 제3자가 이쪽과 저쪽 모두와 같은[동同] 사람이거나 다른[이異] 사람이라도 사정은 여전히 마찬가지이다.

사람은 각각 같음과 다름의 경계(세계)에 이미 갇혀 있기 때문에 논쟁은 결국 자기 입장의 무한한 반복이자 세뇌 작업일 뿐이다.(우리는 특정 정파의 일원이 토론 프로그램에 패널로 참석해서 논의와 상관없이 소속 집단의 입장을 되풀이하는 경우를 쉽게 목격하곤 한다.) 그 결과 동同

---

39 「양왕」 "道之眞以治身, 其緖餘以爲國家, 其土苴以治天下."
40 「제물론」 "故有儒墨之是非, 以是其所非, 而非其所是."

과 이異의 영역은 각각 한층 공고화되어서 성채가 될지언정 각자 자신의 입장에서 조금씩 벗어나서 서로에게 다가설 수도 없고 동同과 이異를 포섭하는 보편 영역을 열 수도 없게 된다. 그렇다면 정파와 이해를 대변하는 이해 주체는 과잉이지만 정파적 이해를 넘어서는 보편적 인식과 공정한 판단을 가능하게 하는 토대로서의 자아는 없다고 할 수 있다. 이런 점에서 장자를 무아론자로 볼 수 있겠다.

둘째, 사람은 진정으로 원하는 것을 얻음으로써 행복하게 되거나 옳은 것을 실천하는 것이 아니라 사회나 국가에 의해서 끊임없이 관리되고 심지어 조종되고 있다. 특히 「변모駢拇」와 「마제馬蹄」 등에서 장자는 철학적 논증이라기보다 산문(문학)의 형식을 빌려서 국가가 개인에게 가하는 폭력의 실상을 폭로하고 있다. 예컨대 사람이 탈 수 있도록 조련하기 위해서 털을 지지고 깎으며 발굽을 깎아내고 인두질하고 먹이를 주지 않고 훈련시키며 말을 듣지 않으면 사정없이 채찍질을 해댄다. 그 결과 50%의 말이 조련 과정에서 죽어나간다.

여기서 말을 사람으로 바꾸어 생각하면, 말의 조련〔치마治馬〕은 정치 행위〔치국治國, 치천하治天下〕에 견줄 수 있다. 정치가 백성의 생명과 안전을 보장하며 행복한 삶으로 이끄는 것이 아니라 백성들의 희생 위에서 성립되고 있다. 나아가 국가는 더 완벽하게 더 효율적으로 백성을 운용하기 위해서 공학적 방법을 끌어들인다. 국가는 각종 규제 장치〔규구준승規矩準繩〕를 마련하고서 사람들이 그것에 맞출 것을 요구한다. 그렇지 않으면 모자란다고 이어붙이고 남는다고 자르는 폭력을 통해 세계를 위정자의 의지에 일치시키려고 한다. 여기에 그치지 않고 사람들에게 다양한 윤리 덕목, 즉 인의仁義를 준수하도록 요구한다.[41]

---

41 「변무」 "夫待矩繩規矩而正者, 是削其性也. 待繩約膠漆而固者, 是侵其德也. 屈折禮樂, 呴兪仁義, 而慰天下之心者, 此失其常然也."

장자는 이런 '폭력'을 "오리의 다리가 짧다고 길게 이으면 괴로워하고, 학의 다리가 길다고 자르면 슬퍼한다."고 표현했다.[42] 이것은 '늘이는 자' 또는 '두드려서 펴는 자'를 뜻하는 '프로크루스테스'의 침대 이야기와 놀랄 만치 닮아 있다. 여기에서 사람은 자신의 목적과 기준에 따라 삶을 영위하는 주체가 아니라 국가의 의지에 자신을 일치시키도록 동원되면서 그 목적 달성을 위한 수단적 존재가 되고 있다. 그 결과 사람은 문화적 도덕적 상징 조작에 의해 국가의 의지에 동원되는 존재로 드러나지 이상 국가를 기획하여 설계하거나 개인의 욕망을 실현하는 존재로 나타나지 않는다.

지금까지의 논의를 보면 『장자』에서 말하는 사람은 삶의 조건으로부터 자유롭기도 하고 대상에 의미를 부여하고 역사의 방향을 설정하는 세계의 중심이 되지 못한다. 오히려 사람은 현실적 제 연관에 철저하게 예속된 채 자기 보존을 위해 상대적 부분적 가치를 절대적인 것으로 간주하고 있다. 만약 우리가 데카르트의 의식 주체로서의 자아를 기준으로 한다면 『장자』에는 자아가 없다고 할 수 있겠다.

그렇지만 『장자』에서 말하는 자아는 오히려 서양의 현대 철학에서 추상적 보편적 자아를 회의하는 맥락과도 잇닿아 있다. 오늘날 자아는 욕망 · 역사 · 문화 · 언어의 규정을 초월한 보편 존재라기보다 오히려 그것에 의해서 규정되는 존재로 파악되고 있다. 예컨대 인권과 민주주의의 가치를 긍정한다고 하더라도 상이한 역사적 경험과 문화적 체험은 공유하기 어려운 차이를 드러내게 한다. 특히 문화 상대주의를 견지할 경우 자아가 문화를 창조하는 것이 아니라 자아가 문화에 의해서 직조된 것이다. 이러한 맥락에서 우리는 장자의 자아관을 무아론無我論(무기론無己論)으로 보더라도 무방할 듯하다.

---

42 「변무」 "鳧脛雖短, 續之則憂. 鶴脛雖長, 斷之則悲. 故性長非所斷, 性短非所續."

하지만 장자를 무아론자로 결론 내리려면 아직 해결할 문제가 두 가지 남아 있다. 『장자』에서는 『논어』의 군자君子와 소인小人처럼 상호 구별된 자아상을 제시하지는 않지만 분명히 무아無我와 유아有我를 대비시킨다고 볼 만한 서술을 하고 있다. 예컨대 위에서 살펴보았던 「소요유」의 지인至人·신인神人·성인聖人이 아니라 「제물론」의 진재眞宰와 진군眞君, 「대종사」의 진인眞人, 「천지」의 전덕지인全德之人 등이 유아의 후보자가 될 수 있다. 만약 이것이 사실이라면 장자는 자아를 가아假我와 진아眞我로 구분했다고 할 수 있다.

다른 하나는 지인至人이 범인凡人(중인衆人)과 달리 도道에 따른 삶을 사는 것과 관련이 있다.[43] 도에 따른 삶이 과연 자아의 개별성이나 고유성을 허용할 수 있을까? 이 두 물음에 대해 어떤 대답이 나오는가에 따라 장자의 자아관은 달라진다.

유아의 후보를 살펴보자. 진인眞人은 삶을 기뻐하지도 죽음을 싫어하지도 않고 주관적인 욕망으로 도를 저버리지도 않고 인위적인 조작으로 하늘(자연)에 끼어들지도 않는다. 이 외에도 진인은 높은 곳에 올라도 겁내지 않고 물에 들어가도 젖지 않고 불에 들어가도 뜨거워하지 않는다.[44] 진인은 감정의 동요로 인해 고통, 신체의 한계라고 하는 인간적 약점을 모두 극복한 존재로 그려지고 있다. 즉 진인은 원래부터 주어진 인간의 조건을 완전히 넘어선 인간 아닌 인간, 즉 초인간超人間이다.

---

43 도道에 따른 삶은 『장자』에서는 덕德 또는 성性에 따른 삶과 같다고 할 수 있다. 『장자』 내편內篇에는 성性 개념이 사용되지 않는 대신 덕德이 많이 나오는데, 「덕충부」를 보면 덕에 따른 삶을 강조하고 있다. 외편外篇과 잡편雜篇 중 특히 「변무」와 「마제」 등에서는 성性에 따른 삶과 성性을 해치는 삶 또는 성性대로 살지 못하는 삶을 강하게 대비시키고 있다.

44 「대종사」 "古之眞人 …… 登高不慄, 入水不濡, 入火不熱 …… 不知說生, 不知惡死. …… 是之謂不以心捐道, 不以人助天. 是之謂眞人."

성인聖人은 상호 의존적이며 가역적인 시비是非의 경계를 고착화시키지 않고 하늘(자연)의 빛에 비춰서 있는 그대로 판단한다. 달리 말하면 도의 지도리〔도추道樞〕라고 할 수 있다. 도道는 만물의 생성에서 소멸에 이르는 과정을 지배하는데, 그것이 들고 나는 문門과 그 문의 기능을 가능하게 하는 지도리에 비유하고 있다. 들어섬만 있고 나감이 없는 문이 없고 나감만 있고 들어섬이 없는 문도 없듯이 문은 양방향의 드나듦이 자유롭게 일어나고 있다.

여기서 성인은 드나듦이 뒤섞이는 장을 그대로 밝게 비춰서 진행 과정을 관조하지 들어서는 것과 나가는 것 중 어느 하나의 지속과 중단을 조작하는 계략을 꾸미지 않는다.[45] 성인은 세계를 도덕〔인의仁義〕과 비도덕, 오성五聲과 오음五音 등의 인위적인 틀로 분류하여 시비 판단을 내리지 않는다. 또 세계의 변화 과정을 — 생生과 사死, 시是와 피彼처럼 — 인간적 필요에 따라 분할하고 다시 그것에 대한 호오의 판단을 자의적으로 규정하지도 않는다. 이로써 성인은 부분적 상대적 인식을 절대화시키는 오류를 범하지 않고 세계의 변화 과정을 왜곡 없이 전체적으로 파악하는 밝음을 갖게 된다.

전덕지인全德之人은 공리와 기교로 인해 움직이지 않고 심지心志에 반대되는 일을 하지 않고 외부의 긍정적 부정적 평판에 조금도 흔들리지 않는다.[46] 전덕의 삶은 몸을 온전하게 할 뿐만 아니라 정신을 온전하게 한다. 즉 완전한 삶이라고 할 수 있다.

진인眞人·성인聖人·전덕지인全德之人 등은 감정과 신체, 인식, 외적 조건으로부터 자유로운 존재라는 공통점을 갖는다. 장자莊子는 진

---

45 「제물론」 "彼出於是, 是亦因彼. …… 是以聖人不由而照之於天. 是亦彼也, 彼亦是也. …… 謂之道樞, 樞始得其環中, 以應無窮. …… 故曰莫若以明."

46 「천지」 "執道者德全 德全者形全. 形全者神全. 神全者聖人之道也. …… 功利機巧, 必忘夫人之心. 若夫人者, 非其志不之, 非其心不爲. 雖以天下譽之, 得其所謂, 謷然不顧. 以天下非之, 失其所謂, 儻然不受. 天下之非譽, 無損益焉. 是謂全德之人哉!"

인眞人을 초능력을 지닌 '신비로운' 사람으로 묘사하고 있지만 "덕을 온전하게 하면 몸이 온전하게 된다."라는 맥락으로 본다면 그것을 전덕의 의의를 강조한 것으로 이해할 수 있다. 우리는 어디에도 구속되지 않고 자유로운 삶을 가능하게 한다는 점에서 진인·성인·전덕지인을 유아론으로 해석할 수 있다고 본다. 장자의 말로 표현한다면 유아론은 '유오론有吾論'이 될 수 있다. 「제물론」의 '오상아吾喪我'에서 아가 망각으로서 부정의 대상이 되지만 오는 망각을 주도하는 주체로서 설정되고 있기 때문이다.[47]

다음으로 도道에 따른 삶이 자아 문제와 어떻게 연관이 되는지를 살펴보자.

도道에 따른 삶은 차이를 지닌 모든 존재가 화해를 이루는 공생共生의 장이다. 예를 들어 작은 물줄기와 큰 기둥, 한센병자와 미인 서시를 대조해보면 그 차이가 너무나도 현격하다. 도에 따르지 않는 삶은 이 현격함에 주목하여 차이를 대大와 소小, 미美와 추醜로 분류하고서 후자에 대한 전자의 우월적 지위를 승인하게 된다. 그래서 사람을 "소小에서 대大로", "추醜에서 미美로"라는 방향성에 따른 변화를 강요하고 그 변화를 도덕이나 문명화로 승격시킨다. 하지만 네 가지는 모두 도道에 기원을 두고 있으면서 동시에 도의 세계에 참여하고 있다. 여기서 대와 소, 미와 추는 넘나듦이 허용되면서 서로가 서로를 향하여 삼투해서 하나가 된다.[48] 장자는 이와 같은 대화해의 세계를 "하늘-대지와 내가 아울러 살아가고, 타자와 내가 하나가 된다."고 표

---

47 『장자』이전 아我와 오吾는 어감이나 문법적 기능의 차이가 있었다. 『장자』에서 아我는 사회적 관계 속의 역할을 수행하는 몸의 존재를 가리키고, 오吾는 아我와 달리 존재의 자유, 관용을 말하는 진아眞我에 해당한다고 본다. 이런 논의와 관련해서 천징陳靜, 「吾喪我: 莊子齊物論解讀」, 『哲學研究』2001, 제5기, 49~53쪽; 쉬쉬에타오許雪濤, 「對齊物論中吾的解釋學解讀」, 『學術研究』2002, 제9기, 36~42쪽 참조.

48 「제물론」 "故爲是擧莛與楹, 厲與西施, 恢恑憰怪, 道通爲一."

현했다.[49]

도道에 따른 삶이 차별을 넘어 화해로 이어진다는 것은 덕에 따른 삶에서도 그대로 나타난다. 오히려 더 적극적으로 나타난다. 그 세계에서는 사람끼리의 화해가 아니라 존재 일반의 대화해로 설명되고 있다. "완전한 덕의 세계에서는 사람이 새나 짐승들과 함께 살고, 만물과 편안하게 어울린다. 뭣 하러 군자니 소인이니 나눌 필요가 있겠는가? 멍하니 꾀를 부리지 않으니 자신의 덕이 떠나지 않는다. 멍하니 욕망이 없으니 소박하다고 할 수 있다."[50]

도道에 따른 삶과 덕德에 따른 삶은 추상적이면서 시적인 묘사로 되어 있다. 도와 덕에 따른 삶을 보다 구체적으로 제시하는 것이 성性에 따른 삶이다. 전국시대에 이르러 말은 군주의 위엄을 내세우는 의전용만이 아니라 전쟁의 승패에 커다란 영향을 미치는 전투용 등으로 쓰이며 중요하게 여겨졌다. 그래서 말은 궁궐에서 질 좋은 먹이를 먹고 때때로 목욕을 하는 등 관리를 잘 받았다. 하지만 장자는 "말의 참다운 본성, 즉 진성眞性이 무엇인가?"라는 문제를 제기한다. 사람의 손에 사육되는 것은 말 자신이 아니라 인간의 목적에서 나온 일이다. 반면 들판에서 자유롭게 풀을 뜯고 물을 마시고 힘껏 내달리며 경중경중 뛰노는 것이야말로 말의 참다운 본성인 것이다.[51]

도道 · 덕德 · 성性에 따른 삶은 사람이 사람의 생명 활동에 대해 – 특히 지배자가 백성의 생명 활동에 대해 – 또는 사람이 동물의 생명 활동에 대해 개입하지 않는 것이다. 확대 해석한다면 모든 존재자가 타자와 공존을 통한 절대적 화해에 참여하는 것이라 할 수 있다. 개입한다

---

49 「제물론」"天地與我竝生, 而萬物與我爲一."
50 「마제」"夫至德之世, 同與禽獸居, 族與萬物竝. 惡乎知君子小人哉! 同乎無知, 其德不離. 同乎無欲, 是謂素樸."
51 「마제」"齕草飲水, 翹足而陸, 此馬之眞性也. 雖有義臺路寢, 無所用之."

는 것은 한쪽이 다른 한쪽에 자신의 의지에 복종하기를 요구하고 자
신의 목적을 수용하기를 강제하여 '나'를 영원히 중심에 두려는 폭압
의 길이다. 반면 도·덕·성에 따른 삶은 모든 존재자가 특정 인물이
아니라 바로 도·덕·성과 전체적인 연관을 맺는 것이다.

이처럼 개별 존재자가 도와 전체적 연관을 맺는 생명 활동을 자아
문제와 연결 지어 생각해보자. 도는 현실의 이익 주체를 대신하고 또
권력 주체의 매개 없이 개별 존재자와 직접적으로 유대를 맺는다. 그
리고 도에 허용되지 않는 한 개별 존재자 사이의 관계는 닫혀 있다.[52]
달리 말해서 개별 존재자는 도와 상시적이며 직접적으로 연결되면 구
속과 강제가 없는 자유를 누리게 되지만 도(덕, 성) 이외의 것과 연계
를 차단함으로써 타자로 나아가는 창이 굳게 닫히게 된다. 이를 '관계
가 빠진(없는) 자유'라고 할 수 있다. 예컨대 인격의 고양을 위한 도덕
(인의)도 말의 조련도 모두 '폭력'으로 비춰지기 때문이다.

여기서 도가 덕과 성으로 구체화되는 과정에서 그 특성이 어떻게
규정될 수 있을까? 만약 도가 『장자』곳곳에 나오는 변신처럼 변이를
허용하는 유전자와 같은 것이라면, 개별 존재자가 사람이라고 하더라
도 생명 활동에서 개별성이나 고유성을 구현하기 어렵다. 존재자는
도(덕, 성)가 아무런 방해 없이 무차별적으로 침투하는 삶을 살지만
미리 짜인 삶의 프로그램에서 벗어날 수도 없기 때문이다.

진인眞人·지인至人과 같은 존재도 보편의 세계를 엿볼 수는 있었
지만 도의 그물에는 조금도 손을 댈 수 없다. 이런 점에서 공자가 말
하는 성인聖人과 장자가 말하는 성인이 다를 수밖에 없다. 전자의 경
우 성인은 문명을 제작하고 설계하는 창작자의 특성을 갖는다. 반면
후자의 경우 성인은 생명 활동의 전개(변화) 과정을 관조하는 특성을

---

52 「대종사」 "泉涸, 魚相與處於陸, 相呴以濕, 相濡以沫, 不如相忘於江湖. 如其譽堯而非
桀也, 不如兩忘而化其道."

가질 뿐이다. 그러므로 장자는 무오無吾까지 포함해서 무아론자라고
할 수 있다.

그럼에도 불구하고 『장자』에서는 개별 존재자가 도道의 그물을 손
상하지 않고 자기 세계를 고유하게 가꿀 수 있는 가능성이 남아 있
다. 『장자』에 보면 공자가 여량呂梁을 지나다가 폭포수와 급류가 있
는 곳을 보았다. 물고기도 헤엄치기 어려울 만한 곳에 한 사나이가
헤엄을 쳤다. 공자는 그 사람이 물 밖으로 나오길 기다렸다가 헤엄치
는 도를 물었다. 사나이는 자신에게 특별한 도는 없다며 도의 존재를
부정했다. 이어서 습관〔고故〕·본성〔성性〕·운명〔명命〕에 따라 성장
하면서 물이 지나는 길을 따를 뿐 사적인 기술을 덧보태지 않았다고
대답했다.[53]

우리는 여기서 장자의 '관계(연대) 없는 자유'에 출구를 달아서 관계
의 복원을 시도할 수 있는 가능성을 엿볼 수 있다. 이 사나이는 사람
으로서 성에 따른 삶을 살면서 물로 세계를 확장하고 있다. 사람이 물
에 어떤 목적을 투사하지도 않고 어떤 변화를 꾀하지도 않은 채 물의
흐름에 동승하는 방식으로 '만남'이 일어나고 있다. 이 만남은 「마제」
에서 말하는 사람과 말의 만남과 극명한 대조를 이룬다고 할 수 있다.

사람과 물의 만남이 쉽게 이루어지는 것은 결코 아니다. 먼저 사나
이가 자신 있게 헤엄치는 데에 도가 없다〔무도無道〕고 할 정도로 도와
거리감을 확보할 수 있어야 한다. 나아가 성의 경계를 넘는 월경이 사
람이 아닌 것으로 여겨질 정도로 특별한 취급을 받을 수 있다는 것이
다. 여기서 우리는 도(덕, 성)에 따른 삶을 살면서도 타자의 생명 활동
에 개입하지 않으며 관계를 회복할 수 있는 자유로운 자아를 확인할

---

53 「달생」 "孔子從而問焉曰: 吾以子爲鬼, 察子則人也. 請問, 蹈水有道乎? 曰: 亡. 吾無
道. 吾始乎故, 長乎性, 成乎命. 與齊俱入, 與汨偕出, 從水之道, 而不爲私焉, 此吾所以
蹈之也."

수 있다. 그 자아를 앞서 말한 용어를 빌린다면 진인眞人이라고도 할
수 있고 전덕지인全德之人이라고도 할 수 있겠다.

5. 맺음말

공자와 장자는 서양 철학과 같은 자아 문제에 천착하지 않았으므
로 『논어』와 『장자』에는 '자아'가 선명하게 나타나지 않는다. 그래서
두 책에 나오는 1인칭 대명사와 군자君子·진인眞人의 개념 그리고
언외에 담긴 문제 의식을 통해서 '자아 문제'를 재구성해서 논의를 전
개했다.

공자는 사람 사이의 지속적인 관계 개선(친밀)을 통해 개인의 성숙
과 공동체의 평화에 도달할 수 있다고 보았다. 하지만 친밀의 강조는
자유를 다소 억압하는 관계를 낳을 수 있었다. 만약 기회가 주어진다
면 장자는 아마 공자를 "자유 없는 관계"라고 비판했을 듯하다. 장자
는 사람이 자신에게 짐 지워진 역할의 무게를 내려놓고서 타자의 생
명 활동에 개입하지 않음으로써 부담 없는 개인과 자유로운 삶이 실
현될 수 있다고 보았다. 하지만 부담의 축소는 관계(연대)를 트는 출
구를 봉쇄하는 자유를 낳을 수 있었다. 만약 기회가 주어진다면 공자
는 아마 장자를 "관계(연대) 없는 자유"라고 비판했을 듯하다.

이러한 사상적 맥락에서 공자는 사람 사이의 관계를 악화시키거나
멀게 만드는 경향 또는 그런 성향의 사람[小人]을 대상으로 '무아無我'
를 주장했다. 반면 군자君子는 관계의 친밀에 노력하는 인물인데, 그
사람이 하고자 하는 지향과 그 지향의 실천이라는 전 과정이 만인에
게 공개되어 있다. 즉 군자는 자신만이 특별하게 접근할 수 있는 내밀
한 정신 세계의 소유자가 아니라 공유할 만한 삶의 지향과 세계의 일
치를 일관되게 추진하는 공적인 존재일 뿐이다. 이런 점에서도 무아

론無我論이라고 할 수 있다.

하지만 공적인 존재라고 하더라도 그 삶이 하나의 원본을 계속해서 만들어내는 복사의 재연이 아니다. 세계의 원본이 되는 성왕聖王의 경우도 요堯 · 순舜 · 우禹의 길이 같으면서도 다르듯 우리도 사람마다 제 색깔을 내면서 구세적救世的 책임責任을 실현하기 위해 관계(연대)의 집중을 도모할 수 있다. 이런 점에서 공자는 고유한 개인의 삶을 가능하게 한다는 점에서 유아론有我論(유기론有己論)을 주장했다고 할 수 있다. 개성의 측면에서 보면 유기론은 성인들의 특색으로 드러난다. 궁극적으로 성인이 세상을 인륜의 세계로 만들려는 지향에서 동일하므로 그 차이는 상대적인 차원에 한정된다. 따라서 유기론도 실체적 자아로 확장되려면 완전한 다른 세계를 상정해야 하는 또 다른 문제가 제기된다.

공자에 의하면 사람과 사회가 개인에게 끊임없이 임무를 부과하면 그것의 실천이 사람다움의 완성이 된다. 장자는 책무의 윤리야말로 사람과 사회가 개인의 자유로운 생명 활동에 근거 없이 끼어드는 간섭이며 구속에 불과하다고 비판한다. 어떠한 이유로든 개인에게 가해지는 부담을 내려놓을 것을 주장하는 셈인데, 이 점에서 장자가 무기無己(무아無我)를 말했다고 할 수 있다.

하지만 『장자』에 숱하게 나오는 특별한 존재들, 즉 범인凡人(중인衆人)과 대별되는 진인眞人 · 성인聖人 · 전덕지인全德之人은 사회적 제 연관에 얽매이지 않고 오로지 내적 생명의지에 따라 움직이면서 道에 따른 삶을 영위하고 있다. 이들의 존재에 주목하면 장자가 유아론有我論(유오론有吾論)을 주장한다고 할 수 있다.

도道(덕德 · 성性)에 따른 삶은 개별 존재가 타자와의 관계를 닫고 도와 전면적인 연관에 참여하게 한다. 이때 개별 존재가 도道와 전면적인 관계에 집중하면 할수록 타자와 관계를 트는 창이 닫히게 되고 개별성을 상실되게 된다. 도가 아무런 장애 없이 개별자에 무제약적으로 침투하는 사건이 일어나게 된다. 이런 점에서 『장자』를 무아론無我論이라고 할 수 있다. 하지만 도道와 전면적인 연관에 있으면서도 개별 존재가 타자의 생명 활동을 침해하지 않고 그것과 공존하는 유영遊泳을 감행할 수 있다. 이런 점에서 『장자』를 유오론有吾論이라고 할 수 있겠다. 하지만 이 '유오'는 지속의 측면에서 보면 찰나적이다. 왜냐하면 유오가 찰나를 넘어서게 되면, 후속적인 나가 새로운 유영을 하는 것을 제약하는 것이 되기 때문이다.

공자와 장자는 각각 유아無我와 유기由己(유기有己), 무기無己(무아無我)와 유오有吾의 사이에서 부단하게 진동하고 있다. 이것은 불교의 무아론이 지닌 이론적 난점을 벗어날 수 있는 중도의 길이라고 할 수 있다. 불교가 '소유'의 문제를 풀기 위해 무아론으로 나아갔지만 그 무아는 '책임'의 문제를 푸는 데에 곤혹을 치렀다. 이 때문에 동아시아 지성인들은 불교를 '무책임의 교설'이라고 보았던 것이다. 철학사에서는 공자와 장자 두 사람을 유와 무 둘 중 어느 한쪽으로 끊임없이 해석해 왔던 것이다.

그럼에도 불구하고 우리가 근대의 '주체' 기준으로 바라보면 동아시아의 전통 사회 또는 동양 철학의 세계를 색깔 없는 군체群體의 이미지로 그리는 데에 익숙하다. 아마도 동양 철학사의 전개 과정을 철저하게 재연再演의 관점에서 바라보기 때문에 그런 그림이 그려졌을 것이다. 하지만 이지李贄의 '동심설童心說'만 보아도 무아론에 짓눌린 유아론의 반격이라고 할 수 있겠다.[54] 그는 창조적 도전에 목숨을 걸었다. 이탁오가 보기에 "나 없는 삶의 예술가"는 천재로 보일지 몰라도 "영혼 없는 존재"로 여겨졌다. 그는 영혼 있는 도덕을 세우기 위해 진심塵心으로 타락한 진심眞心을 대체하는 동심童心을 제기했던 것이다.

---

54 신정근, 『동양철학 인생과 맞짱 뜨다』, 21세기북스, 2014, 301~310쪽 참조.

아이는 주위의 사정을 고려하지 않고 "하고 싶은 것을 해야 직성이 풀리는 에고의 소유자"이기 때문이다.

마지막으로 자아 문제를 다루면서 논의 과정에서 도덕적 선택, 자유 의지 등을 다루지 못해서 아쉬움이 남는다. 정약용의 '자주지권自主之權'이란 개념에서 보이듯 동아시아 전통에서 자유 의지가 그렇게 기이한 존재는 아니었다. 이에 대한 후속 논의가 이루어진다면 이 글의 논점이 한층 더 정교해지리라 생각해본다.

제7장 '멍청한 인자仁者'의 문제를 어떻게 풀 것인가?

― 인지仁知 통일론의 대두 ―

1. 문제 제기

지식과 관련해서 내용이 상반되는 격언이 있다. 예컨대 대표적인 것으로 프란시스 베이컨의 말이 있다. "아는 것이 힘이다."(Knowledge is power) 이는 지식의 가치를 긍정한다. 사람이 지식을 소유하면 그 것으로 세계를 인식하고 지배할 수 있다는 점을 나타낸다. 또 일상 생활에서 널리 쓰이는 격언도 있다. "아는 것이 병이다." 또는 "모르는 것이 약이다."(Ignorance is bliss) 이는 지식의 가치를 부정한다. 많이 안다는 것이 오히려 사람을 힘들게 하고 심지어 불행하게 만든다는 맥락이다.

베이컨의 말은 근대 유럽 사회의 출현과 관련을 가지고 있다. 인간 이 신, 교회의 권위로부터 벗어난 뒤 오로지 이성을 발휘해서 많은 정보를 수집해야 했다. 지식을 더 많이 가지면 가질수록 인간은 자연 의 공포로부터 해방되어 자연을 인간의 욕구에 맞게 이용할 수 있었 다. 따라서 지식은 사람의 현재를 더 나은 상태로 변화시킬 수 있는 원동력인 반면 무지는 여전히 주술적 사고에 사로잡혀 있는 것을 나 타냈다.

일상 생활의 말은 일종의 속담으로 전자보다 맥락이 조금 복잡하다. 아는 것이 —문학과 영화의 흔한 주제처럼— 우연히 알게 된 사건의 진실일 수도 있다. 몰랐더라면 복잡한 사건에 연루되어 쫓기지 않을 것이다. 또 아는 것이 중요한 의사 결정 과정의 참여와 관련이 되는 경우가 있다. 몰랐더라면 무능하다는 말을 들을 수는 있어도 책임을 질 일은 생기지 않을 것이다. 또 아는 것이 잘못된 사실, 맹목적인 믿음, 시대착오적인 신념을 가리킬 수도 있다. 이 경우 아는 것은 사람을 사람답게 하는 것이 아니라 스스로 사람이기를 부정하게 만들 수 있다. 예컨대 잘못된 의학 상식은 사소한 병에 걸린 사람을 치명적인 상태로 몰고 갈 수 있다. 배타적 민족주의와 근본주의 종교관은 국가 사이의 사소한 분쟁이 확대되어 처절한 살육과 무차별적인 테러를 낳는 무자비한 힘이 될 수 있다.

"아는 것이 힘이다"와 "아는 것이 병이다" 또는 "모르는 것이 약이다"에서 아는 것은 지식의 상반되는 두 얼굴을 나타내고 있다. 지식이 신적 지식이 아니라 인간적 지식인 한, 완전하지도 완벽하지도 않아 한계를 지닐 수밖에 없다. 지식이 원래부터 인간적 한계 안에서 가능하다면, 어떠한 지식도 절대적 진리일 수는 없고 상대적이며 부분적인 진리일 수밖에 없다. 하지만 두 격언에 나오는 '아는 것'이 질적으로 다르게 볼 수 있다. 하나는 올바르고 정당화가 가능한 앎이고, 다른 하나는 잘못되고 정당화가 불가능한 앎일 수 있다. 이 경우 두 격언 중 하나는 진실이고 다른 하나는 거짓이 된다. 또 '아는 것'이 적용되는 범위를 다르게 볼 수도 있다. 이 경우 두 가지는 충돌하지 않고 공존할 수 있다.

이제 논의의 방향을 중국 고대 철학으로 돌려보자. 여기서도 지식은 한 가지 얼굴이 아니라 여러 가지 얼굴을 지니고 있는 것으로 나타난다. 『논어』와 『노자』를 보면 지식의 다면성을 확인할 수 있다. 예컨대 공자는 사람을 제대로 아는 것을 앎[知]으로 규정하고 있다.[1]

사람을 제대로 아는 것은 공자가 이상으로 생각하는 성인聖人(철인哲人) 정치의 기초가 된다. 이로써 앎은 양적으로 집중되고 질적으로 정확해져야 하는 특성을 갖는다. 하지만 공자는 정치와 행정에서 인민을 동원의 대상으로 보지 지식 공유의 대상으로 보지 않는다.[2] 여기서 앎은 지도자가 소유하고 운용할 수 있는 특권의 특성을 갖는다. 반면 『노자』에서는 지식의 포기가 공동체의 생활을 훨씬 윤택하게 만들 수 있다고 본다.[3] 이 지식은 더 나은 삶을 촉진하는 것이 아니라 방해하는 특성을 갖는다. 전체적으로 보면 지식은 공동체에 질서를 부여하는 힘이기도 하고 특권으로서 비밀스럽게 운용되기도 하고 위험스럽기 짝이 없어 제거되어야 할 것으로 간주되기도 한다.

지금까지 우리는 중국의 고대 철학에서 지식이 다면성을 갖는다는 것을 확인한 만큼 그 중에서도 먼저 지식이 부정적 가치로 사용되는 맥락을 해명하고자 한다. 이어서 『논어』와 『맹자』에 나오는 '멍청한 인자仁者' 또는 '바보 같은 지자智者'의 문제를 살펴보고자 한다. 이 주제는 앞으로 논의 과정에서 그 맥락이 분명해지겠지만 간단히 소개하면 이렇다. 인자라고 하면 적어도 완전한 인격을 갖춘 사람으로 여겨짐에도 불구하고, 「옹야」 26(147)에서 보이듯 기만의 가능성에서 자유롭지 못하다.[4] 인자가 신적 존재가 아니므로 '속임수에 넘어가는 인자'라는 사태가 일어날 수 있지만, 속는다는 것이 자칫 인 덕목의 내재적 한계를 드러내는 것으로 간주될 수 있다. 따라서 '멍청한 인자' 또는 '바보 같은 지자'를 문제 상황으로 설정하고 그것의 의의를 밝혀보고자 한다.

---

1 「안연」 22(316) "樊遲問知. 子曰: 知人."
2 「태백」 9(198) "民可使由之, 不可使知之."
3 『노자』 19장 "絶聖棄智, 民利百倍. 絶仁棄義, 民復孝慈. 絶巧棄利, 盜賊無有."
4 「옹야」 26(147) "君子可逝也, 不可陷也. 可欺也, 不可罔也."

마지막으로 '멍청한 인자' 또는 '바보 같은 지자'가 일어날 수 있는 사태이지만 방치할 수 없는 문제 상황이므로 이를 어떻게 극복할 수 있는지 검토해볼 만하다. 이를 위해서 나는 맹자가 제기한 이래로 동중서董仲舒(BC 198~106)와 『회남자淮南子』를 집필한 유안劉安(BC 179~122) 집단에서 집중적으로 논의되는 인仁 – 지知[5] 또는 지知 – 인仁의 통일을 살펴보고자 한다.[6]

2. 자유로운 지성에 대한 경계

중국의 고대 철학에서 지知/지智의 다면성 중에서 가장 흥미로운 것은 지성의 자유로운 발휘를 무제약적으로 권장하지 않는다는 점이다. 이러한 현상을 낳은 원인을 찾아본다면, 그것은 지知의 소유 또는 지知의 추구가 정치, 종교, 도덕과 구별되는 독자적인 영역을 확보하지 못한 데에 있다. 지성에 의해서 생각해내고 상상하고 입안한 것이 사회적 영향 또는 효용과 무관하게 그 자체로서 자유롭게 토론되지 못했다.

예컨대 공자가 지知를 사람을 아는 것으로 규정했을 때, 사람을 안다는 것은 오늘날 생물학과 사회학에서 사람에 대한 객관적 사실을

---

5 이 글에서는 지知와 지智를 구분하지 않고 같은 것으로 취급한다. 둘이 혼용되는 경우도 있지만 엄밀하게 따지면 지知는 주로 동사로 쓰이고 앎의 과정을 나타낸다. 반면 지智는 명사로 쓰이고 앎의 결과를 나타낸다.

6 나는 이 글에서 다루는 "멍청한 인자"의 문제를 주자에게 적용해서 연구를 진행했다. 그 결과를 2014.12.4 홍콩 中文大學에서 "朱熹與宋明理學" 주제로 열린 국제학술회의에서 기조 발표를 한 적이 있다. 발표문을 가다듬어 「朱子의 仁과 知 관계에 대한 해법 –"멍청한 仁者"의 문제를 중심으로」, 『동양철학연구』 81집, 2015에 발표했다. 따라서 "멍청한 인자"의 문제가 공자와 맹자 그리고 동중서 이후 어떻게 논의되는가를 보려면 위 논문을 참조하면 된다.

탐구하는 것과 무관하다. 그것은 선악善惡의 기준으로 사람을 분류하여 사회적 역할을 부여하는 것을 나타낸다. 이런 점에서 지는 인식론에서 말하는 사유 판단 혹은 이성 인식의 지력智力을 나타내기보다 지도자가 완전한 인격자가 되기 위해서 갖추어야 할 덕목을 나타낸다. 이런 탓으로 지는 오늘날의 논리학, 인식론의 맥락보다는 정치학, 윤리학의 특성을 과도하게 띠고 있는 것이다.[7]

전국 시대를 대표할 만한 뛰어난 기술자였던 공수반公輸盤이 대나무를 깎아서 까치를 만든 적이 있다. 그 대나무 까치가 3일이 지나도 공중에서 떨어지지 않자 공수반은 스스로 최고의 기술자[지교至巧]로 생각했다. 하지만 공수반을 만난 묵자墨子의 생각은 달랐다. 그는 대나무 까치를 만든 것이 실용적인 수레의 빗장을 만드는 것만 못하다고 비판했다. 그리고서는 "만든 것이 사람들에게 유용성이 있어야 기술이 뛰어나다고 할 수 있지 사람에게 아무런 이익이 없다면 기술이 형편없다고 한다."고 평가를 내린다.[8] 공자와 묵자의 사례에서 보이듯 지가 윤리적이거나 실용적 목적에 부합되지 않을 때 지성의 발휘가 가치 없는 것으로 간주되고 있다.

그리고 중국의 고대 철학에서 지성의 자유로운 발현을 우려하는 이유로 두 가지에 주목할 만하다. 하나는 『맹자』에 나오는 착鑿이고 다른 하나는 『회남자』에 나오는 사私이다. 두 개념의 의미를 제대로 파악한다면, 지의 위험성, 위험시되는 지의 특성을 한층 더 분명하게 이해하게 될 것이다.

먼저 맹자의 주장을 살펴보도록 하자.

널리 알려져 있듯이 맹자는 사람이 이해 관계를 초월해서 도덕적 행위를 할 수 있는 근거로서 사단四端, 네 가지 도덕감moral sense을

---

7 자오지빈, 신정근 외 옮김, 『반논어』, 예문서원, 1996, 410쪽.
8 「노문魯問」 "故所爲功利於人謂之巧, 不利於人謂之拙."

발견했다.⁹ 이 도덕감은 사람을 동물과 구별되게 만드는 유적 본질이
다. 이 도덕감 중에는 시비를 가리는 지의 측면이 들어 있다. 이에 따
른다면 우리는 맹자가 적어도 지를 사람의 본성 또는 본성과 같은 것
으로 간주하는 만큼 지의 가치를 긍정할 뿐만 아니라 지성의 자유로
운 발휘를 주장할 것으로 예상할 수 있다. 이 예상이 전적으로 틀린
것은 아니지만 다음에 나오는 맹자의 말을 보면 그의 지에 대한 태도
가 복합적이라는 것을 알아차릴 수 있다.

　"맹자가 말했다. 세상 사람들이 말하는 본성은 현실화(자취)와 연결
되어 있다. 현실적인 것은 순조로운(자연스러운) 것〔리利〕을 기본으로
삼는다. 지를 미워하는(싫어하는) 까닭은 착鑿하기 때문이다. 만약 지자
가 우임금이 물길을 내는 것처럼 지성을 발휘한다면 지를 미워할 이유
가 없다. 우임금이 물길을 냈던 것은 일을 만들지 않는 방식〔무사無事〕
으로 추진했던 것이다. 만약 지자가 일을 만들지 않는 방식으로 지성을
발휘한다면 그 지도 위대하게(가치 있게) 된다. 하늘이 높고 별자리가
멀리 있다고 하더라도 현실화의 자취를 천 년에 걸친 동지 일을 가만히
앉아서 알 수 있다."¹⁰

9 「공손추」 상6 "人皆有不忍人之心者, 今人乍見孺子將入於井, 皆有怵惕惻隱之心, 非所
以內交於孺子之父母也, 非所以要譽於鄕黨朋友也, 非惡其聲而然也. 由是觀之, 無惻
隱之心, 非人也. 無羞惡之心, 非人也. 無辭讓之心, 非人也; 無是非之心, 非仁也. 惻隱
之心, 仁之端也. 羞惡之心, 義之端也. 辭讓之心, 禮之端也. 是非之心, 智之端也. 人之
有是四端也, 猶其有四體也." 사단四端을 일종의 도덕적 싹으로서 도덕감으로 해석
하는 맥락을 이해하려면, 아이반호P. J. Ivanhoe, 신정근 옮김, 『유학, 우리 삶의
철학』, 동아시아, 2008, 71~75쪽 참조.
10 「이루」 하26 "孟子曰: 天下之言性也, 則故而已矣. 故者以利爲本, 所惡於智者, 爲其鑿
也. 如智者若禹之行水也, 則無惡於智矣. 禹之行水也, 行其所無事也. 如智者亦行其所
無事, 則智亦大矣. 天之高也, 星辰之遠也, 苟求其故, 千歲之日至, 可坐而致也."

맹자는 지성이 발휘되는 두 가지 경로를 제시하고 있다. 하나는 본성이 특정한 상황을 계기로 현실화되는 과정을 가리킨다. 예컨대 우리가 생명의 위기에 처한 사람을 보면 어떠한 현실적 관계나 이해를 고려하지 않고 그 사람을 구하려고 나서는 것이다. 우리가 위기에 처한 사람에게 안타까움을 느낄 수 있는 것은 본성의 힘이고, 그 사람을 구하는 것은 본성이 구체적인 행위로 현실화되는 과정이다. 이때 본성이 현실화되는 일련의 과정은 자연스럽게 진행된다. 안타까움을 느낄 수 없음에도 불구하고 그것을 느끼려고 하는 것도 아니고, 구하면 뭐가 생길까 조건을 따지는 욕망을 억누르는 것이 아니다. 즉 그 과정에 교정과 조작이 개입되지 않는다. 그 과정은 물이 위에서 아래로 흐르는 것과 비슷하다.[11]

물이 위에서 아래로 흐르는 것은 그런 방향으로 흘러가도록 되어 있기 때문에 그렇게 흘러가는 것이지 어떤 외적 힘이 작동해서 끌어가기 때문에 그렇게 흘러가는 것은 아니다. 마찬가지로 우리가 위기에 처한 사람을 구하는 것도, 본성에 따라 자연스럽게 진행되는 일련의 과정일 뿐이다. 여기서 맹자는 본성으로서 지성의 자연스런 발휘를 설명하기 위해서 우禹임금의 치수治水 이야기를 끌어들인다. 우임금이 물길을 내는 방식은, 물이 어느 쪽으로 흘러가면 좋고 어느 쪽으로 흘러가면 나쁘다는 개인적 판단에 따르는 것이 결코 아니다. 그것은 물이 꼭 어느 쪽으로 흘러가도록 되어 있는 자연스런 진행을 파악해내고 그대로 작업을 하는 것이다.

이로써 지성의 첫 번째 경로가 가지는 특징이 드러나고 있다. 지성은 사람의 본성이나 물의 본성처럼 본성을 인식 대상으로 삼는다. 아

---

11 주희朱熹의 주석도 이러한 해석의 타당성을 뒷받침한다. 『논어집주論語集注』 "其所爲故者, 又必本其自然之勢, 如人之善, 水之下, 非有所矯揉造作而然者也. 若人之爲惡, 水之在山, 則非自然之故矣."

울러 본성의 현실화가 자연성을 유지해야지 그것의 진행을 왜곡하거나 조작하지 않도록 해야 한다. 요약하면 맹자는 지성이 본성(본질)의 인식과 본성의 자연스런 외화의 존중과 관련되는 지점에서 결코 지에 대해 부정적인 태도를 드러내지 않는다. 여기서 전자는 인식론에 해당된다면 후자는 인식론과 수양론이 중첩되어 있다고 할 수 있다.[12]

다른 하나는 지성이 착鑿으로 운용되어 사事를 일으키는 경로이다. 착은 첫 번째 경로의 자연성[利]과 대비된다. 사는 지성이 착으로 운용되면서 낳게 되는 좋지 않는 결과를 가리킨다. 착의 의미를 살펴보면서 그것이 지성의 발휘 과정에서 드러나는 특징을 밝혀보자.

착의 일차적인 의미는 구멍을 뚫는다는 뜻이다. 초순焦循(1763~1820)은 이 뜻을 두 가지로 나누어서, 하나는 안쪽을 파내서 비게 하다는 뜻과 바깥쪽을 깎아내서 가늘게 하다는 뜻으로 구분한다.[13] 이런 일차적인 의미는 나무를 깎거나 파내는 가공 작업을 해서 원래 모습과 다르게 만드는 것을 나타낸다. 여기서 착은 절차탁마切磋琢磨처럼 재료가 가진 형상적 미를 드러내기 위해서 예술적 작업을 하는 것과 달리 해서 안 되거나 할 필요도 없는 작업으로 원형을 훼손한다는 부정적 의미를 나타낸다. 이에 착은 불필요한 또는 부당한 변형을 상징하면서 천착穿鑿으로 풀이된다.

오늘날의 천착에는 어떤 원인이나 내용 따위를 따지고 파고들어 알려고 하거나 연구한다는 과학적 연구나 극도의 몰입을 중립적으로 나타낸다. 하지만 인용문 맥락의 천착은 지나치게 꼬치꼬치 캐묻거나 억지로 이치에 맞지 않는 말을 하는 것을 가리킨다. 오늘날 문맥으로

12 후자와 관련해서 기氣와 심心, 기氣와 의意의 관계를 세밀하게 살펴볼 필요가 있다. 이와 관련해서 맹자는 「공손추」 상2의 호연지기浩然之氣, 「고자」 상8의 야기夜氣를 통해서 논의를 진행하고 있다. 이보다는 『관자』 「심술心術」 상하, 「내업內業」에서 수양과 인식의 연관성이 밀도 있게 진행되고 있다.

13 『맹자정의孟子正義』 "鑿有二義, 其一爲空. …… 其一爲細, 鑿其內則空, 鑿其外則細."

풀어낸다면 착은 지성의 무제한적 사용, 상상, 정당화 요구, 조작적(실험적) 사유 등을 대변한다고 할 수 있다.[14] 이로써 착은 이미 삶의 공동체에서 자연적이고 자명하여 훼손할 수 없는 규범, 지식 체계의 권위를 부정하는 것이라고 할 수 있다. 권위의 부정은 기존 지식의 혼동이랄까 기존 지식과 새로운 지식 사이의 갈등이랄까 앞에 없었던 일이 새롭게 생겨나게 된다.

다시 우임금의 치수 이야기를 생각해보자. 우임금의 작업에는 우 개인의 주관적인 판단이나 현실의 요구와 지세, 지형, 강수량, 담수량 등을 뒤섞지 않는다. 반면 착의 방식이라면 순전히 객관적인 사실만을 고려하는 것이 아니라 개인적 사정, 집단적 필요성, 주관적 목적도 중요한 요소로 검토할 수 있을 것이다. 하지만 착이 지성의 발휘인 점은 부인할 수 없다. 이에 주희나 초순은, 맹자가 문제를 낳지 않는[무사無事] 지식을 지대智大라고 한 것에 힘입어서 지식을 대지大智와 소지小智로 나눈다. 본성 인식과 그것의 자연스런 외화가 대지에 해당된다면 착은 소지에 해당하는 것이다. 하지만 소지가 대지에 포섭 가능하다면 소지는 가치가 작은 지식이지만 그것이 대지와 모순된다면 소지는 가치가 없는 지식이 된다.

그렇다면 착은 구체적인 어떤 종류의 지식과 관련이 되는 것일까? 가장 먼저 상식적으로 납득하기 어렵거나 현실에 그다지 필요성이 없는 물건을 제작하는 앎과 관련이 된다. 아무리 교묘하다고 하더라도

---

14 「고자」 상2에 보면 고자는 물이 흐르는 방향이 없고 길을 터주는 대로 흘러간다고 주장하지만 맹자孟子는 물이 위에서 아래로 흐르는 방향이 있다고 주장한다. 맹자는 물을 탁 쳐서 이마까지 뛰어오를 수 있고, 물길을 막아서 물이 산으로 갈 수 있는 상황을 가정한다. 하지만 이 상황은 물의 본성이 아니라 외부의 힘[勢]에 의해 일어난 것으로 설명한다. 주희는 물이 산으로 가는 것을 자연적 본성과 어긋나고 교정과 조작의 사례, 즉 착鑿으로 보고 있다. 오늘날 문맥에서 물이 산으로 가는 것은 부정적 맥락의 착鑿으로 볼 필요는 없고 조작적 사고의 일례로 볼 수 있다.

불필요한 기술과 관련된 삶은 착의 결과로 저평가될 수 있다. 하지만 착의 지, 즉 착지鑿智에 대한 증오는 좀 더 깊은 곳에 원인이 있다. 착의 지는 단순히 늘 하던 제작, 윤리, 가치의 관행을 부정하고 새로운 기준을 찾는 것과 연관이 된다.

착지鑿智는 공동체의 운영과 질서를 떠받치던 근원에 대한 굴착과 회의 그리고 도전을 포함하고 있다. 이런 착의 지가 제약 없이 발휘된다면, 세상을 조직하고 규율하던 지식 체계의 균열이 생기고 안정성이 파괴된다. 여기에 이르면 착의 지는 궤변론자〔녕자佞者〕들처럼 나라의 근간을 뒤흔드는 국사범 내지 사상범으로 이어질 수 있다. 이들의 존재는 자유로운 지식의 시장에 참여하여 더 나은 지식 체계를 구축하는 일원이 아니라 부정할 수 없는 것을 부정하는 위험 인물인 것이다.[15]

다음으로 『회남자淮南子』의 사私를 살펴보도록 하자.

『회남자』 「주술훈主術訓」에 보면 지를 사람의 본성으로 간주한다. "사람으로서의 본성으로 인만큼 귀중한 것이 없고 지만큼 절실한 것은 없다."[16] 이 점은 맹자와도 상통하는 측면이다. 이어서 『회남자』에서는 지를 인간 중심적으로 규정한다. "만물을 두루 안다고 하더라도 사람의 이치를 알지 못한다면, 지라고 일컬을 수 없다."[17] 이 점은 공자가 지를 사람을 아는 것〔지인知人〕의 문맥으로 규정하는 것과 상통한다고 할 수 있다.

이렇게 보면 『회남자』에서는 지가 본성으로서 사람의 이치를 밝히고 있으므로 당연히 지의 추구는 권장되고 있는 것이다. 하지만 이와

---

15 공자가 「위령공」 11(406)에서 녕인佞人을 기피 내지 위험 인물로 보아 추방을 주장한 이래 맹자도 「진심」 하37에서 사회 정의를 어지럽히는〔亂義〕 인물로 분류하고 있다.

16 「주술훈主術訓」 "凡人之性, 莫貴於仁, 莫急於智."

17 「주술훈」 "徧知萬物, 而不知人道, 不可謂智."

달리 『회남자』에는 지의 추구가 혐의를 받거나 기피해야 할 활동으로 간주되고 있다. 『맹자』에서는 착의 지, 즉 착지鑿智가 문제가 되었다면 『회남자』에서는 사의 지, 즉 사지私智가 문제가 되고 있다.

"저울대에서 추를 좌우로 움직일 때 경중을 사적으로 하지 않으므로 평형을 유지할 수 있다. 먹줄로 안팎의 선을 그을 때 곡직을 사적으로 하지 않으므로 곧바른 선을 그을 수 있다. 지도자가 법(사회 질서의 원리)을 운용할 때 호오를 사람에 따라 사적으로 드러내지 않으므로 행정 명령을 집행할 수 있다. …… 공자와 묵자가 박학하여 통달했지만 산사람들과 초목이 우거진 숲이나 험준한 땅에 능숙하게 드나들 수 없다. 이로부터 판단하면 사람의 개인적 지知로 사태에 대처하면 너무나도 얄팍하다. 그럼에도 불구하고 온 세상을 환히 비추고 모든 곳을 보존하고자 하면서 도의 이치에 인因하지 않고 자신의 개인적 능력에 전적으로 의존한다면 궁박한 상황에서 벗어날 수 없을 것이다. 따라서 사람의 개인적 지는 세상을 제대로 안정시킬 수 없다."[18]

『회남자』에서는 두 가지 측면에서 사가 문제 상황을 낳을 수 있는 가능성을 이야기하고 있다. 하나는 사私의 계기가 원천적으로 배제되어 있어서 문제를 낳지 않는데, 사적 계기를 집어넣기만 하면 문제 상황이 발생한다는 것이다. 다른 하나는 사私와 도道의 세계가 대비되면서 사적 계기를 억제하고 인因에 따를 때 문제 상황으로부터 해방될 수 있다는 것이다.

---

18 「주술훈」 "衡之於左右, 無私輕重, 故可以爲平. 繩之於內外, 無私曲直, 故可以爲正. 人主之於用法, 無私好憎, 故可以爲命. …… 孔墨博通, 而不能與山居者入榛薄出險阻也. 由此觀之, 則人知於物也淺矣. 而欲以偏照海內存萬方, 而不因道之數, 而專己之能, 則其窮不達矣. 故智不足以治天下也."

우리가 저울에 무게를 달고 먹줄로 선을 그을 때 저울은 누구에게나 공평하고 먹줄은 어떤 경우에도 정확하다고 믿는다. 그것은 저울과 먹줄을 경중輕重과 곡직曲直을 왜곡하는 사적 계기가 끼어들 틈이 없기 때문이다. 만약 저울을 잡은 사람이 측정하는 것의 무게가 더 많이 나갔으면 하고 바라거나 덜 나갔으면 하고 바라더라도 저울이 사람의 개인적인 사정이나 주관적인 원망을 들어줄 수가 없다.

이처럼 저울과 먹줄에 사적 요소가 끼어들 방법이 원천적으로 배제되어 있고 그만큼 모든 사람에게 공평하게 작용할 수 있는 것이다. 만약 특수한 저울이 사적 요소를 수용할 수 있다면, 저울이 저울로서 노릇을 할 수 없게 된다. 이처럼 저울이 사적 계기를 근원적으로 배제해서 제 기능을 할 수 있는 것처럼, 법도 특정인이나 특정한 일에 대한 군주의 개인적인 호오가 원천적으로 끼어들지 않을 때 바로 그때 법이 법의 기능을 제대로 실행할 수 있는 것이다. 이것이 사의 첫 번째 측면이다.

지성인을 대표하는 공자孔子·묵자墨子와 보통 사람을 대변하는 산사람이 대비되고 있다. 공자와 묵자는 박학할 뿐만 아니라 인간 사회의 문제 상황을 풀 수 있는 지혜를 가진 사람을 나타낸다. 산사람은 공자와 묵자에 비해 무지한 사람이다. 두 부류의 지적 차이가 너무나 현격해서 비교가 불가능하다. 하지만 무성한 숲이나 험한 지역을 오고 가는 상황이라면, 공자와 묵자가 풀과 나무 이름이나 그것들의 섭생을 잘 알고 토양에 대한 전문적인 식견이 있다고 하더라도 그런 지역을 다니라고 한다면, 하나하나 산사람에게 물어보는 신세를 면치 못할 것이다. 문제 상황에 부닥치게 되면 공자와 묵자로 대변되는 지낭智囊도 무기력하다는 것을 상징적으로 보여주고 있다.

『회남자』에서는 논의의 방향을 바꾸어 우리가 지를 끊임없이 축적하는 것이 문제 해결의 진정한 길이 아니라는 것을 전달하고자 한다. 지에 의존하면 할수록 문제는 해결되는 것이 아니라 문제가 더욱 복잡해져 수습 불가능한 상황으로 빠져들게 된다고 경고하고 있는 것이다. 이에 개인적 지식, 능력이나 주관적 판단을 대신해서 도道가 보이는 규칙에 인因할 것을 주문하고 있다. 이 인因은 보통 인순因循으로 풀이되는데, 이것에 대한 가장 훌륭한 주석은 『관자管子』「심술心術」 상上에 나온다. 인因이란 사람이 주관적으로 덧보태거나 빼는 것이 없다는 것이고 또 개인적 의견을 내버리고 객관적 규칙성을 법칙으로 삼는 것이다.[19]

지금까지 우리는 착鑿과 사私를 통해서 중국 고대 철학에서 지성의 무제약적인 발휘를 억제하는 데에 공통점이 있다는 것을 알아냈다. 아울러 둘 다 개인의 주관적 영역을 넘어서 객관적으로 공정하게 받아들이는 절대주의 세계를 전제하고 있다는 것을 알 수 있다. 물론 착은 주로 인간의 본성과 관련이 되고, 사는 우주와 인간을 포괄하는 도와 관련이 된다. 초점의 차이도 있다. 착은 지식과 사회 질서, 지식 체계들의 충돌의 문제와 연관이 된다면, 사는 정당화되지 않는 개인적 의견과 보편적 진리의 차이를 겨냥하고 있다.

3. '멍청한 인자' 또는 '바보 같은 지자'의 문제 상황

『논어』「옹야」 26(147)에 보면 꽤 재미있는 사유 실험의 사례가 있다. 「옹야」 26(147)은 원래 문맥이 매끄럽지 않아 크게 주목을 받지 못하는 구절이었다. 누가 인자仁者에게 우물에 사람이 빠졌다고 말을 하면 인자仁者/군자君子는 어떻게 반응을 보일까와 관련되는 내용이다.[20] 훗날 맹자는 「공손추」 상6의 유자입정孺子入井의 사유 실험을

---

19 「심술心術」 상 "因也者, 無益無損也.", "因也者, 舍己而以物爲法者也"
20 「옹야」 26(147) "宰我問曰: 仁者, 雖告之曰, '井有人〔仁〕焉.' 其從之也? 子曰: 何爲其

통해 사람이 이해를 초월해서 도덕적 행위를 하도록 이끌어가는 도덕
감의 실재를 논증했다.

나는 맹자가 『논어』의 「옹야」 26(147)에 나오는 우물 이야기에 착
안해서 「공손추」 상6에 나오는 유자입정孺子入井의 사례를 검토하지
않았을까 추측해본다. 아울러 이 토막글은 인仁과 지智의 관계를 해명
하는 데에 중요한 시사점을 던져준다. 이 글은 재아宰我의 제안으로
시작되고 있다. 만약 어떤 사람이 우물에 빠졌다고 가정해보자. 또 그
상황을 목격한 사람이 인자에게 달려와 빠진 사람을 구하자고 했을
때 인자는 어떻게 행동했을까? 여기서 재아는 적어도 인자를, 어려움
에 처한 사람을 잘 돕는 성향을 지닌 것으로 가정하고 있는 듯하다.
이런 연장선상에서 재아는 인자가 앞뒤를 따져볼 겨를도 없이 사람을
구하기 위해 급하게 보고자와 함께 우물로 들어가는 방향으로 행동하
지 않겠느냐는 추측을 내놓았다.

이에 대해서 공자는 왜 그렇게 행동한다고 생각하는지 이유를 물은
뒤에, 인자가 무조건 우물로 따라 들어간다[종從]는 재아의 말에 이의
를 제기하고 있다. 인자 또는 군자는 도움이 절실하게 필요한 현장으
로 달려갈 수는 있지만[서逝] 사태에 엮여서 헤어나지 못하게[함陷]
되지는 않고, 한 번 속을 수는 있지만[기欺] 업신여김[망罔]을 당하지
않는다고 한다. 공자의 사고 방식에 따르더라도 인자는 그 내재적인
의미상으로 위기에 놓인 사람을 구하는 데에 적극적이다.[21] 그 결과
인자는 "누가 위기에 빠졌다"라는 보고에 즉각적인 구원의 태도를 취
한다.

然也? 君子可逝也, 不可陷也, 可欺也, 不可罔也." 여기서 우물은 글자 그대로의 의미
로 쓰일 수도 있고, 위기나 위협을 상징하는 비유로도 볼 수 있다.

21 「옹야」 22(143)에서 인仁을 선난후획先難後獲으로, 「안연」 22(316)에서 인仁을 애
인愛人으로 각각 규정하는 데에서, 인자가 타자의 구원에 적극적이라는 것을 알
수 있다.

하지만 이 보고가 전달 과정의 단순한 오류이든 사전에 계획된 악의적인 음모나 거짓말이든 사실과 다를 경우 인자는 어떻게 될까? 인자가 전지전능의 존재라면 오류나 거짓말에 속아서 갈 필요가 없거나 가지 말아야 할 곳으로 결코 움직이지 않을 것이다.[22] 보고가 거짓일지라도 공자에 따르면 인자는 그곳으로 가게 되기도 하고 그 사람에게 속게 된다는 점을 인정하고 있다. 인자는 개별적 상황을 확인할 필요도 없이 사실 여부를 꿰뚫어보는 초능력자는 아닌 것으로 나타난다.

그러나 공자는 서逝와 함陷, 기欺와 망罔을 엄밀하게 구분하고 있다. 문맥을 고려하면 양자의 차이점은 몇 가지로 정리될 수 있다. 먼저 서와 기가 일회적으로 일어나거나 정도가 가벼운 사태인 반면, 함과 망은 되풀이되면서 정도가 심하게 여겨지는 사태를 가리킨다. 다음으로 서와 기는 개별적 상황의 특수한 것과 관련되지만 함과 망은 개별적인 상황의 전체적인 연관성과 관련이 된다. 따라서 서와 기는 특수한 상황의 무지로 인해서 누구나 범할 수는 있는 것이므로 도덕적 책임으로 이어지지 않는다. 이와 달리 함과 망은 그 결과가 치명적이어서 만회할 수 없고 억울하거나 부당하다고 할지라도 도덕적 책임에서 결코 자유로울 수 없는 것이다.

이런 구분법에 따르면 '때로는 개별적 사태의 사실 여부를 몰라 속임을 당하는 인자', 간단히 말해서 '속는 인자' 또는 '멍청한(바보 같은) 인자'는 가능하지만 '사태의 전체 연관성을 몰라 악을 방조하거나 동조하는 인자', 간단히 말해서 '악을 돕는 인자'는 불가능하다. 내재적

---

22 여기서 보고가 사실일 경우는 더 이상 논의할 필요는 없다. 왜냐하면 현장으로 가는 것이 속는 문제 상황이 아니기 때문이다. 「옹야」 30(151)을 보면 박시제중博施濟衆은 인자仁者나 성자聖者 모두에게 해결할 수 없는 문제 상황으로 간주되고 있다. 여기서 우리는 인자와 성자가 결코 초인과적 사태를 만들거나 기적을 일으킬 수 있는 신적 존재가 아니라는 것을 알 수 있다. 따라서 인자가 도덕적으로 고귀한 존재이더라도 현실에서 기만과 음모의 희생양이 될 수 있는 상황을 예상해볼 수 있다. 이 글의 문제 의식은 바로 이 지점에서 출발하고 있는 것이다.

정의에 따르면 인자가 악을 방조하는 일은 결코 일어날 수는 없는 것이다. 인자가 악 또는 불인을 방조한다면, 더 이상 인자가 될 수 없다. 하지만 어떻게 하면 인자가 속임을 당하는 사태를 예비할 수 있을까? 바로 이것이 이 글에서 찾고자 하는 물음 중의 하나이다. 왜냐하면 한 번이라도 음모에 걸리든 간에 속임수를 당하게 되면, 인의 덕목이 지닌 도덕적 가치가 침해될 수 있기 때문이다.

다시 한 번 더 물음을 던져보자. 우리가 도덕적 삶, 즉 인의 길대로 살아가려고 한다. 이때 도덕적 실패와 성공은 전적으로 나 자신에게 달린 문제로 여겨진다. 하지만 현실에서는 나의 의지와 무관하게 나를 인의 길대로 살아가지 못하게 방해하는 일들이 생겨날 수 있다. 즉 소극적으로나 적극적으로나 또는 어리석거나 교묘하거나 '속이려는 타자'의 존재를 근원적으로 배제할 수 없다.

모두 진실하게 살아야 한다는 가치를 부정하지 않는다고 하더라도 현실에는 기만과 협박이 엄연히 상존하고 있다. 또 『논어』에서 인자는 결코 전지전능한 존재가 아니다. 하지만 인자가 현실에서 쉽게 속아 넘어가고 주위 사람의 의중을 제대로 간파하지 못한다고 하면, 인자가 과연 바람직한 존재인가라는 의구심을 낳을 수 있다.

이러한 맥락에서 「헌문」 33(381)을 살펴보면 공자는 분명히 도덕적 삶의 기치를 내건 사람이 누군가로부터 속임을 당할 수 있는 가능성에 대비할 것을 주문하고 있다. 즉 공자는 우리가 제기하는 문제를 의식하고 있다고 할 수 있다. "사람과 어울려 지내면서 나를 속일 것이라 넘겨짚지 않고 나를 믿지 않으리라 까닭 없이 지레짐작하지 않도록 하자구나. 그렇더라도 먼저 깨달아 어이없는 일을 당하지 않는다면 이런 이는 현명한 사람일 게다!"[23] 이를 보면 공자도 현실에서

---

23 「헌문」 33(381) "子曰: 不逆詐, 不億不信. 抑亦先覺者, 是賢乎?"

인자와 같은 도덕적 존재가 속임수로부터 영원히 해방될 수는 없지만 그런 가능성으로부터 대비할 필요성을 자각하고 있었다고 할 수 있다.

우리는 「옹야」 26(147)과 「헌문」 33(381)의 논의를 통해서 몇 가지 흥미로운 사실을 끌어낼 수 있다. 첫째, 인자는 무오류의 존재가 아니므로 치명적 결함은 아니더라도 실수나 착오를 범할 수 있다. 둘째, 인자는 실수나 착오를 최소화시키려고 노력하겠지만 인仁 자체만으로는 그 난점을 해결할 수 없다. 공자는 이러한 인자仁者의 난점을 알고 있었을까? 만약 그가 그 문제를 알고 있었다면 어떻게 해결하려고 했을까? 우리는 앞으로 이 물음을 풀지 않을 수 없다. 결론적으로 말하자면 공자는 인의 내재적 한계를 알고 있고, 그 한계를 '연합'의 방법으로 해결하고자 했다. 이 연합의 해결책을 단계별로 나누어보자.

첫째, 공자는 인仁과 지知/지智의 연계성에 대해 별다른 설명을 하지 않지만 두 가지 대비적인 특성을 제시하면서 두 가지를 병렬적으로 배치한다. 「옹야」 23(144)에서 지자와 인자는 세 가지 측면에서 대비적인 특성의 소유자로 그려지고 있는데 그 중에 지자는 오고가느라 동적이며 인자는 중심을 지키므로 정적인 것으로 나타나고 있다.[24] 여기서 동적인 것과 정적인 것은 훗날 사람이 외물의 자극으로부터 자신을 지키기 위해서 주정主靜을 내세운다거나 욕망을 인정한다는 맥락과 상관이 없다.[25] 나아가 두 가지 계기 사이에 가치적인 우열이 있지 않다. 동과 정은 사람이 일상의 삶과 사태에 반응하는 두 가지 행위의 양상을 가리킨다. 나아가 이 두 가지 양상이 따로 독립적으로 기

---

24 「옹야」 23(144) "知者樂水, 仁者樂山. 知者動, 仁者靜. 知者樂, 仁者壽."

25 주정主靜은 『관자管子』「심술心術」「내업內業」과 『예기禮記』「악기樂記」에서 제기된 이래로 외적 자극에 흔들리지 않은 인간의 본원으로 논의되었다. 송나라 주돈이周敦頤(1017~1073)가 다시 주정설主靜說을 통해 인간의 욕망과 도덕 사이의 긴장을 해결하고자 했다.

능하거나 존재하는 것이 아니고 일상과 사태를 처리하는 데에 대칭적으로 존재하는 것이다. 이와 유사한 사례로 "지자는 헷갈리지 않고, 인자는 속을 태우지 않고, 용자는 두려워하지 않는다."[26] 등이 있다.

둘째, 공자는 덕목들 사이의 상호 구속성 또는 내재적 연관성을 주장하고 있다. 「리인里仁」의 첫 토막을 보면 공자는 삶의 터전을 고르는 문제를 언급하고 있다. "인정미 넘치는 곳에 터전을 꾸리는 것이 좋다. 이곳저곳을 가리면서 인정미 있는 곳에 살지 않는다면 어떻게 슬기롭다고 할 수 있겠는가?"[27] 사람은 인仁의 길이 아니면 불인不仁의 길을 걷게 된다. 여기서 사람이 일단 인의 길을 걷기로 한다면 그는 인의 길을 현실화시키고 자신과 인의 결합도를 증대하는 방향으로 살아가게 된다. 바로 이렇게 살아가는 삶에는 필연적으로 지의 삶을 함축하게 된다. 만약 누군가 인의 길을 걸어간다고 하면서 그가 도둑의 소굴을 배회한다고 가정해보자. 그러면 우리는 그의 결단이 얼마나 진실한지 의심하게 될 뿐만 아니라 그런 사람이라면 무엇과 무엇이 어울리는지 어울리지 않는지 분간할 수 있는지 의구심을 가질 수 있다.

셋째, 공자는 첫 번째와 두 번째 단계에서 인仁과 지知의 병렬, 인과 지의 상호 함축의 계기를 자각했지만 그것으로 부족하다고 생각했던지 인과 지 이외에 태도〔장莊〕와 예禮의 필요성을 추가하고 있다. 이와 관련해서 「위령공」 33(428)에 흥미로운 구절이 있다. 지혜를 발휘해서 뭔가를 획득하게 되더라도 인으로 지키지 않으면 얻은 것이 지속될 수 없다며 지와 인의 결합을 내세웠다.

한 단계를 더 거친 뒤에 공자는 최종적으로 정리를 했다. 지혜를 발휘해서 획득하고 인으로 지키고 엄숙한 태도로 사람과 교제하고 예

---

26 「자한」 29(239), 「헌문」 30(378) "子曰: 知者不惑, 仁者不憂, 勇者不懼."
27 「리인」 1(067) "子曰: 里仁爲美. 宅不處仁, 焉得知?"

禮에 따라 거동을 할 때 가진 것을 잃을 수 있는 상황으로부터 어느 정도 벗어날 수 있는 것이다.[28] 특히 태도와 예의 가치는 「태백」 4(193)에서 자세하게 논의되고 있다. "용모를 엄숙하게 하면 난폭함과 거만함을 멀리할 수 있고, 안색을 단정하게 하면 신뢰를 받을 수 있고, 말투와 목소리를 조심하면 비속함과 허물을 피할 수 있다."[29] 군자는 용모, 안색, 말투와 목소리처럼 미시적인 영역에서조차 긴장을 늦추지 않고 장엄하고 엄숙한 분위기를 유지하여 기만과 속임수의 시도가 끼어들 틈을 주지 않고 있다.

지금까지 논의를 보면 공자는 인자仁者(군자君子)가 속을 가능성, 인자가 당하고 싶지 않는 상황으로부터 여유를 찾기 위해서 실로 다양한 방법을 찾고 있었다고 할 수 있다. 이 문제 상황의 해결과 관련해서 흥미로운 내용이 『맹자』에도 나온다. 『맹자』에 보면 우리가 지금까지 다루어왔던 논의와 내용은 비슷하지만 풀어나가는 방식을 달리하는 특이한 구절이 있다. 그것은 다름 아니라 바로 「만장」 상2를 가리킨다.[30] 그곳에서 맹자는 순舜임금을 소재로 덕목의 충돌뿐만 아니라 진실 또는 기만의 문제를 다루고 있다. 그곳의 앞부분은 순이 부모에게 알렸으면 결혼을 하지 못하고 반면 알리지 않았기에 결혼을 하여 인륜을 지키게 된 것을 논의하고 있다. 뒷부분은 순이 자신을 죽이려고 하는 이복동생 상象의 행각을 알면서도 무골호인無骨好人마냥 환대하는 처사를 자기기만(僞/欺, self-deception)으로 봐야 하는지 자

---

28 「위령공」 33(428) "子曰: 知及之, 仁不能守之 雖得之, 必失之. 知及之, 仁能守之. 不莊以涖之, 則民不敬. 知及之, 仁能守之, 莊以涖之, 動之不以禮, 未善也." 여기에 보면 두 번째 단계에서 말한 덕목들 사이의 한층 더 누적적이며 누층적인 상호 연관성이 다루어지고 있다.

29 「태백」 4(193) "動容貌, 斯遠暴慢矣. 正顔色, 斯近信矣. 出辭氣, 斯遠鄙倍矣."

30 「중용」에도 이와 관련된 논의가 있다. 지자라고 해도 모함의 위기로부터 결코 자유로울 수도 없고 중용의 완전한 실천에 도달할 수도 없는 것이다. "子曰: 人皆曰予知, 驅而納諸罟擭陷阱之中而莫之知辟也. 人皆曰予知, 擇乎中庸而不能期月守也."

기 진실(誠信, self-sincerity)로 봐야 하는지를 다루고 있다.

뒷부분에 초점을 맞추어보자. 맹자는 정鄭나라 자산子産의 일화를 끌어들여서 순의 행동을 설명하고 있다. 누군가 자산에게 활어를 선물했다. 자산은 그것을 연못 관리인에게 넘겨서 잘 돌보도록 했다. 이 관리인은 활어를 삶아서 맛있게 먹고 나서 나중에 딴소리를 해댔다. 처음에 그 녀석을 연못에 풀어주자 비실비실 기를 못 펴더니 얼마 뒤 생기를 되찾아 어디론가 사라져버렸다고 보고를 했다.

자산은 이 말을 듣고서 사실을 알려고도 확인하려고도 하지 않은 채 "제 살 길을 찾아갔구나!"라며 연거푸 감탄했다. 이에 그 관리인은 자산에 대한 사회적 평판이 허구라는 것을 폭로했다. 여기서 흥미로운 사실이 있다. 공자의 논의에서 살펴본 바에 따르면 폭로된 허구성은 당연히 인仁이어야 한다. 그러나 그것은 인仁이 아니라 바로 지智로 되어 있다. 이렇게 인이 지로 바뀐 데에는 「만장」 상2의 본문에서 보이듯 당시 자산이 인자가 아니라 지자로 이름이 나 있던 사회적 평가와 관련이 있는 것으로 보인다.

이러한 논의를 통해서 맹자가 내리는 결론은 다음과 같다. "그러므로 군자는 그럴듯한 이유(근거)를 갖다대면 속을 수는 있지만 그럴듯한 이유(근거)를 갖다대지 않는 데도 업신여김을 당하지 않는다."[31] 여기서 기와 망의 문제는 『논어』「옹야」 26(147)에 나오는 서와 함, 기와 망의 사례와 그대로 일치되며 연속되고 있다.

물론 앞서 주목했듯이 맹자는 같은 문맥의 물음을 인이 아니라 지의 문제로 설정하고서 논의를 진행하고 있다. 맹자가 말하는 지가 전지全知가 아니라 속을 수 있는 가능성으로부터 결코 자유로울 수 없는 상대적 특성을 가지고 있다고 할 수 있다. 즉 지가 지자이면서도 '바

---

31 「만장」 상2 "故君子可欺以其方, 難罔以非其道."

보 같은 지자'의 상황을 근원적으로 배제할 수 없는 일종의 역설을 잉태하고 있다고 할 수 있다.

지금까지 논의를 보면 공자나 맹자는 어느 단 하나의 덕목을, 덕목들 위의 궁극으로 설정하지 않았다는 것을 알 수 있다. 예컨대 인仁도 전 포괄적 덕목의 지위를 독점하지 않고 다른 덕목과 연계나 상호 제약을 통해 도덕적 삶을 구축하는 지위를 차지하고 있다. 만약 어느 하나의 덕목이 자기 완결성을 요구하려면 그것은 다른 것과 의존할 필요도 없고 자체의 한계를 노정하지 않아야 한다. 그러나 『논어』나 『맹자』를 보더라도 인仁과 지知는 모두 기만의 가능성으로부터 결코 자유롭지 못하다. 다만 공자와 맹자는 하나의 덕목이 늘 다른 덕목과 연관될 때 자기 한계를 극복할 수 있다는 주장을 내놓았을 뿐이다.[32]

4. 인仁-지知 또는 지知-인仁의 통일성 담론

우리는 지금까지 중국의 고대 철학에서 지가 가진 다면성을 검토해 봤다. 이어서 공자의 경우 인이, 맹자의 경우 지가 모두 그 자체적으로 기만 또는 속임수로부터 자유로울 수 없는 문제 상황에 놓이게 된다는 점을 살펴보았다. 물론 공자와 맹자는 이러한 문제 상황의 존재를 자각하고서 나름의 방안을 강구했다. 예컨대 공자는 인과 지의 연합이나 함축 등으로 문제 상황을 돌파하고자 했지만 명쾌하게 해결을 보지 못했다.

---

32 우리는 이런 사정을 「양화」 8(459)에서 여실하게 살펴볼 수 있다. 어느 하나라도 자립성을 주장하게 되면 곧 또 하나의 문제점을 노정하게 된다. "好仁不好學, 其蔽也愚, 好知不好學, 其蔽也蕩." 신정근, 『사람다움의 발견』, 이학사, 2005, 310~326쪽 참조.

이와 관련해서 우리는 한제국 초기 동중서와 『회남자淮南子』를 편
찬한 유안劉安 그룹이 인자와 지자가 기만의 희생양이 되는 상황으로
부터 벗어나기 위해서 인과 지의 개별적 한계를 적시하고서 그 해결
방안으로 인-지 통일을 주장하는 담론을 재구성해보고자 한다.

사실 인仁과 지知를 나란히 언급한 것은 『맹자』로부터 시작된다.
『논어』「술이」34(185)에 보면 공자는 자신이 인仁과 성聖의 경지에
이르고자 해도 불가능하지만 배우기를 싫어하지 않고 가르치기를 게
을리 하지 않는다고 자술한 적이 있다.[33] 물론 당시 제자들은 공자가
말한 기준에 도달하고 싶지 않다고 대답했다. 이 대화가 『맹자』「공
손추」 상2에서 재연되고 있다. 맹자는 「술이」 34(185)의 대화를 다시
풀이한 자공의 말을 인용하고 있다. "배우기를 싫어하지 않는 것은
지이고, 가르치기를 게을리 하지 않는 것이 인이다. 인하고 또 지를
갖추었으므로 선생님(공자)은 벌써 성인이시다."[34]

이 구절은 충분히 주의를 끌 만큼 따져볼 만하다. 첫째, 자공이 공
자를 성인으로 평가하고 있는 점이다. 공자는 스스로 성인으로 자처
하지도 않았고 성인이라고 하더라도 박시제중博施濟衆에 한계를 드러
낸다고 주장했다.[35] 하지만 자공의 평가 속의 성인은 불가능이 없는
완전한 존재의 어감을 전달한다. 이것은 「자장」 24(512), 25(513)의 내
용에서 알 수 있듯이 자공이 지성과 덕성의 측면에서 공자를 신격화
시키는 맥락과 관련이 있다.[36] 하지만 이 맥락은 타당하지 않다. 성인

---

33 「술이」 34(185) "子曰: 若聖與仁, 則吾豈敢? 抑爲之不厭, 誨人不倦, 則可謂云爾已矣."
이와 같은 취지의 발언은 「술이」 2(153)에도 보인다.

34 「공손추」 상2 "子貢曰: 學不厭, 智也. 教不倦, 仁也. 仁且智, 夫子旣聖矣!"

35 「옹야」 30(151) "子貢曰: 如有博施於民, 而能濟衆, 何如? 可謂仁乎? 子曰: 何事於仁!
必也聖乎!."

36 「자공」 24(512) "仲尼不可毀也. …… 仲尼, 日月也."「자공」 25(513) "夫子之不可及
也, 猶天之不可階而升也."

이 완전한 존재라고 한다면 인자/지자가 기만을 당하는 문제 상황 자체가 발생할 수 없기 때문이다.

둘째, 자공은 성자를 인과 지의 결합 또는 통합〔인차지仁且智〕으로 규정하고 있다. 이것은 지성과 덕성의 결합이라고 할 수 있다. 여기서 '인차지'의 표현은 나중에 확인하게 되겠지만 동중서董仲舒가 '필必'자를 추가해서 '필인차지必仁且智'라며 인과 지의 통일을 명시적으로 표현해내는 데에 무한한 영감을 준 것이라 할 수 있다.

그리고 흥미롭게도 『순자』에도 인지仁知라는 표현이 보인다. 「해폐解蔽」를 보면 "공자가 인하고 지하며 또 편견(부분적 사실)에 사로잡혀 있지 않는다"고 진단했다. 이 때문에 공자는 "통치술을 배워서 충분히 이상적인 군주가 될 만하다"고 평가하고 있다.[37] 순자의 진단은 앞에서 살펴본 『맹자』에 소개된 자공 발언의 연장선상에서 생각해볼 수 있다. 다만 표현이 '인지차불폐仁知且不蔽'로 되어 있는데, 지하면 당연히 불폐일 텐데 의미상 과잉의 느낌을 줄 정도로 불폐를 강조하는 측면이 눈에 드러난다.

이제 동중서와 유안 그룹이 인과 지의 개별적 한계를 무엇으로 규정하고 양자의 통일을 어떻게 주장하는지 살펴보기로 하자.

"인仁보다 가까운 것은 없고 지智보다 절박한 것은 없다. 인이 없는데 용맹스런 힘과 재능이 있으면 마치 광인이 날카로운 무기를 쥐고 있는 것과 같다. 지하지 않는데도 재지가 넘치고 달변이면 앞뒤 못 가리는 이가 좋은 말을 타고 가는 것과 같다. 따라서 인하지도 지하지도 않으면서 재능이 있다면, 언젠가 그 재능을 빌려서 비뚤어지고 극단적인 생각을 부추기고 일탈적인 행동을 하도록 도와서 마침내 자신의 비행을

---

37 「해폐」 "孔子仁知且不蔽, 故學亂術足以爲先王者也."

키우고 죄악을 가중시킬 수 있다. …… 인하지만 지하지 않으면 관심은
쏟지만 분별력이 없다. 지하지만 인하지 않으면 분별하지만 실천하지
않는다. 인이란 인류를 사랑하는 것이고 지란 인류의 재해를 극복(해결)
하는 것이다."[38]

동중서는 글의 도입부에서 느닷없이 인과 지의 중요성을 강조하고
있다. 유안 그룹에서는 인과 지의 중요성을 강조하면서도 인과 지가
사람의 본성이라는 점을 분명하게 지적하고 있다.[39] 이어서 동중서는
인과 지의 유무에 따라 고려할 수 있는 상황을 일일이 예거하면서 논
의를 진행하고 있다. 인하지 않지만 용기와 재능이 있는 상황, 지하지
않지만 재지와 언변이 있는 상황, 인하지도 지하지도 않는데 재능이
있는 상황을 제시한다.

물론 이 중에서 제일 마지막의 지하지도 인하지도 않으면서 재능이
있는 상황이 가장 심각한 문제를 일으킬 수 있다. 하지만 모두가 제어
할 수 없는 문제 상황을 야기한다는 점에 공통점을 지니고 있다. 압축
하자면 문제 상황은 비행을 키우고 죄악을 가중시키는 대비심악大非
甚惡이다. 비슷한 논조를 보이는 「주술훈」에서는 이들 문제 상황을,
거짓을 돕고 비행을 장식하는 보위식비輔僞飾非로 규정하고 있다.

이어서 동중서는 인仁하지만 지智하지 않는 상황, 지하지만 인하지
않는 상황을 추가적으로 고찰하고 있다. 전자는 사랑하지만 분별력이
없는, 즉 오늘날의 무분별한 사랑을 낳을 수 있다. 후자는 알지만 행
동하지 않는, 실천 없는 지식을 낳을 수가 있다. 결국 동중서는 인과

---

38 「필인차지必仁且智」 "莫近於仁, 莫急於智. 不仁而有勇力材能, 則狂而操利兵也. 不智
而辯慧獪給, 則迷而乘良馬也. 故不仁不智而有材能, 將以其材能, 以輔其邪狂之心, 而
贊其僻違之行, 適足以大其非, 而甚其惡耳. …… 仁而不智, 則愛而不別也. 智而不仁,
則知而不爲也. 故仁者所愛人類也, 智者所以除其害也."

39 「주술훈主術訓」 "凡人之性, 莫貴於仁, 莫急於智, 仁以爲質, 智以行之."

지가 모두 없거나 인과 지 중 어느 하나가 없다면, 각각 고유하게 생겨나는 문제 상황으로부터 결코 자유로울 수 없다는 점을 분명히 한 셈이다.

이제는 인과 지의 조합에서 단 한 가지만 남았다. 사람이 인하면서도 동시에 지해야만 문제 상황의 발생으로부터 벗어날 수 있는 것이다. 동중서는 인과 지의 유무에 따라 발생하는 다섯 가지 문제 상황을 예시하면서 하나하나의 성립 가능성을 논파한 뒤에 맹자가 제시한 언어 형식에다 '필必'자를 추가한다. 분석과 논파는 정확하고 엄밀하지만 인仁과 지知의 통일이 어떻게 이루어지는지 별다른 검토를 하지 않는다. 거칠게 말하자면 동중서는 "반드시 인하고 또 지해야만 문제가 생기지 않는다"는 말을 강조하고 싶은 것이다.

이와 달리 유안 그룹은 인과 지를 본성으로 간주하고 인과 지의 통일이 이루어지는 관계를 고민하고 있다. "인을 바탕으로 삼고, 지로 실행한다. 양자가 기본(근원)이 되고서 거기에다 용력·분별력·민첩함·노력·영리·날카로움·총명·명찰을 덧보탠다면 모든 이로움을 발휘할 수 있다."[40] 첫째, 인과 지는 본성으로서 동일하지만 인은 중심을 차지하고 지는 실행을 담당한다. 이로써 지는 본성을 인식하는 것보다는 본성을 현실에 그대로 적용, 운용하는 실천적 특성을 갖는다고 할 수 있다.

아리스토텔레스의 용어를 빈다면, 이 지는 흔히 실천적 지혜로 번역되는 프로네시스phronesis라고 할 수 있다. 이 점은 동중서가 인을 인류를 사랑하는 것으로, 지를 인류의 재해를 제거하는 것으로 규정하면서, 결국 지를 인의 사랑으로 포섭하는 것과 비슷하다고 할 수 있

---

40 「주술훈主術訓」 "仁以爲質, 智以行之, 兩者爲本, 而加之以勇力·辯慧·捷疾·勉錄·巧敏·犀利·聰明·審察, 盡衆益也. 身材未修, 伎藝曲備, 而無仁智以爲表幹, 而加之以衆美, 則益其損."

다.[41] 둘째, 다시 인과 지는 다른 구체적인 덕목이나 태도와 비교해서 근원의 지위를 차지한다. 이어서 기본이 확립된 바탕 위에서 용력 등이 결부된다면 문제 상황이 발생할 수 있는 가능성이 없어지고 인류의 복리를 증진시키는 사태가 발생하게 되는 것이다.

5. 맺음말

신이 있는 철학(사상)과 신이 없는 철학은 사유의 내용만이 아니라 방식에도 많은 차이를 드러낸다. 신적 존재는 전지전능하므로 한계가 있을 수가 없다. 유신론 전통은 완전, 절대, 보편에 대한 사유를 풍부하게 가질 수 있다. 반면 무신론 전통은 다양성, 변화, 관계에 대한 사유를 풍부하게 하는 경향이 있다.

중국 고대 철학에서 인자仁者, 지자智者, 성인聖人, 군자君子 등은 최고의 도덕적 인격적 존재를 가리키는 말이다. 유신론 전통에서 "지자가 속는다"고 하면, 지자의 그 지가 가진 위상이 절대지가 아니라 상대지로 떨어질 수 있다. 또 지자가 과연 지자인지 회의할 수 있다. 무신론 전통에서 "지자는 속는다"라는 것은 일어날 가능성을 배제할 수 없는 사태이다.

『논어』와 『맹자』를 보면 인자나 지자가 속임수에 속아 넘어가는 문제를 다루고 있다. 나는 이를 멍청한/바보 같은 인자/지자의 문제 상황으로 본다. 아무리 무신론 전통이라고 하더라도 인자나 지자가 기

---

41 소여蘇興는 인류에게 다가오는 재해를 제거하는 것은 결국 사람을 사랑하는 것으로 귀결된다고 풀이하고 있다. 『춘추번로소증春秋繁露義證』, 中華書局, 1992, 257쪽. 이로써 우리는 한漢 제국 초기부터 인仁을 여타 덕목보다 우위에 두려고 하는 사고 방식이 있었다는 것을 알 수 있다.

만을 당한다는 것은, 인과 지의 위상이 훼손될 뿐만 아니라 그것의 가치마저 심각하게 도전을 받을 수 있다.

공자와 맹자는 이 문제 상황을 해결하기 위해서 인과 지의 결합, 함축의 가능성에 대해서 사유를 진행했다. 하지만 그 둘이 통일되어야 한다는 명시적인 관계는 한漢 제국 초기 동중서와 『회남자』를 집필한 유안 그룹에 의해서 체계적으로 정리되었다. 이 글은 그 과정을 논증적으로 밝혀왔다고 할 수 있다.

중국의 고대 철학은 다른 철학과 마찬가지로 세계의 구원을 학문 활동의 주된 과제로 삼고 있다. 이 과제를 수행하는 데에 지식은 과연 얼마나 적극적인 역할을 수행하고 있을까? 이 글에서 밝힌 바에 따르면 중국의 고대 철학에서 지성의 자유로운 발휘는 긍정된다기보다 억제되는 측면이 강했다고 할 수 있다. 지성의 무제약적인 발휘는 세계를 바라보는 관점의 차이에만 한정되지 않고 그것이 다시 기존의 지식 체계와 충돌을 일으키고 다시 현실의 질서를 다른 방식으로 조합하려는 움직임과 연결될 수 있다. 이 연결성은 중국의 고대 철학에서 지식을 자연의 축복으로만 보지 않고 인류의 재앙으로 보게 만들었다. 아울러 지식이 자유를 가져오는 것이 아니라 사회를 혼란에 빠뜨릴 수 있는 위험한 것처럼 생각하도록 만들었다. 이것도 이 글에서 살펴본 여러 얼굴을 가진 지식의 한 가지 측면이다.

마지막으로 『사기』「공자 세가孔子世家」에 보면 인仁-지知의 문제와 공자의 경험이 결부되어 이야기되고 있는 것을 살펴보자. 이 이야기는 「위령공」 2(397)에 보면 공자 일행이 진채陳蔡 국경에서 식량이 떨어질 정도로 위기를 맞이하자 자로가 군자도 곤궁한 상황에 처하게 되는지 묻는 상황과 관련이 있다.[42]

---

42 「위령공」 2(397) "在陳絶糧. 從者病, 莫能興. 子路慍見曰: 君子亦有窮乎? 子曰: 君子固窮, 小人窮斯濫矣."

「공자 세가」의 공자는 『시경』의 "코뿔소도 아니고 호랑이도 아닌 것이 광야를 돌아다니고 있다"를 인용해서[43] 자신의 도道에 무슨 문제가 있어서 이런 곤궁을 당해야 하는지 세 제자(자로, 자공, 안회)들에게 묻고 있다. 제자마다 대답이 다르다. 먼저 자로는 공자 집단이 미인未仁과 미지未知해서 곤란을 겪게 되었다고 대답했다. 이에 대해 공자는, 인仁의 백이 · 숙제가 굶어죽고 지知의 비간比干이 비참하게 살해된 사례를 거론하며 인지仁知의 여부가 곤궁과 상관이 없다는 반론을 펼치고 있다. 자공은 공자 집단의 이상이 원대해서 시대에 수용되지 않으므로 전술적으로 도道를 낮추자고 대답했다. 이에 대해 공자는 자공이 시대에 영합하는 지점을 날카롭게 지적하고 있다. 마지막으로 안회는 공자의 도가 시대에 받아들여지느냐가 초점이 아니라 받아들여지지 않더라도 굳건히 도를 지키는 것이 중요하다고 대답했다. 공자는 안회의 대답에 전폭적인 동의를 나타내고 있다.[44]

몇 가지 흥미로운 점을 깨낼 수 있다. 첫째, 『사기』가 「위령공」 2 3(397)와 같은 공자의 경험(원형 사실)을 한漢 제국의 문제 의식(해석 체계)인 인仁─지知의 틀로 재해석하고 있는 점이다. 둘째, 공자 스스로 인-지가 군자가 정치적 곤궁의 상황으로부터 완전히 벗어나게 할 수 없다고 주장하고 있다. 물론 여기서 공자는 인과 지의 통일을 고려하지 않고 인과 지를 개별적으로 다루고 있다. 셋째, 중요한 것은 시대의 수용 여부보다는 어떤 상황에서도 도道를 굳건히 지키는 데에 있다.

결국 「공자 세가」의 공자는 곤궁으로부터 나에게 달려 있지 않는 외적 세계에 기웃거리기보다 자신이 통제할 수 있는 내적 세계에 몰입할 것을 주장하고 있는 것이다. 지금까지 논의와 결부시켜 본다면,

---

43 "匪兕匪虎, 率彼曠野" 시는 「소아小雅 · 하초불황何草不黃」을 가리킨다. 전체 내용은 김학주 옮김, 『시경』, 명문당, 1997, 400쪽 참조.
44 『사기史記』 권47 「공자 세가」 제17, 北京: 中華書局, 1997, 1930~1932쪽.

인과 지의 개별적인 완성 그리고 인과 지의 통일, 내적 세계의 수도修道가 곤궁에 대처하는 길로 제시되고 있는 것이다. 이런 점에서 「공자세가」는 인과 지의 통일 이외에 또 다른 방안을 강구하고 있는 것으로 보인다.

제8장 역사 발전관

1. 문제 제기

동아시아만큼 기록에 집착하는 문화도 없을 것이다. 역사 이래로 수없이 많은 왕조가 태어났다가 사라졌지만 후대의 나라는 이전 나라의 역사를 기록하는 의무를 수행했다. 이렇게 기록이 풍부하다 보니 기록과 관련해서 학이 없을 수가 없다. 공자도 예외일 수가 없다.

공자는 『논어』에서 사史에 대한 복합적 태도를 나타낸다. 「위령공」 26(421)에서는 뭔가 확실하지 않을 때 사관史官이 사서에 빈 칸으로 남겨주는 합리적 자세를 말하고 있다. 「옹야」 18(139)에서는 사史는 형용사로서 약간 부정적인 어감이 느껴지는 극단적 성향, 형태를 가리킨다. 사람이 문文과 질質이 유기적으로 결합하면 좋은데, 문이 질을 압도하면 너무 화려하고 허황해질 수 있다는 지적이다. 둘 다 기록과 관련되는데, 하나는 유보의 미덕을, 다른 하나는 과잉의 악덕을 말하고 있다. 공자는 왜 이렇게 사의 상반된 얼굴을 그리는 것일까? 역시가 야누스처럼 두 얼굴을 가지고 있으므로 둘을 잘 분간하라고 주문하는 것이리라. 또 역사가 혼재된 선악을 제대로 나누고 평가해야 한다는 것을 주문하는 것이리라.

하지만 오늘날 기준으로 보면 『논어』는 사실 역사학 분야의 전문적인 텍스트가 아니다. 이 점을 강하게 주장한다면, 『논어』를 대상으로 역사와 관련된 논의를 진행하는 것이 불가능해진다. 하지만 『사기』 이후 역대 역사서 등을 보면, 중국의 역사는 특정 인물이 실제로 했거나 연관된 사실(사건) 위주로 기록하면서 그것을 통해 도덕적 평가와 함께 교훈을 끌어내는 데에 초점을 두고 있다. 이런 점에서 중국 역사서가 감계鑑戒에 주요한 특징이 있다고 말하는 것이다.

역사가 도덕적 평가와 그에 의한 감계 작용에 초점이 있다고 한다면, 『논어』도 역사와 관련된 맥락에서 논의를 진행할 수 있다. 『논어』에는 훗날 『사기』와 같은 역사서의 서술 대상이 되는 인물이나 그들과 관련된 사실을 다루면서 도덕적 평가를 하는 곳이 많이 있기 때문이다. 예컨대 백이·숙제는 『논어』에서 '위대한 포기Great Renunciation'를 통해 공동체의 갈등을 미연에 방지한 인물로 나오고 『사기』 「열전」의 최초 인물로 다루어지고 있다.[1]

이제 우리는 『논어』를 역사의 문맥에서 살펴보는 것이 유효하다는 전제에서 다음의 세 가지 주제를 중점적으로 다루고자 한다. 첫째, 역사의 대상으로 삼는 사실이 어떤 특징을 갖는지를 살펴보고자 한다. 몇몇 인물의 사례 분석을 통해 그 사실이 행위의 내재적 문맥과 행위의 외재적 규범 중 무엇을 강조하는지 밝히고자 한다. 둘째, 역사의 진행이 어떤 방향성을 갖는지 살펴보고자 한다.

고금古今의 의미 분석을 통해 그 진행 방향이 상고尙古의 과거 지향과 진취進取의 미래 지향 중 어느 쪽에 초점이 있는지 밝히고자 한다. 셋째, 역사 문제(과제)의 정체가 무엇인지 해명하고자 한다. 문질文質의 의미 분석과 변화를 통해 그 문제가 어떻게 설정되고 그에 대해 해결 방안이 제시되는지를 밝히고자 한다.

---

1 백이와 숙제, 관중管仲과 안영晏嬰은 『논어』에서 지극히 긍정적으로 평가되는 인물인데, 『사기』 「열전」의 제1편과 제2편의 주인공으로 등장하고 있다. 아울러 공자의 제자들도 『사기』에 「중니 제자 열전」의 수록 대상이 되고 있다.

2. 정명正名: 역사의 대상, 즉 어떤 사실?

학문마다 고유한 대상을 가지고 있다. 주지하다시피 역사는 실제로 일어났던 일, 즉 사실을 대상으로 삼는다. 하지만 연대기처럼 사실을 발생한 시간의 순서대로 모아놓는다고 해서 역사가 되는 것은 아니다. 역사는 사실과 사실이 어떤 인과적 연관성을 갖는지, 또 그 연관성이 어떤 의미를 지니는지 나름의 설명 체계를 갖추고 있다. 그래서 역사가나 사관은 모든 사실과 기록이 일대일 대응하듯이 사실을 기록으로 문서화하기보다는 어떤 사실들을 유의미한 틀로 기록하고자 한다.

공자가 『논어』에서 역사적 사실을 어떻게 바라보고 있느냐를 검토해보자. 이를 통해서 우리는 『논어』가 역사적 사실을 어떻게 기록할 것인지를 엿볼 수 있을 것이다. 『논어』의 사실은 행위자가 사회적 역할을 수행하는 것과 밀접하게 관련이 있다. 역할 수행의 양식은 크게 세 가지로 대별할 수 있다. 첫째, 관중管仲과 백이 · 숙제처럼 상반되게 처신했지만 사회 질서를 창출한 사례가 있다. 둘째, 진문자陳文子처럼 개인적으로 흠잡을 데는 없지만 사회적으로 무책임했던 사례가 있다. 셋째, 계씨季氏처럼 주어진 사회적 역할을 넘어서서 자기 중심의 질서를 만들려고 했던 사례가 있다.

관중은 『논어』에서 가장 논란이 되는 인물 중의 한 사람이다.[2] 『논

---

2 제 나라 양공襄公 이후 환공(소백小白), 포숙아鮑叔牙 측과 공자 규糾, 소홀召忽, 관중 측이 제후 자리를 두고 형제간의 대립을 벌였지만 환공의 승리로 상황이 정리되었다. 패자 측은 살해되거나 자살했지만 관중은 살아남았다. 「헌문」 17(365) "子路曰: 桓公殺公子糾, 召忽死之, 管仲不死. 曰: 未仁乎? 子曰: 桓公九合諸侯, 不以兵車, 管仲之力也. 如其仁, 如其仁." 「헌문」 18(366) "子貢曰: 管仲非仁者與? 桓公殺公子糾, 不能死, 又相之. 子曰: 管仲相桓公, 霸諸侯, 一匡天下, 民到于今受其賜. 微管仲, 吾其被髮左衽矣. 豈若匹夫匹婦之爲諒也, 自經於溝瀆而莫之知也?"

어』는 역사적 대상으로서의 관중을 두 가지 측면에서 주목하고 있다. 그는 원래 거사의 공모(s1)에서 공생공사共生共死(r1)로 대응해야 했던 것이고, 공동체의 붕괴 위기(s2)에서 세계의 구원(r2)에 대응하도록 요구를 받은 것이었다. 이에 대해 관중은 실제로 환공桓公과 정치적으로 대립했다가 죽어야 할 상황(s1)에서 불사不死한 것이고, 천자天子의 지도력이 무기력한 상황(s2)에서 환공을 도와서 구합제후九合諸侯, 일광천하一匡天下를 이룬 것이다. 이러한 관중의 인생은 ― 한국 현대사의 "성공한 쿠데타"와 비슷하게 ― "유공有功의 위맹자違盟者"로 압축될 수 있다. 상충하는 듯이 보이는 관중의 행적을 어떻게 평가할 수 있을까? 이에 대해 자로子路 · 자공子貢과 공자는 서로 상반된 결론을 내리고 있다.

자로와 자공은 s1에 초점을 두므로 관중은 죽어야 하는 데도 죽지 않은, 즉 살기 위해서 약속(맹세)을 저버린 인물로 본다.[3] 따라서 s2의 공적이 아무리 위대하다고 하더라도 s1의 행위가 부당하므로 관중은 긍정적 평가를 받을 수가 없는 것이다. 공자는 s2의 공적이야말로 부재한(유명무실한) 천자의 세계에 생명력을 불어넣는 창조적(영웅적) 행위에 해당된다고 주장한다.[4] 이로써 s1과 s2는 결코 비교와 선택의 대상이 될 수도 없고, 윤리적 가치의 충돌이라는 문제가 생겨날 수 있는 것도 아니다. 윤리적 가치의 서열로 보면 s2는 최고의 가치인 반면 s1은 하위의 가치에 속하는 것이기 때문이다. 이런 맥락에서 관

---

3 관중이 죽음을 택하지 않은 것은 공자의 평소 요구와도 어긋난다. 「위령공」 9(404) "子曰: 志士仁人, 無求生以害仁, 有殺身以成仁."

4 만약 관중이 s2에서 성공하지 못했다면 공자는 그를 어떻게 평가했을까? 자로 · 자공과 같은 생각을 했으리라 예상해볼 수 있다. 여기서 우리는 공자가 공리주의의 입장에서 관중을 긍정한 것으로 볼 수 있을 듯하다. 즉 관중이 맹약대로 죽음으로써 거둘 수 있는 이익보다 죽지 않고 살아서 이룬 공적이 훨씬 더 크다는 것이다. 이 논법이 일견 타당한 것으로 보인다. 하지만 이것은 공자가 결과의 관점에서 관중을 평가했으리라는 예단에 근거하고 있다.

중이 s1에서 r1을 하는 것이 사람의 도리라고 판단한다면, 그것은 정확하지도 않을 뿐만 아니라 가치의 서열에 무지한 것을 스스로 드러내는 것이다.

공자의 평가 사례를 통해서, 역사적 대상으로서 관중이 어떻게 취급되고 있는지 그 특징이 드러나고 있다. 관중은 모두 동일하게 적용되는 역할과 의무를 수행하는 보편 행위자가 아니라 상황과 조건에 따라 달리 부과되는 임무를 수행하는 특수 행위자이다. 사람들은 - 천자天子 · 제후諸侯 · 경卿 · 대부大夫 · 사士 등의 - 사회적 역할 또는 신분에 따라 각기 상이한 몫만큼 사회 질서의 형성에 참여할 수 있다. 물론 한 사람도 정치적 중용重用과 격변 등으로 새로운 역할을 취득하면 이전과 구별되는 새로운 방식으로 질서 형성에 참여할 수 있다.

이처럼 역할이 변동할 때 특수 행위자는 과거의 역할보다 현재의 새로운 역할을 우선적으로 실행해야 한다. 여기서 공자는 "임금은 임금답게 굴고, 신하는 신하답게 굴다"라고 말하며 정명正名을 앞세우듯이 전형적으로 명분론적인 사고의 틀에서 역사의 대상을 분류하고 평가하고 있다는 것을 알 수 있다.[5] 사람들은 각자 자신에게 주어진 역할에 상응하는 행동을 해야 하고, 그 경우 관중처럼 시대적 위기 상황에서 자신의 역할을 창조적으로 수행하는 것도 긍정되고 있다.

다음으로 진문자의 사례를 살펴보자. BC 548년에 제나라의 대부 최저崔杼가 장공莊公을 시해했는데, 대부 진문자는 자신의 가산을 내팽개치고 다른 나라로 도망(망명)을 갔다. 또 그 나라에서 살다가 정치인의 행태가 마음에 들지 않자 "우리나라의 대부 최저와 비슷하구나!"라고 말하며 다른 나라로 떠났다. 다른 나라에 가서도 똑같은 모습을 보였다. 자장子張이 이런 진문자의 행동이 인仁에 어울리는지 묻

---

5 「안연」 11(305) "齊景公問政於孔子. 孔子對曰: 君君, 臣臣, 父父, 子子."「자로」 3(321)
 "子路曰: 衛君待子而爲政, 子將奚先? 子曰: 必也正名乎!"

자 공자는 청淸일 뿐이라고 대답하고 있다.[6] 한편 진문자와 달리 태사太史는 죽간에 "최저가 자신의 군주를 시해했다"고 기록했는데, 최저의 수정 요구에 불응하다가 살해되었다. 이어서 그의 두 동생도 기록 수정을 거부하다가 살해되었다. 마지막 동생마저 기록 수정에 불응하자 최저도 어쩔 수 없이 수정하려던 자신의 생각을 포기할 수밖에 없었다.[7]

『논어』에 따르면 신하와 군주의 관계는 충忠과 예禮의 도리로 규정된다.[8] 신하는 보통의 경우 자신의 능력을 최대로 발휘하는 것이 충이고, 정변의 발생과 군주의 살해와 같은 특수한 경우 자신의 생명을 바치면서 군주를 보호하거나 복수를 하는 것이 충이다.[9] BC 481년에 제나라의 진성자陳成子, 즉 진항陳恒이 간공簡公을 시해했을 때, 공자는 애공哀公에게 진성자 세력의 토벌을 건의했다.[10] 또 BC 607년에 조천趙穿이 진晉나라 영공靈公을 시해했다. 이 일이 있기 얼마 전에 정경正卿 조순趙盾은 신변의 위험을 피하기 위해 망명을 떠나다가 국경을 넘기 전에 정변 소식을 듣고 국정에 복귀했다. 하지만 그는 즉각 조천에 대한 응징 조치를 취하지 않았다. 이에 태사 동호董狐는 "조순이 군주를 시해했다"고 기록했다.[11]

---

6 「공야장」 20(112) "崔子弑齊君, 陳文子有馬十乘, 棄而違之. 至於他邦, 則曰: '猶吾大夫崔子也.' 違之. 之一邦, 則又曰: '猶吾大夫崔子也.' 違之. 何如? 子曰: "淸矣. 曰: 仁矣乎? 曰: 未知, 焉得仁?'
7 노나라 양공 25년의 일이다. 내용을 확인하려면 신동준 옮김, 『춘추좌전 2』, 한길사. 2006, 317쪽 참조.
8 「팔일」 19(059) "君使臣以禮, 臣事君以忠."
9 「헌문」 13(361) "見危授命." 「자장」 1(489) "士見危致命."
10 「헌문」 22(370) "陳成子弑簡公. 孔子沐浴而朝, 告於哀公曰: 陳恆弑其君, 請討之. 公曰: 告夫三子! 孔子曰: 以吾從大夫之後, 不敢不告也. 君曰告夫三子者! 之三子告, 不可. 孔子曰: 以吾從大夫之後, 不敢不告也." 내용을 확인하려면 신동준 옮김, 『춘추좌전 3』, 514쪽 참조.
11 노나라 선공 2년의 일이다. 내용을 확인하려면 신동준 옮김, 『춘추좌전 1』, 441쪽

진성자는 대부로서, 조순은 정경으로서 각각 국정에 참여하고 있으므로 그들은 시해자를 처단하고 합법적인 후계자를 세워서 국정을 안정시켜야 했다. 이것이 그가 처한 상황에 올바르게 대응하는 길이었다. 하지만 진성자는 자신이 좋지 않는 일에 연루될까봐 자신의 물적 기반을 과감하게 버리고 문제가 생기지 않는 곳으로 떠나고 있다. 그는 최저로 대표되는 악의 세력에 가담하지도 동조하지도 않은 측면에서 혐의를 벗을 수 있지만 선(정의)의 회복을 위해 자신이 져야 하는 책임을 방기하고 있다. 이런 점에서 그는 자신에게 주어진 역할에 부분적으로 대응했을 뿐 충분하고도 완전하게 수행하지 못했다고 할 수 있다.

신하가 군주 시해의 사태에 어떻게 대응해야 하는가에 대한 공자의 평가를 통해서, 역사적 대상으로서의 진문자(신하)의 특징이 드러나고 있다. 군주 시해는 사회 질서의 근간을 뿌리째 뒤흔드는 것으로 여겨졌기 때문에 신하(진문자)는 반드시 시해자를 처단하는 복수를 해야 하고, 타국들도 공공의 적을 타도하기 위해 연합군이 결성하여 내정에 개입할 수 있는 명분을 내걸 수 있었다. 진문자가 생명을 바치면서 복수를 하는 것이 신하다우면서 인간다운 도리를 다하는 것이다.

여기서 그가 어떠한 외재적 가치를 위해 양도할 수 없는 생명의 존엄성을 내세운다면 그것은 군신의 도리를 저버리고 목숨을 연장하려는 궤변으로 여겨지게 된다. 진문자도 역시 인간 일반이 아니라 철저하게 명분론의 세계에 갇힌 존재로 검토되고 있다. 특히 조순의 경우 사관은 영공靈公 살해에 대해 인과적 책임(조천)보다 포괄적 무한 책임(조순)을 묻고 있다.[12]

참조.

12 『좌씨전』을 보면 공자는 조순의 혐의를 지적한 동호를 훌륭한 사관으로 보고 또 사관의 평가를 그대로 수용하는 조순을 훌륭한 인물로 평가하고 있었다. 그리고

공자 당시 노나라는 명목상으로 제후가 존재했지만 실질적으로 삼가三家/삼환三桓이라는 과두정권에 의해 운영되고 있었다. 삼가 중에서 세력이 강했던 계씨季氏는 대부大夫 신분으로 분수에 넘치는 짓을 일삼았다. 예컨대 뜰에서 팔일무를 공연한다든지[13] 조상 제사를 지낼 때 「옹雍」 악곡을 부르며 제상을 수습했다.[14] 두 가지 의식은 모두 대부가 아니라 천자가 거행할 수 있는 것이다. 또 계씨는 노나라 영토 안의 속국 전유顓臾를 자신의 세력권에 두기 위해서 정벌을 하려고 하고[15] 주공周公, 즉 제후보다 더 많은 경제력을 유지하고 있었다.[16]

공자는 이런 계씨에 대해 극단적인 언사를 사용하며 비판의 공세를 퍼붓고 있다. 그들은 하고 싶은 일이면 어떠한 전통 규범을 어길 정도로 인간(대부)의 한계를 넘어섰다며 만행을 고발하거나 계씨에 동조하는 제자를 공개적으로 성토할 것을 주문하고 있다.[17]

조순이 국경을 넘었더라면 훌륭한 인물이 나쁜 평가를 받는 일이 없었을 것이라며 아쉬움을 나타내고 있다.(신동준 옮김, 『춘추좌전 1』, 442쪽) 이 이야기는 "동호직필董狐直筆"로 유명한 고사이다. 하지만 사관은 조순에게 악행의 기피만이 아니라 악의 철저한 응징, 선의 완전한 회복이라는 신적 역할을 요구하고 있다. 『좌씨전』의 시관은 실현 가능성은 둘째치고 당위성 차원에서 복수를 무조건적으로 요구하고 있다. 오늘날 관점에서도 동호의 기록이 직필인지 아니면 곡필인지 재검토가 필요하다. 이런 사고의 극단적 형태는 청제국 고염무顧炎武(1613~1682)의 "天下興亡, 匹夫有責"이다. 이 구절은 오랫동안 고염무의 말로 여겨졌지만 사실이 아니다. 고염무가 이런 표현의 취지와 부합하는 말을 『일지록日知錄』 권13 「정시正始」에서 하고 있지만 일치하지는 않기 때문이다. 량치차오梁啓超의 『음빙실합집飮冰室合集·文集之一』 「변법통론變法通論·논유학論幼學」과 『음빙실합집飮冰室合集·문집文集之三十三』 「통정죄언痛定罪言·三」을 보면 고염무의 주장을 정리하는 형식으로 위 표현을 제시하고 있다.

13 「팔일」 1(041) "孔子謂季氏, 八佾舞於庭. 是可忍也, 孰不可忍也."
14 「팔일」 2(042) "三家者以雍撤. …… 奚取於三家之堂."
15 「계씨」 1(438) "季氏將伐顓臾. 冉有季路見於孔子曰: 季氏將有事於顓臾."
16 「선진」 17(285) "季氏富於周公, 而求也爲之聚斂而附益之."
17 「선진」 17(285) "季氏富於周公, 而求也爲之聚斂而附益之. 子曰: 非吾徒也. 小子鳴鼓而攻之, 可也."

관중과 진문자의 사례를 통해서 우리는 계씨를 향한 분노와 좌절을 충분히 이해할 수 있다. 계씨는 대부로서 자신에게 주어진 사회적 역할을 수용하지 않고 그것을 넘어서 제후의 권한을 행사하고 나아가 천자의 의례를 흉내 내고 있다. 즉 그들은 공자가 이상적으로 생각하는 명분론적 세계를 철저하게 부정하고 있다. 그들의 존재는 응징되어야 할 악惡이 득세한 채 무기력한 선善의 위에 있는 부조리를 대변하고 있다.

이 상황이 지속된다면, 공자의 명분론적 세계는 현실의 질서 형성 원리로 아무런 작용을 하지 못한 채 폐기되거나 다른 원리로 대체될 수밖에 없는 운명에 놓이게 될 것이다.[18] 바로 이 때문에 사마천은 「열전」의 서두를 장식하는 백이와 숙제의 이야기에서, 착한 사람의 편이라는 천도天道가 이 세계를 주재한다는 점을 회의하고 있다. 천도가 있다면 어떻게 백이 · 숙제와 같은 고결한 인격의 소유자가 굶어죽도록 내버려둘 수 있으며 살상을 일삼는 도둑놈 척〔도척盜跖〕이 천수를 누리냐며 이의를 제기했던 것이다.

지금까지 논의를 통해, 『논어』가 역사의 대상으로서 사실을 어떻게 취급하고 조직화시키는지 정리해보자. 첫째, 『논어』에서 사실은 철저하게 명분론적 관점에서 분류되고 해석된다. 행위자는 오륜五倫의 인간 관계에 따른 사회적 역할을 수행하느냐 여부로 긍 · 부정의 평가가 나뉘게 된다. 긍 · 부정의 평가는 다시 내적으로 다양한 편차를 갖는다. 최악은 명분론적 세계의 질서 원리, 즉 신하의 군주 시해처럼 오륜을 침해하는 것이다. 차악은 통상적이거나 특수한 상황에서 주어진 역할을 완전하게 수행하지 못하는 것이다.

---

18 우리가 왜 공자가 반란군에 망설임 없이 참가하려고 하는지 알 수 있을 것이다. 「양화」 5(456) "公山弗擾以費畔, 召, 子欲往. 子路不說, 曰: 末之也已, 何必公山氏之之也? 子曰: 夫召我者, 而豈徒哉? 如有用我者, 吾其爲東周乎?"

차선은 오륜의 관계 윤리를 충실하게 준수하는 것이다. 최선은 공동체의 위기 상황에서 자신의 역할을 창조적으로 수행해서 오륜의 질서 원리를 수호하는 것이다. 최선의 경우 통상적인 윤리 규정의 제약을 받지 않는 초월적 특징을 지니고 있다. 이를 통해서 사람은 선이든 악이든 수행한 행위를 통해 도달한(성취한) 위계적 품격의 존재로 재분류된다. 『논어』의 이런 명분론적 역사관이 창조적으로 구현된 것이 다름 아니라 사마천의 『사기史記』이다. 『사기』의 제왕의 본기本紀, 제후의 세가世家, 대부와 사의 열전列傳 등의 위계적 형식은 『논어』의 명분론적 틀을 완전하게 반영하고 있기 때문이다.[19]

둘째, 역사가 또는 사관은 역사적 대상의 선악을 심판하는 신적 지위를 가지면서 동시에 역사 기록은 객관적인 개성 기술에 머무르지 않고 미래의 역사 대상에게 교훈을 제시하여 명분론적 질서의 형성을 자극(촉진)시키는 재역사화再歷史化의 행위이다. 동아시아 고대 사회에는 사후 세계나 영혼 심판의 관념이 없었기 때문에 역사화 또는 역사의 기록은 역사 대상의 선악을 최종적이며 총체적으로 심판하는 성격을 갖는다. 이 심판에 따라 백이·숙제는 고통스런 삶과 비극적 운명을 살다갔지만 위대한 포기자로 부활된다. 반대로 최저는 현실의 거악으로, 조순은 거악의 방조자로 응징된다. 이 부활과 응징의 변주로 인해 명분론적 이념의 위상이 손상되지 않고 존중되는 것이다. 사관은 신적 입장에서 악인에 대한 응징을 통해 미래의 역사 대상에게 교훈과 경계를 줄 수 있다.

하지만 사관은 현실에 실재하는 거악巨惡을 제재할 수 있는 신적

---

19 『사기』의 형식은 헤로도투스 이래 연대기적인 형식을 취해온 서양의 역사와 커다란 차이를 보인다. 버튼 와츤은 『사기』의 체제에 낯선 서구인들을 위해서 『사기』의 형식을 원용한 '미국사' 집필의 요강을 예시하고 있다. 박혜숙 편역, 『사마천의 역사 인식』, 한길사, 1988, 254~256쪽.

위력이 없기 때문에 목숨을 걸 수밖에 없다. 그렇지 않을 경우 역사 기록을 암호화함으로써 평가의 엄정성을 지키면서 평가의 명료성을 포기하는 전략을 채택했다. 이것이 바로 춘추필법春秋筆法이다. 또 역사 기록을 통해 악을 응징한다고 해도 거악의 만연이 장기간 지속된다면, 광정된 역사와 전도된 현실 사이의 지체遲滯 현상이 발생하게 된다. 미래의 행위자가 결국 역사에서 되풀이해서 선의 무능과 악의 만능을 확인하게 되면, 역사는 '선善 실현의 과정'이 아니라 '악惡 만연의 보고서'가 된다.

이를 해결하기 위해서 사관은 사실을 날조하는 극약 처방을 내리기도 한다.[20] 예컨대 BC 632년에 당시의 패자 진晉나라 문공은 천토踐土에서 맹약을 주재하면서 제후를 소집하고 주나라 천자 양왕襄王마저 불렀다. 명분론적 사고에 의하면 이것은 결코 일어날 수도 없고 일어나서도 안 되는 일이다. 『춘추』는 이를 "노나라 희공 등이 양왕의 처소를 예방했다"(公朝于王所)고 기록했고 같은 일이 또 일어나자 "천왕이 하양으로 사냥하러 왔다"(天王狩于河陽)고 기록했다.[21] 천자가 현실에서 제후의 요구에 이리저리 끌려 다니고 있지만 역사에서는 차마 그대로 쓸 수 없었던 것이다.

이렇게 보면 『논어』는 역사 대상의 행위에 내재된 의미, 추세 등

---

20 물론 『논어』에는 역사 실증주의로 볼 수 있는 구절이 있다. 「팔일」 9(049) "子曰: 夏禮吾能言之, 杞不足徵也, 殷禮吾能言之, 宋不足徵也. 文獻不足故也. 足則吾能徵之矣." 이 문제 의식은 「중용」에도 그대로 계승된다. 전체적으로 보면 실증이 우선되지만 왜곡의 가능성도 상존한다고 할 수 있다. 실제로 공자는 실증을 강조하는 것과 객관적 관찰을 거부하고자 하는 욕망을 피력하기도 한다. 「팔일」 10(050) "子曰: 禘自旣灌而往者, 吾不欲觀之矣." 체 제사가 침해되고 있는 사실 앞에 공자는 그 침해의 원인, 과정, 양상을 냉정하게 관찰하고 기록하는 사관의 역할을 방기하고 있다. 잘못 있는 것을 믿고 싶지 않기 때문에 기록해야 할 것을 기록하지 않으려는 원망을 드러내고 있는 것이다.

21 내용을 확인하려면 신동준 옮김, 『춘추좌전 1』, 305쪽 참조.

을 사실대로 적거나 읽어내려고 하지 않고 철저하게 명분론의 관점에서 해석하여 재분류하고 있는 이념사의 특징을 드러내고 있다. 그 결과 계씨의 사례는 병적 사회 현상으로 읽힐 뿐이지 왕실(고급) 문화를 모방하려는 문화사적 독해는 불가능하다. 또 계씨의 출현은 명분론적 세계 질서의 위기로 읽히지 구질서 체제에서 신질서 체제로 이행이라는 사회과학적 접근으로 볼 수는 없는 것이다.[22] 진문자의 사례는 의무를 다하지 못한 절반의 성공으로 보일 뿐 생명을 향한 사람의 욕망은 충분히 고려되지 않는다. 최저의 사례는 대역죄로 읽히지 성性의 풍속과 제어받지 않은 군주의 폭정은 제대로 주목을 받지 못하게 된다.

3. 고금古今: 역사의 진행, 즉 어느 방향

17, 18세기 계몽주의가 등장한 이후로 인간은 사회와 역사의 주체로 등장했고, 이성은 자연과 사회 현상의 배후에 있는 과학적 법칙을 발견할 수 있다고 믿었다. 이에 따라 사회와 역사는 몇 개의 단계로 나뉘어져 저급에서 고급으로 나아가는 발전이나 미개에서 문명으로 진행하는 진보라는 관점에서 재해석되었다. 역사의 개별 대상은 더 이상 연쇄적인 시간 계열의 한 고리를 담당하는 것이 아니라 세계사적 의미를 담는 것으로 해석되었다. 역사학은 과학적 법칙에 따라 진

---

22 공자가 춘추시대의 사회 현상을 사회과학의 눈으로 보려고 하는 점이 엿보인다. 「계씨」 2(439) "孔子曰: 天下有道, 則禮樂征伐自天子出, 天下無道, 則禮樂征伐自諸侯出. 自諸侯出, 蓋十世希不失矣, 自大夫出, 五世希不失矣, 陪臣執國命, 三世希不失矣. 天下有道, 則政不在大夫. 天下有道, 則庶人不議." 「계씨」 3(440) "孔子曰: 祿之去公室五世矣, 政逮於大夫四世矣, 故夫三桓之子孫微矣." 서인이 정치적 사안을 두고 왈가왈부하는 것이 바람직하지 않은 상황으로 간주되고 있다. 이로 인해서 공자는 명분론의 틀에서 벗어나지 못하고 있는 것이다.

보가 일어나는 궤적을 그려주는 것으로 간주되었다.

하지만 20세기 들어서 역사에서 과학적 객관성은 도전을 받게 되었고, 그에 따라 역사 연구는 변혁, 법칙, 이념, 거시사, 사회 과학적 방법론에서 장기 지속, 미시사, 일상생활 등에 대한 관심으로 넓혀지고 있다. 이에 따라 그간 주목되지 못했던 영역과 주제들이 역사학의 대상으로 등장하고 있다.[23]

『논어』에서는 역사를 단순히 역사적 사실의 순차적 집적으로 보지 않고 명분론적 사고의 실현 과정으로 보고 있다. 그렇다면 『논어』에서는 역사의 진행을 어떻게 바라보고 있을까? 이와 관련해서 순환, 복고, 상고, 발전 등 다양한 논의가 있어왔다.[24] 우리는 고금古今이란 용어를 중심으로 『논어』에서 말하는 역사 진행의 방향이 어디를 향하고 있는지 살펴보도록 하자.

논의의 편의상 시대를 삼대三代 내부, 삼대~현재(춘추시대), 현재 이후(미래)로 나누어서 이야기를 진행하고자 한다.

첫째로 삼대는―오늘날 기준으로 역사이든 신화 전설이든 상관없이―『논어』에서 하夏·은殷·주周 세 왕조를 하나로 묶어서 표현하는 말이다.[25] 『논어』 이후로 삼대는 중원 지역에 수립된 왕조가 바람직한 치국治國을 위해서 반드시 기준으로 삼아야 할 원형으로 간주되었다. 삼

---

23 조지 이거스, 임상우·김기봉 옮김, 『20세기 사학사』, 푸른역사, 1999; 2007 8쇄 참조.
24 조셉 니담, 「중국과 서구에서의 시간과 역사」; 고병익, 「중국인의 역사관」, 「유교사상에서의 진보관」; 민두기, 「중국에서의 역사 의식의 전개」. 민두기 편, 『중국의 역사인식 상』 서울: 창작과비평사, 1985; 1997 8쇄. 왕붕土勇, 「孔子的歷史觀」, 『固原師專學報』 제14권(총44기), 1993.1기; 주번위안朱本源, 「孔子歷史哲學發微」, 『史學理論研究』, 장징화張京華, 「『春秋』『左傳』與孔子的史學地位」, 『殷都學刊』 2001; 중티에쑹董鐵松, 「孔子的歷史思想和史學意識」, 『古代文明』 제2권 제2기, 2008.4
25 삼대에 포함되지 않지만 그것과 같은 의미 맥락을 갖는 것으로 요순堯舜, 삼황오제三皇五帝 등이 있다.

대는 단순히 시간적으로 앞에 존재했던 특정 왕조가 아니라 세계의 질서를 산출하는 근원으로 여겨졌다.

이로써 삼대는 종족과 지역 그리고 문화를 달리하는 정치 집단들의 권력 교체로 보지 않고 중원 지역의 문화적 정체성을 확립한 단일체로 간주되었다.[26] 즉 삼대는 역사적 존재에서 초역사적 이념적 존재로 과도하게 실체화되었다. 이에 따르면 삼대 이후의 역사는 지배 집단과 치국 방향이 어떠하든지 결국 삼대와 현격하게 차이가 발생할 수밖에 없으므로 쇠퇴, 타락으로 파악되었던 것이다.

『논어』의 삼대는 어떤 특성으로 나타나는지 살펴보자. 공자는 자신이 누군가를 비평하거나 예찬을 하는 경우가 있는데, 그것은 철저하게 공정하고 정직한 기준에 입각해 있다는 공언을 했다. 그는 자신의 생각에 신뢰를 덧보태기 위해서 삼대가 직도直道에 의해서 운영되어 왔다는 점을 제시하고 있다.[27] 여기서 삼대는 서로 다른 왕조라는 차이를 넘어서 직도라는 하나의 보편적 정치 원리 또는 윤리 규범을 공유하는 것으로 고려되고 있다.

이러한 사고는 하 · 은 · 주의 정치가 본질적으로 동일하지만 세부적으로 조금씩 차이가 난다는 역사 인식으로 진행된다. 은나라의 제도는 이전 하나라의 예제에도 바탕을 두고 있고 마찬가지로 주나라의 제도도 은나라의 예제에 바탕을 두고 있다. 다만 시대적인 조건, 상황의 특수성 등으로 인해 삼대의 제도는 기본적으로 상호 연속되고 있지만 손익損益의 작업이 필요할 수 있다.[28]

하지만 『논어』는 삼대를, 차이를 지닌 개별적 대상으로 분리시켜

---

26 신정근, 『동중서: 중화주의의 개막』, 파주: 태학사, 2004, 260~265쪽.

27 「위령공」 25(420) "子曰: 吾之於人也, 誰毁誰譽? 如有所譽者, 其有所試矣. 斯民也, 三代之所以直道而行也."

28 「위정」 23(039) "子張問十世可知也. 子曰: 殷因於夏禮, 所損益, 可知也, 周因於殷禮, 所損益, 可知也. 其或繼周者, 雖百世, 可知也."

파악하기도 한다. 공자는 삼대의 성취를 비교하면서 주나라가 앞선 이대二代, 즉 하·은나라의 문화를 종합하고 발전시켰다고 판단한다.[29] 이에 자신은 이대보다 주나라의 문화를 추종하겠다는 의사를 피력하고 있다. 여기서 삼대는 단일체가 아니라 개별 대상으로 분리되고 있고 나아가 전체의 인수가 아니라 취사선택의 대상으로 여겨지고 있다.[30] 예컨대 하나라는 역법에서 뛰어나고, 은나라는 수레에서 뛰어나고, 주나라는 복식에서 뛰어난 것으로 분류되고 있다.

그리고 『논어』는 삼대를, 가치의 측면에서 개별적으로 나름의 한계를 지닌 역사적 존재로 바라보는 경우도 있다. 공자는 음악에 출중한 조예를 가진 것으로 유명한데, 왕조별 음악을 비평하면서 삼대 이전 우虞나라 순舜임금의 소韶를 예술적(음악적) 미와 윤리적 선을 겸비한 것으로 보았지만 주나라 무임금의 무武의 음악을 예술적 미는 갖추었지만 윤리적 선을 완비하지 못한 것으로 보았다.[31]

또 삼대와 동격으로 보는 요순시대는 지상낙원의 도래가 아니라 해결하지 못한 문제로 고통스럽고 고민했던 역사적 공간으로 드러나고 있다. 예컨대 요와 순의 시대도 늘 격양가가 울려 퍼지지 않고 홍수로 신음했고 또 박시제중博施濟衆과 수기修己-안백성安百姓의 조화라는 목표 앞에서 좌절을 겪을 수밖에 없었다.[32]

이를 통해서 우리는 『논어』의 삼대를, 후대의 '삼대'와 같은 맥락으로 볼 수도 있지만 그것과 완전히 다른 맥락에서 볼 수 있다는 것을

---

29 「팔일」 14(054) "子曰: 周監於二代, 郁郁乎文哉! 吾從周."
30 「위령공」 11(406) "行夏之時, 乘殷之輅, 服周之冕."
31 「팔일」 25(065) "子謂韶, 盡美矣, 又盡善也. 謂武, 盡美矣, 未盡善也."
32 「옹야」 30(151) "子貢曰: 如有博施於民而能濟衆, 何如? 可謂仁乎? 子曰: 何事於仁! 必也聖乎! 堯舜其猶病諸!" 「헌문」 45(393) "子路問君子. 子曰: 修己以敬. 曰: 如斯而已乎? 曰: 修己以安人. 曰: 如斯而已乎? 曰: 修己以安百姓. 修己以安百姓, 堯舜其猶病諸?"

알게 되었다. 삼대는 부족할 것 없이 모든 것을 완비하고 모든 문제로부터 해결된 시공간만은 아니었다. 또 삼대는 내적인 통일성을 지니고 있으면서도 동시에 상호 비교가 가능한 개별성을 지니고 있다. 그리하여 삼대는 완성의 지속이 아니라 완성을 향한 발전이 일어나고 있었다고 할 수 있다. 즉 삼대는 도달과 재연을 요구하는 이념적 존재이기만 한 것이 아니라 내적으로 상대적 차이를 지니고서 지속적 발전이 일어나고 있던 역사적 존재였다고 할 수 있다.

두 번째로 삼대에서 현재(춘추시대)까지 역사의 진행이 어떻게 설명되는지 살펴보기로 하자. 두 역사 시기는 고古와 금今으로 개념화되어 즐겨 상이한 특징을 가진 것으로 비교되고 있다. 공자는 공부의 지향과 관련해서 자기 자신을 위한 공부와 남을 위한 공부 두 가지로 나눈다. 동시에 그는 이런 분류를 고古의 학자와 금今의 학자의 차이로 설명한다.[33] 전체적으로 보면 공자는 수기修己, 즉 자기 수양이 결여된 학문은 학문적으로나 사회적으로 문제(재앙)를 낳을 수 있다는 입장을 가지고 있다. 이에 그는 공부의 지향에 대한 고금의 차이를 대조시킴으로써 당시 사람들에게 바람직한 고古의 입장을 환기시키고 있다.

이 밖에도 『논어』에는 고금의 대조와 관련해서 아주 흥미로운 지적이 있다. 공자는 광狂·긍矜·우愚 등 세 가지 측면에서 고금 사람들의 사회적 성향을 비교 서술한 적이 있다. 광자의 경우 고는 거리낌 없이 제멋대로 굴지만 금은 방탕하기만 하고, 긍지의 경우 고는 모가 날 정도로 엄격하지만 금은 성질을 부리고 사람과 충돌을 일으키고, 어리석음의 경우 고는 순진할 정도로 솔직하지만 금은 사람을 속이려고 든다는 것이다.

---

33 「헌문」 25(373) "子曰: 古之學者爲己, 今之學者爲人."

공자는 이런 대조를 하면서 "옛날 사람들에게 세 가지 병이 있었
는데 오늘날에는 그런 게 없어진 듯하다"고 총평하고 있다.[34] 여기서
병은 완전히 없애야 하는 부정적인 상태를 가리키지는 않는다. 절제
나 중용中庸의 상태가 아니어서 부정적이기는 하지만 얼마든지 긍정
적인 것으로 전환될 수 있는 가능성을 가진 성향이라고 할 수 있다.
더 적극적으로 보면 병이 아닌 것을 병이라고 보는 역설적 표현일 수
도 있다.

공자의 말 중에 밑줄 친 부분에 주목하면 "옛날에는 있지만 현재는
없다"는 고유금망古有今亡/고유금무古有今無의 문장이 재조합된다. 우
리는 고가 존재의 세계를, 금이 부재의 세계를 대변하는 것으로 읽어
낼 수 있다. 즉 고는 광·긍·우 등 있어야 할 것이 있는 긍정의 세계
라고 한다면 금은 있어야 할 것이 없는 부정의 세계라고 할 수 있다.
이를 통해서 우리는 공자가 고에서 금으로의 전개를 발전이라기보다
존재의 상실이라는 쇠퇴의 과정으로 보고 있다고 생각할 수 있다.

분명 그렇게 볼 만한 타당한 점이 있지만 고에서 금으로의 이행을
타락으로 일반화시키는 데에는 아직 유보할 필요가 없다. 왜냐하면
타락 일변도로 규정되려면, 부재로서의 금今이 치유 불가능한 타락의
상태에 있다거나 고古의 재생에 의해서만 금今이 타락을 벗어날 수
있다거나 고古가 이후의 역사 진행, 즉 수많은 '금今들'(금今1, 금今2,
금今3……)이 고古로 영원회귀의 절차를 밟아야만 재생할 수 있다는
이야기가 나와야 하기 때문이다. 만약 이런 이야기들이 나란히 엮여
지지 않는다면 고에서 금으로의 진행을 타락으로만 단정하기는 무리
가 있다.

공자가 관冠을 민드는 풍속의 변화를 설명한 적이 있다. 예에 따르

---

34 「양화」 16(467) "子曰: 古者民有三疾, 今也或是之亡也. 古之狂也肆, 今之狂也蕩, 古
之矜也廉, 今之矜也忿戾, 古之愚也直, 今之愚也詐而已矣."

면 삼베로 관을 만들었는데 공자 당시에 실로 만드는 일이 있었던 모양이다. 공자가 이 사실을 알고서 검소하다는 판단을 내리면서 예예禮를 고수할 것이 아니라 오늘날 제작 방식을 수용하겠다는 자세를 피력하고 있다.[35]

이 논의에서 고古가 직접 쓰이지 않지만 예禮를 고古로 보더라도 무방하다. 공자가 예식의 실행과 관련해서 검소함을 높이 평가하고 있다는 점을 감안한다면,[36] 금수이 완전히 타락하여 모든 가치가 상실된 부재의 시간이 아니라 예의 가치를 보존하고 있는 존재의 시간이고, 나아가 고古와 연속(화해)될 수 있는 가능성이 있다는 것을 우리는 알 수 있다. 『논어』에서 관중이 이민족의 침입으로부터 중원 세계를 구원해냈던 영광의 업적이 오늘에도 지속되고 있고, 백이와 숙제의 정신이 오늘날에도 살아서 예찬되고 있다며 "민도우금民到于今"이라는 표현을 사용하고 있다.[37]

이렇게 본다면 삼대에서 춘추시대로, 또는 고古에서 금수으로 진행이 고유금망/무古有今亡〔無〕의 일변도로만 볼 수 없고, 고금일여古今一如, 고유금유古有今有 등의 방향이 있고, 극단적으로 고무금유古無今有의 가능성마저 엿보인다고 할 수 있다.[38] 이런 점에서 고에서 금의

---

35 「자한」 3(213) "子曰: 麻冕, 禮也, 今也純, 儉, 吾從衆. 拜下, 禮也, 今拜乎上, 泰也. 雖違衆, 吾從下."
36 「팔일」 4(044) "林放問禮之本. 子曰: 大哉問! 禮, 與其奢也寧儉, 喪, 與其易也寧戚."
37 「헌문」 17(365) "子曰: 管仲相桓公, 霸諸侯, 一匡天下, 民到于今受其賜. 微管仲, 吾其被髮左衽矣." 「계씨」 12(449) "齊景公有馬千駟, 死之日, 民無德而稱焉. 伯夷叔齊餓于首陽之下, 民到于今稱之. 其斯之謂與?"
38 이러한 해석은 역사 진행과정에서 손익損益만을 긍정하는 공자의 주장과 충돌하는 것으로 보일 수 있다. 유학사를 보면 공자의 계승자들은 공자의 취지를 수용하면서도, 공자 사유의 근본 즉 명분론적 사고 또는 강상 윤리마저 부정했다. 예컨대 탄쓰퉁譚嗣同은 『인학仁學』에서 "충결망라衝決網羅"를 통해 강상 윤리를 그물에 비유해서 그것의 해체를 주장했다. 캉유웨이康有爲는 『대동서』에서 존재 사이의 각종 분계分界가 갈등과 대립을 낳는다고 주장하면서 남녀 사이의 계界 등 각종

진행 방향이 발전이 아니라 타락이라고만 해석할 수 있는 근거가 약하다고 할 수 있다.

세 번째로 『논어』에서 현재 이후 미래를 설계하는 데에 과거와 현재가 어떤 특징으로 비춰지고 있는지를 살펴보기로 하자.

안연이 공자에게 국가를 다스리는 것을 물었다. 이에 대해 공자는 정치 원리보다 문물제도의 측면에서 대답을 하고 있다. 즉 하나라의 역법, 은나라의 수레, 주나라의 모자, 우虞나라의 소 악곡을 채택하고 당시 유행하던 정나라 음악을 금지하고 궤변론자들을 축출할 것을 제안하고 있다.[39] 여기서 순임금을 비롯하여 하·은·주의 삼대는 현재와 그 이후 국정 운영을 위한 해답을 지닌 자원으로 간주되고 있다. 이처럼 과거가 특정한 시간대에 갇혀 있지 않고 다른 시간대에 재생될 수 있다는 것은 온고지신溫故知新이란 표현으로 잘 드러난다.[40] 하지만 옛것이 현재나 미래에 기계적으로 대입되거나 온전한 형태로 복원된다는 맥락은 아니다. 온溫이라는 재해석의 과정을 거칠 때 고古는 오래된 미래가 될 수 있는 것이다.

그런데 흥미롭게도 『논어』에는 근近 미래와 원遠 미래에 대한 낙관적인 전망을 제시하는 곳이 있다. 시회가 급변하는 시대에는 세대 간의 차이가 심하게 날 수밖에 없다. 기성세대와 현세대 그리고 미래세대가 차이로 인해 세상을 바라보는 관점과 인식에도 변화가 생기기 마련이다. 이런 차이와 변화는 관점에 따라 악화와 개선 등 평가가 다

분계의 철폐를 이상사회의 실현의 진제로 주장했다. 공자에게서 인仁은 강상 윤리와 결합했지만 탄쓰퉁과 캉유웨이에게서 인仁은 강상 윤리를 초월한 것과 결합이 이루어지고 있다. 이러한 철학사 읽기에 따르면 "고무금유古無今有"도 결코 불가능한 사태가 아니라고 할 수 있다.

39 「위령공」 11(406) "顏淵問爲邦. 子曰: 行夏之時, 乘殷之輅, 服周之冕, 樂則韶舞. 放鄭聲, 遠佞人. 鄭聲淫, 佞人殆."

40 「위정」 11(027) "子曰: 溫故而知新, 可以爲師矣."

를 수 있다. 이와 관련해서 공자는 후생가외後生可畏라는 말로 현재보다 나은 미래의 성취 가능성을 인정하고 있다.⁴¹

나아가 공자는 춘추 시대의 국제 사회가 도덕 발달의 단계에서 보자면 개별 국가별로 다양한 편차를 보이고 있는 것으로 관찰했다. 춘추 시대 초기 환공과 관중의 노력으로 제나라는 무기력한 주周나라를 대신해서 중원 지역의 국제 질서를 유지하는 원동력이었지만 공자의 시대에 이르러 신하에 의한 군주의 시해가 빈번하게 일어나는 등 명분론적 질서가 급속하게 무너지고 있었다. 이에 비해 노나라는 삼가三家의 과두 정권에 의해서 공실의 권위가 실추되고 있지만 주나라의 문물제도를 보존하고 있었다.⁴² 제도의 유습과 기억의 공유는 현재의 문제 상황을 돌파할 수 있는 믿을 만한 자원의 보고이기도 하다.

이런 상황을 검토한 끝에 공자는 제나라가 한 번 변하면 노나라의 수준에 이르게 되고, 노나라가 한 번 변하면 도가 살아 있는 상태에 이를 것이라고 예상하고 있다.⁴³ 공자가 『논어』 곳곳에서 조국의 실태에 대해 우려와 한탄의 소리를 내놓는다고 하더라도, 완전히 타락해서 수습이 불가능한 상황에 있는 것으로 절망하지는 않았다는 것을 알 수 있다. 이에 따르면 결국 공자는 역사가 3단계를 통해서 이상 국가에 도달할 수 있다는 낙관적 전망을 피력하고 있는 것이다. 더욱이 이 구절을 근 미래나 원 미래에 대한 전망으로 본다면, 그는 분명히 현재보다 나은 미래의 출현을 긍정적으로 생각하고 있는 것이다.

한 걸음 더 나아가 공자는 근 미래近未來에 현재 노나라의 문제 상황을 극복하는 새로운 이상 국가의 수립 가능성에 자신감을 피력하고

41 「자한」 23(233) "子曰: 後生可畏, 焉知來者之不如今也? 四十五十而無聞焉, 斯亦不足畏也已."
42 「팔일」 17(057) "子貢欲去告朔之餼羊. 子曰: 賜也! 爾愛其羊, 我愛其禮."
43 「옹야」 24(145) "子曰: 齊一變, 至於魯, 魯一變, 至於道."

있다. 계씨의 가신이었던 공산불뉴가 비읍費邑을 근거지로 반란을 일으키고서 공자를 초청하자 그는 이에 응하려고 했다. 자로가 공자의 태도를 이해하지 못하며 불만을 터뜨렸다. 하지만 공자는 과두 정권에 의해서 비정상적으로 운영되는 노나라의 정치 상황을 바로잡을 수 있을 뿐만 아니라 상국上國으로서 제 기능을 하지 못하는 서주西周를 대체하는 신국제 질서의 체제로서 동주東周의 수립을 확언하고 있다.[44]

이렇게 보면 『논어』에서는 과거는 분명히 바람직한 현재와 미래의 설계를 위한 자원이자 기준으로 나타나고 있다. 하지만 과거가 재해석의 과정을 거치지 않은 채 현재와 미래에 기계적으로 대입될 수는 없는 것이다. 아울러 현재보다 근 미래와 원 미래의 출현 가능성은, 『논어』를 과거로의 복귀만이 현재와 미래를 구원할 수 있다는 순환적 사고, 복고주의로만 규정할 수 없다는 점을 분명히 하고 있다. 이로써 『논어』에서 삼대 내부, 삼대에서 현재로, 현재 이후의 근 미래와 원 미래 모두에서 역사의 진행이 발전의 도정을 향해서 나아간다는 것을 확인할 수 있다.

그럼에도 불구하고 역사 진행의 방향과 관련해서 『논어』가 순환, 복고, 타락의 관점만을 대변하고 있다고 한다면, 이론적 난점을 떠안게 된다.

첫째, 복고復古 부류의 관점은 『논어』 안의 공자 사상과도 충돌할 수 있다. 공자는 공동체의 평화와 관련해서 기성 세대 또는 고古의 대변자인 사師마저 부정할 수 있다고 주장하고, 아무리 순선한 이념일지라도 사람의 주관적 능동성에 의해서 현실화될 수 있다는 점을 역설했다.[45] 만약 복고주의가 타당하다면, 사師에 도전하는 일이나 도道를

---

44 「양화」 5(456) "如有用我者, 吾其爲東周乎?"
45 「위령공」 36(431) "子曰: 當仁, 不讓於師." 「위령공」 29(424) "子曰: 人能弘道, 非道弘人."

확장시키는 사람이 탄생할 수 없기 때문이다.

앞서 말했듯이 『논어』에는 고유금망/무古有今亡〔無〕처럼 성세盛世로서의 고와 쇠세衰世로서의 금으로 해석할 수 있는 측면이 전혀 없는 것이 아니지만 전체적으로 보면 역사의 전개 과정을 발전으로 보는 것이 타당하다. 그렇지 않고 "고古 = 존재의 세계, 금今 = 부재의 세계"로 규정한다면, 금今과 래來는 고古로 회귀할 수 있는 동력조차 상실한 채 영구히 부재의 세계로 남아 있게 되고, 금은 불능의 세계가 될 것이다. 공자는 금이 존재의 세계로 탈바꿈할 수 있다고 믿었고, 금보다 나은 미래를 긍정하므로 앞의 등식은 공자의 원의에 대한 왜곡이라고 할 수 있다.[46]

둘째, 복고 부류의 관점은 『논어』 이후 재해석된 공자의 역사관과도 충돌할 수 있다. 하휴何休(129~182)는 『춘추 공양 해고春秋公羊解詁』 은공 원년 기사의 주석에서 역사의 전개 방향을 "쇠난세衰亂世 → 승평세升平世 → 태평세太平世"로의 진행, 즉 단절이 아니라 순차적인 발전의 도상으로 설명했다. 이것은 중국에서 처음으로 역사 진화론을 내세운 것으로 평가를 받는다.[47]

우리는 이런 발전관의 기원이 어디일까 생각해보면 앞서 다루었던 「옹야」 24(145)의 "제齊나라 → 노魯나라 → 도道의 나라"로 이어지는 도식과 중첩된다는 것을 눈치 챌 수 있다. 물론 공자의 3단계에 비해서 하휴의 3단계가 훨씬 정교하고 풍부한 차이점이 있다. 그럼에도 불구하고 둘 사이에는 역사를 발전으로 보려는 점에서 공통점이 있

---

46 이 글은 역사관에 초점을 두므로 시간관을 다루지 않는다. 니담은 시간관을 그리스, 불교와 힌두교의 순환 관념과 유대－기독교의 직선 관념으로 대별하고, 선진 유가의 시간관을 후자와 연결시켜 논의를 진행하고 있다. 이 글의 논지는 니담의 주장과 부합한다고 할 수 있다. 민두기 편, 『중국의 역사 인식 상』, 25~40쪽.

47 김동민, 「한대 춘추 공양학의 성립과 전개에 관한 연구」, 성균관대학교 철학박사 논문, 2005, 222쪽.

다. 물론 이 발전은 축적과 재해석을 통한 계기적인 확대이지 부정과
단절을 통한 비약과는 다르다.

4. 문질文質: 역사의 문제, 즉 어떤 유형(법칙)

지금까지의 논의를 보면『논어』에서 역사 대상은 철저하게 명분론
적 관점에서 선악善惡으로 분류되고 다양한 품격으로 재배치된다. 또
전체적으로 볼 때 역사는 과거의 성취를 자원으로 삼아서 발전의 과
정을 진행한다고 본다. 두 가지 성과를 종합하면 역사는 이념(명분)의
현재화가 심화되어가는 과정이라고 볼 수 있다. 하지만『논어』를 위
시한 선진 유학에서는 이념 실현의 주체 문제를 확고하게 정립하지
못했다. 이념과 동일시되는 신적 존재가 있다면, 이념과 분리된 현실
이 출현할 경우 신이 세계에 직접적으로 개입하여 재결합을 도모할
수 있다. 우리는 이러한 사고 방식을『묵자墨子』에서도 찾아볼 수 있
다.[48] 이념의 동일체인 군주가 존재한다면, 설득할 필요가 없이 군주
가 스스로 이념의 실현을 적극적으로 추진해나갈 것이다.

공자는 현실의 군주가 이념의 가지를 자각하고 그 실현의 주체로
등장하기를 희망하며 설득하고 주장할 수 있지만 강제할 수 있는 아
무런 장치를 지니고 있지 못하다.[49] 즉 이념은 현재화를 위한 기반을
갖지 못한 채 현공懸空으로 있거나 텍스트의 기록으로만 남아 있을 수

---

48 묵자는「명귀明鬼」에서 신적 존재의 증명을 통해 천의天意가 현실화될 수 있다는
논리를 펼치고 있다.
49 「헌문」22(370)에 보면 제나라에서 진성자(진항)가 간공을 시해하자, 공자는 인륜
을 저버린 극악무도한 자를 응징하자고 건의했다. 애공은 태연히 스스로 결정하지
못하고 과두정파 삼가三家에게 물어보라고 대답했다. 보고하는 것 이외에 공자가
할 수 있는 일은 없었다.

밖에 없다. 이념이 현실의 세계로 안착하는 데에 넘어서야 할 '문제 상황'이 있는 것이다. 맹자는 이를 역성 혁명易姓革命으로 해결하고자 했다.

그런데 이념이 현실화되는 데에는 유일신의 계시啓示처럼 절대의 방법은 있을 수 없다. 나아가 이념이 현실 세계에 재연시키려고 할 때, 이념과 현실의 원천적 동일성이 확보될 수 없는 한 어느 방안이 이념을 완전하게 구현하는 길인지 복수의 가능성이 상존하기 마련이다. 이 가능성은 바로 이념을 현실에 안착할 때 피할 수 없는 문제가 되는 것이다.

이와 관련해서 우리는 동중서에 의해서 주창된 삼통설三統說과 사법설四法說에 주목할 필요가 있다.[50] 양자는 이념을 완벽하게 구현하는 절대적인 방법이 없다는 데에서 출발한다. 어떤 정책이나 노선이든 일정한 시간이 경과하면 문제를 노정할 수밖에 없다는 것이다. 즉 역사가 생명체로서 시간(환경)과 교호 작용을 하면서 생명력이 약화되면서 병통이 생겨나게 된다.

이런 불가피한 상황은 생명체의 질병 현상과 비슷한데, 세 가지 또는 네 가지로 대별되는 유형(정책)을 번갈아 채택함으로써 문제를 일시적으로 해결할 수 있다는 것이다. 역사의 진행을 질병과 치유 과정으로 본다는 점에서 역사 병리학이라 할 수 있고, 역사가 3~4가지 정책 모형의 순차적인 교체에 의해서 질서를 유지한다는 점에서 역사 유형학이라고 할 수 있겠다.

삼통설이란 삼대三代의 하·은·주를 흑통黑統·백통白統·적통赤統으로 배당하고 하나의 통마다 고유한 국정 운영의 원리를 규정하는

---

50 삼통설과 사법설과 관련해서 구체적인 내용은 송영배, 「동중서의 역사철학: 동씨 춘추학의 역사철학적 의의와 한계」, 『철학』 제23집, 1985; 신정근, 『동중서: 중화주의의 개막』, 파주: 태학사, 2004, 256~278쪽 참조.

주장이다. 이러한 삼통이 계기적으로 운영된다면 중원 국가의 문화적 연속성이 보장되면서 개별 역사 단위의 사회 문제를 극복할 수 있다고 주장하는 것이다.[51] 결국 삼통설은 삼대三代가 하나로 환원될 수 없는 개별적 특징으로 분류되면서 그것의 조합에 의해서 질서 형성의 원리를 공유하는 단일체가 된다는 것이다. 결국 삼통설은 삼대설의 확충된 설명 틀인 것이다. 다만 역사적 시효의 단절을 나타내는 어감을 함축하는 대代가, 개별성을 가지면서 하나의 통일적 계열로 환원될 수 있는 통統으로 바뀌고 있다는 것도 주목할 만하다.[52]

사법설이란 역사의 전개 과정을 상商 · 하夏 · 질質 · 문文의 계기적 교체로 설명하는 것이다. 좀 구체적으로 말하면 하늘 숭상과 상 전통의 모방〔주천법상主天法商〕 → 대지 숭상과 하 전통의 모방〔주지법하主地法夏〕 → 하늘 숭상과 질 원칙의 모방〔주천법질主天法質〕 → 대지 숭상과 문 원칙의 모방〔주지법문主地法文〕에 따라 정부 기구를 조직하고, 국정 지표를 설정하고, 공동체를 조직한다면 역사의 진행 과정에서 생길 수밖에 없는 사회 문제를 해결하면서 중원 국가의 문화 전통이 영속할 수 있다는 것이다.

우리는 사법설에서 문질文質에 주목하고자 한다. 왜냐하면 동중서의 문질은 『논어』의 문질에 기원을 두고 있어서 그 의미의 확충과 변용의 과정을 살펴볼 수 있기 때문이다. 선진시대의 문헌에서 문과 질이 대조로 쓰일 때 대개 3가지 의미 갈래를 나타낸다.[53]

---

51 「삼대개제질문三代改制質文」, 동중서, 신정근 옮김, 『동중서의 춘추번로: 춘추역사 해석학』, 파주: 태학사, 2006, 349~377쪽.

52 동중서를 위시한 공양학의 삼통설은 현대 중국에서 간양甘陽의 "통삼통通三統"으로 부활한다. 간양의 통삼통은 현대 중국이 공자의 전통, 마오쩌둥毛澤東의 전통, 덩샤오핑鄧小平의 전통 등 세 갈래의 전통을 융합시킴으로써 중국 문화의 연속선상에서 파악할 수 있다는 논지이다. 간양甘陽, 『通三統』, 三聯書店, 2007의 上篇 참조.

53 리빙하이李炳海, 『주대문예사상개관周代文藝思想概觀』, 長春: 東北師範大學出版社,

첫 번째로, 문은 형식과 현상을 나타내고 질은 내용과 본질을 나타 낸다. 이때의 문과 질은 형식과 내용 또는 현상과 본질의 관계를 지니 면서 한 존재의 두 가지 계기를 나타낸다고 할 수 있다. 따라서 문과 질은 결코 분리될 수 없으며 하나의 존재에서 통합되어 나타날 수밖 에 없다.

두 번째로, 문과 질이 각각 수식과 본연, 예법과 천성을 나타낸다. 여기서 문과 질은 첫 번째 의미 맥락과 달리 서로 다른 것에 속하는 것으로 분리되어 있지만 하나로 결합할 때 개체를 최선, 최적의 상태 로 이끌 수 있다. 천성인 질은 가다듬지 않은 통나무처럼 불완전하므 로 학습을 통해 예법을 터득하게 된다면, 사람은 어설프거나 극단으 로 치닫지 않는 인성을 갖추게 될 것이다.

세 번째로, 문은 사람이 주어진 대상에 가공을 한 결과로 나타난 화려함, 아름다움을 가리키고, 질은 사람의 손이 닿지 않은 천연 상태 가 주는 소박함, 순수함을 가리킨다. 이제 문과 질은 원래부터 통합되 어 있었는지 분리되어 있었는지에 상관없이 하나로 종합될 수 없는 사물의 특징을 나타내게 되었다. 즉 첫째와 둘째는 문과 질의 결합이 가능하지만, 세 번째에서 '소박한 화려함'처럼 문과 질의 결합이 불가 능하게 되었다.[54]

문질의 세 가지 의미 갈래 중에서 주로 두 번째 의미가 역설되고 있다. 공자 당시에는 문과 질에 대한 극단적인 선택이 논의되고 있었 던 듯하다. 위衛나라 대부 극자성棘子成은 자율적 인간[군자君子]이 되려면 천성을 갖추기만 하면 충분하지 예법은 불필요하다는 논법을 펼쳤다.[55] 아마 문[예법]이 질[천성]에 가하는 제약을 부정적으로 바

1993, 19~29쪽 참조.

54 『논어』에는 문文과 질質이 대조되지 않고 단독으로 쓰이는 경우도 많다. 이 경우 문은 문헌, 제도, 문화 등을, 질은 성향, 바탕 등을 뜻한다.

라보았거나 아니면 예가 천성의 함양에 기여하지 못한다는 이유를 대
지 않았을까 추측이 되지만 이유 제시가 생략되어 확실하게 단정하기
어렵다. 이에 대해 자공子貢은 같은 가죽이라도 호랑이와 표범 가죽이
개나 양 가죽보다 높게 취급되는 사실을 예시하면서 문의 가치를 부
정하는 극자성의 논리를 반박하고 있다.[56]

공자는 문질빈빈文質彬彬의 논리, 즉 문과 질이 유기적으로 결합되
어야 한다는 입장에 서서 문과 질 어느 한쪽의 극단을 추구하는 것에
대해 경계를 표명하고 있다. 질이 문을 압도해버리면 거칠게 되고, 문
이 질을 압도해버리면 허황하게 된다는 것이다.[57] 사람이 자율적 인간
으로서 도덕적 품격을 갖추려면 문과 질 어디에 치우지지 않아야 한
다는 것이다.

문질의 세 가지 의미 맥락이 오늘날 어떤 분야에 속하는지 엄밀하
게 나누기 쉽지 않다. 거칠게 분류해보면, 첫 번째는 학문 일반과 철
학 일반에 두루 쓰일 만하고, 두 번째는 도덕과 사회학에 일반적으로
쓰일 만하고, 세 번째는 예술 미학의 영역과 깊은 관련이 있다고 할
수 있다. 아직 문질의 네 번째 용례, 즉 동중서의 문질처럼 전문적으
로 사회를 특정한 모형으로 조직하고 특정 역사의 한 시기에 나타내
는 병리 현상을 치유할 수 있는 유형으로 쓰이지는 않고 있다.

공자와 동중서 사이의 이러한 차이에도 불구하고 문질이 철학 · 도
덕 · 사회 · 역사에 적용될 경우 흥미로운 특성을 나타낸다. 문질이, 동
일한 실체에 속하든 속하지 않든 간에, 어느 한쪽의 극단이 아니라 동
적 균형을 드러낸다는 점이다. 군자가 되려면, 개개인에 알맞게 문(예
법)과 질(천성)이 조화를 이루어야 한다. 역사도 '문 → 문 → 질 → 질'

---

55 「안연」 8(302) "棘子成曰: 君子質而已矣. 何以文爲?"
56 「안연」 8(302) "子貢曰: 文猶質也, 質猶文也, 虎豹之鞟猶犬羊之鞟."
57 「옹야」 18(139) 子曰: "質勝文則野, 文勝質則史. 文質彬彬, 然後君子."

이나 '문→ 질→ 문→ 문'처럼 어느 한쪽으로 편중되지 않고 '문→ 질
→ 문→ 질'처럼 균형을 이룰 때 그 진행 과정에 필연적으로 생길 수
밖에 없는 문제가 치유될 수 있는 것이다.

5. 맺음말

지금까지 우리는 『논어』에 나타난 공자의 역사관을 사실 · 방향 ·
유형 중심으로 다루었다. 이를 통해서 우리는 공자가 삼대에서 현재
그리고 미래로 진행되는 과정을 발전의 맥락에서 바라보고 있다는 점
을 논증했다.

그렇다면 왜 이전에는 『논어』에 나타난 공자의 역사관을 상고주의,
복고주의처럼 퇴보로 바라보았을까 하는 의문이 들게 된다. 우선 공
자의 말이 그런 생각을 가지는 데에 영향을 주었으리라 생각할 수 있
다. 그는 신고信古,[58] 호고好古[59]를 말하고 있다. 이 신고와 호고는 온
고溫故와 마찬가지로 고에 대한 재해석의 작업 과정이며 현재의 개선
과 미래의 대비를 위한 지신知新으로 볼 수 있다.

이때 고는 현재와 미래를 위한 자원이기는 하지만 현재와 미래를
완전하게 결정짓는 것이 아니다. 그런데 신고와 호고의 태도는 공자
를 현실 허무주의로 확정할 수 있는 것처럼 확대 해석하는 경향이 있
다. 고에 대한 신뢰와 편애라는 집착은 현실, 즉 금을 단순히 고를 재
연해야 할 대상으로 보게 만든다. 이런 사고의 연장선상에 서게 되면
금은 그 자체 안에서 긍정의 실마리를 찾지 못하며 늘 고와 대비해서
의미를 갖게 된다. 결국 현실로서 금은 존재 의의가 없어지게 되는 것

---

58 「술이」 1(152) "述而不作, 信而好古."
59 「술이」 1(152); 「술이」 20(171) "我非生而知之者, 好古敏以求之者也."

204 공자의 숲, 논어의 그늘

이다.

다른 이유로는 『논어』의 마지막 편 「요왈」 1(514)과 『맹자』의 제일 마지막 편 마지막 장 「진심」 하38에 성왕 계보를 생각해볼 수 있다. 이 계보는 당송 시대 한유와 주희 등에 의해서 도통론道統論으로 확대 발전하게 된다. 도통론은 역사에서 이념의 색채가 극단화된 형태이다. 도통의 계보에 드는 시대는 존재의 세계이자 진리의 세계이고 가치 충만의 세계이다. 반대로 계보가 끊어지는 시대는 부재의 세계이자 허위의 세계이고 가치 상실의 세계이다.

따라서 '내'가 의미 있는 존재가 되는 길은, 부재의 세계를 괄호 안에 넣고 존재의 세계에 선을 맞대는 길이다. 존재의 세계를 찾아가는 것은 필연적으로 시간을 거슬러 올라가는 회귀의 과정일 수밖에 없다. 여기가 호고好古가 복고復古로 바뀌는 지점이라고 할 수 있다. 이 전환을 통해서 삼대三代는 『논어』의 세계에서는 분명히 함장하고 있던 부재를 완전히 털어버리고 순수 존재의 세계로 탈바꿈하게 되었다.

『논어』의 역사관을 사실·방향·유형 중심으로 다루느라 다른 역사적 요소에 대해 언급을 하지 못했다. 다들 알다시피 「향당」은 손님 대우, 식생활, 일상 예절 등과 관련해서 공자의 동선을 미행하듯이 보고하고 있는 곳이다. 현대의 역사학이라면 문화사나 생활사로 접근하면 춘추 시대의 단면을 충실하게 대변할 수 있으리라 생각이 든다.

이 이외에도 천인天人 관계와 「요왈」 1(514)의 역수曆數를 다룬다면 역사의 주체, 미래 예측의 문제를 좀 더 풍부하게 다룰 수 있을 것이다. 특히 후자는 훗날 맹자에 의해서 성왕 출현의 500년 주기설로 구체화되었다.(「공손추」 하13, 「진심」 하38) 또 공자가 화이華夷의 구분으로 역사의 타자 문제를 재구성해볼 수 있을 것이다.

제9장 사익 추구의 정당화
― 『논어』·명청明淸 시대의 상업서를 중심으로 ―

1. 문제 제기

우리나라 사람들은 중국과 일본 사람을 속물로 보려는 경향이 있다. 일본 사람은 'economic animal'로 부르고, 중국 사람은 '떼놈' 또는 '짱께'로 부르며 그들의 속물 근성을 강조한다. 사실 우리나라 사람이 '졸부', '갑질'을 하는 데에서 보이듯 얼마나 성스러운지 알 수 없지만 다른 나라 사람을 폄하하는 것이 그렇게 아름답게 보이지 않는다. 근대에 들어 돈을 버는 것이 이념과 가치 또는 종교 문화의 측면에서 전혀 문제가 되지 않는다. 그럼에도 불구하고 돈을 번 사람더러 뭐라고 하는 것이 우리가 벌지 못하는 것이 배가 아파서 내는 신음 소리가 아닐까? 전근대에도 돈을 버는 상 행위를 고운 눈으로만 바라보지 않았다. 전근대에 사익의 추구가 어떤 맥락에서 정당성을 얻게 되는지 그 지난한 과정을 살펴보고자 한다.

동아시아 지역은 어떻게 경제적 성공과 정치적 민주화의 진전을 이룰 수 있었을까? 이 물음은 1990년대에 인문학과 사회과학의 가장 인기 있는 화제였다. 그 해답으로는 '유교 자본주의'가 가장 강력하게 대두되었다. 사실 유교자본주의 담론은 막스 베버의 문제 의식을 공유하고 있다.[1] 왜냐하면 베버가 서구의 자본주의 발생을 마르크스처럼 경제적인 요인으로 설명하지 않고 경제외적 종교, 즉 칼뱅파라는 신교에서 찾고 있듯이 동아시아에 나타난 자본주의의 급속한 성장과 성공적인 이식을 유교라는 종교 문화에서 찾고 있기 때문이다.

동아시아에는 유교만이 아니라 다른 종교 문화 전통이 있었는데 과연 근검, 성실과 현세 지향을 유교만의 고유한 특성이라고 할 수 있을까? 또 과연 가족주의의 특성을 유교만의 핵심적 가치라고 할 수 있을까? 아니라고 한다면 유교 자본주의설은 또 다른 근거를 찾아야 한다. 예컨대 유교를 상징하는 『논어』와 같은 문헌 연구를 통해서 그 속에 특정 가치가 있다고 해서 그것이 곧바로 자본주의의 성공으로 직결시키는 것도 너무 성급한 결론 내리기라고 할 수 있다.

여기서는 유교 자본주의설 자체를 초점에 두고 논의를 펼치려고 하지 않는다. 방법론상으로 동아시아의 중추적인 사상 문화를 유교[2]로 간주하고서, 과연 유교와 자본주의를 유의미하게 연결 지을 수 있는가라는 물음을 던지고자 한다. 이를 밝히기 위해서 첫째, 이념의 차원에서 유교가 사익 추구를 긍정하는지 여부를 밝히고자 한다. 만약 유교가 사익 추구를 부정한다면, 유교와 자본주의가 연결될 수 있는 가능성이 근원적으로 없어진다. 이를 위해 의리관義利觀과 치생론治生論을 살펴보고자 한다. 둘째, 실제의 차원에서 명청明淸 시대의 상업서[3]

---

1 베버, 박성수 옮김, 『프로테스탄티즘의 윤리와 자본주의 정신』, 문예출판사, 1990 참조.

2 '유교'는 전근대 동아시아의 가장 영향력 있는 세 가지 사상, 유·불·도교 중의 하나이기도 하고, 제자백가 중의 하나이기도 하다. 명청明淸 시대에 이르러 유·불·도는 구분되기도 하면서 삼교합일三敎合一의 맥락에서 끊임없이 서로 닮아가는 특징을 드러낸다. 아울러 '유교'하면 우리는 『논어』 등 경전을 생각하기도 하고 효도와 제사처럼 민간사회에서 널리 실행되는 문화를 생각하기도 한다. 이 중 시간적으로 삼교합일과 문화로서의 유교가 오늘날과 가장 가깝다고 할 수 있다. 이 글에서는 앞의 둘처럼 엄격한 방식이 아니라 삼교합일과 문화의 맥락처럼 가장 느슨한 방식으로 '유교'를 사용하고자 한다.

3 상업서와 관련해서 위잉스余英時, 정인재 옮김, 『중국 근세 종교 윤리와 상인 정신』,

를 분석하고자 한다.[4] 추상적인 이론을 다루는 유교의 경서經書와 달리 상업서는 현실의 상업 행위와 직접적으로 관련되는 특성을 갖는다. 이런 점에서 유교와 자본주의의 직접적 인과성을 검증해볼 수 있을 것이다. 셋째, 앞의 두 가지 방법을 통해 유교와 자본주의의 연관성이 가능하다고 한다면, 결합된 특성을 가장 잘 드러낼 수 있는 것이 무엇인지 살펴보고자 한다. 이를 통해서 개인의 이익 추구가 어떻게 원망의 대상과 불안의 원인에서 벗어나 상인이 한 사회의 주역으로 등장하게 되는지 그 정당성의 과정을 파악할 수 있을 것이다.

2. 유교 문화에서 '사익 추구'의 정당성 문제
: 『논어』의 의리관義利觀과 명청 시대의 치생론治生論

공자를 비롯해서 근대 이전의 지식인들은 도덕과 경제, 사회 정의와 이익의 분배, 공공선과 사적 이익의 문제에 깊은 관심을 두었다.[5] 그 관심은 1) 사적 이익의 추구와 도덕 · 사회 정의 · 공공선의 문제가 서로 조화 가능한가 아니면 모순 대립하는가라는 논의가 끊임없이 생겨났고, 2) 국가와 학자-관료가 경제 주체가 되어 민간과 이익을 두고 경쟁을 벌일 수 있는가 없는가라는 논쟁을 일으키기도 했고, 3) 명 제국 이후 사대부가 인간다운 또는 품위 있는 삶을 위해 직접 생업에

대한교과서주식회사, 1993; 홍성화, 「명대 후기 상업서를 통해서 본 객상의 윤리의식」, 『중국사연구』 제56집, 2008.10 참조.

4 실제의 사례로 일본 자본주의 초기의 타락을 극복하고자 했던 시부사와 에이치의 사례를 검토해볼 만하다. 시부사와 에이치澁澤榮一, 『논어와 주판論語と算盤』, 國書刊行會, 1985 참조.

5 장리원張立文은 의義와 리利의 차이를 도의와 공리, 도덕적 가치와 물질적 가치, 전체 이익과 개인 이익, 의무와 권리 등 네 가지 방식으로 분류하고 있다. 『중국철학범주발전사中國哲學範疇發展史』, 中國人民大學出版社, 1995, 180~182쪽 참조.

종사할 수 있는가 없는가라는 주제가 현안으로 대두되었다. 1)은 의리義利 논쟁으로 불리고, 2)는 여민쟁리與民爭利와 불여민쟁리不與民爭利의 논점을 형성했고, 3)은 치생관治生觀으로 불린다. 역사적으로 보면 2)는 주로 국가의 전매 정책이나 관료의 이익 집단화를 경계하는 맥락에서 사용되었는데, 시간의 경과와 함께 자연히 3)의 논점과 합류하게 되었다. 그래서 앞으로 1)과 3)을 중심으로 논의를 진행하고자 한다.

근대 이전의 의리관은 크게 두 가지로 대별할 수 있다. 하나는 의義의 주도설이고 다른 하나는 의義와 리利의 대립설이다. 전자는 의와 리가 공존하며 사회 질서를 풍부하게 하므로 충돌할 이유가 없거나 의가 리를 완전히 통제함으로써 리가 독립적으로 어떠한 사회 문제를 일으키지 못하게 한다는 것이다. 이러한 주장의 대표적인 사례로 "의는 이익의 받침대이고 탐욕은 원망의 근원이다. 의를 저버리면 이익이 보장되지 못하고 탐욕을 지나치게 부리면 원망이 생겨난다."는『국어』의 구절을 들 수 있다.[6]

여기서 이익은 어떠한 제약 없이 자유롭게 추구할 수 있는 것이 아니라 의義라는 범위 안에서 허용되는 것이다. 의義가 없으면 리利는 소유할 수도 보장될 수도 없다. 그럼에도 불구하고 사람이 의를 침해하거나 또는 의에 허용되지 않는 방식으로 이익을 가지려고 하면, 그 추구는 곧 부도덕한 탐욕의 징후가 된다. 탐욕은 누구도 간섭할 수 없으며 더 많은 이익을 위해 온갖 위험을 감내할 수 있는 개인적인 생산적 에너지로 간주되지 않고 주위의 불만과 갈등을 낳는 원인이 된다. 이러한 의와 리의 관계를『좌씨전』에서는 "의는 이익의 근본이다."라며 보다 명확하게 규정하고 있다.[7]

---

6 「진어晉語」 2 "義者, 利之足也. 貪者, 怨之本也. 釋義, 則利不立. 厚貪, 則怨生."
7 소공 10년 "義, 利之本也."

후자는 의義와 리利는 근원적으로 모순 대립의 관계에 있으므로 사회 정의와 공공선을 이루려고 하면 리利를 적극적으로 억압할 수밖에 없다는 것이다. 이러한 주장의 대표적인 사례로 우리는 맹자의 '의義를 뒤로 하고 리利를 앞세우는 후의선리後義先利의 상황'에 대한 비판을 거론할 수 있다. 그는 사람이 자기 보존의 욕구에 충실해서 이익을 추구하게 되면 하극상이 생겨나 사회질서가 무너질 뿐만 아니라 만인의 만인에 대한 투쟁이 생겨나 약탈의 악순환이 생겨난다고 주장했다.[8] 맹자의 말에서 앞과 뒤는 발생의 순서를 가리키는 것이 아니라 결코 뒤바뀔 수 없는 가치의 서열을 말하는 것이다. 즉 후의선리後義先利의 상황은 약탈과 타락이 판을 치는 극도로 혼란한 사회이고 그것을 선의후리先義後利의 상황으로 바꿀 때 비로소 인간적 삶이 가능해진다는 것이다. 이러한 리利와 의義의 모순 관계는 "부자가 되려고 하면 도덕적 사람이 될 수 없고, 도덕적인 사람이 되려고 하면 부자가 될 수 없다."라는 말에서 한층 분명하게 나타나고 있다.[9]

그러나 주도설과 대립설은 난제에 부딪칠 수 있다. 의義가 리利를 완전히 압도하더라도 물질 생산이 부족하다면 '궁핍한(가난한) 도덕 세상'을 낳을 수 있다. 리利가 의義의 통제를 벗어나 물질 생산이 풍족하게 되더라도 '부패한(타락한) 물질 세상'을 낳을 수 있다. 의와 리는 이론적 차원에서 극단적인 선택이나 완전한 주도가 가능할지 몰라도 현실의 차원에서 의와 리는 상호 수렴될 수밖에 없는 것이다.

---

8 「양혜왕」 상1 "王曰何以利吾國, 大夫曰何以利吾家, 士庶人曰何以利吾身. 上下交征利, 而國危矣. …… 苟爲後義而先利, 不奪不饜."

9 『맹자』 「등문공」 상3 "爲富, 不仁矣. 爲仁, 不富矣." 이 말은 『맹자』에 나오지만 맹자의 말이 아니라 춘추시대 양호陽虎의 말이다. 이 구절에 대해 주희는 부富(리利)와 인仁(의義)이 병존할 수 없는 절대적 대립 관계에 있다고 풀이하고 있다. "天理人欲, 不容並立. 虎之言此, 恐爲仁之害於富也. 孟子引之, 恐爲富之害於仁也. 君子小人, 每相反而已矣."

이와 관련해서 『주역』「건괘乾卦 · 문언전文言傳」의 내용은 확실히 주목할 만한 가치가 있다.

"이익은 의의 총화總和이다. 자율적 인간은 만물을 이롭게 만들어 정의가 세계의 화합을 이루게 할 수 있다."[10]

여기서 리는 의가 실현될 수 있는 물질적 토대 또는 공동체의 자원으로 간주되고 있다. 토대와 자원은 정의가 고통스런 현실에서 찾는 금욕의 정신적 만족이 아니라 최소한 물질적 삶이 보장된 상황에서 공동체의 통합을 가능하게 하는 조건인 것이다.

『논어』에서는 의義와 리利의 관계에 대해 어떤 주장을 펼치고 있을까? 위의 논의 중에서 『논어』의 의와 리의 관계는 『주역』의 경우와 가까워 보인다. 언뜻 보면 공자가 리의 가치를 낮게 보거나 부정하는 듯한 내용이 있다. 예컨대 "이익을 좇아 달려가면 이런저런 원망의 소리를 많이 듣게 된다."라든가 "군자는 의에 투철하고 소인은 이익에 투철하다."라는 구절이 있다.[11] 공자는 리가 갈등과 같은 사회 문제를 일으키는 원인이 되는 것으로 보고 군자는 이익 추구로부터 거리감을 유지할 것을 요구하고 있다.

하지만 이를 근거로 공자가 이익의 추구 자체를 부정했다고 볼 수는 없을 듯하다. 오히려 그는 의와 리 사이의 긴장 관계를 유지할 것을 주문했다고 보는 편이 타당할 듯하다. 그는 "이익을 보면 정의를 따져보라."고 요구하면서 의와 충돌하는 이익의 가치를 전혀 인정하지 않았지만 그렇다고 의와 충돌하지 않는 이익의 추구와 그 가능성

---

10 "利者, 義之和也. …… 君子 …… 利物足以和義." 위의 번역은 공영달의 주석을 반영했다. "君子利益萬物, 使物各得其宜, 足以和合於義, 法天之利也."

11 「리인」 12(078) "放於利而行, 多怨." 「리인」 16(082) "君子喩於義, 小人喩於利."

을 결코 부정하지 않았다.[12] 극단적으로 공자는 자신이 경제적 부를 추구해야 할 상황이라면 채찍을 잡는 일조차 결코 마다하지 않을 것이라고 힘주어 말하고 있다.[13]

공자는 왜 이익의 추구 또는 경제적 가치를 강하게 부정하지 않았을까? 그 대답은 두 가지 방면에서 찾아볼 수 있다. 첫 번째 실마리는 공자가 염유冉有와의 대화에서 좋은 국가의 3단계를 밝히는 데에서 드러난다. 좋은 국가가 되려면 공자는 먼저 인구가 많아야 하고 그 다음 경제적으로 풍족하게 하고 마지막으로 교육을 시켜야 한다고 보았다.[14]

이런 주장은 『관자』의 첫 구절 "입고 먹는 문제가 해결되어야 비로소 사람들이 예절을 따지게 된다."[15]는 것과 일치한다. 즉 적정성에 대한 구체적인 언급은 없지만 경제적 가치는 금기시되는 것이 아니라 공공 윤리나 도덕적 구원을 위한 전제 조건으로서 거론되고 있다. 이 전제 조건은 "모든 사람들에게 은혜를 베풀고 문제 상황에 있는 사람들을 모두 해결해주는" 박시제중博施濟衆으로 종합할 수 있지만,[16] 고대의 이상적인 제왕인 요순도 도달하기 어려운 목표였다.

두 번째 실마리는 공자가 춘추시대 정나라의 정치가 자산子産을 은혜를 베푼 사람으로 평가하는 맥락에서 잘 드러난다.[17] 정치가의 은혜

---

12 「헌문」 13(361) "見利思義."「술이」 16(167) "不義而富且貴, 於我如浮雲." 공자는 의 이외에도 이익 또는 부귀는 도道(「리인」 5(071))나 명命(자공의 사례. 「선진」 19(287))와 부합할 것을 요구하고 있다. 세분하면 다르겠지만 이 글에서는 의義와 도道, 명命을 유사한 맥락으로 보고 논의를 진행하고자 한다.

13 「술이」 12(163) "富而可求也, 雖執鞭之士, 吾亦爲之."

14 「자로」 9(327) "子適衛. 冉有僕. 子曰: 庶矣哉! 冉有曰: 旣庶矣, 又何加焉? 曰: 富之. 曰: 旣富矣, 又何加焉? 曰: 教之."

15 「목민牧民」 "衣食足而知禮節."

16 「옹야」 30(151) "子貢曰: 如有博施於民而能濟衆, 何如? 可謂仁乎? 子曰: 何事於仁! 必也聖乎! 堯舜其猶病諸!"

17 「공야장」 17(109) "其養民也惠."「헌문」 10(358) "惠人也."

는 일방적으로 통제하고 관리하는 지도력이 아니라 "백성들이 이롭다고 여기는 것을 하게 해서 이익이 생기도록 하는 것이다."[18] 은혜의 지도력은 불평불만의 소리를 생기게 하지 않고 "사람에게 일을 부과할 수 있는" 정치적 효과를 거둘 수 있다.[19]

지금까지 논의를 통해서 우리는 『논어』에서 의와 리는 극단적 대립의 관계보다 리가 의의 확대에 기여할 수 있다는 『주역』의 관점에 가깝다는 것을 알 수 있었다. 공자는 이익 추구 또는 경제 행위가 긍정될 수 있는 두 가지 기준을 제시하고 있다. 첫째 기준은 이익 추구가 사회 정의나 공공선[의義 · 도道 · 명命]과 부합해야 한다는 것이다. 둘째 기준은 이익 또는 그 추구가 반드시 원망에 직면할 수밖에 없으며 은혜는 상대의 원망을 사그라지게 할 뿐만 아니라 시혜자의 의지대로 상대를 변화시킬 수 있다고 보았다. 종합하면 공자의 입장에서 볼 때 이익 추구는 이념의 차원에서 의義 · 도道 · 명命과 충돌하지 않아야 하고 현실의 차원에서 시혜를 통해 원망을 줄이는 방향으로 진행될 수 있는 것이다.

이 중에서 특히 원망과 시혜의 변주는 근대 이전의 경제 행위와 이익 추구 또는 현대 동아시아의 기업 경영을 이해하는 핵심 코드라고 할 수 있다. 근대 유럽의 시민 계급은 경제적 성장을 바탕으로 정치 영역에 침투하여 국가 권력의 주도권을 장악했고, 그 힘을 바탕으로 자유로운 경제 활동을 가능하게 하는 법제화를 끊임없이 현실화시켰다.

이와 달리 전근대 동아시아 사회의 상업인(실업인)은 자신들의 정치적 역량을 조직적으로 결집하지도 못했고 국가의 제도적 뒷받침을 받지 못한 채 경제 행위에 종사할 수밖에 없다. 이런 불안한 환경에

---

18 「요왈」 2(515) "因民之所利而利之."
19 「양화」 6(457) "惠則足以使人."

서 상업인은 이념과 충돌하지 않으면서도 특히 구체적 현실 세계에서 원怨의 발생을 최소화시키기 위해서 혜惠에 매달릴 수밖에 없었다. 여기서 원과 혜의 변주는 오늘날 기업의 사회적 책임(CSR)과 상통하는 점도 있지만 자발적이며 능동적 기부라기보다 부정적 인식을 해소하기 위한 희생犧牲으로 독해될 수 있는 측면이 있는 것이다. 나중에 좀 더 자세하게 검토하고자 한다.

공자 이후에 의리관은 역사적으로 끊임없이 주도설과 대립설이 부침했다. 그 중에서도 동중서董仲舒의 대립설은 주류적인 목소리로서 주목할 만한 가치가 있다. "사랑과 평화를 주장하는 이는 정의를 지키고 사적 이익을 꾀하지 않고 도의를 밝히지 업적을 셈하지 않는다."[20] 이 구절에만 국한하면 동중서는 의와 리를 극단적인 대립 관계로 보는 맹자의 입장에 동조하는 듯하다.

그의 『춘추번로』를 보면 이익을 꾀하지 않는다는 맥락이 잘 드러난다. "군자는 하루 종일 이익이란 말을 끄집어내지 않는다. 공직자가 앞장서서 돈 이야기를 하지 않으면 말끝마다 '돈돈'하는 사람으로 하여금 부끄럽게 만들 수 있다. 한두 사람이 부끄러움을 느끼게 되면 결국 돈독으로 인한 사회 문제의 근원을 뿌리 뽑을 수 있다."[21] 군자가 앞장서서 이익을 따지게 되면 온 사회가 이익을 따지는 목소리로 가득 차게 될 것이다.

군자가 이익 문제에 직접적으로 개입하지 않음으로 인하여 사회적 관계가 오로지 이익에 의해서 좌우되는 흐름을 완화시키거나 억제시킬 수 있는 것이다. 즉 동중서는 국가 또는 사회 지도층은 우월적인 지위를 활용해서 이익을 두고 백성들과 경쟁할 것이 아니라 오히려

---

20 『한서』「동중서전」 "夫仁人者, 正其誼不謀其利, 明其道不計其功. 是以仲尼之門, 五尺之童, 羞稱五覇, 爲其先詐力, 而後仁義也."

21 「옥영玉英」 "故君子終日言不及利, 欲以勿言愧之而已, 愧之以塞其源也."

백성들이 고통과 문제 상황을 해결하는 데에 관심을 가져야 한다는 것이다.[22] 이러한 요구가 국가나 학자-관료가 백성을 이익 경쟁에 나서지 못하게 할 뿐만 아니라 백성들에게 자유로운 이익 추구 또는 상업 행위를 억제하는 방향으로 나아가게 할 수 있을 것이다.[23]

명 제국의 초기 홍무제洪武帝(1368~1398)만 해도 1385년에 백성들이 사민四民의 신분에 따라 적합한 직업을 갖도록 이끌고 그 이외의 다른 생업을 구해 고향을 떠나 다른 곳을 돌아다니지 않도록 조처를 취했다. 또 영락제 2년(1404)에 간행된 『목민심감牧民心鑑』은 지방관이 업무를 수행할 때 참고할 만한 지침서인데, 그곳에서 백성이 가질 수 있는 올바른 직업으로 군관官·군군軍·의醫·무筮·사士·농農·공工·상商으로 요약하고 있다.[24] 약 20여 년 시간적 차이가 있음에도 불구하고 상인이 가장 아랫자리에 있는 것에는 변화가 없었다.

그런데 유학사에서 사대부士大夫의 사익 추구와 관련해서 원元 제국의 허형許衡(1209~1281)은 획기적인 발언을 던졌다. 훗날 그의 발언은 왕양명의 문하에서 재논의될 정도로 그 말이 일으킨 반향은 결코 무시할 수 없었다.

"학자라도 치생治生을 가장 먼저 해결해야 할 일로 보아야 한다. 만약 살림살이가 넉넉하지 않으면 배움을 향한 길에 어려움이 생길 수 있다. 저들이 모든 곳에 손 내밀고 사리를 꾀하거나 관리가 되어서 이익

---

22 「인의법仁義法」 "所以治人與我者, 仁與義也. 以仁安人, 以義正我."
23 『춘추공양전春秋公羊傳』 환공 5년의 "환공관어당[桓]公觀於棠"에 대해 하휴何休는 "恥公去南面之位, 下與百姓爭利."라며 노루 환공桓公의 수렵 행위를 비판하고 있다. 또 『예기』 「방기坊記」의 "君子不盡利以遺民."에 대해 정현은 "불여민쟁리不與民爭利"라고 풀이했다.
24 티모시 브룩, 이정·강인황 옮김, 『쾌락의 혼돈: 중국 명대의 상업과 문화』, 이산, 2006 2쇄, 103~104쪽 참조.

에 혈안이 되는 것은 아마 살림살이가 궁색해서 그렇게 된 것이다. 사
대부는 대부분 농사에 진력해서 생업을 해결한다. 상업이 비록 눈앞에
보이는 이익을 추구한다고 하더라도 할 만한 가치가 있다. 만약 상업에
종사하더라도 의리를 잃지 않는다면 잠깐 한때의 문제를 해결하는 것으
로 아니 될 것이 없다."[25]

허형이 말하는 치생治生은 원래 『사기史記』 「화식 열전貨殖列傳」에
처음 보이는데 두 가지 의미를 나타낸다. 넓은 뜻으로는 생업(생계)을
위해 경제 행위 일반에 종사하여 이익을 추구하는 것을 가리키고, 좁
은 뜻으로는 상업에 종사해서 이익을 벌어들인다는 뜻이다.[26] 그의 주
장은 두 가지 측면에서 파격적이라고 할 수 있다. 먼저 '치생'의 요구
는 국가 또는 학자-관료가 민과 이익 경쟁을 하지 않는다는 규범과 정
면으로 충돌하고 있다. 다음으로 '치생'의 요구는 공자의 박시제중博施
濟衆이나 범중엄范仲淹의 선우후락先憂後樂의 구세 의식의 포기로 비
추어지기 때문이다.[27]

그렇다면 허형은 고전적인 사대부 이상의 종언을 고하는 발언을 왜
하게 되었을까? 우선 그의 발언을 보면 생리生理, 개인의 경제적 사정
을 이유로 제시하고 있다. 경제적 사정이 넉넉하지 않으면 학업 수행

---

25 『허문정공 유서許文正公遺書』 권말 「허노재선생보許魯齋先生年譜」(鄧士範 撰) "爲
學者, 治生最爲先務. 苟生理不足, 則於爲學之道有所妨. 彼旁求妄進, 及作官嗜利者,
殆亦窘於生理所致也. 士子多以務農爲生. 商賈雖爲逐末, 亦有可爲者. 果處之不失義
理, 或以姑濟一時, 亦無不可." 같은 글이 황종희의 『송원학안宋元學案』 권90 「노재
학안魯齋學案」에 수록되어 있는데 글자의 출입이 있다. 이와 관련해서 팡쉬둥方旭
東, 「儒學史上的治生論」, 『學術月刊』 제38권 6월호, 2006.6 참조.

26 후파구이胡發貴, 「從謀道到謀食」, 『中州學刊』 제5기(총제137기), 2003.9, 158쪽;
팡쉬둥方旭東, 위의 글, 74쪽 각주 1번 참조.

27 범중엄은 「악양루기岳陽樓記」에서 "先天下之憂而憂, 後天下之樂而樂歟"라는 사대
부의 강한 구세救世 의식을 표방했다. 이를 줄여서 선우후락先憂後樂이라 한다.

에 지장이 생기고, 또 과거에 급제해서 관료가 된다고 하더라도 탐관오리가 될 수 있다는 것이다. 학업의 중도 포기와 탐관오리의 발생은 개인적 심성 또는 인격의 문제가 아니라 경제적 압박에 의해 초래되는 사회적 문제라는 것이다.

허형의 주장은 개인적 경험이나 시대적 상황과 관련이 있다. 허형은 집안이 대대로 농사를 지었고 조금 자라서는 목마른 자가 물을 찾듯이 배움에 탐닉했지만 세상이 혼란하고 집안이 가난해서 책을 구할수 없었다. 허형 자신도 ‧직접 농사를 지었고 곡물이 잘 자라면 밥을 먹지만 그렇지 않으면 겨와 나물을 먹었다.[28] 이런 현상은 허형 집안의 개인적 사정이기도 하지만 송원宋元 왕조의 교체 과정에 벌어졌던 장기간 지속되었던 전란, 거란의 금과 몽골의 원이 유목 민족으로 약탈 경제에 익숙하고 농상에 익숙하지 않던 사정 등으로 인해 한층 더 심화되었던 것이다.[29]

이 이외에도 송나라 이후로 꾸준히 증가한 인구가 사대부의 경제적 기반에 큰 영향을 주었다. 예컨대 총 인구 수에서 진사進士가 차지하는 비중을 추산해보면, 남송은 0.0006547%이고 명은 0.000055%이고 청은 0.000031%였다. 남송 이래 과거 응시자는 늘어나는 반면 합격자의 수가 줄어들자, 경제적 여유가 없는 과거 준비생들은 학업의 지속에 상당한 압박을 느낄 수밖에 없었던 것이다.[30]

이처럼 허형이 활약했던 왕조 교체의 과도기나 안정된 명청明淸 시

---

28 『원사元史』「허형 열전許衡列傳」"稍長, 嗜學如饑渴. 然遭世亂, 且貧無書. …… 家貧躬耕, 粟熟則食, 粟不熟則食糠核茶茹, 處之泰然, 謳誦之聲聞戶外如金石."『육구연집陸九淵集』「송고육공묘지宋故陸公墓誌」에 따르면 송의 육구연 집안도 가난해서 약장사를 했다. "家素貧, 無田業, 自先世爲藥肆以養生."『육구연집陸九淵集』, 中華書局, 2008, 322쪽 참조.

29 쿵위제孔玉傑, 「試論許衡的治生說及其歷史意義」, 『學習論壇』 제21권 제2기, 2005.2, 63쪽 참조.

30 왕스광王世光, 「淸儒治生觀念芻議」, 『雲南社會科學』 2002년 제4기, 82쪽 참조.

대에도 국가는 박시제중博施濟衆과 같은 공적 목표나 이상의 실현이 불가능했다. 허형의 사대부 치생론은 전통적인 사대부의 이상을 포기한 것처럼 보일지라도 국가의 실패(부재)를 개인 또는 가족 단위에서 해결할 수밖에는 없는 현실적 정당성을 가지고 있다고 할 수 있다.

그러나 사대부가 수신修身과 구세救世의 이상을 위반한 채 치생에 종사한다고 하더라도 그 '변신變身'[31]이 현실적 이유로만으로 정당화되기는 어렵다. 변신이 사대부의 이상과 양립 가능하다는 이념적 차원에서 정당화될 수 있어야 한다. 이와 관련해서 왕양명王陽明(1472~1529)은 일찍이 주목할 만한 주장을 내놓았다. 왕양명은 제자로부터 허형의 주장이 타당한지 질문을 받고 자신의 대답을 내놓았다.

"황직이 물었다. 허형이 학자는 생업의 도모를 먼저 해결할 일로 보아야 한다고 주장한 것을 선생님께서는 그 주장이 사람을 잘못된 길로 이끈다고 비판한 적이 있는데(『전습록』 권상 56조목) 무슨 이유입니까? 어찌 선비가 가난한데도 우두커니 가만히 앉아서 영리를 꾀하지〔경영經營〕 않을 수 있습니까?

선생이 대답했다. 학자는 생업을 도모하면서 공부를 진력해야 한다고 하면 괜찮다. 만약 생업의 도모를 먼저 해결할 일로 본다면, 학자로 하여금 영리에 혈안이 되도록 하므로 결코 옳지 않다. …… 하지만 생업을 가장 먼저 해결할 일로 쳐서는 안 되는데, 영리를 꾀하려는 마음

---

31 명청 시대에 사대부가 경제적인 이유로 유자의 역할을 포기하고 상업에 종사하는 "기유종상棄儒從商"의 현상이 유행했다. 풍몽룡馮夢龍의 『성세항언醒世恒言』에서는 이를 '개업改業'이라 불렀다. 한편 현대 중국이 자본주의를 도입한 후 공무원과 교원 등이 물가에 시달리며 원래 직업을 버리고 상공업에 경쟁적으로 뛰어들었다. 이를 '시아하이下海'라고 표현한다. 명청 시대의 소설에 나타난 '개업'과 관련해서 탕린쉬앤唐林軒, 「明淸小說中的棄儒從商現象」, 『湖南工程學院學報』 제16권 제3기, 2006.9; 탕린쉬앤唐林軒 · 쑹경춘宋耕春, 「難以棄舍的'儒'之情結」, 『湖南工程學院學報』 제18권 제2기, 2008.6 참조.

을 키워주기 때문이다. 만약 이와 관련해서 마음의 본체에 아무런 해를 끼치지 않도록 완전하게 조정할 수 있다면, 비록 하루 종일 물건을 사고판다고 하더라도 시장 속의 학자가 성인이 되고 현자가 되는 것을 해치지 않는다."[32]

황직은 학자로서 학업의 지속과 경제적 사정을 모순 관계로 파악하고 있다. 만약 선비라도 가난해서 생계에 문제가 되는 상황이라면, 무력하게 자신의 형편을 방관할 것이 아니라 학업보다 생업의 문제를 일차적으로 고려할 수 있는 것이다. 이와 대비해볼 만한 흥미로운 사례가 있다. 북송 정이程頤(1033~1107)는 경제적으로 곤궁한 과부가 재혼하는 것이 어떤가라는 질문을 받고서 "굶어죽는 일은 아주 작은 문제이지만 절개를 잃는 일은 너무나도 큰 문제이다."라고 대답했다.[33] 정이와 허형·황직은 과부와 학자처럼 서로 다른 대상을 말하지만 모두 경제적 문제로 규범과 충돌한다는 점에서 공통점을 지니고 있다. 문제는 공통되지만 해법은 달리한다. 정이는 규범을 우선시하지만 허형·황직은 생계를 우선시하고 있다.

왕양명은 선비의 학업과 생업의 문제를 구체적인 개인의 문제가 아니라 전체적인 차원으로 고려하고 있다. 이에 따라 허형의 주장과 황직의 판단이 초래할 일반적 상황을 고려해서 그것이 사람을 잘못된 길로 이끈다고 비판했던 것이다. 하지만 왕양명도 허형과 황직이 던진 학업과 생업이 모순으로 치달을 수 있는 현실적 가능성을 완전히

---

32 『전습록 습유』 14조목 "黃直問: 許魯齋言學者以治生爲首務, 先生以爲誤人, 何也? 豈士之貧, 可坐守不經營耶? 先生曰: 但言學者治生上盡有工夫, 則可. 若以治生爲首務, 使學者汲汲營利, 斷不可也. 且天下首務, …… 但不可以之爲首務, 徒啓營利之心. 果能於此處調停得心體無累, 雖終日做賣買, 不害其爲聖爲賢." 주석과 풀이는 정인재·한정길 역주, 『전습록』, 청계, 2004, 208, 884~885쪽 참조.
33 『이정 유서二程遺書』 제22권하 "餓死事極小, 失節事極大."

무시할 수 없다.

왕양명은 치생과 강학이 모순되지 않을 수 있다는 전제에서 중재안을 내놓고 있다. 1) 학자는 치생을 하면서 성현聖賢이 되는 공부를 하는 것은 가능하지만 치생을 최선의 목표로 설정하는 것은 바람직하지 않다. 2) 마음의 본체가 영리에 의해 좌지우지되지 않는다면 실제로 상업에 종사하더라도 성현이 되기 위한 공부에 아무런 방해가 되지 않는다는 것이다. 즉 왕양명은 성현이 되려는 공부와 영리를 목적으로 하는 치생(상업)의 충돌 가능성을 알고 있었지만 전자가 후자를 완전하게 통제할 수 있다는 전제하에서 둘의 양립 가능성을 긍정하고 있다.

이것은 전통적인 사민론四民論과 비교할 때 획기적이다. 왕양명의 주장에 따르면 유자이면서 직접 농사를 지을 수도 있고 나아가 상업의 영리를 도모할 수도 있을 뿐만 아니라 일시적으로 공부를 중단하거나 유보하고서 상업으로 개업改業할 수도 있는 것이다. 이제 사민은 고정된 신분 질서가 아니라 겸업과 개업이 가능한 새로운 시대에 살게 되었다.[34]

왕양명은 실제로 유업을 버리고 상업의 길로 들어섰던(기유취가棄儒就賈) 방린이란 인물을 위해 묘표墓表를 쓴 적이 있다. 그는 이 사람의 일대기를 분석하고서 전통적인 사민론에 충격을 줄 만한 또 다른 주장을 한 적이 있다.

"소주 곤산崑山에 절암 방린 사람이란 사람이 있었는데, 원래 선비로서 과거 공부를 했었다. 그러다가 얼마 뒤 학업을 내던지고 처가 주씨

---

34 이런 측면에서 왕양명의 말은 전통적인 사민론을 넘어서는 신사민의 특성을 갖는 것으로 평가받고 있다. 이와 관련해서 위잉스, 정인재 옮김, 위의 책, 175~206쪽 참조.

朱氏 집안의 일을 따라하며 생활했다. 주씨 집안은 전부터 장사를 업으로 했었다. 방린의 친구가 말했다. 당신은 왜 선비의 길을 버리고 상인의 길을 따르는가? …… 내가 말했다. 옛날에 사·농·공·상의 사민은 직업을 달리하지만 도리를 같이한다. 그들이 마음을 기울인 것은 동일하다. 선비는 도에 따라 수양하고 다스리며, 농부는 도에 따라 식량을 갖추어서 봉양하고, 공인은 도에 따라 도구를 이롭게 만들고, 상인은 도에 따라 재화를 유통시켰다. 사민은 제각각 자질(적성)이 가깝고 힘이 미치는 곳에 나아가서 생업으로 삼아서 온 마음을 다 쏟아부었다. 요점은 네 분야의 활동이 하나같이 사람을 살리는 길에 보탬이 되는 데에 있었다."[35]

글의 성격상 왕양명은 위촉받은 인물을 비판하는 글을 쓸 수 없겠지만 유업을 버리고 상업의 길로 들어섰던 인물을 위해 글을 썼다는 사실만으로 특기할 만하다. 아울러 그는 앞의 인용문에서 펼쳤던 사민의 겸업론兼業論과 개업론改業論에서 한 걸음 더 나아가고 있다. 그것은 다름이 아니라 사민이 직업을 달리하지만 이치를 공유하고 있다는 이업동도異業同道이다.

적어도 이 주장에 따르면 정치 혁명에 의한 신분 제도의 철폐를 내세우지 않는다고 하더라도 사민 사이의 위계성이 부각되지 않고 있다. 오히려 사민이 각기 다른 방식(직업)으로 도의 세계에 공동으로 참여하고 있는 성원으로 고려되고 있다. 이 주장의 의의를 강조한다면 적어도 사람이 상업에 종사하지 못할 이유는 없어지게 된다. 즉 법

---

35 『왕양명 전집』 권25 외집7 「절암방공묘표節菴方公墓表」 "蘇之崑山有節菴方公麟者, 始爲士, 業擧子. 已而棄去, 從其妻家朱氏居. 朱故業商, 其友曰: 子乃去士而從商乎? …… 陽明子曰: 古者四民異業而同道, 其盡心焉, 一也. 士以修治, 農以具養, 工以利器, 商以通貨, 各就其資之所近, 力之所及者而業焉, 以求盡其心. 其歸要在於有益於生人之道, 則一而已."(940쪽)

에 의해 보장되는 근대 세계의 사민 평등과 직업 선택의 자유는 아니
더라도, 사민이 종사하는 직업에 따라 차별받을 수 있는 근거가 부정
되고 있다.

왕양명王陽明의 이업동도설은 허형의 치생론에 의해 촉발되어 귀결
된 결론이다. 하지만 이업동도설이 제기되자 그것은 그 자체만으로
새로운 논의를 촉발시켰다. 그것은 다름 아니라 1) 치생의 의의가 어
디까지 긍정될 수 있는가, 2) 영리 추구로서 치생이 직업으로서 가능
하더라도 도덕 규범과 양립이 양립 가능한가, 3) 치생의 사적 이익은
공동선의 실현과 충돌하지 않는가 등이 있다. 이 문제는 공자의 문제
틀에서 보면 의리관義利觀과 관련된다. 이에 대해서 명말청초의 진확
陳確(1604~1677)의 주장에 살펴볼 필요가 있다. 그는 허형의 주장을
본뜬 「학자이치생위본론學者以治生爲本論」을 썼다.

"나는 일찍부터 독서와 치생이 짝이 된다고 생각했으므로 두 가지가
모두 배우는 사람의 근본적인 일인데, 치생이 독서보다 더 절실하다.
그러나 세상에서 떠드는 독서나 치생과 같다면 그 독서는 독서가 아닌
데, 이것저것 많이 알려고 할 뿐이고 들은 대로 생각 없이 내뱉는 것일
뿐이다. 만약 영리를 추구할 뿐이라면, 그런 치생은 진정한 치생이 아
니다. 그것은 자기가 있는 줄 알지 주위 사람이 있는 줄 모르고, 아내와
자식이 있는 줄 알지 부모와 형제가 있는 줄 모를 뿐인데도 어찌 또 배
운다고 할 수 있겠는가? …… 어찌 성현이 되기를 배우는 사람이 부모
와 처자를 제대로 봉양하지 못하고서 남이 봉양해주기를 기다리는 사람
이 있겠는가?"[36]

---

36 『진확집』 문집 권5 "確嘗以讀書治生爲對, 謂二者眞學人之本事, 而治生尤切于讀書.
然第如世俗之讀書治生而已, 則讀書非讀書也, 務博而已矣, 口耳而已矣, 苟求營利而已
矣. 治生非治生也, 知有己, 不知人而已矣, 知有妻子, 不知有父母兄弟而已矣, 而又何
學之云乎? …… 豈有學爲聖賢之人而父母妻子之不能養, 而待養于人者哉!"(中華書局,

진확의 주장에서 가장 눈에 띄는 것은 치생의 비중이다. 그는 치생이 독서보다 더 중요하다고 말하지 않지만 더 절실하다고 말하면서 치생의 의의를 끌어올리고 있다. 그 결과 치생은 독서를 가능하게 하는 여건 또는 배경이 아니라 그와 지위를 나란히 하는 짝으로 고려되고 있다. 아울러 치생은 부모와 처자 등 인륜 관계를 지탱하는 물질적 토대로 간주되고 있다. 여기서 형식적인 측면에만 주목하면 진확의 치생과 공자의 서庶 · 부富 · 교敎의 논의와 차이가 없어 보인다.[37]

하지만 공자가 말한 서 · 부 · 교의 주체는 국가(군주)이다. 즉 군주가 서 · 부 · 교의 기회와 혜택을 제공해서 사민이 제각각 고유한 일을 수행하게 하고 다른 직업을 넘보지 못하도록 하는 것이다. 진확이 말하는 치생의 주체는 철저하게 처자 · 부모 · 형제를 가진 개인(가부장)이다. '나'는 군주가 베푸는 은혜(구원)만을 기다리는 수동적 존재가 아니라 스스로 생업을 다스리는 치자[치생자治生者]가 되고 있다. 그 '나'의 탄생은 명청 시대의 상업 발전과 관련이 있다.[38] 왜냐하면 '내'가 생산의 주기가 고정된 농업에 종사할 경우 자연재해 등으로 흉작이 되면 국가(군주)의 구원에 의지할 수밖에 없지만 영리의 기회가 개인의 노력에 의해 용이하게 창출될 수 있는 상업에 종사한다면 군주의 구원이 아니라 개인의 구원이 가능해지기 때문이다.

국가에 전적으로 의존하지 않는 개인의 등장으로 인해 의리관의 수정이 불가피해졌다. 첫째, 치생[리利]이 도덕[의義]과 충돌하는 것이

2009, 158쪽)

37 「자로」 9(327) "子適衛, 冉有僕. 子曰: 庶矣哉! 冉有曰: 旣庶矣, 又何加焉? 曰: 富之. 曰: 旣富矣, 又何加焉? 曰: 敎之."

38 명청 시대의 경제적 성장은 전례에 비추어 '획기적'이라는 평가를 받는다. 이 평가는 사회 경제사에서 '자본주의 맹아설'로 논쟁을 일으킨 비기 있다. 이와 관련해서 개설적인 논의로는 오금성 외, 『명청시대 사회경제사』, 이산, 2007의 「수공업」 부분 참조.

아니라면 영리 추구와 나아가 감각적 욕망이 반도덕의 근원으로 규정
되지 않게 된다. 나아가 이제 도덕은 사람의 신체적 욕망으로부터 초
월적으로 존재하는 것이 아니게 된다. 이것은 진확이 "사람의 욕망이
정당하다면 그것이 곧 천리이다."는 말에서 여실히 드러난다.[39]

　둘째, 치생의 단위가 개인이므로 사적 영리를 추구하게 하는 욕망
은 억제의 대상이 아니라 도덕을 가능하게 하는 근원으로 재해석될
수 있다. 즉 '내'가 사적 욕망을 지니고 있으므로 그에 따라 치생을 하
게 되고 그 결과 자신을 돌보게 되고 또 단계적으로 사랑을 넓혀갈
수 있다. 이 사랑은 사변적 차원의 주장이 아니라 굶주린 자에게 먹을
것을 주고 헐벗은 자에게 입을 것을 주는 실질적 차원이다. 이것은 진
확이 "사적 욕망이 있다는 것은 내가 군자가 될 수 있는 근원이다."는
말에서 잘 나타나고 있다.[40]

　진확의 결론과 관련해서 다시 생각해볼 인물은 바로 허형이다. 『원
사元史』의 열전에 따르면 그의 경제 사정은 학업을 안정적으로 지속
할 형편이 아니었다. 이것은 그로 하여금 '치생'에로 관심과 실행을 하
도록 했다. 결과적으로 그는 재산의 여유가 생기자 그것을 오로지 자
신만을 위해서 쓰지 않았고 가난한 집안사람과 유생들에게 나누어 주
었고, 의義에 맞지 않으면 다른 사람으로부터 조금의 호의도 받으려고
하지 않았다.[41]

　허형은 국가(군주)의 시혜를 기다리지 않고 주체적으로 자신의 경
제적 상황을 해결하고 또 국가를 대신해서 주위 사람들의 문제를 해
결하는 공동선을 실현하고 있다. 허형의 이러한 처신은 명제국 중후

---

39 『진확집』 별집 권2 「근언집近言集」 "人欲正當處, 卽天理也."
40 『진확집』 문집 권11 「사설私說」 "有私所以爲君子."
41 『원사元史』 「허형 열전許衡列傳」 "財有餘, 卽以分諸族人及諸生之貧者. 人有所遺, 一
　　毫弗義, 弗受也."

기 성공한 상인들의 바람직한 역할 모델과 차이가 없다는 점에서 그것의 전형으로 평가할 수 있다. 즉 허형은 사민의 겸업兼業 또는 개업改業/이업동도異業同道 → 경제적 성공/치생治生 → 이익의 환원으로서 시혜를 사회 질서의 안정(공동선)이라는 선순환을 확립했던 인물이었다.

3. 명청 시대 상업 활동과 윤리·종교의 결합
: 상업서商業書에 나타난 '국가 부재'와 '권력 없는 복지'를 중심으로

명明제국의 초기만 해도 자연 재해와 오랜 전란으로 인구가 급감했을 뿐만 아니라 생산력의 저하로 상업이 일정 규모 이상으로 발전할 수 있는 여건이 성숙하지 않았다. 하지만 상대적으로 과밀 지역의 인구를 인구 감소 지역으로 이주시키는 정책을 펴서 농업 생산력을 끌어올리고 또 도로와 운하의 건설로 상업 유통의 인프라를 정비하면서 상업이 재기할 수 있는 발판이 마련되기 시작했다.[42]

홍무3년(1370) 개중법開中法의 실시는 상업이 획기적으로 발전할 수 있는 계기를 제공했다. 명 왕조는 서북쪽으로 달아난 몽골 세력이 언제 다시 남하할지 몰라 만리장성을 재축조하는 등 북쪽 방어선의 경계를 강화했다. 나아가 북쪽의 군사 요충지에 모두 80만 명의 병사를 주둔시켜서 몽골의 침략을 초동 단계에서 제압하고자 했다.

이로 말미암아 북쪽에는 대량의 군수 물자를 필요로 하는 군사 도시가 출현하게 되었다. 명 정부는 군수 물자의 보급에 드는 국방비를 절약하기 위해서 상인 집단을 활용했다. 상인들이 군수 물자를 보급

---

42 명청 시대의 농업·수공업·상업의 변화상과 관련해서 오금성 외, 『명청시대 사회 경제사』, 이산, 2007 참조.

하면 정부는 그 비용에 상응할 정도로 소금을 판매할 수 있는 영업 허가증인 염인鹽引을 발행했다. 상인은 염인을 가지고 염장에 가서 소금을 인출해서 판매를 독점하기 때문에 상당한 수익을 거둘 수 있었다.[43]

개중법과 국제 무역 등으로 상업이 국가 경제에 차지하는 비중이 늘어나자, 은이 종이 돈을 대신해서 중추적인 화폐의 기능을 하게 되었고 각종 세금의 은납화가 이루어졌다. 이런 상업 경제의 발달로 인해 명제국에는 광범위한 영업망을 갖춘 채 전국을 상대로 상업을 하는 10대 상방商幫이 등장하게 되었다. 그 중에는 산서 지역의 진상晉商과 휘주 지역의 휘상徽商이 가장 대표적이라 할 수 있다.[44]

특히 휘상 지역의 사람들이 상업 활동에 지침이 되는 많은 실용서적을 저술했다. 예컨대 황변黃汴의 『일통노종도기一統路程圖記』(1570), 여상두余象斗의 『삼대만용정종三臺萬用正宗』(1599) 권21 「객상규약론客商規畧論」, 정춘우程春宇의 『사상류요士商類要』(1626), 이진덕李晉德의 『객상일람성미客商一覽醒迷』(1635) 등이 상업서商業書에 해당된다. 이것은 서명에서도 보이듯이 상업의 노정·길일·상품·화폐 감별법·농산물의 종류와 그 풍흉, 상거래의 주의 사항과 상인의 정신적 자세 등을 주요 내용으로 담고 있다.[45]

우리는 정춘우와 이진덕의 책을 통해 상인들이 상업을 바라보는 내부의 시각을 확인할 수 있을 뿐만 아니라 지속적인 영리 활동을 위한 처방을 확인할 수 있다. 이런 점에서 이들 상업서는 상인의 세계를 아

---

43 테라다 타카노부寺田隆信, 『山西商人の硏究: 明代における商人および商業資本』, 東洋史硏究會, 1972, 80~119쪽 참조.

44 휘주 상인을 비롯하여 명청 시대 10대 상방商幫과 관련해서 차오티엔셩, 김장호 옮김, 『중국 상인: 그 4천 년의 지혜』, 가람기획, 2000, 118~136쪽; 박병석, 『중국 상인 문화』, 교문사, 2001, 50~85쪽 참조.

45 홍성화, 「명대 후기 상업서를 통해서 본 객상의 윤리의식」, 130~140쪽 참조.

는 데에 추상적인 사상서 또는 철학서보다 훨씬 더 낫다고 할 수 있다. 그렇지만 상업서가 사상서보다 현실 세계에 밀착되어 있지만 그것이 현실을 실제로 규제했다고 주장할 수는 없을 것이다.

명 중기 이후의 상업은 특정한 지역 사회에 뿌리를 두고 찾아오는 손님을 상대로 했던 전기의 관행[坐賈]과 달리 전국 상대로 영업을 펼치는 객상客商의 형태를 띠었다. 이렇게 달라진 환경은 상인들에게 전체적으로 높은 위험도와 불안감을 안겨주었다. 구체적으로 말하면 위험과 불안은 크게 세 가지 측면에서 생겨났다. 첫째, 상품의 운반, 판매 과정에서 정부의 지원 없이 사기와 약탈 등 각종 범죄에 노출되거나 베이징과 같은 도시조차도 도량형이 통일되어 있지 않았다. 즉 상업 활동을 위한 제반 주변 환경이 안정되어 있지 않았다. 둘째, 상인이 원거리 상거래를 하면 현지 중개인[아항牙行]을 파트너로 삼을 수밖에 없는데, 양자 간 관계가 신뢰를 담보할 수 있는 확실성과 고정성을 지니기 쉽지 않았다. 셋째, 경기와 물가의 심한 변동은 수익 구조의 안정성을 갖기 어렵게 했다.[46]

이처럼 명 중기 이후의 상인들은 상거래, 운송, 영업과 관련해서 국가에 세금을 내지만 그것으로 적절한 보호를 받지 못한 상황에서 직업에 종사하는 불리한 여건에 놓여 있었다. 이와 관련해서 청제국 동함董含은 1644년에서 1697년까지 자신이 보고 들은 일을 수필 식으로 쓴 글인 『삼강식략三岡識略』에 흥미로운 이야기를 전하고 있다. 「적재이해積財貽害」의 글에 두 부자 상인이 주인공으로 나온다. 왕씨는 장사로 치부를 하고 이자놀이로 재산을 증식하면서 아주 까다롭게 굴었다. 왕씨는 자식이 없었는데, 병이 들자 집안사람과 노복들이 왕씨의 재산을 남김없이 약탈해갔다. 왕씨는 병상에 누워 간호도 받지 못하

---

46 홍성화, 위의 글, 141쪽 참조.

고 쓸쓸히 죽어갔다.

　정씨는 장사로 돈을 크게 모았는데, 그의 세 아들 중 첫째는 진휼(빈민 구제)에 쓸 재원을 횡령했다. 동란이 발생하자 정씨 집안에 원한을 품은 사람들이 재산을 약탈하고 아들과 손자들도 모두 피살되었다.[47] 이 중 왕씨는 셰익스피어의 희곡 『베니스의 상인』에 나오는 고리 대금업자 샤일록과 닮아 보인다. 결국 두 상인 집안은 수억의 재산을 모았다가 2대를 넘기지 못하고 사적 폭력의 희생양이 되고 말았다.

　동함의 시각을 통해 명청 시대 사람들의 사적 치부致富 또는 상인에 대한 집단 관념의 일단을 엿볼 수 있다. 동함이 고리 대금업을 포함한 상인의 치부를―사회적으로 용인 가능하다는 점에서―합법적인 이윤 추구의 활동이 아니라 어떤 압도적인 힘에 근거한 약탈의 결과로 보는 것이다. 따라서 상업 이윤이 약탈에 근거하고 있는 만큼 그것은 또 다른 힘에 의해 약탈의 대상이 될 수 있다는 결론이 도출될 수 있는 것이다. 다음으로 동함은 부의 집중을 합리적 경제 행위의 결과로서 개인이 배타적으로 향유할 수 있는 권리로 보지 않고 주위 사람들의 시샘이나 질투를 유발할 수 있는 불안 요인으로 보고 있다. 일정한 정도로 부가 집중되면 그것을 독점할 것이 아니라 사적 분배해야 한다는 논리를 전개하고 있다.

　이제 동함의 글처럼 치부致富를 둘러싼 좋지 않은 기억(관점)들이 상업서에서는 어떻게 다루어지고 있을까를 살펴보고자 한다. 살펴볼 논점은 세 가지이다. 첫째는 상업 활동을 어떻게 규정하고 있을까라는 자기 인식의 문제이고, 둘째는 상업 활동의 성공 요인이 어디에 있

47　권8 보유補遺 "新安有富人二, 一程, 一汪, 以賈起家, 積財巨萬. 性鄙嗇, 雖産日廣, 而自奉彌儉, 以重利權子母, 持籌握算, 錙銖必較. 汪無子, 病將革, 族人爭立, 搶奪一空, 奴輩各攫貨散去. 汪臥床不得食, 引首四顧, 飮恨而卒. 程三子, 長子獲與鄕薦, 貪濟以橫, 田宅益廣, 遇亂, 怨家群起劫之, 被殺. 餘二子, 五孫, 皆死于兵." 원문은 草堂文學論壇(http://www.caotang.net)의 자부―청대필기 검색.

다고 생각하느냐라는 직업 정신의 문제이고, 셋째는 치부(사익 추구)에 대한 사회적 원망 의식을 어떻게 극복하고서 상업 활동의 지속적 성장을 유지할 수 있을까라는 정체성의 문제이다.

먼저 상업서에는 상업을 어떻게 규정하고 있는지 살펴보자. 허형許衡이 사대부의 치생治生 문제를 언급한 이래로 명의 왕양명에 의해 상업 활동은 이업동도異業同道의 논리에 의해서 정당화되기에 이르렀다. 그렇다면 추상적이며 규범적인 이론을 다루는 사상서가 아니라 구체적이며 실용적인 문제를 다루는 상업서에서는 상업이 어떻게 비추어지고 있을까?

> "사람이 세상을 살아가는 데에 재물이 없으면 자신을 건사하는 바탕이 없다. 집안 살림을 잘 돌보고 다스리려면 일정한 규모가 있어야 하는데 상업이 아니면 어떻게 이익을 불릴 수 있겠는가? 재물은 사람의 생명을 보살피는 근원이므로 사람이 어떻게 소유하지 않을 수 있겠는가? 재물을 가지고서 상업적으로 운영하지 않는다면 있는 것조차 조금씩 없어지고 하나도 남지 않게 되기 쉽다. 그러므로 반드시 돈을 빌려줘서 이자를 받든지 장사를 한다면 틀림없이 이익을 얻어서 자신을 건사하는 대책이 될 것이다."[48]

먼저 재물과 생계를 결합시키는 점은 허형의 치생론과 다를 바가 없다. 『객상』의 관심은 치생을 생계를 위한 일반적인 경제 활동이 아니라 상업 활동의 맥락으로 한정시키고 있다. 나아가 그 활동의 목적

---

48 『객상일람성미客商一覽醒迷』(이하 『객상客商』으로 약칭함) "人生於世, 非財無利資身. 産治有恒, 不商何以弘利: 財爲養命之源, 人豈可無有, 而不會營運, 則蠶食易盡, 必須生放經商, 庶可獲利, 爲資身策也." 양정타이楊正泰 校注, 『天下水陸路程·天下路程圖引·客商一覽醒迷』, 山西人民出版社, 1992, 270쪽. 앞으로 『객상』의 인용시 양정타이楊正泰의 교주본校注本 쪽수만 표시함.

은 가족의 부양이 아니라 상업을 통한 보유 자산의 증대, 이윤의 창출
에 두고 있다. 왜냐하면 자산을 가지고 가만히 있으면 조금씩 줄어들
다 결국 없어지므로 그것을 어떻게 운용해야 키울 수 있는지 방법을
찾고 있기 때문이다.

『객상』의 저자이자 복건 상인 이진덕은 고리 대금업과 상업을, 자
산을 증식할 수 있는 방법으로 간주하고 있다. 상업을, 동함은 약탈
경제의 맥락으로 보았지만 이진덕은 부가가치를 창출하는 맥락으로
보고 있다. 이로써 상업은 약탈의 순환이 아니라 증식의 계단으로 간
주되고 있다. 이러한 관점은 사민四民 중에 상인이 말석에 있었고 현
실적 필요에 따라 어쩔 수 없이 상업으로 내몰렸던 기존의 수세적 관
점을 완전히 벗어나서 상업의 가치를 긍정적으로 본다는 점에서 신상
업관이라고 할 수 있다.

이진덕처럼 상업을 이윤 증식의 계단으로 인식하려면, 그것은 단순
히 선언으로 끝나는 것이 아니라 부가가치를 창출할 수 있는 생산, 유
통, 판매에 이르는 과정에 대한 통찰을 필요로 한다. 이 통찰이 늘 성
공을 가져다 줄 수는 없지만 실패의 위험성을 줄이고 그 가능성에 대
비를 하게 만들 수 있다. 이와 관련해서 정춘우는 먼저 "상품 거래의
원칙[도道]은 근면과 절약을 우선시하고 말조심을 근간으로 삼아야
한다"는 상인의 기본적인 자세를 말한다. 이어서 상인은 천시의 변화,
즉 날씨와 기후가 농산물의 작황에 영향을 주거나 상품의 운반과 이
송에 끼치는 영향을 예의 주시하고 물리의 차이, 즉 이동 노선과 시간
이 유통과 판매에 미치는 영향을 속속들이 파악해야 했다. 그 실례를
살펴보면 다음과 같다.

"귀한 것은 하늘(자연)에 순응하는 것보다 귀한 것이 없고 큰 것은
땅(시장)을 얻는 것보다 큰 것이 없고 중요한 것은 사람을 아는 것보다
중요한 것이 없고 신기한 것은 물건을 식별하는 것보다 신기한 것은 없

고 오묘한 것은 투기의 타이밍을 정하는 것보다 오묘한 것은 없고 미묘한 것은 제때를 만나는 것보다 미묘한 것은 없다."[49]

만약 상인이 정춘우가 말하는 순천順天 · 득지得地 · 지인知人 · 식물識物 · 투기投機 · 우시遇時 등 여섯 가지 조건을 장악하여 완전하게 운용한다면, 그 상업 활동은 이진덕이 말하듯이 이윤 증식의 계단이 될 수 있을 것이다. 이로써 상업은 단순히 오랜 경험을 바탕으로 독점적 지위를 이용해서 폭리를 취하는 개인 중심의 거래가 아니라 천天 · 지地 · 인人의 변화만이 아니라 물物 · 기機 · 시時의 변동을 예측하고 그 속에 이윤을 극대화시키려는 합법칙적 거래[도道]의 특성을 드러내었던 것이다. 이것은 명제국 후기의 상업이 단순히 일정한 지역에 기반을 둔 안정된 시장을 중심으로 이루어지는 것이 아니라 전국을 대상으로 고위험에 노출되어 있으면 그 위험을 통제하여 부가가치를 창출하고자 했던 객상의 욕망을 반영하고 있는 것이다.

이제 상인이 성공을 위해 갖추어야 할 직업 정신을 무엇으로 보고 있는지 살펴보기로 하자. 먼저 『객상』과 『사상』 모두 장부 기재를 꼼꼼하게 할 것을 요구하고 있다. 만약 기록을 제때 하지 않고 한꺼번에 외우려고 하다가 잠깐이라도 다른 일에 치이다 보면 마침내 거래 내역을 까맣게 잊어버리고 사람에게 돈을 잘못 주어 말썽이 생길 수 있는 것이다. 이런 사정을 보면 당시 장부 기재나 회계 처리가 전문화되지 않았다는 것을 알 수 있다.[50] 하지만 상거래가 실수나 부주의로 인

---

49 『사상류요士商類要』(이하 『사상士商』으로 약칭함) "貿易之道, 勤儉爲先, 謹言爲本. 察天時之順逆, 格物理之精微. …… 貴莫貴於順天, 大莫大於得地, 重莫重於知人, 神莫神於識物, 巧莫巧於投機, 妙莫妙於遇時." 楊正泰 校注, 『明代驛站考 附 一統路程圖記 · 士商類要』, 上海古籍出版社, 1994, 300~301쪽. 앞으로 『사상士商』의 인용시 양정타이楊正泰의 교주본校注本 쪽수만 표시함.

50 "臨財當恤, 記帳要勤: 銀錢堆積目前, 益〔亦〕宜斟酌的出納, 若驕喜〔矜〕浪用, 易於消散.

해 갈등을 낳지 않고 이윤 증대라는 목적 아래에서 관리되고 있다는 판단을 가능하게 한다.

다음으로 『객상』과 『사상』 모두 상인이 사람(고객, 중개인 등)을 잘 접대하여 부정적인 인상을 심어주지 않도록 강하게 요구하고 있다. 특히 『사상』에서는 「위객십요爲客十要」를 열거하고 있는데, 그 속에는 나이 많은 이를 공경하고 아이라도 속여서는 안 된다고 주문하고 있다. 즉 선량하고 충실함을 높이 사고 있다.[51] 이러한 충실성의 강조는 상인이 길러야 하고 지켜야 할 적극적인 직업 정신으로 보았다는 것을 보여준다. 이와 달리 사람과의 관계에서 극도로 소극적인 특성을 드러내기도 한다. 예컨대 상인이 분쟁에 연루되는 것을 최대한으로 피하려고 하고, 또 분쟁이 생기더라도 소송을 통해 자신의 권리를 지키려는 어떠한 의지를 표명하지도 않는다.

시비를 둘러싼 논의는 시간이 지나다보면 저절로 밝혀진다는 입장이다. 그에 따라 누군가 '나'를 헐뜯을 경우 그럴 만한 일이 있어도 나서서 대응하지 않고 그럴 만한 일이 없어도 꼭 나서서 대응할 필요가 없다는 무대응의 원칙을 주문하고 있다.[52] 여기서 시간이 지나기를 기다린다는 것은, 시비가 밝혀져서 상대가 더 이상 문제를 키우지 않기를 기다리는 것이며 동시에 '나'로서는 상대에게 책임을 묻는 것이 아니라 용인容忍하는 것이다.

"참을 수 있고 받아들일 수 있으면 사람의 덕이 큰 것이고, 참지도

然與人交接, 要勤之記帳, 莫厭煩瑣. 若惰筆, 負一時强記, 少刻爲別務所致〔羈〕, 遂至忘却, 或錯與人, 反生爭競."(『객상』, 312쪽; 『사상』, 299쪽)

51 『사상』 "凡待人, 必須和顔悅色, 不得暴怒驕奢. 年老務宜尊敬, 幼輩不可欺凌. 此爲良善忠厚, 五也."(295쪽)

52 『객상』 "人謗莫辯, 衆獎益卑: 是非議論, 久而自定. 人謗我, 有其事不可辯, 無其事不必辯."(317쪽)

받아들이지도 못하면 일이 커져서 고통이 늘어나게 된다. 그러므로 고집이 센 무리는 대부분 일을 만들고 충실한 무리는 대부분 일을 줄인다. 일을 만드는 사람은 힘들기 마련인데, 그것은 일을 줄이는 사람은 늘 편안한 것보다 못하다."[53]

결국 상인은 시비를 명백히 가려서 책임의 소재를 밝히는 것보다 분쟁과 소송으로 인해서 생기는 영업 이외의 사회적 파장을 최소화하는 데에 더 많은 관심을 기울이고 있다. 즉 소송에서 이기더라도 영업에서 지는 결과를 피하려고 하는 것이다.[54]

이러한 대응 양상은 명제국에 이르러 상업이 이업동도異業同道의 선언과 합법적인 이윤 증대의 기회로 긍정된다고 하더라도 여전히 이익 집중에 대한 사회적으로 불편한 시선, 즉 원망을 의식하지 않을 수 없다는 사실을 반영하고 있는 것이다. 특히 상업에 대한 국가의 보호자 역할이 미미한 국가 부재의 상황에서 상인이 타자에게 관용을 베풀고, 자신에게 엄격한 규율을 적용하여 자신의 힘으로 '원망'의 발생을 억제할 수밖에 없었다. 물론 이런 이중 규칙이 '나'의 이익을 위한 이해 타산적 특성을 지니고 있지만 그것으로만 설명할 수 없다. 그렇게 되면 상인은 자신의 마음과 달리 사람을 대우하는 진실하지 못한, 즉 자기 기만의 상태에 있기 때문이다.

여기서 이진덕은 『논어』의 충서忠恕를 끌어들여서 타인을 용서할 수 있는 근거를 제시한다.[55] "사람은 일반적인 정서상으로 스스로 안

53 『객상』 "是非獄訟, 起于小念. 能忍能容, 其德乃大. 不能容忍, 逐成焚溺, 故倔强之徒多生事, 忠厚之人多省事. 與其生事之人多勞, 不如省事之人常逸."(313쪽)
54 이러한 태도는 공자가 소송을 매끄럽게 처리하는 것보다 소송 자체가 생기지 않게 하는 것이 중요하다는 '무송無訟'의 마인드와 연결될 수 있다. 「안연」 13(307) "聽訟, 吾猶人也. 必也使無訟乎!"
55 『논어』의 충서와 관련해서는 신정근, 『논어의 숲, 공자의 그늘』, 177~211쪽 참조.

좋은 결과를 받아들이는 데에 약하고 자신의 단점에는 어둡다. 그래서 좋지 않은 짓을 하게 되더라도 반드시 정리를 미루어서 용서하곤 한다. 만약 다른 사람이 조금이라도 견책할 만한 일을 하게 되면 곧 매섭게 따지고 추궁한다. 이렇기 때문에 자신의 정리를 미루어서 용서하듯이 다른 사람을 용서한다면 사람 사람마다 놀라거나 이상할 만한 것이 없고 저절로 원망하고 배반하는 재앙이 없어질 것이다."[56]

이처럼 상행위가 원망의 최소화와 충서의 정신에 입각해서 이루어진다면, 상인의 사익 추구가 분쟁을 일으키지 않으며 지속될 수 있는 바탕을 확보하게 되는 것이다. 왜냐하면 상업에서 발생한 이익이 약탈 경제의 산물로 일궈낸 냄새나는 재물이 아니라—사회의 건전한 상식에서 용인된다는 의미에서—합법적인 절차를 통해 벌어들인 떳떳한 재물, 즉 의재義財이기 때문이다.[57]

이제 마지막으로 명청 시대의 상인들이 상업 활동을 안정적으로 유지하고 성장할 수 있는 원동력을 어디에서 찾고 있는지 살펴보도록 하자.

"관리는 높으나 낮으나 모두 조정으로부터 임명되기 때문에 권세로 사람을 통제할 수 있다. 관리의 직급이 낮다고 해서 경솔하게 굴거나 만만히 보고 업신여겨서는 안 된다. 만약 관리를 화나게 하는 일이 있다면 나에게 좋지 않을 뿐만 아니라 나를 욕보일 수 있다. …… 부서의 우두머리를 보게 되면 자리에서 벌떡 일어나서 그곳을 피하도록 한다."[58]

---

56 『객상』 "推恕己以責人, 則無怨: 人情溺於自受, 昧於己短, 至爲不善, 亦必推情容恕. 若見人少有譴咎, 即督責之能, 推恕己之情以及人, 則人人不足怪, 自無怨畔之禍矣." (317쪽)

57 『객상』 "不勤不得, 不儉不豊: 財物必由勤苦而後得, 得之必節儉而後豊. 若以來之不勤, 而用之亦不儉, 此其非義財也."(309쪽)

58 『객상』 "是官當敬: 官無大小, 皆受朝廷一命, 權可制人, 不可因其秩卑, 放肆慢侮. 苟

먼저 왕양명의 이업동도異業同道에 의해 사대부의 특권이 부정되었
다고는 하지만 현실에서 사대부 관료는 여전히 특별한 존재였다. 그
들은 사민四民 중 다른 삼민三民과 달리 정부로부터 지위를 보장받아
서 삼민을 통제할 수 있는 권력을 소유하고 있기 때문이다. 따라서 상
인은 직급의 높낮이와 상관없이 관리를 존경하고 그들과 충돌을 일으
키지 않아야 한다는 원칙을 세우게 되었던 것이다.

이처럼 한 사회에서 사대부 관료의 권력이 막강하다면 상인은 지속
가능한 상업 활동을 통해서 관료와 연줄(유착)을 댈 듯하다. 지금 어
떤 관리의 직급이 낮다고 하더라도 그 사람은 관리 신분이고 또 언젠
가 직급이 높아질 수밖에 없기 때문에 '관리'라고 하면 상인은 높이 받
들 수밖에 없다. 하지만 어떤 관리의 권세와 직급이 높다고 하더라도
그 사람이 늘 그 상태를 유지할 수 없을 것이다. 만약 상인이 힘있는
특정 관리에게 연줄을 댄다면 상인의 사업 성패는 그 관리의 운명과
같이 할 수밖에 없다. 따라서 상인이 모든 관리에게 연줄을 댈 수 없
으므로 관료와 친분으로 영업을 한다는 것은 사업 기반을 안정되게
하는 것이 아니라 불안하게 만드는 일이 된다.[59]

상인이 국가의 보호 장치의 바깥에 있으면서 구체적인 사회 현실
에서 살아 있는 권력인 사대부 관료와 연줄을 대지 않는다면, 믿을
것은 자기 자신들밖에 없게 된다. 이제 상인은 상인 집단의 외부 세
력이 아니라 오로지 내부의 힘에 의존해서 상업 활동을 지속시켜야
했다. 그것은 결국 상인들의 직업 활동이 상인에게 그렇게 호의적이
지 않은 사회에서 ─국가이든 특정 집단(세력)이든 특정 개인이든─ 어떤

或觸犯, 雖不能榮我, 亦足以辱我. …… 凡見官長, 須起立引避."(319쪽) 같은 내용이
『사상』, 299쪽에도 보인다.

59 『객상』 "倚官勢, 官解則傾: 出外經商, 或有親友, 顯宦當道, 依恃其勢, 矜肆橫行, 屏奪
人財, 抂爲臧否, 陰挾以以屬, 當時雖拱手奉承, 心中未必誠服. 俟官解任, 平昔有別故
受譖者, 驀懷疑怨于我, 必生成害, 是謂務虛名而受實禍矣."(319쪽)

존재로부터 공격받을 일을 하지 않아야 한다는 목표(전략)를 정할 수밖에 없다.

상업서의 내용을 종합하면 목표는 윤리성과 종교성의 강화라는 두가지 길로 이어진다. 먼저 상업서에서는 앞에서 어느 정도 언급했듯이 상인이 스스로 도덕적 인격을 갖추고 윤리적으로 정당화될 수 있는 경영을 하도록 요구하고 있다.

이진덕은 인생의 유한성에 주목해서 좋은 사람이 되어야 한다고 주문했다. 사람이 길게 살아봤자 60 아니면 70살을 살므로 흰말이 작은 틈새를 빨리 지나가는 것처럼 빨리 지나가는데, 좋은 사람이 되고 좋은 일을 해서 부끄럽지 않게 살아야지 나쁜 짓을 해서 사람들이 침을 뱉거나 욕을 한다면 세상에 아무런 도움이 되지 않기 때문이다.[60] 이때 도움은 불특정한 사람을 가리킬 수도 있지만 명시적으로 후손을 가리킨다. 상인이 자기 세대 이후의 상황을 고려할 때 당장은 이익이 된다고 하더라도 그것이 결과적으로 중요한 실수가 되지 않을까라는 점을 염려했다.[61]

"사람(상인)이 눈앞의 작은 이익을 욕심내다가 정작 중요한 의리를 손상시키는 경우가 많다. 따라서 중요한 것을 잘 알아서 그르치지 않고 자신과 집안을 잘 건사하려면 마땅히 분수를 지키고 하늘이 부여한 것에 순종하여 작은 이익을 거두려고 망령된 생각을 해서는 안 되는 것이다."[62]

---

60 『객상』 "人生六七十年, 如駒過隙, 做個好人, 行些好事, 庶幾無愧. 若行不善, 取人唾罵, 于世何補?"(307쪽) '구과극駒過隙'은 『장자』 「지북유」에 나온 이래 인생의 짧음을 비유하는 말로 널리 쓰인다.

61 『사상』 "凡人存心處世, 務在中和, 不可因勢凌人, 因財壓人, 因能侮人, 因讐害人. 倘遇勢窮財盡, 禍害臨身, 四面皆讐敵矣."(300쪽)

62 『객상』 "貪小失大: 凡人因小利失大節處甚多, 婦女見財而失身, 官吏因贓而落職, ……

상인은 자신만이 아니라 집안 그리고 다음 세대를 고려해야 하므로, 즉 대를 이어서 상업에 종사할 것이므로 작은 이익에 연연해서 안 되는 것이다. 이처럼 다음 세대를 고려하게 되자 상인은 자신들의 활동을, 단순히 이윤의 창출이라는 시각에서 바라볼 것이 아니라 장기적 이익을 가능하게 하는 조건, 활동의 무대인 사회의 일반 규범, 사회 질서를 뒷받침하고 있는 하늘의 명령이라는 폭넓은 맥락에서 조망하고 있다.

이런 맥락에서 상인서에는 윤리 규범의 준수를 강조하고 있다. 윤리 규범의 강조는 곧 삼강과 오륜의 철저한 준수를 요구하는 것으로 이어졌다. 삼강을 저버리면 친하지 않아야 하고 오륜을 지키면 벗할 수 있다. 삼강과 오륜을 지키지 않는다면 재물에 탐욕을 부리고 도리를 쉽게 저버리지만 그것을 잘 지킨다면 기본적으로 사람을 사랑하며 믿음을 주게 된다.[63]

이제 상인서에서 상인들이 자신들의 위상을 강화하기 위해서 적극적으로 요구하는 사항을 살펴보자. 적극적인 요구 사항은 크게 두 가지로 나눌 수 있다. 하나는 윤리 규범의 준수라는 소극적인 요구 사항에서 한 걸음 더 나아가 수양과 양보의 도덕을 권장하는 것이다. 다른 하나는 상인이 자선과 같은 사회사업에 적극적으로 나서기를 요구하는 것이다.

상인서에서 사람의 대우가 어렵다는 언급은 여러 차례 하고 있다. 왜냐하면 사람 관계에서 '원망'이 생겨난다면, 즉 상인에 대한 사회적 평판이 악화된다면 시비를 넘어서 상업의 안정성이 크게 떨어지기 때

要識大體, 保身家, 宜安分, 聽天所付, 毋爲小利, 而興妄念也."(308쪽)

63 『객상』 "三綱廢則勿親, 五倫明則可友: 人處父子夫婦之間, 辜恩寡義, 待物必貪戾, 爲謀必不忠, 大節旣失. …… 彼於父子兄弟夫妻, 慈和孝友, 存心仁愛, 上可忠君, 下可信友."(319쪽)

문이다. 그래서 원망이 생겨나지 않도록 하기 위해서 사회 규범을 준수할 것을 요구했다. 하지만 그것은 '나'로 인해 원망이 생겨나지 않을 수는 있지만 상대로 하여금 '원망'을 품게 하지 않을 수 없다. 이런 점에서 상인은 책임과 원인이 자기에게 있지 않더라도 상대의 도발에 어떻게 대처해야 하는가라는 문제 상황에 놓일 수 있다.

"선량하여 기꺼이 속아주고 소심해서 기꺼이 모욕을 겪는다 : 사람들이 속이더라도 늘 원망하지 않으면 너그럽게 처신하는 데에 문제가 없고, 사람들이 욕되게 굴어도 참고 보복하지 않으면 도량이 크게 구는 데에 무슨 문제가 있겠는가? 너그럽게 굴면 재앙과 화란이 덜 닥치고 하늘이 반드시 늘 좋은 일이 있도록 해줄 것이다. 도량이 크게 굴면 기쁘고 성낼 일이 덜 닥치고 마음은 꼭 태연하고 늘 편안해진다."[64]

사람이 속이거나 모욕을 주면 그것에 대응해서 자신의 권리를 주장하고 시비를 밝힐 수 있다. 상업서에서 상인이 사회적으로 원망의 주인공이 되어서는 결코 안 된다는 요구 사항에 비춰보면 능동적인 대응은 오히려 피해야 할 방식이다. 왜냐하면 나를 속이고 욕보이려는 상대는 나의 대응을 빌미로 분란을 더 크게 만들 수 있기 때문이다. 여기서는 무대응을 넘어서서 상대가 의도하는 것이 그대로 이루어지게끔 방임하는 태도를 취하라고 주문하고 있다. 그렇게 할 경우 '나'는 어떠한 피해를 입지 않고 괴로움을 겪지 않을 뿐만 아니라 하늘의 복을 받고 마음이 평안해지게 된다. 결국 상대의 기만과 모욕에 적극적으로 대응한다면 나에게 재앙이 생길 수 있지만 역설적으로 그것에 무대응을 넘어서 무시함으로써 재앙으로부터 벗어나고 하늘의 복을

---

64 『객상』 "良善甘騙, 怯懦甘辱: 常受人騙而無怨, 不損其爲忠厚, 能忍人辱而不報, 何害其爲量宏. 忠厚者災禍少及, 天必授之常有. 量宏者喜怒少至, 心必泰然常安."(310쪽)

받는다는 것이다.

그러나 무대응과 방임(무시)이 나쁜 일을 피하고 좋은 결과를 가져온다고 해도 내가 언제까지 불합리한 일을 당해야 하는가라는 문제가 생겨난다. 해답의 실마리로 이진덕이 자기 주장의 확실성을 보증하기 위해서 '하늘'을 끌어들이는 점은 주목할 만하다. 다음으로 상식에의 호소이다. 사람이 마음과 입, 생각과 행동이 하나같이 문제를 일으키지 않고 상대를 자극하지 않도록 극도로 조심하고 삼간다면 '나'로 인한 갈등이 생기지 않으리라 기대할 수 있다. 또 기대에도 불구하고 상대가 나를 두고 논란을 삼거나 허물을 씌우려고 해도 자신을 한층 낮추고 신중하게 처신하여야 한다.

이처럼 선善으로 불선不善에 대처하게 되면 상대가 사람이라면 선하지 않을 수 없다는 것이다.[65] 결국 '내'(상인)가 상대보다 압도적인 도덕성의 소유자가 됨으로써 상대가 나를 상대로 어떠한 공격도 시도하지 못하게 하는 것이다. 이로써 '나'는 양심良心을 소유하고 이치〔리理〕로나 도의〔의義〕로 전혀 문제될 것이 없으면 두려워할 것이 없게되는 대장부가 되는 것이다.[66] 여기에 이르는 상업서의 목표는 분명하다. '내'가 대장부가 되어 특정 사람이나 지역 공동체로부터 도덕적으로 공격할 수 없는 사람 또는 도덕적으로 떳떳한 사람이 되는 것이다. 이것은 『맹자』에 나오는 인자무적仁者無敵의 논리이다.[67]

---

65 『객상』 "愼可律身, 謹可遠辱: 心愼則妄念不生, 口愼則是非不招, 思愼則無侮, 行愼則無悔. …… 至于人有議我咎我, 惟以謙謹待之. 以善而禦不善, 則人無有不善."(304쪽)
66 『객상』 "爲人喪却良心, 生端傾陷害人, 惟圖己利, …… 推人下井, 以爲痛快. 似此之人, 不殄其身, 必及其裔也." "理勝則剛, 義合則爲. …… 患難不辭, 氣壯神竣, 挺然特立, 議論千萬人之中, 辯諍於鈇鉞之下, 此其謂大丈夫也."(316쪽)
67 「양혜왕」 상5 "王如施仁政於民, 省刑罰, 薄稅斂, …… 彼奪其民時, 使不得耕耨, 以養其父母, 父母凍餓, 兄弟妻子離散. 彼陷溺其民, 王往而征之, 夫誰與王敵! 故曰仁者無敵, 王請勿疑."

다음으로 상인은 도덕적으로 무장해서 '나'를 향한 도발을 원천적으로 막으면서 자선을 통해서 자신들을 좋은 사람으로 각인시키고자 했다. 먼저 "탐욕을 부리고 인색하면 늘 부족하고 주기를 좋아하면 더욱 더 많아진다."는 전제에서 출발해서, 인색해서 베풀기를 좋아하지 않은 사람은 심성이 탐욕을 많이 부리고 늘 부족하다고 걱정하고 널리 나누고 가리지 않고 도움 주는 사람은 심성이 따듯하고 저절로 자꾸 들어오게 되는 것으로 대비하고 있다.[68] 즉 베푸는 것은 분명 재물을 다른 사람과 나누는 것이지만 그것이 결코 손해가 아니라 이득을 가져오지만 인색한 것은 재물을 혼자 독차지하려는 것이지만 그것이 결코 이득이 아니라 손해가 될 수 있다는 것이다. 권세가 높아지고 재물이 많아지면 '원망'의 위험성이 커지는 만큼 더 겸손하고 너그러워야만 자신과 집안을 잘 보호할 수 있게 된다.[69] 즉 일종의 공리주의적 관점에서 시혜施惠를 강조하고 있다.

다른 한편으로 상업서에서는 자선과 같은 사회 사업을, 상인들의 사회적 지위를 향상시키려는 목적과 상관없이 순수하게 도덕적 동기에서 추진해야 할 것을 요구하기도 했다.

"사람들은 자손들이 어질지 못하거나 능력이 없을까봐 나무라지만 정작 자신이 불행이나 재앙을 초래하는 짓에 대해 반성하지 않는다. 다음 세대의 번창은 앞사람의 적덕에서 비롯된다. 그러나 덕이란 게 어찌 재산을 기부하여 건물을 짓고 공공 시설을 수리해서 복을 받으려는 것이겠는가? 오로지 마음을 하늘의 이치[천리天理]와 부합하고 삼강을 바

---

68 『객상』"貪吝常歉, 好與益多: 吝己不好施與者, 其性多貪, 所入亦狹, 常恨不足. 大度廣布博濟者, 其心多仁, 所處亦寬, 必自有來."(310쪽)

69 『사상』"惟能處勢益謙, 處財益寬, 處能益過, 處譽益德. 若然, 不獨懷人以德, 足爲保身保家之良策也."(300쪽)

로잡고 오륜을 밝히며 힘들고 괴로운 사람을 도와주고 억울하고 원통한
사람의 문제를 해결해주고 편리한 시설을 놓아주며 시비의 분란을 잠재
우고 고아와 홀어미에게 생활비를 보조하고 가난하고 궁박한 사람에게
먹을 것을 나눠준다."[70]

지금까지 논의에서 상인은 자신들의 역할을 삼민三民 또는 지역 사
회로부터 원망의 대상이 되지 않는 것에 초점을 두었다. 여기서 상인
은 사대부 관리들의 전유물로 간주되던 도덕 규범의 체계, 즉 신유학
의 천리를 비롯하여 원시 유학 이래로 사회 질서의 근간을 이루는 삼
강과 오륜을 준수하는 존재이면서 집행하는 존재로서 자리매김을 하
고 있다.

이에 그치지 않고 상인은 공자가 『논어』에서 성인聖人조차 완전하
게 도달하기 불가능하다고 했던 박시제중博施濟衆을 현실화시키고자
노력하는 존재로 그려지고 있다. 즉 상인은 언어적으로 표현하지는
않았지만 정신적 구원의 세례를 받는 수동적인 존재가 아니라 정신적
구원에 나서는 적극적인 존재로 탈바꿈하고 있고, 그리고 국가의 공
적 기능으로서 성인의 통치에서 가능할 법한 물질적 구제에 직접적으
로 나서고 있다. 이로써 상인은, 왕을 도와서 세계에 질서를 부여하
는 분치자分治者가 되겠다는 사대부 관료의 이상을 자임하고 있다고
할 수 있다.[71]

그러나 상인들은 명청明淸 시대에서 사회적 기여에 어울리는 정치
적 지위를 제도적으로 확보하려고 투쟁에 나서지도 않았고 그것을 부

---

70 『객상』 "期昌後在, 端本澄源: 人但責子孫不賢不肖, 竟不咎己作孽作殃. 其後代之昌
隆, 由前人之積德. 然德者豈謂捐財施捨建造, 修齋作福? 惟存心合乎天理, 正三綱, 明
五倫, 拯困苦, 解寃訟, 行方便, 息是非, 恤孤寡, 寬貧窮."(306쪽)
71 유교 지식인의 분치자分治者 의식과 관련해서 신정근, 『논어의 숲, 공자의 그늘』,
124~131쪽 참조.

여받지도 못했다. 그들은 권력 없는 복지(자선)를 통해서 자신들에게 불리한 사회적 평판을 호전시키려고 노력했다고 할 수 있다.[72]

마지막으로 명청 시대 상인들의 종교성과 관련해서 검토를 해보자. 지금까지 상인들이 윤리적 자각을 통해 사회의 주변에서 중심으로 다가서려는 동선을 살펴보았다. 우리는 상인들이 전문적으로 학문(사상)을 탐구하는 사람이 아니라면 그들이 어떤 방식으로 윤리적 자각을 할 수 있었을까라는 의문을 던질 수 있다. 상인들이 학문적 연마와 정신적 수양을 전문적으로 하지 않는 한 국가 부재의 상황에서 상업 내외로부터 생겨나는 불안정과 불안전의 요인을 어떻게 극복할 수 있었을까라는 의문이 생겨날 수 있다. 전자는 상인들이 읽었던 텍스트의 문제이고 후자는 정신적 평화의 문제라고 할 수 있다.

상인들은 초월적인 도덕 규범의 체계를 다루는 사상서를 직접 읽기보다 유가를 비롯한 선을 권장하는 격언과 어록 그리고 선서善書 등을 즐겨 읽었다.[73] 『명심보감』(명초 간행)과 홍응명洪應明의 『채근담』(만력 연간 간행)의 사례에서 보이듯 특히 이들의 격언과 어록을 도교나 불교에 대립되는 학파로서 유가에 한정시킬 필요는 없을 듯하다.

"보호자 없는 아이와 홀어머니에게 생계비를 지원하고 노인을 공경하고 어린이를 잘 돌봐야 한다. 곤충과 초목에게조차 상처를 입히지 않도록 하라. 주위 사람의 불행을 안타까워하고 주위 사람의 선행을 즐거워하라. 주위 사람의 긴급한 일을 도와주고 주위 사람의 위급한 일을 해결해줘라. …… 모욕을 당하더라도 원망하지 않고 총애를 받더라도

---

72 명청 시대의 상인들이 경제적 기반을 근거로 해서 정치 투쟁 또는 정권 획득의 투쟁에 나서지는 않았다. 이런 점에서 동아시아의 상인은 유럽의 부르주아지가 시민혁명을 통해 정치 경제의 주역으로 등장하는 것과 차이를 보인다고 할 수 있다.

73 위잉스, 정인재 옮김, 위의 책, 220~231쪽 참조. 선서善書와 관련해서 사카이 타다오酒井忠夫, 『中國善書の硏究』, 國書刊行會, 2000 참조.

두려워하라. 은혜를 베풀더라도 보답을 찾지 않고 주위에 도움을 주고서 아깝다고 후회하지 마라."[74]

위의 인용문은 남송 이래 영향력이 컸던 도교의 권선서 『태상감응편太上感應篇』에 나오는 구절이다. 내용상으로 도교와 유교의 경계를 넘나드는 종합의 특성을 드러내고 있다. 상인만이 아니라 명청 시대의 사상가들도 『태상감응편』을 읽거나 주석을 달았고 심지어 "방종하지 않을 수 있었던 원동력"으로 간주되기도 했다.(위잉스, 정인재 옮김, 249~251쪽)

이로써 우리는 명청 시대의 상인들이 공자의 『논어』, 주희와 여조겸의 『근사록近思錄』, 왕양명의 『전습록傳習錄』과 같은 유교의 문헌(사상서)을 읽고 그것의 영향을 받았다기보다는 학파의 경계를 따지지 않고 선을 권장하는 대중적인 서적을 통해서 윤리적 자각에 도달하게 되었다고 할 수 있다. 그러므로 명청 시대 상인들의 의식 세계의 지형도를 유교 문헌만을 자양분으로 한 것으로 볼 수는 없다. 만약 그를 유가로 연결시킨다고 하더라도 그 유교는 명제국에 이르러 한층 뚜렷하게 나타나는 삼교일치三敎合一의 흐름에 동조하는 유교라는 단서를 달아야 한다.[75]

앞에서 상인들의 윤리적 자각을 설명하면서 하늘의 등장에 대해 주의를 환기시킨 적이 있다. 송의 성리학에 이르러 원시 유학에서 초자연적 존재를 가리키던 천과 귀신은 전혀 새롭게 규정되기 시작했다.

---

74 『태상감응편太上感應篇』 "矜孤恤寡, 敬老懷幼. 昆蟲草木猶不可傷. 宜憫人之凶, 樂人之善. 濟人之急, 救人之危. …… 受辱不怨, 受寵若驚. 施恩不求報, 與人不追悔." 허우아이치侯藹奇 외 譯注, 『太上感應篇』, 三秦出版社, 2006: 6~7쪽.

75 명나라의 임조은林兆恩은 삼교합일을 주창한 대표적인 인물로 꼽을 수 있는데, 그의 논리나 특징과 관련해서 이영선, 『명대 민간종교 연구』, 한국학술정보, 2008; 임종수, 「임조은의 道一敎三論」, 『동양철학연구』 53, 2008 참조.

하늘은 더 이상 지상 세계에 자신의 의지를 드러내서 사회를 특정한
방향으로 이끌어가는 인격신이 아니었다. 하늘은 인간 사회와 달리
도덕의 총체로서 리理와 동일시되었다. 그리고 귀신은 음양 두 기가
발산하거나 수렴하는 운동의 양태를 나타내는 맥락으로 재정의되었
다. 신유가에 이르러 인간은 이미 완전한 존재로 설정되고 있고 그렇
기 때문에 인간은 초자연적 존재의 특별한 힘에 조금도 의지하지 않
고 오로지 자신의 힘으로 기질을 변화시켜서 성인으로 탈바꿈할 수
있었다.

　상인들이 천리와 삼강·오륜과 같은 신유가의 도덕 가치를 소유한
다고 하더라도 그들이 초자연적 존재에 의존하지 않고 과연 불안전하
고 불안정한 상업 환경에서 오는 불안과 공포를 극복해낼 수 있었을
까? 이 질문에 대한 답은 회의적이다. 명청 시대의 상인들은 취급하는
상품마다 조사祖師와 수호신이 있다고 보았다. 예를 들면 차는 육우陸
羽를, 술은 두강杜康처럼 업종마다 신을 두고 주기적으로 숭배하여 사
업의 성공을 기원했다. 명청 시대만이 아니라 오늘날에도 마조媽祖와
관우關羽는 가장 영향력 있는 재물신으로 숭배되고 있는 실정이다.[76]

　명청 시대의 상업서와 선서, 특히 『태상감응편』을 보면 천이 인격
적 존재로 재해석되면서 국가 부재로 생길 수 있는 정신적 공황 상태
를 응보 개념으로 메워주고 있다. "재앙과 행복에는 특별한 문이 없고
오직 사람이 스스로 불러들인다. 사람이 한 선행과 악행에 대한 응보
는 그림자가 몸을 따르는 것처럼 확실하다. 이렇기 때문에 천지에는
사람들이 범하는 과실과 죄악을 기록하는 신이 있는데, 사람이 범한

---

76 명청 시대 상업 분야별 조사와 수호신과 관련해서 박병석, 『중국 상인 문화』, 교
　　문사, 2001, 333~359쪽 참조. 관우는 『삼국지』에 나오는 촉나라의 장군인데, 그가
　　장부를 기재하는 방법을 발명하고 무용이 뛰어났다는 점에서 점차로 재신으로 탈
　　바꿈하게 되었다. 이와 관련해서 옌칭양顔淸洋, 『관공전전關公全傳』, 臺灣學生書
　　局, 2002 참조.

죄의 경중에 따라 사람의 목숨과 재물을 줄인다."[77] 재앙과 행복을 초
래하는 원인은 행위자에게 있다는 점을 분명히 한다. 하지만 사람이
한 행위가 그에 상응하는 결과로 이어지도록 보증하기 위해서 '사과지
신司過之神'과 같은 신적 존재를 설정하고 있다.

이러한 응보를 믿게 되면 상인들은 두 가지 측면에서 정신적 평화
를 누릴 수 있다. 첫째로 자신들이 적어도 윤리적 기준(관점)에서 상
업 활동에 종사한다면 국가가 부재하더라도 선의 응보를 받으리라 확
신할 수 있다. 둘째로 타자가 상인들에게 부당하게 군다면 자신들이
소송 등 정부에 호소하지 않더라도 그들이 상응하는 죗값을 받으리라
확신할 수 있다. 이 때문에 상업서商業書에는 신유학과 달리 천과 귀
신 등을 인격신으로 재해석하고 또 다양한 상업 분야의 조사와 수호
신을 숭배함으로써 상업 활동에 내재했던 불안을 극소화하고 원망의
발생을 막고자 했던 것이다.

4. 결론

지금까지 우리는 『논어』를 비롯해서 명청 시대의 치생론과 상업서
를 분석했다. 그 과정을 통해서 밝혀진 것을 정리하면 다음과 같다.
『논어』 이래로 사익의 추구 또는 상업은 내재적으로 사회적 원망을
피할 수 없었다. 이것은 상업을 정당한 부가가치의 창출이 아니라 약
탈경제의 맥락에서 바라본다는 점을 대변하고 있다. 이런 관점의 연
장선상에서 사익의 추구로서 상업 행위를 금지하는 정책이 집행되기
도 했다. 『논어』에서는 사익의 추구가 정당한 방법〔도道〕과 결합된다

---

77 『태상감응편』 "禍福無門, 惟人自召. 善惡之報, 如影隨形. 是以天地有司過之神, 以人
所犯輕重以奪人算." 번역서로 한상봉 역주, 『태상감응편』, 다운샘, 2002 참조.

면 허용될 수도 있으며 동시에 인간답게 살 수 있는 물질적 조건을 가능하게 하는 행위로 긍정된다고 할 수 있다. 상업 행위의 불가피성은 원나라의 허형許衡의 사대부 치생론에서 강하게 제기되었다. 그 뒤 왕양명의 이업동도론異業同道論으로 인해 상업은 사람이 떳떳하게 종사할 수 있는 직업의 하나로서 복권되었다.

이러한 상황의 호전에도 불구하고 상인은 명청 시대에서도 사회적으로 높은 대우를 받지 못하는 주변인이었다. 그들은 여전히 약탈과 탐욕으로 사회 갈등을 유발시키는 시각에서 자유롭지 못했던 것이다. 상업서商業書에서는 동시에 상인들이 윤리적 자각과 사회적 책임〔자선慈善〕을 통해서 사대부나 무사와 같은 사회의 중추 세력, 즉 주체로서 활약할 수 있다는 점을 강조하고 있다. 상업서에서는 상인이 하늘과 각종 신에 대한 종교적 믿음을 통해서 국가 부재 속에서 해결될 수 없는 불안 의식을 극복하고자 했다. 명청 시대 상업서 속의 상인은 희생과 공유의 윤리적 자각을 통해 반상인反商人 정서를 누그러뜨리며 공동체를 인간답게 만드는 주체의 일원이 될 수 있었다고 할 수 있다.

베버가 주목한 유럽이라면 상업과 실업이 천직이기에 하느님의 영광을 더하기 위해서 자발적으로 사회적 책임을 수행할 수 있다. 상업서에서는 자기 보전을 위해서 공익사업을 통해 사회적 책임을 강조할 수밖에 없었다. 후자의 경우 적극적으로 해야 하기에 자발적으로 하는 것이 아니라 하지 않으면 안 되기 때문에 '강제적으로' 하는 특성을 지니고 있다. 이런 점은 오늘날 한국 기업의 기부 문화에도 영향을 미치고 있다.

최근 들어 기업들(삼성, 현대, 한화, SK 등)이 경쟁적으로 사회적 책임을 내세우면서 기부에 적극적이지만 기업이 사회적으로 궁지에 몰리거나 아주 불리한 처지에 있을 경우 거액의 기부금을 사회에 출연하고서 일종의 면죄부를 받곤 한다. 한국 굴지의 기업 중 이러한 전철을 밟지 않은 경우가 드물 정도이다. 만약 그런 불리한 상황에 놓이지 않는다면 기업은 적극적으로 기부를 해야 할 이유를 찾을 수 없다는 것이 된다. 즉 기부를 하기 싫어서 안 하는 것이 아니라 해야 할, 즉 자기 스스로를 설득시켜야 할 이유가 없어서 안 하는 것이다.

그렇다면 상업서의 맥락에서 기업이 사회적 책임을 적극적으로 수행할 수 있는 근거를 찾을 수 없을까? 나는 박시제중博施濟衆의 논리가 그것을 가능하게 한다고 생각한다. 명청 시대의 상인들이 박시제중을 하면서 권력 없는 복지를 베풀었듯이 오늘날 기업들도 박시제중의 논리를 실현함으로써 사회의 다양한 주체 중의 하나가 될 수 있기 때문이다.

제10장 『논어』, 경영을 말하다
- 시부사와 에이치의 『논어와 주판』을 중심으로 -

1. 문제 제기

　현대사에서 『논어』는 케케묵은 책으로 여겨졌다. 이런 생각이 굳어지자 『논어』와 경영은 같은 하늘 아래에 살 수 없는 원수로 보였다. 근래에 들어 『논어』와 경영이 책 제목에서 자주 만나는 일이 늘어나고 있다.[1] 시류에 편승할 필요는 없다. 둘이 정말 만날 수 있는지 진지하게 검토해볼 필요가 있다. 따라서 요즘의 급조된 관심이 아니라 1세기 이전부터 『논어』와 경영 또는 유교와 경영의 연결을 사명으로 삼았던 시부사와 에이치의 『논어와 주판』을 한 번 다루어볼 만하다.

---

1 이 글을 쓰게 된 연유가 있다. 나는 이건창·유홍준 선생님과 함께 한국학술진흥재단의 2008년도 연구자 Networking 지원 사업의 ≪한국유교사상과 현대경영학 파라다임의 결합을 통한 한국적 경영프레임워크 탐색을 위한 연구(약칭: 유교와 경영)≫를 진행하면서 이 글을 콜로키움(2009.12)에서 처음 발표했고, 그 뒤 정인재 선생님의 논평을 반영하여 원고를 수정 보완해서 학회지에 게재했다. 요즘 실용적인 관점에서 『논어』와 경영을 연결시키려는 시도가 많아지고 있다. 이강식, 『논어의 경영학』, 환국, 2005; 샤오즈싱, 한정은 옮김, 『논어 경영학』, 에버리치홀딩스, 2007; 권경자, 『유학, 경영에 답하다』, 원앤원북스, 2010; 배병삼, 『논어, 경영을 말하다』, 푸르메, 2012; 민경조, 『논어 경영학』, 청림출판, 2009; 김혁, 『논어가 흐르는 경영』, 예문, 2015 참조.

일반인들도 동양 철학의 고전들을 읽으면 좋다는 생각을 한다. 하지만 고전들은 전문 연구자들이 속한 철학 사상과 종교 문화의 딱딱한 영역에서 주로 논의가 생성되고 유포되었다. 최근 들어 이들에 대한 관심이 이른바 응용과 실용, 즉 예술과 심리학, 경제학과 경영학 등 다소 부드러운 분야에서 활발하게 일어나고 있다. 어찌 보면 당황스러운 현상일 수가 있다. 왜냐하면 경영학과 심리학은 지극히 서양 근대의 분과 학문의 체제에서 유래한 것이므로 그것과 동양 철학 고전의 결합이 원초적으로 불가능하다고 생각할 수 있기 때문이다.

하지만 달리 생각해보면 자연스러운 현상일 수가 있다. 왜냐하면 동양 철학의 고전이 보편 학문으로 군림할 당시 그것은 철학 사상만이 아니라 그 이외의 모든 영역을 규제하던 원리로 작용하고 있었기 때문이다. 이렇게 보면 동양 고전의 영역 확대는 당연한 외연 넓히기로 볼 수도 있다. 여기서는 후자의 측면에서 논의를 이끌어가고자 한다.

원론적인 차원에서 동양 고전이 철학 이외의 영역으로 외연을 확장할 수 있다고 하더라도 그것이 어떻게 가능한가라는 질문은 여전히 남는다. 왜냐하면 철학 사상이 규범적이며 가치의 세계를 다룬다고 한다면 경영과 심리는 기술적이며 가치 배제적인 세계를 다루고 있기 때문이다. 이렇게 본다면 철학과 경영의 접점이 발생하는 공통 지대에 대한 별도의 논의가 필요하다. 예컨대 이를 '경영 철학'이니 '경제 철학'이니 '심리 철학'이니 하는 말로 명명할 수 있을 것이다.

이 글에서는 '경영 철학'의 가능성을 탐구하는 방법으로서 시부사와 에이치澁澤榮一(1840~1931)의 『논어와 주판』[2]에 주목하고자 한다.

---

2 근래에 시부사와의 『논어와 주판』이 경쟁적으로 번역되었다. 노만수 옮김, 『논어와 주판』, 페이퍼로드, 2009.11, 안수경 옮김, 『한손에는 논어를 한손에는 주판을』, 사과나무, 2009.11. 모두 전역이 아니라 부분역이다. 사실 이 책은 훨씬 이전에 삼성경제연구소 수석연구원 민승규가 『논어에서 보는 경영의 윤리적 기초』라는 이름으로 부분 번역한 적이 있다. 『논어와 주판』은 시부사와가 구술하고 가지야마 아키라梶山

책 제목에서 '논어'가 사상과 의義를, '주판'이 경영과 리利를 나타내고 '와'를 통해 둘의 결합 가능성이 모색되고 있기 때문이다.[3] 널리 알려져 있다시피 시부사와는 일본 근대 자본주의의 아버지로 일컫는 인물이다. 19세기 후반과 20세기 초반 일본은 개항과 메이지 유신(1868~1889)[4]으로 물질적 풍요를 누리게 되었지만 그에 상응해서 타락과 부패가 사회에 만연하게 되었다. 시부사와는 이런 현상의 원인을 두 곳에서 찾았다.

하나는 일본 사회가 서양의 기독교처럼 사람들의 의식과 욕망을 규제할 수 있는 공통의 정신 세계가 부재하다는 것이다. 다른 하나는 막

彬가 정리하여 1927년 忠誠堂에서 처음 간행되었다.(이 이외에도 1985년 國書刊行會본과 2008년 가도카와角川書店의 소피아 문고본이 있다.) 책은 처세와 신조, 입지와 학문, 상식과 습관, 인의와 부귀, 이상과 미신, 인격과 수양, 주판과 권리, 실업과 사도, 교육과 정의, 성패와 운명 등 모두 10장으로 되어 있다. 장마다 5~11개의 절로 나누어져 있으며 군데군데 『논어』의 구절과 자신의 인생 경험을 끌어들여서 진정한 부의 길을 에세이 식으로 설명하고 있다. 아울러 시부사와 에이치의 5대손 시부사와 켄澁澤健이 시부사와 에이치의 저작에서 100가지 구절을 뽑아내서 엮은 『巨人澁澤榮一の富を築く100の敎え』가 홍찬선에 의해 『철학이 있는 부자』, 다산라이프, 2008로 번역되었다.

3 『논어와 주판』은 내용도 내용이지만 제목의 강한 상징성으로 인해 널리 호평을 받았다. 하지만 『논어』와 주판, 즉 도리와 이익, 사상과 경영의 일치라는 주장은 시부사와 에이치의 독창적인 사고가 아니다. 시부사와가 70세에 선물로 받은 화첩에 『논어』와 주판이 나란히 그려져 있었다. 미시마 키三島毅(도쿄대학 교수)가 시부사와를 찾아와서 이 그림을 보고서 『논어』와 주판을 일치시키자는 말과 함께 서로 그런 방향으로 노력할 것을 다짐했다고 한다. 시부사와는 이러한 미시마 키의 영향을 받았던 것이다.(『論語と算盤』, 國書刊行會, 1985, 1~2쪽. 앞으로 『논어와 주판』을 인용할 때 별도의 인용 표시 없이 1985년 國書刊行會본의 쪽수만을 표시함.) 그리고 도몬 후지童門冬二에 따르면 "논어와 주판의 일치"는 켄로쿠元祿 시절 하이쿠 성인으로 추앙받는 마쓰오 바쇼松尾芭蕉(1644~ 1694)가 제창한 것이라고 한다. 도몬 후지童門冬二, 『長篇小說 論語とソロバン: 澁澤榮一に學ぶ日本資本主義の明白』, 東京: 祥傳社, 2000: 307쪽.

4 메이지 유신의 개시와 종료 시기와 관련해서 여러 가지 주장이 있는데, 여기서는 메이지 연호의 개원이 있었던 1868년 10월 23일을 개시로 보고, 입헌 체제를 확립했던 1889년을 종료 시기로 본다.

부시절에 전혀 교양 없는 상인들이 메이지 유신을 기회로 어떤 제약 조건 없이 치부를 할 수 있는 상황에 놓이게 된 것이다. 따라서 일본의 근대는 경제적으로 성공을 거둔 개인들이 늘어나면서 한층 풍요로운 삶이 가능해졌지만, 사회는 과거에 비해 도덕적으로 건전하지 못한 채 오히려 '병든 실상'을 드러내게 되었다. 이 즈음에서 시부사와는 일본 사회가 더 이상 정신적 치료를 방기하게 되면 경제적 풍요가 오래 지속하지도 못할 뿐만 아니라 더 큰 재앙을 초래할 수 있다고 판단하게 되었던 것이다. 이에 그는 『논어』를 재해석해서 그 속에서 근대의 일본 '병'을 치유할 수 있는 백신을 찾고자 했던 것이다.

이 작업을 하기 위해서 먼저 시부사와 에이치가 무사와 공직 생활을 청산하고 실업계(상업)로 변신하게 된 연유를 살펴본다. 이를 바탕으로 그가 의리일치義利合─로 일본 근대의 병을 치유하고자 하는 맥락을 추적하고자 한다. 아울러 시부사와는 왜 개인의 사적 이익의 추구가 반드시 '진정한 부'와 '국부國富'의 증대라는 목표와 연결되어야 한다고 주장하는지 그 특색에 주목하고자 한다.

지금까지 철학(사상)과 다른 학문, 예컨대 경영의 결합 가능성을 다룰 때 대부분 철학을 회의할 수 없는 제1원리로 보고 그것이 다른 학문에 적용할 수 있는 가치를 연역해내고자 했다. 이 글은 이와 반대로 다른 학문의 입장에서 철학을 원용하여 둘을 병치시키고 있다. 우리는 간간이 명청明清 시대의 상업서와 『논어와 주판』을 대비해서 이 과정을 추적함으로써 병치 작업에 드러난 정당성과 특색을 들여다볼 수 있을 것이다. 앞으로도 『논어와 주판』과 같은 새로운 자료의 발굴을 통해서 후자의 연구가 활성화되기를 기대해본다.[5] 이런 점에서 이 글

---

5 명청 시대는 자본주의 맹아론이 제기될 정도로 상공업이 크게 발달했다. 이런 발달을 가능하게 한 것으로 상업서의 역할을 생각할 수 있다. 상업서는 상행위와 관련된 제반 사항, 즉 노정·길일·거래·장부 기재 등의 정보를 적시하고 있다. 대표적인

은 실험적 특성을 지닌다고 할 수 있겠다.[6]

2. 시부사와 에이치의 변신: 공직에서 실업계로

시부사와 에이치[7]는 일본제일국립은행(오늘날 다이이치칸교은행第一勸業銀行)을 설립하고 제지, 방직, 가스, 전기 등 다양한 회사를 운영함으로써 근대 초기 일본의 산업 발전과 연관된 거의 전 분야의 기업 활동에 관여한 인물이다. 이 때문에 그는 '일본 자본주의의 아버지'라든지 '일본 근대화의 대부'로 불리기도 한다.[8]

서적으로는 황변黃汴의 『일통노정도기一統路程圖記』(1570), 여상두余象斗의 『삼대만용정종三臺萬用正宗』(1599), 정춘우程春宇의 『사상류요士商類要』(1626), 이진덕李晉德의 『객상일람성미客商一覽醒迷』(1635) 등을 들 수 있다. 아울러 당시의 독서인들이 경제적인 이유로 유업을 버리고 상업에 뛰어드는 현상[棄儒就賈]이 속출했다. 이와 관련해서 위잉스, 정인재 옮김, 『중국 근세 종교 윤리와 상인 정신』, 대한교과서주식회사, 1993; 홍성화, 「명대 후기 상업서를 통해서 본 객상의 윤리의식」, 『중국사연구』 제56집, 2008; 신정근, 『사익 추구의 정당화: 원망의 대상에서 주체의 일원으로-『논어』·명청 시대의 상업서를 중심으로」, 『동양철학』 제32집, 2009 참조. 한국의 근현대의 사례로 이병철의 『호암자전』, 중앙M&B, 1986을 고려해볼 수 있다. 이병철은 책에서 『논어』를 즐겨 읽었고 감명을 받았다고 진술하고 있지만 시부사와처럼 자신의 사고와 판단이 어떻게 『논어』와 연관되는지 설명하고 있지는 않다.

6 경영의 사례와 동양 고전을 연결시키는 초보적인 글쓰기로는 쓰에후지 다카히로末藤隆弘, 『東洋の思想·宗敎と企業の活力: 經營の心を刷新する』, 東京: 日本圖書刊行會, 1997 참조.

7 이 글은 시부사와의 생애가 초점이 아니다. 따라서 다른 자료를 통해 그의 전기를 살펴보지 않고 『論語と算盤』, 東京: 國書刊行會, 1985에 나오는 내용을 근거로 해서 그의 '변신'을 간략하게 살펴보고자 한다. 특기할 만한 것으로 시부사와는 일본 정부의 식민지 조선 침탈 정책에 간여하기도 했다. 그는 일본 식민지하의 조선/대한제국에서 제일국립은행, 한국흥업주식회사를 설립하기도 했다. 또 대한제국에서 발행한 1엔 권 등의 등장인물이 되기도 했다.(노만수 옮김, 『논어와 주판』, 서울: 페이퍼로드, 2009, 331쪽.) 아울러 그는 경인선과 경부선의 철도 개통을 주도하기도 했다.

8 노만수 옮김, 『논어와 주판』, 서울: 페이퍼로드, 2009의 부록 316~339쪽 참조.

하지만 시부사와 에이치는 처음부터 실업계에서 활약했던 것은 아니다. 17세까지만 해도 그는 사회적으로 존중을 받는 무사가 되고자 했다. 당시 무사 가문에 태어나면 지능이 없는 사람조차도 사회의 상층 지위를 차지하고서 권세를 누릴 수 있었다. 반면 나머지 사람들, 특히 상인들은 제아무리 능력이 뛰어나다고 하더라도 인간 이하의 취급을 받기 일쑤였다. 시부사와는 평생을 그냥 상인으로 살다가 죽게 된다면 자신이 너무 한심하게 여겨질 것으로 생각했다. 이런 생각에 따라서 그는 먼저 사회적으로 환대를 받는 무사가 되고 다음으로 정치 체제를 바꾸는 등 정치가로서 국정에 참여하고자 했다.(『論語と算盤』, 56쪽. 이하 인용시 1985년 국서간행회國書刊行會본의 쪽수만 표시함)

메이지 유신의 바람이 불어닥칠 때 시부사와는 한때 "천왕의 복위와 막부의 토벌, 외세의 배격과 항구의 폐쇄"(존왕토막尊王討幕, 양이쇄항攘夷鎖港)를 위해 동분서주하기도 했다. 그는 그 와중에 능력을 인정받아 히토쯔바시一橋 가문의 상속자인 도쿠가와 요시노부德川慶喜(1837~1913)에게 발탁되어 무사로서 막부의 신하가 되었다. 젊은 시절에 꿈꾸었던 목표를 이루었던 것이다. 1867년에 그는 요시노부의 동생 아키타케를 수행하여 파리의 만국박람회에 참가한 뒤 곧바로 귀국하지 않고 남아서 유럽을 두루 돌아다니면서 근대 유럽의 문명을 관찰했다. 이 경험은 훗날 시부사와가 근대 일본의 모습을 설계하고 그것을 현실화시키는 데에 밑바탕이 되었다. 하지만 다음 해 그가 귀국했을 때 막부가 무너지고 왕정복고, 즉 대정봉환大政奉還[9]이 이루어지는 등 정국이 일변해 있었다.(21~22쪽)

메이지 유신이 일어난 후 1869년부터 시부사와는 대장성의 관리가

---

9 대정봉환은 일본의 에도 막부가 1867년 11월 9일에 국가의 통치권을 메이지 천황에게 돌려준 사건을 말한다. 이로써 일본은 막부 정치에서 존속되어온 봉건 제도가 무너지고 천황 중심의 중앙 집권적 근대 국가로 탈바꿈하게 되었다.

되어 화폐와 도량형 그리고 지방 행정법 등 각종 개혁 정책을 수립하여 일본 경제의 확고한 기반을 마련하는 데에 일조를 했다. 그러다가 그는 내각의 의견 차이로 1873년에 관직을 그만두고 실업계에 투신하게 되었다. 그는 장관이 될 인물로 평가될 정도로 촉망을 받았던지라 그의 사직은 당시 의외로 받아들여졌다.(10~11쪽) 만약 그가 정부에 남아 있었더라면 고위직에 올라 국정에 참여하고자 했던 젊은 시절의 목표를 실현할 수 있었을 것이다. 하지만 시부사와는 인생의 노선을 변경한 뒤로 1916년 일선에서 물러날 때까지 상공업을 천직天職으로 여기면서 각종 기업을 적극적으로 경영했다.(156쪽)

시부사와의 변신은 사람들에게 뜻밖의 일이고 스스로도 결단을 내린 일이었다. 시부사와는 자신의 변신이 충동적인 반응도 아니고 잘못된 결정이 아니라는 점을 정당화시킬 수 있는 설명의 부담을 느끼지 않을 수 없었다. 즉 시부사와는 젊은 시절에 다른 사람들과 마찬가지로 상업에 부정적인 인식을 가지고 있었던 터라 그 부정성을 걷어낼 수 있는 나름의 이유를 제시하지 않을 수 없었다.

시부사와가 1873년 5월에 관리에서 상인으로 전환하려고 할 때 "하찮은 돈에 눈이 멀었다"(12쪽)는 비난을 받았다. 이때 그는 "『논어』를 가장 문제점이 없는 것으로 여겨서 『논어』의 교훈을 기준으로 삼아 평생 장사를 하겠다고 결심했다."(12쪽) 결국 『논어』는 시부사와가 관리에서 상인으로 변신하는 것을 정당화시켜줄 수 있는 근거이자 자신의 변신이 가치 없는 일로 타락하지 않도록 보증해주는 정신적 지주였던 셈이었다. 그는 이처럼 『논어』의 위상을 높이 두었기 때문에 자신의 신조를 '논어주의論語主義'로까지 규정했다.[10]

시부사와는 『논어와 주판』의 전체에 걸쳐서 서너 차례 '논어주의'라

---

10 이용주, 「도의와 책임의 경영철학 — 시부사와 에이이치의 '논어주의'에 대하여」, 『유학연구』 제28집, 2013 참조.

254 공자의 숲, 논어의 그늘

는 말을 사용하고 있으면서도 그것이 명확하게 무엇을 가리키는지 정의하지는 않는다. 문맥으로 보면 그것은 "『논어』를 처세의 기준으로 삼는 것"(65쪽), "『논어』로 자신을 규율하는 교지教旨"(173쪽)로 간주하는 것으로 보인다. 이 때문에 그는 "『논어』를 상업의 바이블(성경)로 삼고서 공자의 도道에서 한 발짝도 벗어나지 않으려고 노력했다."(186쪽)고 주장하고 있다. 또 논어주의는 『논어』 세계의 도덕과 주판 세계의 이익이 일치되도록 하는 원동력을 가리키기도 한다.(98쪽)

3. 초기 자본주의 병폐의 치유와 국부國富의 지속적인 증진

명청明淸 시대의 상업서에서는 상인이 국가 부재의 상황에서 상업 활동의 위험성을 줄이기 위해서 상인의 윤리성 제고를 강력하게 요구했었다. 우리는 상인들이 국가 부재의 상태에서 내적으로는 윤리적 자각과 종교적 숭배, 외적으로는 권력 없는 복지를 통해, 상업 활동을 안정적으로 유지하려고 했던 것을 알 수 있었다. 왜냐하면 상업의 사익 추구에 대한 뿌리 깊은 사회적 냉대 심지어 적대(원망)를 넘어서지 않는 한 상인들은 개인과 집안의 생명과 재산을 보존하면서 상업을 지속하기 어려웠기 때문이다.[11]

이제 시부사와 에이치(1840~1931)의 『논어와 주판』을 통해 일본 근대 초기 기업 경영에 나타난 특징을 살펴보고자 한다. 명청 시대의 상업서와 시부사와 에이치의 『논어와 주판』은 같은 점도 있고 다른 점도 있다. 같은 점을 꼽으라면 전자와 후자가 모두 상업과 기업 경영에

---

11 명청 상업서에 나타난 윤리 의식과 관련해서 신정근, 「사익 추구의 정당화: 원망의 대상에서 주체의 일원으로」, 『동양철학』 제32집, 2009, 397~412쪽 참조.

서 윤리적 가치, 사회적 기여 등을 높이 평가하고 있다는 것이다. 다른 점을 꼽으라면 전자에서는 국가 부재, 즉 국가가 상업 활동을 가능하게 하는 법적 제도적 장치를 마련하지 않는 상황에서 '의재義財'를 추구했던 반면 후자에서는 국가가 기업의 성장과 발전을 기획하고 관리하는 국가 주도의 상황에서 '진정한 부'를 추구했던 것이다. 앞으로 시부사와 에이치가 왜 『논어』를 진정한 부의 창출을 위한 기준으로 삼고자 하는지 알아보자.

시부사와 시대는 명청 시대와 달리 관존민비官尊民卑의 폐단이 남아 있다고 해도 그것의 시정을 위해 개인적으로나 공개적으로 싸울 수도 있었고(15쪽), 사민四民(사농공상士農工商)의 직업적 차등도 없고 직급상의 차이가 있더라도 절제와 예양이 뒤따르면서 평등해야 했다. (16~18쪽) 그렇다면 사람들은 각자 자신의 직업에 충실하면 되는데, 시부사와는 왜 관리에서 실업인實業人[12]으로 전환한 뒤 줄곧 『논어』와 주판의 일치를 주장하게 되었을까? 시부사와는 이 문제를 메이지 유신 이후에 진행된 일본 초기 자본주의와 그 병폐를 관련지어 논의를 진행하고 있다.

메이지 유신 이후에 물질적으로 풍요해진 반면에 도덕(정신)적으로 빈곤해졌다. 그 결과로 인해 뇌물 수수, 악의적 경쟁, 비리와 같이 기업 경영에 여러 가지 부패가 발생했다. 일본 초기에는 자본주의 병폐를 치유하려면 상인을 비롯하여 전체 국민에 대한 도덕 교육을 강화시킬 필요가 있었다. 결국 19세기 후반과 20세기 초반의 일본인을 도덕적으로 만들 수 있는 공통의 종교 문화가 요청되었던 것이다. 『논어』

---

12 시부사와의 말에 따르면 실업實業이란 말이 20세기 초반에 상공업을 가리키는 말로 상용되기 시작되었다고 한다.(68~69쪽) 동아시아의 사상사가 근대에 이르면 성리학性理學 또는 심학心學이 실학實學으로 변모되는 과정을 강조하는데, 아직 그 실학이 다시 실업實業으로 변환되는 과정에 대한 관심을 기울이지 못하고 있다.

가 이 요구에 가장 잘 부합할 수 있다는 것이다. 이상이 시부사와가 1873년 상업에 뛰어든 이후에 『논어』와 주판을 일치시켜야겠다고 주장하는 논리의 얼개라고 할 수 있다.

이제 논의의 과정을 조금 찬찬히 훑어보기로 하자. 첫째로 메이지 유신 이후에 나타난 물질적 풍요와 도덕(정신)적 빈곤이라는 불균형 현상이다. 시부사와의 판단에 따르면 일본은 1873년(明治6) 이래 물질 문명에 온 힘을 기울여서 외국에 뒤지지 않을 정도로 진보를 거두었고 유력한 실업가들이 전국 곳곳에서 활약하는 상태에 이르렀다.(38쪽)

하지만 유신 이래 물질 문명이 급격하게 발달한 데에 비해 도덕의 진보가 그것에 발맞추어 성숙하지 못했다.(205~206쪽) 이로 인해 사람들의 인격은 유신 이전보다 퇴보를 했다고 여겨질 정도이고 심한 경우 소멸되지 않을까 걱정될 지경이었다.(38쪽) 시부사와는 이런 상황을 상업 도덕의 퇴보라는 희생을 치르면서 국부國富의 증진이라는 결과를 거두었다고 보았다.

하지만 시부사와는 상업 도덕이 확립되지 않는 상황에서도 현재에 거둔 일시적 성공이 계속 지속될 수 있는가에 질문을 던졌다. 이와 관련해서 그는 자기 한 사람의 일만을 따지고 사회나 다른 사람의 일을 조금도 생각하지 않는 이기주의자(주관적 인생관)와 왕과 부모 그리고 사회의 일을 위주로 하고 자신의 일을 다음으로 간주하는 이타주의(객관적 인생관)로 나눈다.

전자가 압도한다면 국가 사회는 저절로 조야해지고 비루하게 되어 결국 구제할 수 없을 정도로 쇠퇴할 것으로 진단하고 있다.(121~122쪽) 이런 비극을 벗어나고 미리 막기 위해서 시부사와는 돈만 벌면 최고라는 사고가 만연해지는 것을 방비하기 위해서 인의도덕의 수양에 힘을 써서 물질적 진보와 호각지세를 이루는 것을 급선무로 생각했던 것이다.(206쪽)

둘째, 도덕적 타락으로 인해 기업 경영에 나타난 각종 부패 현상이다. 부패 현상으로는 뇌물 수수, 악의적 경쟁, 회계 부정 등을 거론할 수 있다. 상인이 정부의 조달 부품을 공급할 경우, 관리가 노골적으로 또는 완곡하게 수주를 미끼로 뇌물을 요구하기도 하고 상인이 공급권을 따기 위해 관리에게 뇌물을 바치는 일이 버젓이 있다. 관납상인이 양심에 따라 생각하고 체면과 신용을 중시한다면 거래를 포기하더라도 뇌물 요구에 응하지 않아야 한다. 정의正義에 위배되는 일을 결코 할 수 없다는 각오를 가지고 장사를 하면 뇌물 수수가 생겨날 수 없다.

그럼에도 불구하고 뇌물 사건이 터지고 있는데, 이는 개인의 욕심 앞에 양심과 정의가 제 역할을 못하기 때문이다. 이런 현상은 인의도덕仁義道德과 이윤 추구를 별개의 것으로 간주하는 사회 풍토와 관련이 있는 것이다. 시부사와는 뇌물 사건을 개인 범죄와 그에 따른 책임에 한정시키지 않고 국가의 안전을 위협하는 것으로 파악하고 있다. 여기에는 「대학」의 "한 사람이 욕심 부리고 어그러지면 한 나라에 혼란이 생긴다."[13]는 논리가 뒷받침되고 있다.(100~102쪽)

회사의 임원들이 주주로부터 위탁받은 자산을 자신의 전유물인 양 제멋대로 운용해서 사리를 취하는 경우가 있다. 시부사와는 이것을 회사의 운영이 공사公私의 구별 없이 비밀스럽게 운영되는 데에서 생겨난다고 보았다.(184쪽) 시부사와는 실업가, 특히 수출업자들이 더 많은 상품을 팔기 위해서 경쟁하는 것을 긍정적으로 본다. 남보다 먼저 일어나서 공부와 노력을 통해 상대를 이기는 선의의 경쟁도 있지만 다른 사람의 것을 모방하거나 빼앗는 악의의 경쟁도 있다.

악의의 경쟁은 결국 다른 사람에게 해를 끼치고 사람 사이의 관계에도 영향을 주고 국가 차원에도 피해를 낳는다고 시부사와는 주장

---

13 "一家仁, 一國興仁. 一家讓, 一國興讓. 一人貪戾, 一國作亂."

한다. 왜냐하면 악의의 경쟁, 즉 비도덕적 거래 행위로 인해 일본의 상인은 곤란하다는 외국인의 멸시를 받는 등 국가의 품위를 실추시키기 때문이다. 이를 피하려면 상업도덕의 확립 없이는 불가능한 일이다.(181~183쪽)

셋째, 일본 초기 자본주의 병폐를 치유하려면 상인 학습 또는 교육이 절실하게 필요하다. 시부사와가 실업에 뛰어들 때만 해도 상업에는 학문이 필요하지 않다고 여겨졌다. 한술 더떠서 학문을 깨치게 되면 상업에 방해가 된다고 생각했다.(11쪽) 메이지 유신 무렵에도 사회의 상류층, 즉 사대부는 이윤 추구에 손대지 않고, 인격이 낮은 사람들이 상업을 도맡아왔다. 사정이 이렇다 보니 이윤 추구와 인의도덕은 합치될 수 없는 것이 되었던 것이다.

그 결과 사대부들은 상인을 '시정잡배'〔素町人〕라 부르며 천대하고 상인은 상인대로 비굴하게 처신하면서 공익에 관심을 두지 않고 오로지 돈벌이에만 몰두하게 되었다.(127쪽) 이와 달리 무사들은 수신제가修身齊家를 근본으로 삼아 자기 일신만을 수양하는 것이 아니라 남을 다스린다는 경세제민經世濟民을 목표로 삼았다.(36쪽)

사회가 무사와 상인을 차등 대우했을 뿐만 아니라 무사와 상인은 질적으로 현격하게 차이 나는 교육을 받았다.[14] 이런 상황이 장기적으로 지속되는 상황에서 메이지 유신으로 이윤 추구가 강조된다고 하더라도 양심과 정의, 선의의 경쟁이 자리 잡을 바탕이 성장할 수 없다. 따라서 시부사와의 말을 빌리면 논어와 주판, 인의도덕과 이윤 추구가 일치하는 상업 도덕이 발붙일 터전이 없게 되는 것이다. 여기서 이

---

14 무사와 상류 계층은 청년 시절에 한학 교육을 받았는데, 먼저 『소학』·『효경』·『근사록』 등을 배우고 다음으로 『논어』·『대학』·『맹자』를 배우고 이와 달리 신체 단련과 함께 무사의 정신을 길렀다. 반면 일반 백성과 상인은 격언집, 편지 쓰는 교본, 가감승제의 구구단을 배웠다. 후자는 실상 겨우 글자를 쓸 줄 아는 수준이거나 태반은 무학자 상태였다.(216~217쪽)

윤을 추구하는 상업에 대한 사회의 부정적 인식만이 아니라 상인 스스로 자신을 긍정할 수 있는 세계관의 정립이 절실하게 요구되는 것이다.

이 과제를 시부사와는 '사혼상재士魂商才', 즉 무사의 정신과 상인의 재주가 결합되어야 한다는 말로 표현했다.(2~3쪽) 이 표현은 "무사도란 유학자나 무사에 속한 사람에게만 적용되는 것이 아니라 문명국의 상공업자가 의거해서 지켜야 할 도이다"라는 뜻이다.(189) 달리 말하면 무사도의 외연을 넓히는 것이고 상인이 무사처럼 경세제민의 관점을 갖는 인물이 되자는 것이기도 하다. 이는 명청 시대의 상업서에서 상인이 윤리적 자각과 자선〔박시제중博施濟衆〕을 통해 사대부와 같은 분치자分治者를 자임하는 것과 같은 맥락이다. 무엇으로 상인을 무사처럼 만들 것인가? 이 물음의 회답으로 찾게 된 것이 바로 『논어』였던 것이다.

넷째, 상인과 청소년을 포함해서 일본 사람에게는 공통의 종교 문화가 요청된다. 이 요구에 『논어』가 가장 잘 부합한다는 논리이다. 메이지 유신을 전후로 서양 문화가 일본에 유입되어 사상계에 적지 않은 변화가 일어났지만 기독교가 일반적인 도덕률로 자리 잡지도 못했고, 유교는 낡은 것으로 여겨져서 사람들로부터 외면을 받았다. 이로써 유신 이래로 시대의 '신'도덕이 정립되지 않아 도덕의 혼돈시대가 되었다. 세계의 열강은 모두 종교를 가지고 있어서 도덕률이 확고하게 수립된 것과 달리 일본의 국민들은 어디에 귀의해야 할지 모른 채[15] 이기주의의 극단으로 치달아 이익을 위해서는 무슨 일이든 할 수

---

15 시부사와의 이런 문제 의식은 청말민국 초의 캉유웨이康有爲(1858~1929)가 유교를 종교화하는 공자교孔子敎를 통해 사회 문제를 해결하고자 했던 시도와 일정 정도로 겹치는 지점이다. 또 량수밍梁漱溟이 공자(유교)를 근대사회의 정감 윤리로 재해석하려는 작업과 잇닿아 있다고 할 수 있다. 그리고 한·중·일이 서구를 통해 '근대'에 참여하면서, 한편으로 서구화를 근대화와 동일시하면서 전통을 전면

있는 경향이 생겨났던 것이다.(166~167쪽)

시부사와는 기독교와 『논어』에 공통점이 많다는 것을 인정한다. 하지만 기독교가 현세를 초월하는 구원을 말하고 예수의 부활을 긍정하는 점에서 미신의 특성을 지니고 있다고 본다. 반면 그는 『논어』에서 기적을 전혀 말하지 않았기 때문에 『논어』를 통해 깊게 믿고 따를 만한 참다운 신앙이 생길 수 있다고 주장하고 있다.(175쪽)

지금까지의 논의를 정리하면 시부사와는 메이지 유신 이후 일본의 초기 자본주의가 부패와 타락의 길로 들어서지 않고 국부를 창출할 수 있는 주도적 세력을 양성하고자 했다. 그가 보기에 상인은 유신 이전에 제대로 된 교육을 받지 못해 사회의 주도적 세력이 될 수 없었고 유신 이후에도 이기주의에 빠져 경쟁적으로 사적 이익을 추구할 뿐 공공선에 관심이 적어서 경세제민의 역할을 수행할 수 없었다.

이런 상황이 지속된다면 일본의 자본주의가 부패에서 헤어나지 못해 지속적 성장을 하지 못할 것이라는 판단을 내렸다. 이 문제를 벗어나기 위해서 시부사와는 인의 도덕과 이윤 추구가 합치되어야 한다는 신도덕을 제창했던 것이다. 신도덕을 공유하기 위해서 그는 『논어』를 국민 공통의 교재로 삼을 것을 제안하고 있는 것이다. 여기서 시부사와는 경제 행위를 국부의 창출로 보는 국가주의 시각을 여과 없이 드러내고 있다. 이러한 관점은 동아시아 경제인들이 개인 사업을 '기업보국企業報國'과 '기업입국企業立國'의 일환으로 생각하는 사고 방식의 원형이라고 할 수 있다. 이에 따라 노동자의 정당한 권익 보장에 대한 요구마저도 경제 행위를 넘어서 반국가적 행위로 간주되기에 이르렀던 것이다.

부정하는 흐름이 있는 반면, 서구화의 진행을 혼돈과 타락으로 보면서 재해석을 통해서 전통을 긍정하는 흐름이 나란히 생겨난다는 것을 알 수 있다.

4. 시부사와 에이치의 의리합일義利合一 특색

1) 진정한 부의 추구: 시민의 일원으로서 실업인(상인)

시부사와는 『논어』가 과연 어떤 점에서 일본 자본주의의 초기 병폐를 해결(치료)하는 데에 도움이 되며 종교 사상의 근거가 될 수 있다고 생각했을까? 만약 『논어』에 그러한 근거가 없다면 『논어』와 주판의 일치라는 시부사와의 주장은 그의 창작이 되는 것이다. 다시 말해서 공자가 이윤 추구, 사익을 사회악의 근원으로 본다면, 『논어』와 주판을 연결시킬 수 있다는 시부사와의 기획은 희망적 사유 또는 희망사항wishful thinking에서 출발하여 오독으로 세워진 망상이 될 수 있다. 하지만 시부사와의 관점이 창작과 망상으로 매도되지는 않을 듯하다. 이미 앞에서 살펴보았듯이 공자는 리利가 의義의 확대 발전에 기여할 수 있다고 생각하므로 의와 리의 결합, 시부사와의 표현으로는 『논어』와 주판의 일치는 성립할 수 있는 것이다.[16]

이제 시부사와가 구체적으로 『논어』의 어떤 내용을 근거로 의義와 리利의 일치가 가능하다고 보고 그 일치를 목표로 삼고 있는지를 살펴보도록 하자. 시부사와는 『논어』를 일본의 초기 자본주의의 부패와 타락을 막는 성경으로 간주하면서 그 속에서 몇 가지 가치를 끌어내고 있다. 예를 들자면 그는 『논어』를 부귀 추구의 긍정, 응보 관념, 경세가經世家의 위상 등의 맥락으로 재해석하여 그것을 다시 의리합일義利合一의 관점에서 통합시키고 있다.

---

16 이 부분이 이 글의 관건이다. 만약 시부사와의 주장과 『논어』 사이에 접점이 없다면 논어주의는 학문적으로 논의할 만한 가치가 없기 때문이다. 나는 의리관義利觀에서 시부사와의 주장과 『논어』 사이에 공통점이 있다고 생각하므로 그의 논어주의는 논의할 만한 가치가 있다고 본다. 하지만 비교 대상 사이의 접점을 사상적 계승이란 좁은 관점에서만 본다면 이 글에서 말하는 접점은 빈약한 근거일 수 있겠다. 나는 이 글이 동양 철학의 주제 확장이라는 측면에서 긍정적으로 기여할 수 있다고 생각한다.

먼저 시부사와가 공자의 부귀관을 해석하는 맥락을 살펴보도록 하자. 시부사와는 공자의 사상 중에서 부귀 관념과 이익 추구의 사상이 유학자들에 의해 오해되어왔다는 점을 지적하면서 논의를 펼치고 있다. 이 오해로 인해 인의도덕과 부귀재화가 얼음과 숯이 서로 어울리지 않는 것처럼 모순 대립하는 것으로 간주되는 사고가 생겨났던 것이다.(91쪽) 즉 『맹자』의 "부자가 되려고 하면 도덕적인 사람이 될 수 없고, 도덕적인 사람이 되려고 하면 부자가 될 수 없다."는 잘못된 결론이 나온다는 것이다.[17]

잘못된 결론은 텍스트 안의 결론으로 머무는 것이 아니라 동아시아 사회의 습속에도 영향을 주었다. 무사는 인의 도덕을 내세우면서 굶었어도 체면 때문에 먹은 것처럼 이를 후비는 시늉을 하게 되고 상업은 인의도덕이라고는 조금도 알지 못하는 인간 아닌 인간이 하는 것, 즉 죄악시되었던 것이다.(211~212쪽)

시부사와는 금전, 경제를 죄악시하는 사고 방식과 풍습이 생겨난 원인을 사상가들에게만 돌릴 것이 아니라 금전 자체 안에서도 찾을 수 있다고 본다. 사람의 탐욕이 어디를 향하든 문제이지만 특히 금전적 이익으로 향하면 한 사람으로 인해 수많은 사람이 피해를 보기 때문에 그 좋지 않은 기억으로 인해 금전 자체를 한층 더 부정적으로 볼 수 있다. 그리고 경제 행위는 얻느냐 잃느냐에 초점이 있다 보니 자연히 치열하게 다투게 되지 겸양과 양보의 미덕을 손상시킬 수 있다.(97~98쪽)

그러나 시부사와는 사람의 탐욕과 이익의 내재적 특성으로 갈등을 고려한다고 하더라도 공자가 도덕과 경제를 대립으로 보지 않았다고 주장하고 있다.

---

17 원문과 이 구절의 의미와 관련해서 신정근, 「사익추구의 정당화: 원망의 대상에서 주체의 일원으로」, 『동양철학』 제32집, 2009, 384~396쪽 참조.

"부자와 출세의 삶, 이건 요즘 사람들이 모두 바라는 목표이다. 정당한 길로 그 목표에 이를 수 없다면, 그런 곳에 몸을 가까이하지 마라. 가난과 멸시의 삶, 이건 요즘 사람들이 모두 싫어하는 대상이다. 납득할 만한 이유로 그런 처지에 있게 된 것이 아니라면 서둘러 벗어나려고 하지 마라."[18]

여기서 공자는 부귀를 경멸하는 것처럼 보일 수 있다. 자세하게 검토하면 부귀에 빠져서 헤어나지 못하는 것을 경계하는 데에 있다. 공자가 전달하고자 하는 취지는, 도리를 갖춘 부귀가 아니라면 오히려 빈천한 쪽이 좋지만 올바른 도리를 따르면서 얻은 부귀라면 문제가 없다는 의미이다.(91~92쪽) 『논어』 인용문에 쓰인 '사람'이 원래 문맥에서 모든 사람을 가리키는 것은 무리이지만 현대적인 문맥에서 모든 사람을 가리키는 것으로 재해석할 수는 있다.[19] 이에 따라 모든 사람을 상인으로 바꾼다면, 이 구절은 상인이 정당한 길, 즉 도에 따라 이익을 추구하라는 맥락으로 읽어낼 수 있다.

"부자를 추구할 만하다면 시장에서 채찍을 잡는 문지기라도 나는 꼭 할 것이다. 만약 추구해서 안 된다면 나는 자신이 좋아하는 것을 좇아가리라."[20]

---

18 「리인」 5(071) "富與貴, 是人之所欲也. 不以其道得之, 不處也. 貧與賤, 是人之所惡也. 不以其道得之, 不去也."

19 시부사와는 『논어』를 도덕과 경제의 일치를 설파하는 성경으로 규정하려는 의욕이 지나쳐서 때때로 문의를 왜곡하거나 공자와 후대의 유학자의 차이를 과장하는 경우가 있다. 예컨대 공자는 「태백」 9(198)에서 "民可使由之, 不可使知之."라며 민을 공동체 운영의 동반자로 간주하지 않았다. 시부사와는 주자파의 유교주의가 메이지 유신까지 금과옥조로 받들면서 농공상을 도덕의 바깥에 방치했다고 비판하고 있다. 이럴 경우 그는 꼭 "나는 역사가도 아니고 학자도 아니기 때문에 멀리 그 근원을 밝힐 수 없다"는 식의 겸사를 말한다.(207쪽)

"국가가 제 갈 길을 가고 있는데도 가난하고 무명으로 지낸다면 그것은 부끄러워할 일이다. 국가가 제 갈 길을 완전히 잃어버렸는데 재산을 모으고 떵떵거리며 산다면 그것도 부끄러운 일이다."[21]

「술이」 12(163)는 「리인」 5(071)의 사람과 달리 공자 자신의 개인적 입장을 서술하는 것으로 되어 있다. 「술이」 12(163)를, 부귀를 천하게 보는 인상을 주는 것으로 볼 수도 있다. 하지만 이 구절에도 「리인」 5에 나오는 도道가 드러나지 않고 숨어 있는 것으로 해석할 수 있다. 왜냐하면 「술이」 12(163)를 「리인」 5(071) 후반부의 "가난과 멸시의 삶, 이건 요즘 사람들이 모두 싫어하는 대상이다. 납득할 만한 이유로 그런 처지에 있게 된 것이 아니라면 서둘러 벗어나려고 하지 마라."와 겹쳐서 읽으면 원문에 도가 생략된 것으로 보아도 무난할 듯하다.

그렇다면 후세 유학자(도학자)들은 공자를 위대한 스승이자 무관의 제왕으로 간주하는 성인이 채찍을 들고서 일하며 돈을 벌겠다는 진술에 아주 놀랄 수는 있지만 '사실'이므로 부정하기 어렵게 된다.(92~93쪽) 「태백」 13(202)에서 보듯이 공자는 어디까지나 도를 최우선의 기준에 두고서 부귀와 빈천에 대한 절대 긍정과 절대 부정의 관점을 드러내지 않고 있다. 즉 공자는 가난과 빈곤을 장려하지 않았다.

지금까지 논의를 통해서 시부사와는 다음의 결론을 끌어내고자 했다. 먼저 이익을 추구하는 경제 행위를 죄악시하는 풍습(문화)이 동아시아 문화 형성에 커다란 영향을 끼친 『논어』에서 기원을 둔다고 한다면, 그것은 후대의 유학자들이 『논어』를 오독한 결과로 일어난 현상일 뿐이다. 하지만 공자가 사익의 추구를 긍정한다고 하더라도, 그것이 수단과 방법을 가리지 않은 돈벌이를 허용하는 것으로 오해되어

---

20 「술이」 12(163) "富而可求也, 雖執鞭之士, 吾亦爲之. 如不可求, 從吾所好."
21 「태백」 13(202) "邦有道, 貧且賤焉, 恥也. 邦無道, 富且貴焉, 恥也."

서도 안 된다. 왜냐하면 공자는 '정당한 부'에 한해서 추구할 만한 가치가 있는 것으로 긍정하기 때문이다.(93쪽)

이를 통해서 시부사와는 동시대의 사람들에게 구도덕으로부터 해방과 신도덕의 규제를 제시하고 있는 것이다. 메이지 유신 이래로 사민평등이 이루어지고 사적 이익을 위한 경제 행위가 활성화되고 있음에도 불구하고 여전히 상인과 상업(실업) 활동을 부정적으로 평가하는 전통적인 관념을 '오해'로 규정함으로써, 그것에 구속된 사람들의 심리적 부담과 제도적 차별을 타파할 수 있는 것이다. 이와 동시에 메이지 유신 이후에 기존의 차별에서 해방된 경제인들이 어떠한 제한 없이 약육강식의 이윤 추구에 빠지는 것을 예방하기 위해 '정당한 부'라는 새로운 도덕을 제시하고 있는 것이다.

시부사와가 유신 이후의 경제인에게 정당한 부를 통한 사익과 공익의 조화를 요구하는 것으로 주의를 환기시킬 수는 있다. 하지만 이러한 환기(제안)에도 불구하고 부당한 부를 추구하는 경제인을 어떻게 변화시킬 수 있을까? 이와 관련해서 시부사와는 천벌天罰이라는 인과응보의 관념을 끌어들인다. 이는 명청 시대의 상인들이 국가 부재의 상황에서 윤리적 자각과 박시제중의 자선 행위만이 아니라 응보 관념을 통해 평화와 확신을 얻으려고 했던 것과도 닮아 보인다.

"하늘에 죄를 지으면 그 어디에도 빌 대상이 없다."[22]

시부사와는 하늘을 천명天命으로 해석한다. 그는 천명을, 초목이 초목으로 살아야지 달리 될 수 없는 것, 사람이 술을 팔아서 먹고 사는 것, 고대의 성왕 요堯가 자신의 아들 단주丹朱에게 제위를 물려줄

---

22 「팔일」 13(053) "獲罪於天, 無所禱也."

수 없었던 것으로 간주한다.(6~7쪽) 즉 천명은 사람의 힘이 미치지 않으며 하늘의 배분에 의해서 결정되는 것으로서, 그렇게 될[할] 수밖에 전개될 수밖에 없으며 변화가 불가능한 조건을 가리키는 것으로 보인다. 이에 따라 "사람은 천명에 따라 행동해야 한다"는 결론을 끌어낸다.(7쪽)

하늘에 죄를 짓는다는 것은 무리한 흉내를 내서 부자연스런 행동을 하는 것이고, 빌 곳이 없다는 것은 스스로 초래한 인과응보로 인해 반드시 나쁜 결과를 받게 되는 것으로 풀이를 한다. 이러한 해석은 하늘을, 하느님 또는 상제처럼 인격적인 존재로 보는 선진시대와 한 제국의 입장보다도 이치[리理]처럼 절대적인 도덕률로 보는 송명 신유학의 입장에 가까워 보인다. 그는 하늘을 인격을 가지고서 사람의 행복과 불행을 심판하는 영적 존재로 보는 것을 분명히 반대하고 있다.(239쪽)

시부사와는 자기 주장의 근거를 『논어』의 "하늘이 무슨 말을 하던가? 네 계절은 때가 되면 바뀌고, 만물은 때에 따라 자라난다. 하늘이 무슨 말을 하던가?"를 인용하여 밝히고 있다.[23] 여기서 분명히 하늘은 계절(시간)의 진행과 만물의 성장에 직접적으로 개입하지 않고 있으므로 인격신처럼 사람과 세상을 다스린다고 볼 수 없다.

하늘은 어떻게 사람이 한 행동에 책임을 물을 수 있을까? 시부사와는 먼저 천벌을 초자연적 존재의 응징이 아니라 "주위 사정에 따라 그 사람이 고통을 받게 되는" 것으로 해석하고 있다.(7쪽) 여기서 천명과 천벌의 천은, 개인의 원망과 감정을 넘어서 있는 사회의 여론과 공동체의 정서나 국가의 사법적 심판을 포함하는 것으로 보인다.

이런 점에서 시부사와는 나의 이익만을 중시하는 약육강식의 정글

---

23 「양화」 19(470) "天何言哉? 四時行焉, 百物生焉. 天何言哉?"

(120쪽)보다 나와 남이 공존할 수 있는 '이상적 국가 사회'(122쪽)를 주장하는 것이다. 왜냐하면 이상적 국가사회의 규칙이 제도와 규범으로 정착될 경우, '내'가 탐욕을 부리거나 자기 이익만을 추구하여 사회 문제를 일으킨다면 '나'는 반드시 책임을 지게 될 것이다. 시부사와의 관점에서 보면 이것이 천명이라고 할 수 있겠다.[24]

마지막으로 공자를 경세가로 보는 입장을 살펴보자. 역사적 공자는 포의布衣(평민) 신분으로 정치적 이상을 펼칠 기회를 얻지 못한 채 제자들을 상대로 전통 교육에 진력하다가 일생을 마쳤다. 이와 관련해서 이견이 없다. 역사적 공자가 평생 무엇을 하려고 했던가와 관련해서 여러 가지 공자의 상이 있다. 예컨대 말년에 했던 것에 주목하면 공자는 춘추라는 특정한 시대의 스승이면서 전통을 계승 발전시켜서 후대의 사람들을 계몽시킨 초시대적인 스승으로 평가될 수 있다.

또 『춘추』의 저술에 몰두했던 점에 주목하면 공자는 주 왕조 이후를 대비해서 '춘추春秋'라는 가공의 왕국을 수립하고자 했던 혁명가이면서 춘추 전국시대의 혼란을 극복하고 재통일을 달성할 제국을 위해 제도 개혁을 입안한 개혁가로 평가될 수 있다. 전자가 고문 경학의 입장이라면 후자는 금문 경학자의 입장이다. 이 이외에도 송명 신유학에 따르면 공자는 수양을 통해 인욕人欲과 천리天理의 갈등을 초월하여 내면의 완전한 평화에 도달한 성인으로서 사람이 사람답게 살기 위한 절대적 규범을 제시한 도덕 철학자로 각인된다.

시부사와는 하늘의 해석에서 신유학의 입장에 기울지만 공자의 사

---

24 천명이 특정한 시대에 완전히 움직일 수 없는 사실처럼 존중받으면 그것이 대세大勢가 되는 것이다. 메이지 유신 이후로 사민평등四民平等의 시대가 되었음에도 불구하고 관존민비官尊民卑의 폐단이 남아서 관리(공무원)와 민간인 사이에 차별이 있었다. 이에 대해 시부사와는 관존민비의 폐단과 극력 싸움을 벌이고 싶지만 사민평등이 대세를 이루지 않았기 때문에 불평을 하며 싸울 시기를 기다린다고 말하고 있다.(15~16쪽)

명에서 금문 경학의 입장에 가깝다. 시부사와의 추측에 의하면 공자는 무엇보다도 자신의 이상을 실현할 정치적 기회를 잡고자 했다. 만약 그가 정권을 잡았더라면 선정을 베풀어서 국가를 부유하게 만들며 민생을 안정시키고 왕도王道를 넓히려고 했을 것이다. 달리 말하자면 공자는 한 명의 경세가, 즉 경세제민의 목표를 실현하려고 했던 사람이 되는 셈이다.(173쪽)

　　시부사와는 공자를 이렇게 고매한 도덕가로부터 현실적 경세가로 조명함으로써, 20세기 일본에서 공자의 부활을 기도하고자 했다. 무슨 말인가 하면 경세가로서 공자는, 메이지 유신 이전 청년 시절의 시부사와가 꿈꾸었던 무사의 상이기도 하다. 왜냐하면 무사는 수신제가와 경세제민을 통합하는 시대의 치자였기 때문이다.(36쪽) 그리고 경세가로서 공자는, 메이지 유신 이후 신도덕으로 무장한 상공인의 상이기도 하다. 이로써 『논어』의 공자는 20세기 초반의 일본의 상공인으로 재탄생할 수 있었던 것이다. 이렇게 '공자적(유가적) 상인들', 즉 유상儒商이 양산되어 대세를 이룬다면, 일본의 초기 자본주의는 야만성을 벗어나 상식과 인격을 갖추게 되리라 시부사와는 염원했던 것이다.

2) 경제 행위의 목표 : 개인의 행복보다는 국부(국익)의 창출

　　시부사가가 『논어』에 근거해서 수양 또는 구성하고자 하는 '바람직한 기업인상' 또는 '진정한 부'(124쪽)는 어떤 특성을 지니고 있을까? 이 물음과 그 대답은 앞에서 논의한 것과 다르다. 앞부분은 시부사와가 『논어』의 문맥에 충실해서 해석하는 것이라면 앞으로 다룰 부분은 시부사와의 사고에 따라 『논어』를 해석하고 있기 때문이다. 물론 그의 사고가 『논어』에서 출발했다고 하더라도 그것이 원의의 충실한 계승이 될 수도 있고 창조적 해석에 가까울 수도 있다. 이 점은 특성을 살펴본 뒤에 저절로 밝혀질 것이다. 살펴볼 특징은 권리의 법률보다

화합 중시, 동기보다 결과의 우위, 추상적 도덕보다 실용적 윤리의 강조, 규칙보다는 행위자의 인격 선호 등 모두 네 가지이다.

첫 번째로 화합 중시의 특징을 알아보자. 시부사와는 메이지 유신 이후로 가족 문제만이 아니라 사회 문제와 노동 문제가 점차 법률의 힘에 의해서 조정, 해결되는 추세에 있다는 점을 인지하고 있다.[25] 시부사와는 자본가와 노동자 사이에는 권리와 의무의 법률로 환원될 수 없는 미묘한 애정과 상호 동정이 있는데도 양측이 오로지 권리와 의무를 내세우며 제 주장을 하게 되면, 인정이 험악해지고 감정이 서먹서먹하게 되어버린다고 생각한다. 이 상태가 입법의 이상과 목적에 어긋나는 것이라고 한다면 법이 있다고 하더라도 무조건 법에 의해서 재단하지 않는 다른 길을 검토해봐야 한다고 주장하고 있다. 그는 대안으로 화합의 왕도를 제시하고 있다.(178~179쪽)

두 번째로 결과 우위의 특징을 알아보자. 사람의 뜻(동기)과 행위를 선악과 조합하면 모두 네 가지 경우의 수가 생겨난다. 이 중에 시부사와는 뜻이 좋지만 행위가 좋지 않은 경우와 뜻이 조금 문제가 있더라도 결과가 좋은 경우를 두고 논의를 진행하고 있다.[26] 그는 전자의 사례로 어린아이가 부화하는 병아리를 위해 껍질을 벗겨주었는데 병아리가 죽었다는 『소학 독본』의 이야기, 송나라 농부가 벼가 빨리 자라지 않아 모를 위로 들어 올려주었는데, 벼가 모두 시들어 죽었다는 『맹자』의 알묘조장揠苗助長 고사 등을 인용한다. 이를 통해 뜻이

---

25 보통 『논어』를 위시해서 동양 사상에는 의무만 있고 권리 의식은 약하다고 한다. 시부사와도 일반적인 맥락에서 이에 동의하지만 공자의 "인의 문제는 스승에게도 양보하지 않는다."(當仁, 不讓於師.「위령공」36(431))는 말에는 권리 사상이 함축되어 있다고 보았다.(175쪽)

26 시부사와는 왕수인의 지행합일知行合一과 양지양능良知良能을, 뜻이 선하면 행위도 선하고 뜻이 악하면 행위도 악하다는 것을 말하는 것으로 해석한다. 그러면서 자신과 같은 아마추어가 생각하기에는 뜻이 선하더라도 행위가 악하거나 행위가 선하더라도 뜻이 나쁜 경우가 있을 수 있다고 반론을 펼치고 있다.(78쪽)

아무리 선량하고 충서의 도에 들어맞는다고 해도 그에 맞는 행위가 수반되지 않으면 세상의 신용을 받을 수 없다고 주장했다.

반면 일본의 장군이 지방 순시를 할 때 효자가 어머니를 업고 와서 구경을 하다 장군으로부터 상을 받자, 평소 불량한 짓을 일삼던 사람이 노파를 빌려서 업고 오자 장군은 이번에도 상을 주었다. 주위 사람들이 의아해하자 흉내라도 괜찮다고 대답했다. 시부사와는 장군의 일화를 통해 뜻이 약간 올바르지 않다고 하더라도 행위가 기민하고 충실하다 보면 사람들의 신용을 얻고 성공을 거둔다고 풀이하고 있다.(73~74쪽) 여기서 시부사와는 서양의 윤리학자 파울젠F. Paulsen(1846~1908)[27]과 뮈르헤드Muirhead(1855~1940)의 입장을 끌어들여서 자기 주장의 타당성을 뒷받침하고자 했다.

시부사와는 파울젠처럼 현실에서 낳는 결과를 중시했다. 반면 뮈르헤드는 동기가 선하면 결과가 악해도 괜찮다는 동기설을 주장했다. 뮈르헤드는 크롬웰Cromwell(1599~1658)이 영국의 위기를 구하기 위해서 무능력한 왕을 시해하고서 스스로 황제가 된 사례를 거론하면서, 그것을 윤리적으로 악하지 않은 것으로 보았다. 이에 대해 시부사와는 뜻이 선하면 어떠한 행동도 선하다고 하기보다는 뜻과 행위를 비교하고서 선악을 결정해야 한다고 주장했다. 예컨대 지도자가 나라를 위해 전쟁을 한다고 하더라도 실제로 망국의 위기를 넘기기 해서 부득이하게 전쟁할 수도 있고 전쟁을 빌미로 영토를 확장해서 개인적 야욕을 도모할 수 있기 때문이다.(78~79쪽)

세 번째로 실용적 윤리를 중시하는 측면을 살펴보자. 두 번째의 성

---

27 파울젠은 독일의 철학자이자 윤리학자이다. 그는 스피노자, 칸트, 페히너, 분트의 영향을 받았고, 윤리학을 철학의 근본으로 삼고서 형식적 윤리학에 대하여 활동주의의 입장을 취하였다. 저서로는 『중세에서 현대까지의 독일 학교 교육과 대학 교육의 역사』(1885~1896), 『윤리학 체계』(1889) 등이 있다.

공과 결과를 중시하는 특징과 연결되면서도 약간 차이가 난다. 여기서 초점은 인의도덕과 이윤 추구를 대립적으로 보는 입장을 비판하는 데에 있다. 시부사와가 생각하기에 공자와 달리 그의 후학들은 인욕人欲을 부정하고 인의仁義의 가치를 소리 높여 주장했다.

이런 풍조는 송나라 때에 한층 일어나서, 인욕을 버릴 것을 강하게 요구하자 결국 사람들이 이윤 추구에 적극 나서지 못하면서 게을러지고 국력도 쇠약해졌다. 시부사와가 생각하기에 이렇게 해서 송나라는 도덕의 측면에서 완전해졌는지 몰라도 북쪽 유목 민족인 원元제국에게 멸망당했다고 본다. 인의를 공리공담으로 일삼게 되면 국가의 원기元氣를 잃고 물자의 생산력을 떨어뜨려서 망국을 초래하게 되는 것이다.(85~86쪽)

결국 도덕이라고 하더라도 그 자체로 완전하거나 현실이야 어떻게 되든지 상관없는 것이 아니다. 추상적인 차원에서 고매한 척하는 것이 아니라 도덕이 현실에 발을 담근 채 국가(공동체)의 번영을 이끌수 있어야 하는 것이다. 여기서 시부사와는 도덕을 두 가지 종류, 즉 인간의 욕망을 부정하며 추상적 목표를 제시하는 도덕과 인간의 욕망을 규제하면서 현실적 목표의 달성을 이끄는 도덕으로 나누는 듯하다.[28] 전자는 무기력하며 가난을 낳은 망국亡國의 도덕이고 후자는 활기차며 이윤을 합리적으로 추구하게 하는 국부國富의 도덕이다.

네 번째로 행위자의 인격을 선호하는 측면을 살펴보자. 첫 번째 권리의 법률보다 화합의 왕도를 주장하는 특징의 연장선상에 있다. 첫번째 특징은 노사勞使가 권리와 의무를 따지는 차가운 관계에 있더라

---

28 시부사와는 추상적 도덕이 갖는 폐해를 아주 번쇄하게 진행되는 다도茶道의 의식에 비유하고 있다. 또 이것은 도덕을 말하는 사람과 도덕을 행하는 사람을 다른 것으로 만들 우려가 있다고 비판하고 있다. 시부사와가 긍정하는 도덕이란 약속을 지키는 것, 양보를 하는 것처럼 일상적으로 해야 하는 것을 의미한다.(183쪽)

도 전적으로 법률에 의존하지 말고 인정과 애정이 살아 있는 따뜻한 관계를 중시해야 한다는 것이다. 하지만 아무리 입으로 따뜻한 관계를 외치고서 자기만 돈 벌면 되고 남은 알 바가 아니라는 이기주의에 빠진다면, 그 관계는 권리와 의무를 냉정하게 따지는 관계보다 안정적이지 못하다. 이를 위해서 행위자가 최소한 법률을 준수하면서도 법률 이전의 도덕을 지키는 상식과 인격이 필요하다. 시부사와는 이 상식과 인격을 충서忠恕에서 찾는다.(102쪽) 충서는 『논어』에서 "내가 당하고 싶지 않는 것을 주위 사람들에게 하지 마라."로 설명된다.[29] 충서에 따르면 나만의 욕심을 채우지 않을 수 있고 또 내가 상대를 수단으로 고려하지 않게 되는 것이다.

이렇게 되면 충서가 단순히 추상적인 도덕이 아니라 현실에서 사람 사이의 관계를 따뜻하게 만들 수 있다. 나아가 사회를 한층 살맛 나는 곳으로 바꿀 수 있다. 예컨대 부자는 자신의 부가 사회로부터 받은 은혜에 기인한다는 점을 자각하고서, 적극적으로 사회의 구제나 공공사업에 솔선해서 참여할 수 있어야 한다. 부자가 사회를 무시하고 사회를 떠나서 부를 유지할 수 있다고 생각하여 공공 사업에 신경 쓰지 않으면 부자와 사회 일반인 사이에 충돌이 일어나게 된다. 아울러 빈부의 차이가 극대화되면 될수록 부자(자본가)를 지탄하는 소리가 높아지고 사회주의가 득세할 수도 있다는 경고를 내놓고 있다.(107쪽)

이상의 네 가지는 결국 국부의 창출, 즉 개인의 행복보다 국부 창출의 높은 가치로 이어진다. 시부사와는 개인의 부를 최종 목표로 보지 않는다. 개인의 부는 메이지 유신으로 개인이 -사회적 편견이 남아 있을지라도- 법적 제도적 제한 없이 경제적 이윤 추구에 나설 수 있다는 것이다. 하지만 개인의 부는 늘 정당한 길과 결합되지 않으면 안 된

---

29 「위령공」 24(419) "己所不欲, 勿施於人."

다. 둘이 결합되면 '정당한 부'가 된다.

정당한 개인의 부가 이기적인 개인을 넘어서지 못한다면 안정적이며 지속적인 기반을 갖추지 못하게 된다. 즉 개인의 부가 늘 사회를 안정시키는 박시제중과 연결되어야 '진정한 부'가 되는 것이다. 여기에 이르게 되면 "개인의 부가 곧 국가의 부이다"(180쪽)라는 개인과 국가 사이의 차별이 사라지게 되는 것이다. 우리는 시부사와의 사고방식에서 동아시아 사회에서 강조되는 '기업보국'의 원형을 확인할 수 있는 것이다.

이제 마지막으로 시부사와가 주장하는 상공인의 상이 『논어』에 바탕을 두고 있다고 할 수 있는지 따져보자. 그가 말하는 네 가지 특징은 분명히 공자의 무송無訟, 박시제중博施濟衆(경세제민經世濟民), 군자君子, 충서忠恕와 연결된다. 그렇지만 동기보다 결과를, 인민보다 국가를, 이론보다 실천을 중시하는 것은 공자의 사상을 재해석해서 도출할 수 있는 사상이지 공자의 원의를 완전하게 재현해낸 것으로 볼 수는 없을 듯하다.

5. 결론

지금까지 우리는 시부사와 에이치가 일본 자본주의 초기의 병폐를 치유하기 위해서 『논어』를 문제 해결의 방안으로 해석하고 있는 『논어와 주판』을 분석했다.

그 과정을 통해서 밝혀진 것을 정리하면 다음과 같다.

『논어』 이래로 사익의 추구 또는 상업은 내재적으로 사회적 원망을 피할 수 없었다. 이것은 상업을 정당한 부가가치의 창출이 아니라 약탈경제의 맥락에서 바라본다는 점을 대변하고 있다. 이런 관점의 연장선상에서 사익의 추구로서 상업 행위를 금지, 억제하는 정책이 집행되기도 했다. 그럼에도 불구하고 『논어』에서는 사익의 추구가 정당한 방법[도道]과 결합된다면 허용될 수도 있으며 동시에 인간답게 살 수 있는 물질적 조건을 가능하게 하는 행위로 긍정된다고 할 수 있다.[30]

이러한 상황의 호전에도 불구하고 상인은 명청 시대나 일본의 초기 자본주의에서도 사회적으로 높은 대우를 받지 못하는 주변인이었다. 그들은 여전히 약탈과 탐욕으로 사회 갈등을 유발시키는 시각에서 자유롭지 못했던 것이다. 명청 시대의 상업서와 『논어와 주판』에서는 동시에 상인들이 윤리적 자각과 사회적 책임[자선慈善]을 통해서 사대부나 무사와 같은 사회의 중추 세력, 즉 주체로서 활약할 수 있다는 점을 강조하고 있다.

상업서에서는 상인이 하늘과 각종 신에 대한 종교적 믿음을 통해서 국가 부재 속에서 해결될 수 없는 불안 의식을 극복하고자 했다. 반면 시부사와는 상인이 진정한 부와 정당한 부가 아니라 개인적 부만을 추구할 때 역설적으로 자신의 부를 보장받지 못하는 상황에 처하게 된다는 점을 강조한다. 상인이 인격과 상식의 신도덕新道德을 갖추고 국부國富의 창출에 기여할 때 사회적 의혹을 해소하면서 안정적 사업 기반을 구축할 수 있다고 주장했다. 명청 시대 상업서 속의 상인과 『논어와 주판』 속의 실업인은 희생과 공유의 윤리적 자각을 통해 반상인 또는 반기업인 정서를 누그러뜨리며 공동체를 인간답게 만드는 주체의 일원이 될 수 있었다고 할 수 있다.

베버가 주목한 유럽이라면 상업과 실업이 천직이기에 하느님의 영

---

30 상업 행위의 불가피성은 원나라의 허형許衡의 사대부 치생론治生論에서 강하게 제기되었다. 그 뒤 왕양명王陽明의 이업동도론異業同道論과 진확陳確의 치생위본론治生爲本論으로 인해 상업은 사람이 떳떳하게 종사할 수 있는 직업의 하나로서 복권되었다. 이와 관련해서 위잉스, 정인재 옮김, 『중국 근세 종교 윤리와 상인 정신』, 대한교과서주식회사, 1993 참조.

광을 더하기 위해서 자발적으로 사회적 책임을 수행할 수 있다. 명청 시대의 상업과 일본 초기의 실업은 자기 보전을 위해서 공익 사업을 통해 사회적 책임을 강조할 수밖에 없었다. 후자의 경우 적극적으로 해야 하기에 자발적으로 하는 것이 아니라 하지 않으면 안 되기 때문에 '강제적으로' 하는 특성을 지니고 있다. 이런 점은 오늘날 한국 기업의 기부 문화에도 영향을 미치고 있다.[31]

최근 들어 기업들이 경쟁적으로 사회적 책임을 내세우면서 기부에 적극적이지만 기업이 사회적으로 궁지에 몰리거나 아주 불리한 처지에 있을 경우 거액의 기부금을 사회에 출연하고서 일종의 면죄부를 받곤 한다. 한국 굴지의 기업 중 이러한 전철을 받지 않은 경우가 드물 정도이다. 만약 그런 불리한 상황에 놓이지 않는다면 기업은 적극적으로 기부를 해야 할 이유를 찾을 수 없다는 것이 된다. 즉 기부를 하기 싫어서 안 하는 것이 아니라 해야 할, 즉 자기 스스로를 설득시켜야 할 이유가 없어서 안 하는 것이다. 요즘 들어 기업은 '고객을 위한 가치 창조'[32]라는 이유를 들어서 기부에 적극적으로 나서고 있는 듯하다.

그렇다면 명청 시대의 상업서와 시부사와 에이치의 맥락에서 기업이 사회적 책임을 적극적으로 수행할 수 있는 근거를 찾을 수 없을까?

---

31 1992년 4월 말에서 5월 초 사이 로스앤젤레스에서 흑인 폭동이 일어났을 때 한인 상점이 약탈의 대상이 되었다. 이 사건의 배후에는 인종 차별 등 다양한 사회 경제적 원인이 있겠지만, 약탈 행위는 폭동 당사자들의 상업에 대한 뿌리 깊은 '원성'이 작용했다고 볼 수 있다. 각자의 입장이 다르므로 사건을 바라보는 시각이 다를 수 있다. 폭동을 일으킨 사람의 입장에서 보면 한인 사회가 이익을 추구하면서 명청明淸 시대 상인들과 시부사와의 주장처럼 지역 사회의 현안 해결과 같은 자선 사업에 많은 관심을 가졌더라면 다른 결과가 있지 않았을까 생각할 수 있다. 물론 약탈을 당한 한인의 입장에서 보면 명백한 범죄라고 할 수 있다.
32 이 주장과 관련해서 조안 마그레타, 권영설·김홍열 옮김, 『경영이란 무엇인가』, 김영사, 2004; 2006 9쇄 참조.

나는 박시제중博施濟衆과 경세제민經世濟民의 논리가 그것을 가능하게
한다고 생각한다. 명청 시대의 상인과 일본 초기 자본주의의 실업인
들이 박시제중을 하면서 권력 없는 복지를 베풀었듯이 오늘날 기업들
도 박시제중의 논리를 실현함으로써 사회의 다양한 주체 중의 하나가
될 수 있기 때문이다.[33]

---

[33] 정주영은 기업인에서 정치인으로 변신하여 박시제중을 실현하고자 했다. 이것은
기업인의 사회 활동과 관련해서 하나의 상징적인 사건이라고 할 수 있다. 기업인
이 이제 사회의 주변에 머물 필요도 없고, 사회의 다양한 주체 중의 하나로 자리매
김할 것이 아니라, 사회 질서를 만드는 권력자가 되기를 꿈꾸었기 때문이다. 중국
의 경우에도 공산당은 1990년대부터 당헌을 고쳐서 자본가의 입당을 허용하기 시
작했다. 이로써 공산당은 계급 정당과 혁명 정당의 특성을 완화시키고 집권 정당
의 특성을 나타내게 되었다. 아울러 실업인(자본가)들은 당정의 공인을 통해 사회
활동을 할 수 있는 든든한 기반을 가지게 된 것이라고 할 수 있다.

제11장 어법語法은 헌법 위에 있는가?
– 한국인의 호칭 사용의 세계 –

1. 문제 제기

"대한민국의 주권은 국민에게 있고, 모든 권력은 국민으로부터 나온다."라는 헌법 조문이 사람들의 입에 오르내린 적이 있다. 선거를 통해 위임된 권력(선출직)과 위임받은 권력의 정치 행위가 국민의 의사와 일치하지 않는다는 자각이 헌법 조문을 외치게 만들었을 것이다.

헌법은 현실에서 언어로 표현되고 구현된다. 언어가 의미를 전달하려면 나름의 규칙을 따라야 한다. 이를 어법이라고 한다. "헌법憲法과 어법語法, 둘 다 법인데 어느 것이 더 막강할까?" 지금 우리의 언어생활, 특히 대우법(높임말과 낮춤말)을 살펴보면 "어법이 헌법 위에 있다"고 할 수 있다. 헌법 제11조 제1항에 평등권이 나온다. "모든 국민은 법 앞에 평등하다. 누구든지 성별·종교 또는 사회적 신분에 의하여 정치적·경제적·사회적·문화적 생활의 모든 영역에 있어서 차별을 받지 아니한다." 이 평등권은 1793년 프랑스 헌법에 기본권 형태로 규정되었고, 우리나라 임시정부도 평등 사상을 주장했다.

그런데 대우법에 말하는 어법은 나이에 의하여 사회적 생활에서 차별을 실행하고 있다. 처음 만난 사람도 일정한 시간이 지나 '나이'를 확인하는 순간에 연장자는 연하자에게 "해라"체를 말하고, 연하자는 연상자에게 "하세요" 또는 "하십시오"체로 말하게 된다. 헌법 제11조 평등권에 따르면 우리는 서로 "해라"체로 하거나 "하세요"체를 사용해야 한다. 하지만 언어 생활에서 대우법을 어기면 '버릇없는 사람' 또는 '문제 있는 사람'이 된다. 이런 측면에서 우리의 호칭과 대우법은 그냥 언어 생활의 영역에 한정되는 일로 넘어갈 것이 아니라 평등의 차원에서 진지하게 검토해볼 필요가 있다.[1]

우리는 생활 세계에서 사람을 만날 때 의식적이든 무의식적이든 호칭을 쓴다. 호칭은 한자로 '呼稱'으로 표기하지만 나는 '呼稱'과 함께 '互稱'의 표기를 새롭게 제안하고자 한다. 호칭은 일방적으로 부르기만 한 것 아니라 서로 동등하고 편하게 부르는 사태가 되어야 하기 때문이다. 우리는 사람을 만나거나 일을 하려면 타자를 뭐라고 불러 세운 다음에 관계나 사태를 진전시켜 나간다. 사회적으로 학습된 경우도 있지만 딱히 뭐라고 부르기가 명확하지 않는 경우도 있다. 그래서 우리는 제대로 된 호칭을 익히거나 찾기 위해서 공부를 하기도 한다.

또 우리는 잘못된 호칭 사용으로 낭패 혹은 곤혹스런 경험을 겪기도 한다. 예컨대 우리가 "아가씨"·"○○○ 문딩이"·"검둥이"와 같은 말로 호칭했다가 상대로부터 모욕적 언사를 내뱉는 교양 없는 사람 취급을 당하거나 심한 경우 인격을 무시한 사례로 소송 사건의 주인공이 될 수도 있다.[2] 이런 언어 현상에는 올바른 호칭 사용의 문제로

---

1 김예란, 「언어로 하는 폭력, 언어에 대한 권력」, 『지식의 지평』 18호, 2015, 123~138쪽; 노승영, 「영어는 성차별적, 한국어는 신분차별적 언어?」, 『오마이뉴스』, 2015. 07.07 기사 참조.

2 영어권 사회에서 '정치적으로 올바르게'politically correct(약어로 PC) 처신해야 한다는 규범이 있다. 흑인·인디언처럼 성적 소유자·인종·출신 등 듣는 이를 비하시키는 용어를 강의나 연설 등 공적으로 사용할 경우 사법적 책임을 묻지는 않지만 공개 사과를 해야 한다. 예컨대 대학 강단의 경우 강의가 폐강에 이를 수 있다. 적어도 공적 장소에서 타자를 불편하게 하는 용어는 원천적으로 금지되도록 요구되고 있다. 물론 PC를 두고 소시민의 곱상한 예의범절로 낮게 취급하는 시각도 있지만

만 제한되지 않는 특징이 있다. 그래서 이 글에서는 호칭 사용에서 드러나는 문제를 윤리학 또는 사회 철학의 차원에서 살펴보고자 한다.

여기서 다루고자 하는 호칭은 기존 철학의 글에서 내세우는 텍스트나 콘텍스트와는 다르다. 이것이 바로 이 글의 특징이라고 할 수 있다. 하지만 이로 인해 호칭이 어떻게 감히 철학 또는 동양 철학의 주제가 될 수 있는지 약간의 변명이 필요하다. 명절을 앞두고 각종 미디어에서 친족 간의 올바른 호칭 사용에 대한 정보를 제공한다. 이런 맥락에서 보면 호칭은 국어(언어학)나 인류학의 대상이 된다. 예컨대 나의 자녀가 이모의 자녀를 어떻게 불러야 하는가 하는 걱정처럼 말이다. 또 우리는 다양한 사회적 관계를 맺으면서 개개인의 이름보다 직업이나 직급을 호칭으로 사용한다. 예컨대 성을 앞에 쓰고 뒤에 의사나 변호사와 같은 직명을 붙이기도 하고 과장이나 부장과 같은 직급을 붙이기도 한다. 이런 경우 호칭 사용은 직업과 관련된 호칭을 전혀 사용하지 않는 다른 공동체와 강하게 대비를 보인다.[3] 이때 호칭은 일반 사회학이나 언어 사회학의 대상이 된다.

우리가 종이 매체의 사회면을 보거나 범죄의 판례를 검토하다 보면

그것은 거친 호칭 또는 원하지 않는 호칭에 대한 주의를 충분히 환기시키고 있다. 이와 관련된 초보적인 논의는 아즈마 쇼지 지음, 스즈키 준·박문성 옮김, 『재미있는 사회언어학』, 보고사, 2001을 보라. 사실 이 글을 쓰게 된 동기가 거친 호칭으로 인격 살인에 가까운 사태가 빈번하게 일어남에도 불구하고 둔감한 현실을 해명하고자 하는 데에 있다.

3 우리는 친한 사이끼리 성명이 아니라 이름을 사용하지 나머지 생활 공간에서 이름은 행정과 사무를 보는 공식문건이 아니면 거의 사용되지 않는다. 적어도 농촌이 아니라 도시에서 대부분 직업과 관련된 호칭을 사용한다. 직업 호칭은 아무것도 따질 필요가 없는 친한 사회에서 뭔가를 따져야 하는 새로운 영역으로 자기 변신을 상징하는 기호이다. 그 기호는 다시 타자를 친한 이와 같은 방식으로 환대하는 것이 아니라 다른 기호로 불리는 존재와 끊임없이 나를 분별시키는 일종의 권력장으로 작동한다. 이런 점에서 호칭은 철학의 외곽에 포진한 사소한 흥밋거리가 아니라 핵심에 자리하고 있는 문제가 될 수 있다.

호칭 문제로 작게는 폭행 크게는 살상에 이르는 사건을 확인할 수 있다. 물론 이 사건들에는 홧김에 억제하지 못하는 감정, 당사자 사이의 개인적인 은원恩怨, 이성의 통제를 누그러뜨릴 정도의 음주 상태 등 다양한 요소가 복합적으로 작용하고 있다. 따라서 호칭이 사건의 일차적이며 직접적인 원인이라고 할 수는 없을 것이다. 그럼에도 불구하고 그런 사건은 나를 "뭐라고 부르는 데에 격분해서 순간 화를 참지 못하고……"라는 서사가 꼭 끼어들어 있다. 이때 누군가가 나를 어떻게 부른다는 것은 단순히 언어적 발화 행위에 국한되지 않는 것이다. 그것은 나를 어떤 자격을 가진 사람으로 합당하게 대우하느냐는 문제와 연결되어 있다.

예컨대 우리는 누군가가 나를 "야"라거나 "어이"라고 불러 세울 때 자신이 사람으로 대우를 제대로 받지 못했다고 생각한다. 물론 이런 호격 용어는 상대방의 이름이나 기초적인 정보에 무지할 때 발화될 수도 있다. 하지만 그것은 엄연히 있는 나의 어떤 떳떳한 호칭을 인정하지 않는 것이자 나의 존재 의의를 무시하는 것으로 간주된다.

E. 레비나스Levinas의 말을 빌린다면 "존재자 없는 존재" 상태라고 할 수 있다.[4] 나는 아직 그에게 "It is raining."(비가 온다)처럼 정체를 지닌 주어 자리에 똬리를 틀지 못하고 '그것'으로 머물러 있다. 아니 더 적극적으로 말한다면 그는 애시당초 나의 존재감 자체에 관심도 주의도 없는 것이라고 해야 할지 모르겠다. 철저하게 익명적 존재로 남아 있을 뿐이다. 자리를 채우고 있는 '그것'이지만 무엇으로 부를 수 있는 특성이 없다.

하지만 발화자의 맞은편에 있는 나는 이러저러한 출신과 자격 그리고 존재감을 지닌 존재자이다. 예컨대 어디 학교를 나왔고 무슨 시험

---

4 강영안 옮김, 『시간과 타자』, 문예출판사, 1996; 5쇄 2001, 38~45쪽 참조.

을 치렀고 어떤 직종에 종사하고 있으므로 나는 그런 자격과 특징을 소유한 존재자이다. 발화자는 당연히 나를 그런 이력들 중의 하나로 불러 세워야 하는데 "야"라는 말로 나의 존재감을 훅 불어 없애버리고 있다. 이로써 나는 영어로 날씨를 말할 때 쓰이는 'It'의 비인칭 주어처럼 막연하게 있는 것 또는 사물화가 된다. 그러니 아무리 성격 좋은 사람이라도 화를 내지 않을 수 있을까! 이렇게 보면 호칭 문제는 철학에서 다룰 만한 존재 사태가 될 듯하다.

앞으로 우리가 어떤 방식으로 호칭을 사용하는가를 살펴봄으로써 우리가 우리 자신을 구속하는 시대의 단면을 들여다보고자 한다.

2. 사람을 무게 달아서 불러 세우는 두 가지 방식

우리는 사람을 만나면 먼저 인사를 건넨다. 그런 다음에 사람이 처음 만나서 물어도 괜찮다거나 당연히 물을 수 있다고 여겨지는 주제를 거론한다. 여기서 ㄱ은 상대에게 출신·나이·본관·부모의 직업 등을 묻고, ㄴ은 상대에게 취미·경력·미래의 계획 등을 물었다고 가정해보자. ㄱ은 나를 만나고 있으면서도 나를 뒤로 제쳐두고 나를 구성하고 있는 조건을 우선시하는 반면 ㄴ은 나 자체에 관심을 집중하고 있다.[5] 이 둘은 이후부터 썩 다르게 이어지는 행위의 궤적을 그린다.

한국의 상황을 고려하면 ㄱ은 질문을 통해 알게 된 정보로 대뜸 "나보다 ○살 아래구먼", "고향이 ○○이라고? 그럼 내 후배구먼……." 등등 후속 판단을 내린다. 그리고 나선 그는 "내가 이제부터 말을 낮

---

5 두 가지 사례는 차이를 드러내기 위해서 극단화시킨 예시일 뿐이다. 현실에서는 ㄱ과 ㄴ의 유형만이 아니라 ㄱ과 ㄴ이 적절하게 배합되는 훨씬 다양한 양상이 존재한다.

추어도 되겠지!"라고 첫 만남의 첫 번째 결론을 내린다. ㄱ은 초기의
중요한 심문 과정을 통해, 앞으로 여간해서 좀처럼 변경되지 않을, 자
신과 상대의 언어적 사회적 위상을 잽싸게 파악해낸 것이다. 그는 출
생 시기를 기준으로 사람을 '선배'와 '후배'로 서열화(호칭)가 일어나고
그것에 따라 행동한다.

　일반화를 시킨다면 생활 세계의 존재자들은 나를 — 무게가 아니라 기
점의 의미에서 — 중심으로 선후배로 재배치됨으로써 각각의 합당한 자
리에 배치된다. 이 배치도는 사회를 질秩의 높낮이에 따라 사람을 서
열화序列化시키는 질서 원칙의 핵심 구도가 된다. 이에 따르면 우리는
나이 많은 사람이 언어 생활에서 존중을 받고 나이 적은 사람에게 하
대할 수 있는 권리를 인정하는 사회에 살고 있다. 이러한 사회는 민주
사회가 아니라 '장로 사회'라고 할 수 있다.[6]

　한국의 상황이라면 ㄴ과 상대의 사이에도 반말과 높임말의 조정이
일어날 수 있다.[7] 그렇다고 해도 이런 조정은 두 사람이 인간적으로

---

6 이것은 한국인의 권위주의 의식이라고 할 수 있다. 우리는 지금까지 정치 영역의
　권력 행사 방식과 관련해서 권위주의를 바람직하지 않은 것으로 문제삼아왔다. 반
　면 생활세계에서 은밀하면서도 일상적으로 작동하는 언어 습관의 권위주의에 주목
　하지 않고 있다. 물론 전자가 후자로부터 독립해서 작동하는 지점도 있지만 후자로
　인해서 자기의 진지를 강화시킬 수 있으므로 양자는 긴밀하게 관련이 있다. 이런
　점에서 나는 우리 사회에 '장로 사회'의 특성이 있다고 분석한 바가 있다. 이와 관련
　해서 신정근, 『논어의 숲, 공자의 그늘』, 심산, 2006 참조.
7 높임말과 반말이라는 대우법은 한국어의 특이한 언어 현상이다. 언어 문화의 전통
　으로서 대우법은 굳이 헌법을 들먹일 필요는 없더라도 평등 추구나 인권 존중의
　사고와 날카롭게 대립한다. 즉 우리는 익숙하여 당연하지만 그렇게 정당하지 않은
　언어 관습에 노출되어 있다. 물론 이에 대해서 규범적인 방식으로만 접근할 수 없는
　다양한 요인이 있을 것이다. 이 주제는 앞으로 별도의 글에서 다룰 예정이다. 대우
　법과 관련해서는 서정수, 『존대법의 연구: 현행 대우법의 체계와 문제점』, 한신문화
　사, 1984; 2쇄 1997, 이익섭, 『사회언어학』, 민음사, 1994; 개정 1쇄 2000 참조. 나아
　가 이런 대우법이 차별과 억압의 원인이 된다는 최봉영, 『한국 사회의 차별과 억압』,
　지식산업사, 2005 참조.

꽤 친밀한 관계로 발전되어야 일어날 것이므로 앞의 경우보다 훨씬 더 많은 시간을 필요로 할 것이다. 아울러 첫 만남의 첫 번째 결론은 "우리 언제 같이 ○○ 한번 할까요!"가 될 수 있다. 두 사람의 취미가 같다는 사실이 밝혀졌지만 둘 사이의 새로운 서열화, 또는 조정된 호칭 사용이 생겨나지 않았다. 나는 상대와의 관계에 환원되어 선배 또는 후배로 재탄생하지 않고 여전히 나로서 남아 있다. 즉 두 사람의 사이는 나이나 출신 등의 자연적 사회적 구도가 침투할 수 있는 가능성을 허용하지 않고 있는 것이다. 이때 나는 서로가 서로에게 흡수되어 융합이 발생할 수 없는 타자로서 가족 이름과 개인 이름이 합쳐진 성명으로 호명된다.

이처럼 ㄱ과 ㄴ이 타인을 대우하는 방식이 다르다. 이것은 개인에 따라 이럴 수도 있고 저럴 수도 있는 취미나 성향의 문제가 아니다. 그것은 두 사람이 사회 질서를 달리 조직하고 도덕의 특성을 서로 다르게 보는 가치관의 문제와 연결될 수 있다. ㄱ은 자연적 사회적 관계에 따라 세계를 끊임없이 미시적인 영역〔구區〕으로 분할하고서〔분分〕 사람들을 곳곳에 배치시킨다〔획割〕.

그 다음으로 ㄱ은 부분의 자리로서 본분本分, 즉 도덕의 이름으로 사람들에게 고유한 영역을 지킬 것을 요구한다. 만약 누군가 그것을 넘으면 "사람의 도리를 저버렸다", 또는 "지켜야 할 본분을 넘어섰다"라고 말한다. 하지만 그때의 사람은 삶의 국부에 매인 부분 존재자를 가리킬 뿐 결코 보편화를 요구할 수 있는 인류와 결코 동의어가 될 수 없다. ㄱ에게 사람은 숱한 역할들의 집합체〔담지자, 즉 〈…(으)로서의 사람〉〕으로 재구성된다.

ㄴ은 세계를 자신이 개입할 수 있는 세계(영역)와 그럴 수 없는 세계(영역)로 쪼갠다. 다음으로 ㄴ은 자신만의 공간에 대한 상대의 침입을 허용하지 않을 뿐만 아니라 자신도 상대의 공간으로 진입을 시도하지 않는다. 침입과 진입은 이해하고 넘어갈 수 있는 애정이나 관심

의 표현이 아니라 나를 근원적으로 불안하게 만드는 범죄에 해당되기 때문이다. ㄴ이 하는 의사 표시나 어떤 행동의 요청이, 타자가 나의 공간으로 들어올 수 있는 합법적인 유일한 신호이다. ㄴ에게 사람은 각자 침해할 수 없는 천부의 권리를 가진 대등한 자격의 개인, 즉 ⟨…임의 사람⟩으로 설정된다. 만약 누군가가 그 권리를 침해한다면 ㄴ은 침해가 없었던 상황으로 원상 회복을 하도록 시정할 수 있는 것이다.

나는 호칭에 주목해서 한국 또는 동아시아의 문화가 ⟨…임의 사람⟩보다는 ⟨…(으)로서의 사람⟩의 특성을 드러낸다는 점을 밝혀보고자 한다. 호칭은 우리가 마주한 상대를 불러서 세우는 말이다. 문화권마다 나라마다 사람은 관계나 상황에 맞게 상대를 불러야 하는 공식 용어들이 있다. 그러나 우리는 언어 사용자들이 표준적 용례를 완전히 숙지한 채 한치의 오차도 없이 정확하게 부르고 불리는 그런 이상적 상황에 놓여 있지 않다. 오히려 어떤 상황에는 그것에 들어맞는 표준화된 호칭이 없기도 하고, 언어 사용자는 개인적 판단에 따라 공식 규범을 재해석하여 변형된 용어를 사용하기도 한다.

이러한 상황은 호칭이 사람의 관계를 왜곡, 악화시키는 문제의 지대이자 상황이라고 할 수 있다. 호칭은 그냥 서로 부르고 부르는 말, 즉 호互(서로) 함께 칭稱(부름)이 오고가는 기능의 실현이기도 하지만 어떻게 부를지 몰라서라도 어떻게 다르게 불러볼까 싶어서라도 저울질이 일어나는 조작적 사고의 작동, 즉 호呼(부르기)의 '칭稱'(저울질)이기도 한다.

특히 후자의 경우 나는 특정 호칭을 발화함으로써 상대를 내 앞에 특정한 방식으로 불러 세우는 소환 행위를 하고 있다. 이때 상대는 그 소환을 수락할 수도 거부할 수도 있다. 비약적으로 표현하면 결국 호칭의 유통은 나를 중심으로 권력의 관계를 끊임없이 재편성하는 인정 투쟁의 성질을 가지고 있다. 이런 점에 여기서 쓰이는 호칭은 내가 상대나 사태의 의미를 재해석하면서 명명하는 작업의 특성을 강하게 지닌다. 예컨대 한 여성이 상대 남성에게 호칭을 선배가 아니라 오빠로 바꾸거나 한 국가가 다른 국가를 적대국이라 부르지 않고 협력적 관계로 규정하는 경우를 떠올리면 좋겠다.

호칭은 언어 중에서 일상적 어법이지만 상대를 늘 그렇게 부르면서 독특한 방식으로 세계를 구성하는 행위이다. 이 행위가 의식적인 층위에서 발생하지만 무의식적(무반성적) 층위에서도 지원을 받기에 부당한 호칭이 쉽게 사라지지 않고 완강하게 버티고 있는 것이다. 이어서 서로 다른 호칭의 사용이 도덕적 상황에서 어떻게 작용하는지를 살펴보기로 하자.

3. 부분의 진지와 국부의 세계에 갇힌 나

현대인은 공간을 넘나들며 복수의 일을 하며 살아가므로 시간의 가치를 상당히 소중하게 여긴다. 그래선지 우리는 어린 시절부터 "약속을 지켜라" 또는 "약속을 어기지 마라"는 말을 듣곤 하곤 한다. 약속을, 어린아이는 지켜야 하고 어른은 지키지 않아야 하는 것이 아니다. 반대의 경우도 마찬가지이다. 적어도 사람을 특정한 시간대에 특정한 공간에 있도록 묶어두어〔約束〕 풀지 못하게 하는 약속의 의미를 아는 언어 사용자라면 준수해야 하는 보편 규범이다. 이러한 규범으로는 정의, 평등 대우의 원칙, 진실을 말하고 거짓을 말하지 않아야 한다는 것, 부정과 비리의 척결, 반부패 등이 있다.

그런데 누군가로부터 우리가 전통 시대의 도덕 규범을 예로 들어보라는 질문을 받았다고 해보자. 우리는 열에 여덟이나 아홉은 충忠이나 효孝를 들먹일 것이다. 교양이 있는 사람은 나아가 오륜五倫, 즉 군신유의君臣有義·부자유친父子有親·부부유별夫婦有別·장유유서長幼有序·붕우유신朋友有信을 말할 수 있을 것이다.[8] 잘 알다시피 충은

신하가 군주에게, 효는 자식이 어버이에게 실현해야 할 덕목이다. 오
륜도 각각의 관계에서 요구되는 규범의 지위를 갖는다. 여기서 우리
는 충이나 효 그리고 오륜은 일방적인 복종이 아니라 쌍방향의 규범
이라는 항의의 소리를 들을 수 있다. 즉 군주는 신하에게 경敬을, 어
버이는 자식에게 자慈를 해야 한다는 것이다.

　그렇더라도 이것은 사람이 놓일 수 있는 가장 기본적인 관계, 즉
오륜의 틀 속에서만 작동한다는 점을 눈여겨보아야 한다. 만약 내가
군주와 신하로 위시되는 관계 속에 있지 않으면 나는 나 자신을 규제
할 수 있는 규범을 소유하지 못하게 된다. 예컨대 관직에 참여하지 못
하고, 배우자가 없어 늦도록 결혼하지 못하고, 어버이가 없어 혼자 지
내는 고아에게는 오륜은 무의미하다. 그는 누구를 대상으로 해서 실
현할 수 있는 가치의 기반을 가지지 못했기 때문이다. 또 나는 자신이
소속될 수 있는 관계의 수에 따라 준수해야 할 규범의 수가 결정된다.
예컨대 아직 과거를 보지 않고 결혼하지 않은 청소년이라면 그는 세
가지의 영역에서만 규범에 주의를 기울이면 된다.[9] 내가 놓이지 않은
관계 밖은, 단순히 안과 밖을 가르는 분류적 의미에서 외부가 아니라

8 『맹자』 「등문공」 상4에 나오고, 『춘추번로春秋繁露』 등을 통해 고착되면서 유교 윤
　리의 대명사처럼 알려지게 되었다. 현대 사회를 운영하고 조직하는 방식에서 노동
　자와 자본가의 관계를 빼놓을 수 없다. 사정이 그럼에도 불구하고 인륜의 숫자는
　농업사회를 뒷받침하는 다섯을 벗어나지 못하고 있다. 따라서 현대의 맹자라면 노
　사유치勞使有値 항목을 추가할 것이다.
9 오륜五倫에서 군君 항목은 현실의 군주와 가부장으로서 친족의 세계를 규율하던 아
　버지의 아버지를 가리킨다. 또 오륜의 기계적인 현대화는 몇 가지 문제가 있다. 자
　본주의의 생산 관계를 대변하는 노동자와 사용주의 계급 관계를 수용하지 못한다.
　이런 점에 현실성이 떨어진다. 또 오륜은 남성 우위의 사회적 관계를 반영하고 있
　다. 그리고 오륜의 세계관에 따르면 소수자 문제는 사회적 관심을 환기시키는 정당
　한 사안이 아니라 뭔가 있어야 할 것을 갖추지 못한 "불구不具의 침묵" 속에 방치되
　었다. 따라서 신오륜新五倫을 정립하지 않은 상태에서 오륜 회복이 사회 질서의 첩
　경이라는 주장은 그렇게 설득력이 없는 것이다.

사유할 수도 없고 책임질 수 없는 맥락에서 외계이다. 따라서 나는 세
계 전체와 동근원성을 가진 세계 안의 존재자가 아니라 세계 속의 속
에 있어 그 내부를 초월할 수 없는 갇힌 존재자가 된다.

아울러 내가 다섯 가지 관계에 모두 놓이게 되더라도 나는 상황에
따라 자신의 역할을 바꾸어가면서 개별적 상황에 어울리게끔 규범을
준수해야 한다. 내가 조정에 출근하면 신하로서, 퇴근하여 집으로 와
서 자식에게는 아버지로서 아내에게는 남편으로 역할 규범을 실행해
야 한다. 그때마다 나는 나의 전부가 아닌 부분이 타인의 부분과 대응
하게 된다. 아울러 규범도 특수하며 개별적인 관계를 넘어서지 못하
고 그 안에서 유의미하고 효력을 발휘하는 국부적 가치가 된다. 여기
에서 사람은 오륜을 벗어나서, 즉 관계로 자신을 규정하지 않으면서
자신의 욕망을 권익으로 주장하는 정치 경제적 인민, 또는 계급적 존
재와 다른 특성을 지니고 있다.

그렇다면 동아시아 한문으로 된 전적 중에는 부분으로 분할되지 않
는 사람이나 국부성을 넘어서 전체나 보편성을 갖는 규범은 없는 것
일까? 이 질문에 "아니, 있다."며 제시할 수 있는 것으로 왕의 존재와
오상五常의 규범 체계가 있다.

먼저 왕 또는 천자나 황제라는 호칭의 문제를 살펴보도록 하자. 우
리가 TV 사극을 통해 본 왕은, 지상 세계 최고의 지배자이며 어떠한
규제를 받지 않는 절대자로 보인다. 모든 신민은 왕이 말하면 그대로
따라하고 그것을 실현하는 길 이외 다른 길을 가지고 있지 않는 듯하
다. 즉 왕은 외부의 존재를 부정하고 무한히 확장하는 내부 또는 타
자가 없는 동일화의 거점, 즉 왕자무외王者無外로 간주될 수 있다.[10]

---

10 이 구절은 『춘추 공양전』 은공1년, 환공8년, 희공24년, 성공12년에 걸쳐 모두 4차
례 쓰인다. 주석의 맥락에서 이 구절은 "왕은 천하 전체를 가로 간주한다"(王者以
天下爲家)는 식으로 풀이된다.

이로써 왕은 역할에 따라 존재가 분할되지 않고 영원히 전체성을 유지하고 있는 것으로 보인다. 달리 말하면 왕은 오륜의 틀에 매이지 않는 또는 매이더라도 벗어날 수 있는 일자一者 또는 전일자全一者로서 자기의 외부를 허용하지 않는 실체로 보인다. 그러나 사극에서 무소불위의 존재처럼 그려지는지 몰라도 규범의 세계에서는 결코 그렇지 않다.

왕도 땅위의 여타 존재와 마찬가지로 예외의 특권을 누리지 못한다. 그도 활동장에 따라 누구보다도 더 적은 아니 더 많은 호칭으로 분할되어 자칭·타칭·지칭되고 있다. 이를 뒷받침하는 증거로 두 문헌을 예로 들어보자. 첫째, 『춘추 공양전』의 문공文公(BC 626~609) 9년의 이야기를 들어보도록 하자. 천자는 선왕이 사망하면 그 해를 넘겨 다음 해에 즉위한다. 즉위했다고 하더라도 천자는 '왕王'으로 일컫지 않고 '자子'로 일컫는다. 상례를 끝내고 나서 천자는 비로소 '왕'의 호칭을 사용할 수 있다는 것이다.[11]

또 『예기』 「곡례」 하를 보면 더욱더 분화된 호칭이 열거되고 있다. 중원 지역 이외의 종족과 교섭할 때 천자天子(하늘의 아들)라고 일컫는다. 제후의 조회를 받을 때는 여일인予一人(나 한 사람)이라고 한다. 제사를 지낼 경우 종묘에서는 효왕모孝王某(효성스런 왕 누구)라고 하고, 제천 의식에서는 사왕모嗣王某(왕위를 이어받은 누구)라고 한다. 왕이 사망하면 천왕붕天王崩(천왕이 무너졌다)이라고 하고, 혼을 부르는 의식을 치르면서 천자복의天子復矣(천자의 혼이시어, 돌아오소서)라고

---

11 "卽位矣, 而未稱王也, 未稱王, 何以知其卽位, 以諸侯之踰年卽位, 亦知天子之踰年卽位也. 以天子三年然後稱王, 亦知諸侯於其封內三年稱子矣. 踰年稱公矣, 則曷爲於其封內三年稱子, 緣民臣之心, 不可一日無君, 緣終始之義, 一年不二君. 不可曠年無君. 緣孝子之心, 則三年不忍當也." 왕웨이띠王維堤·탕수원唐書文, 『春秋公羊傳譯注』, 上海: 古籍出版社, 1997, 276쪽; 남기현 옮김, 『춘추 공양전』, 서울: 자유문고, 2005, 256쪽 참조.

한다.[12]

이 부분에 대해 정현鄭玄(127~200)은 오늘날 한 나라에서 자국 주위의 이민족에 대해 천자라고 일컫고 제후 왕들에게 황제라고 말한다고 주석을 달고 있다. 이 풀이에 대해 여러 가지 질문이 가능하겠지만 지상 최고의 지배자로 자처하는 이가 이민족에게 동일한 호칭이 아니라 하필이면 천자라는 호칭을 사용해야 하는가를 물어보자. 최령은崔靈恩에 따르면 이민족은 왕의 교화를 알아듣지도 못하여 어디로 가서 누구에게 의존해야 하는지 모르므로 왕이라는 호칭을 쓸 수도 없고, 이민족은 지극히 존엄한 권위를 알아먹지 못함으로 존엄하며 위대한 황의 호칭을 쓸 수 없으며 그들은 오로지 천의 위엄을 두려워하므로 '천자'로 불러서 두려워하게 했다고 한다.[13] 즉 그들은 왕과 황제에 대한 인문학적 의미에 대해 무지하지만 천자라고 하면 두려워해야 할 대상으로 인지한다는 것이다.

왕은 종족에 따라 다른 호칭으로 불리어지고 그래야만 타자로부터 위엄을 인정받을 수 있다. 중원 지역의 동족이라고 하더라도 왕은 경우에 따라 선왕의 자식이라는 점, 하늘로부터 보증받은 왕이라는 점, 하늘의 보증을 받아 계승자가 되었다는 점 등이 부각되고 있다. 이렇게 되면 왕은 어떠한 존재에 의해서도 자신의 위상이 변화되지 않는 채 하나의 호칭으로 불리는 것이 아니라 역할 수행의 장에 따라 변신을 거듭해야 하는 상대적이며 한정된 존재로 거론되고 있다.

다음으로 도덕 규범의 경우를 살펴보도록 하자. 충·효나 오륜이

---

12 "君天下曰天子. 朝諸侯, 分職授政任功, 曰予一人. 踐阼, 臨祭祀, 內事曰孝王某. 外事曰嗣王某. 臨諸侯畛於鬼神, 曰有天王某甫. 崩, 曰天王崩. 復, 曰天子復矣. 告喪, 曰天王登假. 措之廟, 立之主, 曰帝. 天子未除喪, 曰予小子. 生名之, 死亦名之." 한국어 번역을 확인하려면 이상옥 옮김, 『예기』 상, 명문당, 1985; 중판 1993, 113쪽 참조.
13 한문 원문을 확인하려면 리쉐친李學勤 주편, 《十三經注疏 整理本》 제12책, 『禮記正義』, 北京: 北京大學出版社, 2000, 143~147쪽 참조.

가진 부분 규범의 한계를 넘어설 수 있는 것으로 우리는 오상五常을 예로 들 수 있다. 오상은 인·의·예·지·신이라고 하는 다섯 가지의 불변적인 덕목이다. 훗날 성리학에서는 인이 사상四常에게 존립의 의미를 부여하는 우월적 덕목으로 덕목들 간의 서열을 재정립하고자 했다. 훗날 탄쓰퉁譚嗣同이나 캉유웨이康有爲가 인仁을 에테르ether로 규정하면서 사람과 사람, 국가와 국가, 인간과 자연의 경계〔界〕를 초월하여 만물을 소통시키는 물질-힘으로 보았다. 이런 측면에서 오상이나 인은 분명히 관계의 고착성을 초월하여 만인을 동등하게 규제할 수 있는 보편화 가능성을 가지고 있다.

그러나 이런 전체성, 보편성의 인仁은 자연에서 왜곡 없이 본래의 가치 그대로 구현되지만 인간 사회에서 성인과 같은 예외적 존재를 제외하고서는 부분적이며 단계적으로 실현될 수밖에 없다. 현실 세계에서 나는 역할 의존적 존재이므로 전체의 인을 실현 목표로 삼을 수 없다. 늘 나는 부모로서 자애, 자식으로서 효도, 형제로서 우애, 연장자로서 공손, 연하자로서 존중 등을 개별적인 역할의 장에서 실행할 수 있을 뿐 〈…(으)로서 사람〉인 탓으로 인 자체를 그 어떠한 존재에게 전면적으로 실현시킬 수 없기 때문이다. 설혹 다양한 장에서 실현해야 할 덕목의 총합이 인과 동일하다고 하더라도 현실적으로 나는 동시에 부모이면서 자식이면서 형제일 수 없으므로 전체의 인을 구현할 수 없는 것이다. 이것은 역할 의존적 존재의 피할 수 없는 숙명적 조건인 것이다.

이상의 논의를 통해서 우리는 동아시아의 전통 사회가 사람을 미시적인 생활 영역으로 분할시켜 재배치함으로써 전체와의 연계성을 가지기 어려웠다는 점을 알 수 있다.[14] 이에 따라 한국 또는 동아시아의

---

14 노자나 장자의 '도道', 상앙과 한비의 '법法'은 역할 의존적 규범과 달리 보편의 차원으로 논의될 만하다. 바로 이런 특성이 한제국 이후의 국가 질서에서 장자나 한비

사상사는 세계의 전체를 바꾸는 신세계를 여는 변혁보다 부분의 영역을 개선하여 활력을 보충하는 세계의 보수 작업을 기록하고 있는 것이다. 세계 속에 갇혀서 그것의 외부를 보는 경험을 하지 못한 결과라고 할 수 있다. 특히 왕처럼 전체적 인물이나 지식인처럼 다른 세계를 여행한 열린 인물조차도 예외 없이 사람을 구획된 장에 분산시키려는 문화적 기획을 초월할 수 없었다. 그 결과 인·도의·도리가 보편성을 갖는 규범임에도 불구하고 인륜의 그물〔강상綱常〕에 포획되게 되었고, 그 누구도 전체를 실현할 수 있는 부분을 넘어 전체를 엿볼 비상구非常口를 찾는 데에 과감하지 못했던 것이다.[15]

4. 역할 의존적 호칭과 우리 사회의 풍경

현대의 한국인은 나의 이런 논의에 대해 "우린 벌써 그런 단계를 넘어섰다"고 심드렁하게 말할지 모르겠다. 오늘날 우리는 한국인이면서 그리스·로마 신화를 즐겨 읽는 그리스·로마인이며 유럽과 아메리카의 삶의 방식을 따르고 있는 유럽인·아메리카인(미국인)이기도 하다는 말이다. 그럼에도 불구하고 우리는 지난날에 그랬듯이 오늘날에도 부분적으로는 삶을 미시적으로 분할된 영역에 고정시킨 채 인생

가 존중되지 않고 거부된 이유라고 할 수 있다. '역민堿民'이든 사람이든 왕이나 지식인-관료를 매개하지 않고 직접 세계의 전체와 소통하려 할 때 '왕에 의한 교화〔王化〕'의 논리가 붕괴되기 때문이다. 따라서 서로 동기는 다르지만 정치적으로 좌절을 경험한 이는 법이나 도에 호소하려고 했다.

15 우리가 사는 시대에 가까워져서야 탄쓰퉁은 오륜의 "그물을 찢자!"(衝決網羅)는 주장을 내세웠고 캉유웨이는 국과 국, 남과 녀 등의 경계〔界〕를 철폐한 대동의 세계를 꿈꾸는 것처럼 오륜에 대해 근원적인 반성을 하게 된다. 캉유웨이에 이르러 유교를 뒷받침하는 관계윤리가 해체되고 개인윤리가 생성될 수 있는 지대가 마련된 것이다. 이와 관련해서 별도의 논의가 필요하다.

을 규율하고 있다. 즉 우리는 아직 광장에 콤플렉스를 가진 채 세계보다는 한국에서, 전국보다는 지역에서, 공동체보다는 가족에서처럼 상대적으로 적은 권역에서 활약을 펼치려고 한다.

물론 사람은 심리적으로 아늑함을 느낄 수 있는 소규모의 사적 세계를 필요로 하고 그 속에 잠길 권리를 가지고 있다. 근대의 체험이 있기 때문에 광장의 공포를 전적으로 역할 의존적 호칭의 탓으로 돌릴 수는 없다.[16] 그렇지만 우리는 아직 미시 영역으로 분할되는 호칭으로 세계를 구분하고 있고 또 전체에의 관심이 쓸데없는 것이고 아무나 할 수 없는 것으로 여기곤 한다.

실례를 들어보자. 누군가가 학생이라면 그는 학교라는 공간을 넘어서는 움직임을 자제해야 한다. 옛날보다 나아졌다고 늘 이야기하지만 머리를 기르거나 교복을 조금 고치거나 학교 이외의 공간에 있게 되면 우리는 당사자를, 학생이 해야 할 것을 하는 곳, 즉 있어야 하는 곳으로 되돌려 보내려고 한다. 그것이 정상이기 때문이다. 학생은 멋부리고 싶은 욕망도 공부 아닌 다른 것을 하고 싶은 욕구도 가져서는 안 되기 때문이다. 이렇게 되면 극단적으로 학생은 학생일 뿐 사람이 아니게 된다. 한국의 고등학생, 특히 이른바 고3은 학습 노동에 시달리고 있다.(어른들은 노동 시간을 줄여가면서 왜 자녀의 학습 시간은 줄이려고 하지 않는가!)

이러한 사고 방식에 따를 경우, 누군가가 노동자라고 한다면 그는 현장에서 노동을 하는 것이 본분이다. 만약 그가 다른 곳에 있거나 다른 일을 한다면 그의 행위는 불온시되거나 괜히 쓸데없는 짓으로 간

---

16 일제의 식민 이후 1940년대 중반 좌익과 우익의 대립, 1950년대 초반의 전쟁, 이후 근대 국가의 수립이라는 일련의 체험은 한 개인의 신념과 그것의 주장보다는 상황의 절대성과 견결한 중립이 생존의 지름길로 간주되게 만든 측면이 있다. 왜냐하면 이 과정에 저질러진 '죽임'은 순교가 아니라 학살에 가까웠기 때문이다.

주된다. 이렇게 되면 극단적으로 노동자는 노동자일 뿐 시민도 계급도 아니게 된다. 이로써 우리는 사람과 시민이기 이전에 국부적인 생활 세계에 분할되고도 고착되어 그것을 넘어서는 비행飛行을 하기 어렵게 된다. 비행은 높이 나는 신나고 아름다운 일이 아니라 낮고 천박한 행동, 즉 비행卑行이며 해서는 안 되는 행동, 즉 비행非行으로 간주된다. 그 결과 국부 영역에서 사소하거나 심각한 문제(왕따, 성희롱, 성폭력 등)가 일어나면 그 속의 일부는 소식이 내부에 소통되는 것도 싫어하지만 외부로 확산되는 것 역시 증오한다. 공론의 장은 서지 못하고 비밀의 불공정한 거래가 활기를 띤다. 이 거래의 탁월한 솜씨는 미시 세계 권력자의 능력을 측정하는 기준이 되기도 한다.

또 실례를 들어보자. 교직에 종사하는 사람을 가리키는 말로 선생님·스승·강사 등이 있다. 하지만 공적 세계에는 초·중등 교원은 '교사'로, 대학 교원은 '교수'로 엄격하게 구분되어 호명된다. 이 구분에 집착하는 사람은 두 용어의 혼용을 경험하면 그것을 실수로 넘기지 않고 참을 수 없는 모욕으로 간주하며 흥분한다. 지금은 전국교수노동조합이 운영되고 있지만 교원이 노동자인가 아닌가라는 신분(정체성) 논쟁이 있었던 적이 있다.[17] 설혹 교원의 법적 지위가 노동자에 해당된다고 하더라도 하는 일의 성격상 또는 사회의 예우상 교원을 노동자로 호명할 수 없다는 것이다. 이처럼 우리는 직업과 관련한 호칭을 기능이나 책임의 범위를 지시하는 기호로 보지 않고 사회적 신분(계급)의 상징물로 간주한다.

---

17 정부는 교수 노조를 불법으로 규정하고 있다. 공무원법 66조는 (교육) 공무원의 노동 운동을 금지하고 있으며, 사립학교법에서는 이를 사립학교 교원에도 준용하고 있고, 교원노조법 2조는 대학교원을 노조 설립 대상에서 제외하고 있다는 이유이다. 정부의 이런 논리에 따르면 현행법상 교수 노조의 설립은 불법이 된다. 2001년 4월 교수노조준비위가 발족되었고 2001년 11월 10일 서울대에서 초대 대의원 대회를 열고 교수노조의 출범을 공식 선언한 적이 있다. 그 이후 대학별 지역별 비정규직 교수노동조합의 설립이 추진되고 있다.

이로써 우리는 공용의 용어보다 독점적으로 쓰이는 전칭 또는 소수끼리 유통하는 특칭을 선호한다. 얼마 전만 해도 한국 사회는 기업을 소유, 경영하는 최고 책임자를 가리지 않고 사장이라고 했다. 그 뒤 기업의 규모가 커지게 되자 작은 것과 구별하기 위해서 회장 용어가 만들어지게 된다. 요즘 회장들이 많아지자 자격과 책임 범위를 차별하기 위해 왕회장·오너·CEO 등의 신조어들이 끊임없이 만들어지고 있다. 우리는 나를 타인과 끊임없이 떼어놓고 구별 짓기 위해서 같은 이름으로 불리기를 부정한다.(물론 타인이 그런 나를 같은 이름으로 부르기에 거북할 수도 있다.)

이제 호칭은 더 이상 기능상으로 타자를 부르는 소환 행위에 그치지 않고 영광이 되는(예찬의 대상이 되는) 이름, 즉 명예名譽가 된다. 명예를 가진 자는 조용히 말한다. "누가 감히 이 말을 쓴단 말인가?" 이와 관련해서 한국어에 특이한 용법으로 쓰이는 말이 있다. 그것은 다름 아니라 사전에 표제어로는 주제라고 되어 있지만 용법은 거의 대부분 '주제에'로만 쓰이는 것이다. "네 주제에 그런 사치품이 어울리겠니?" 인격을 모독하면서 넘어서려는 기도 자체를 완강히 부인하는 이 말만큼 사람과 사람 사이의 벽을 강화시키는 말이 없을 것이다.

마지막으로 실례를 들어보자. 명절날이 되면 언론 방송에서는 전 국민 아니 시청자를 대상으로 으레 만나게 될 친척들 사이의 호칭 교육을 실시한다. 사실 일 년에 한두 차례 쓰일 호칭을 외우고 익힌다는 것은 전문가 수준에서 요구되는 일이지 보통 사람이 할 학습의 대상이 아니다. 가족 경영을 내세우는 기업이 아니라면 친척은 한국인의 생활의 중추에 자리 잡지 못하고 사회도 혈연 중심으로 구조화되지도 않고 있다.(사실 가족 경영의 구호도 이미지의 차용이지 경영을 지배하는 원칙이 아니다.) 따라서 친족 호칭은 이제 민속학의 대상이지 생활에 쓰는 일상 언어의 성원이 아니다.

"이봐", "이봐요", "야", "어이", "저기요", "여기요" 등등. 이것은 우리

가 친밀한 사적 공간이 아니라 거리에서나 음식점에서 공공 장소에서
듣게 되거나 건네는 말들이다. 이 말 중에는 사람에 따라 경우에 따라
괜찮게 여겨지는 호칭도 있고 아주 불쾌하게 들리는 호칭이 있다. 적
어도 우리는 가족이나 교실 그리고 직장처럼 서로에 대한 정보가 드
러난 장소에서 이런 호칭을 쓰지 않는다.

　물론 이 장에서도 처음 만나는 장면, 상대에 대한 신상이 파악되지
않는 여건에 한정해서 위의 호칭이 쓰인다. 이처럼 친숙한 공간을 벗
어나 서로가 서로에게 낯설게 여겨지는 장에 서면 호칭이 사라진다.
즉 호칭의 사각지대가 생겨난다.[18] 우리는 사람에 따라 사각지대에 별
다른 어려움 없이 통과하기도 하겠지만 '호칭'에 걸려서 넘어지기도
한다. 이처럼 개인의 언어적 생존력에 맡겨져 있을 뿐 공동체 차원의
해법은 아직 없고, 있다고 해도 공용어가 없는 셈이다.

　이러한 언어의 단편은 삶의 풍경화 속에 고스란히 소재로 들어선
다. 첫째, 전체와 소통, 연계가 차단된 만큼 미시 세계의 전제적 권력
자가 어떠한 통제를 거부한 채 자신의 세계를 구축한다. 이런 현상은
한국이 1980년대 이후 거시적 영역과 공적 세계에서 비민주적 요소를
제거했음에도 불구하고 피부에 와 닿는 삶의 민주화가 더디게 진행되
는 원인이 될 수도 있다. 둘째, 규범이 보편성을 지닌다고 해도 그것이
분할된 세계로 적용되는 과정에서 '예외'의 특권이 발휘된다. 그 결과

---

18 음식점에서 종업원을 부를 때 서울 사람의 일부는 '언니'라고 하고 지역에 따라
'아가씨'라는 말을 쓰기도 한다. 농담이지만 언니라고 부르는 손님에게 "내가 언제
당신의 언니냐"고 반문했다는 이야기도 있다. 공공 영역의 호칭을 친족 호칭에서
끌어오지 못할 이유는 없다. 다만 사회적 합의가 필요할 것이다. 현대 중국의 경우
도 문화혁명을 통해 언어 영역에서 수많은 봉건 관습을 철폐시켰다고 한다. 오늘
날 남성의 경우 '형兄'과 '동생' 또는 '노老'와 '소小'라는 말로 관계나 그 친밀도를
표시하고 있다. 우리는 앞으로 불편한 호칭이나 호칭의 사각지대 문제를 공론화해
서 인간의 사회적 관계를 지배와 억압의 방식이 아니라 해방의 관점에서 호명이
운용되도록 노력할 필요가 있다.

예외자가 반문명적 반인륜적 범죄를 저질렀다고 하더라도 그 사람이 국익의 창출과 경제 발전에 기여했다면 정상이 참작된다. 즉 우리는 예외 없는 철저한 응징보다는 인간적인 고려를 선호하는 듯하다.

근래(2008년)에 개그맨 장동민이 〈개그콘서트〉의 봉숭아 학당에서 "○○, 그 까이꺼 대충 ……하지 뭐!"라는 말을 유행시켰는데 우리는 이미 그렇게 살아왔는지 모르겠다. 셋째, 미시적인 영역 간의 충돌이 일어나면 우리는 충돌로 인해 신음하는 사람보다 충돌을 일으킨 상황 자체를 문제로 삼는다. 두 영역이 충돌로 진행되지 않도록 사전의 예방을 중시한다. 그 결과 사전과 막후의 협상을 즐기지 사후와 막전의 해결(토론)을 기피한다. 막이 불의의 계기로 공개되면 그들은 물의物議로 사죄하면서 자기 세계의 수성을 위해 미시 영역으로 무한히 퇴각해가고 간혹 공론의 장에 나오더라도 기껏 변명과 해명은 하지만 토론이나 대화에는 일체 호응하지 않는다.

5. 결론을 대신해서: 사람을 사람으로 대우하는 호명권의 정당한 사용

"우리가 누구를 어떤 이름(호칭)으로 부르는가?"라는 것은 누구도 개입할 수 없는 지극히 개인적인 취향일 수도 있고 명예·위신·인격 등과 관련되어 반드시 시정을 요구할 수 있는 지극히 중요한 사안일 수도 있다. A가 자신의 애완견을 뭐로 부르든지 누가 뭐라 할 수 있겠는가? 그러나 사회적 행위에서 호명은 규범에 따른 상투적인 관행이기도 하지만 고도의 재량권의 발휘가 기대되는 창조적 특성을 가지기도 한다.

북핵 문제는 한반도의 평화 정착과 관련해서 뜨거운 현안이다. 2005년의 보도에 따르면 조지 부시 행정부는 김정일 국방위원장을 올해

4월 29일에는 폭군tyrant으로 불렀고 5월 31일에는 Mr. Kim Jungil (김정일 선생)로 불렀다. 7월 27일 6자 회담 미국 측 수석 대표는 그를 Chairman Kim Jungil(김정일 위원장)로 불렀다고 한다. 6월 3일 북한의 외무성 대변인은 "미국 대통령 부시가 우리 최고 수뇌부에 대해 '선생'으로 존칭했다. 우리는 이에 유의한다."고 말했다.[19]

호칭 하나의 변화는 호칭의 차원을 넘어서 있다. 폭군일 때 그는 제한 전쟁을 통해서라도 지상에 함께 있을 자격이 없으므로 제거해야 할 공작의 대상이다. 위원장일 때 그는 대화와 협상을 통해 공동선을 추구할 수 있는 협력자가 될 수 있다. 이처럼 호칭의 변화는 그간 지지부진하던 6자 회담의 재개를 알리는 신호탄이 되었다. 이처럼 우리는 상대를 무엇으로 불러 나 앞에 세워야 하는지 주의를 기울이지 않을 수 없다. 우리는 내가 스스로 정립하는 '나'가 중요하지 타자에게 투영된 '나'가 뭘 그렇게 중요하냐고 반문할 수 있다. 보여지는 나는 타자가 나를 환대하는지 적대하는지 구별할 수 있는 척도라면 호칭은 상호 이해로 나아가는 관문인 셈이다.

동아시아의 삶의 전통에서는 인간을 미시적인 영역에 가두어놓고 삶의 전체적 연관성이나 전체로서의 삶을 보지 못하게 만들었다.[20] 우리는 사람을 앞에 두고 역할로 분할하여 미시 세계로 환원하지 말고

---

19 『연합뉴스』 2005년 07월 27일 "〈6자회담〉 美 김정일 호칭 '폭군→미스터→체어맨'" 기사. 이 기사는 『프레시안』, 『오마이뉴스』, 『경향신문』 등에도 기사화되었다. 2007년 12월 8일 『한국일보』와 『중앙일보』의 보도에 따르면 부시는 집권 이후 처음으로 김정일에게 친서를 보내면서 위원장(chairman)이라는 호칭을 사용했다고 한다. 며칠 뒤 『중앙일보』 보도에 따르면 일찍이 2002년에도 부시는 김정일에게 친서를 보내려다 '친애하는 위원장 귀하(Dear Mr. Chairman)' 쓰기를 싫어해서 무산되었다고 한다.

20 아메리카가 최근 벌이는 여러 차례의 전쟁에서 보이듯 유일신이나 보편 도덕도 현실에서 문제를 심각하게 드러내고 있다. "신의 영광을 위한" 전쟁도 자유와 정의의 확산이라는 미명 아래 패권 질서의 공고화를 숨기고 있다.

인격을 지닌 통일적 존재로서 대우하도록 해야겠다. 어린이는 어린이 이전에 사람이고, 학생은 학생 이전에 사람이며, 이주 노동자는 이주 노동자 이전에 사람이고, 여성은 여성 이전에 사람이기 때문이다. 이렇게 될 때 공공 영역의 선인이 반半 공공 영역이나 사적 영역에서 폭군으로 변신하기 어렵게 될 것이다. 오류의 틀에 묶여 있다면 우리는 훌륭한 아들이지만 나쁜 사람이 되는 것이 순간의 부주의한 실수가 아니라 의식적으로 고치기 어려울 정도로 습성화된 문화의 관행에서 벗어날 수 없다.

그럼 적어도 호칭의 사용에서 우리가 평등권을 확보할 수 있는 방안은 무엇일까? 현재의 호칭이 갖는 문제를 신랄하게 비판해놓고 대안의 제시에 침묵한다면 그 역시 무책임하다는 비판에서 자유로울 수 없기 때문이다. 필자가 성장 과정에서 한 놀이가 생각난다. 소모임에서 친목을 다지기 위해서 MT를 가곤 했다. MT에서 분위기가 무르익으면 으레 하는 놀이가 있다. 그것은 야자 타임이다. 이 놀이는 그간 나이를 기준으로 절대적으로(?) 군림하던 선배를 한없이 끌어내리는 언행을 즐김으로써 절정에 이른다. 이전까지 깍듯하게 존칭을 사용하던 선배에게 이름을 부르는 것은 예사이고 그가 하던 말투를 흉내 내기도 하고 심한 경우 면박을 주기도 한다. 이런 놀이를 통해서 선후배를 경계로 엄격하게 설정된 격의를 허물게 된다. 또 선배는 조지 허버트 미드Mead의 상징적 상호 작용에서 말하듯 후배의 흉내를 통해 타인에게 투영된 대상으로서 자신[Me]을 확인하게 된다.[21]

이처럼 야자 타임은 호칭 파괴가 주는 해방감을 맛보게 하는 대안 세계의 체험이라고 할 수 있다. 하지만 야자 타임은 그 타임에서만 유효하고 그 시간이 끝나면 다시 원래의 상태로 돌아간다. 세계는 잠시

---

21 미드가 주격으로서 나[I]와 목적격[Me]으로 나를 구분하는 것과 관련해서 신정근, 『사람다움의 발견』, 이학사, 2005, 299~300쪽 참조.

무너졌던 혼란을 끝내고 새로운 활력을 보충한 채 이전과 같은 방식으로 운행되어간다. 이 야자 타임의 일시적 해방감을 넘어설 수 있는 호칭 사용법은 어디에서 찾아야 할까? 필자는—상시적인 인간 관계의 경우—전통 시대에 광범위하게 쓰였던 지금도 부분적으로 사용되는 호號의 사용을 제안하고자 한다.[22]

또 자신이 무엇으로 불리기를 원한다는 의사를 밝히거나 먼저 뭐라고 불러줄까를 묻는 인사 관행을 만들어가야겠다. 사실 우리는 각자 이름을 가지고 있고 그 이름으로 불리고 있지만 나만의 취미와 뜻을 담은 호칭은 아니다. 성인 이후에 자신이 짓든 타인이 불러주든 자신의 마음에 드는 호를 불러줌으로써, 개인을 당사자가 가진 이력과 직급으로 착색하여 서열화시키지 않고 사람으로서 만나는 관계가 활성화될 수 있을 것이다.[23] 이 관계는 더 이상 과거에 기원을 두고 있고 과거의 틀에 갇힌 이름들의 거래로부터 자유롭게 될 것이다.

호칭은 한자로 호칭呼稱으로 표기된다. 하지만 나는 한글로 호칭이라고 할 때에는 그 글자에는 호칭互稱의 의미도 포함하고 있다고 생각한다. 주목해야 할 것은 호칭의 한자가 어떤 것이든 모두 칭稱으로

---

22 호가 익숙하지 않다면 그것을 애칭으로 받아들여도 무방하다. 산업 현장에서는 벌써 직급을 대체하는 다양한 호칭법이 등장하고 있고 언론 매체를 통해서 보고되고 있다. 직급 상관없이 성명 다음에 '님'자를 붙여서 사용한다든지 개인의 희망을 반영하는 호칭을 사용한다든지 말이다.

23 최근에는 인터넷을 중심으로 통상적이지 않거나 특이한 행동을 한 사람을, '개똥녀' · '된장남'처럼 신조어로 작명하여 테러에 가까운 공격을 가하는 현상이 늘어나고 있다. 물론 이들의 행위는 경범죄에 해당될 정도로 개인의 책임이 필요한 경우도 있지만 대부분 도덕이나 법률과 관련되지 않은 개인의 취미 또는 기호에 속하는 영역에 속하는 경우가 많다. 드라마 〈인순이는 예쁘다〉는 한 평범한 인간이 전과자 · 지하철녀에서 자신의 이름 박인순을 찾아가는 과정을 그리고 있다. 가족과 친구들도 동일한 사람을 각각 다른 방식으로 호명하면서 애증을 표현하고 있다. 이 드라마에 대한 비평으로는 정덕현, 「별을 단 여자, 별이 된 여자, 인순이」, OSEN 2007.12.12 기사 참조.

쓰이고 있다는 점이다. 호칭에서 칭은 원래 '부르다'라는 발화 행위를 가리키는 말이다. 하지만 칭에는 무게를 단다는 저울질의 뜻을 지니고 있다. '저울'과 '부르다'의 의미는 먼저 저울대에 물건을 올려놓고 중량이 정해지면 얼마라고 소리치는 방식에서 그 기원을 두고 있을 것이다.

여기서 우리는 무엇으로 부르기 이전에 저울에 무게를 단다는 선행 사태에 주목할 만하다. 즉 여기에는 타자로서 내가 저울대에 올려서는 양으로 환산되는 무게가 달라짐에 따라 불리는 이름이 달라질 수 있다는 복선이 깔려 있기 때문이다. 이와 달리 우리가 저울대에 놓인 대상이 무엇이든 그것이 가진 무게를 가감 없이 그대로 나타내는 공평성에 주목해보자. 각자가 제값대로 불린다면 호칭은 정치적이면서 도덕적으로 바람직한 관계를 구성하는 관문이 될 수도 있다. 이런 점에서 호칭은 우리를 불편하게 하는 사회적 관행으로부터 인식적 실천적 해방의 역할을 수행할 수 있다. 나는 이를 바탕으로 앞으로 호칭에 대한 전복적 관점을 발전시키고자 한다. 아울러 현실과 구별되는 사이버 공간의 댓글, 호칭 등도 진지하게 검토해볼 필요가 있다.[24] 아직 우리는 어법이 헌법 위에 있는 시대를 살고 있다. 어법이 헌법 아래에 있는 시대를 살려면 전복적 관점을 발전시키지 않을 수가 없다.

---

24 박성희, 「때론 매개된 폭력이 더 폭력적이다」, 『지식의 지평』 18호, 2015, 139~156쪽.

제12장 모국어로 공자와 『논어』를 읽어야 할 이유

1. 문제 제기

'Philosophy'의 어원에서부터 알 수 있듯이 '철학'은 앎에 대한 동경과 탐구를 목표로 한다. 고대 사회에서 철학은, 주술과 신화적 사고와 일정한 거리감을 유지하면서 사람과 자연(우주)의 전체적 연관성을 밝혀주었다. 과학적 지식에 의해 자연의 비밀이 하나씩 밝혀지기 시작하자, 철학은 커다란 위기에 부닥치게 되었다. 특히 실증주의와 경험학문은 철학에서 말하는 전체적 연관성을 검정할 수 없는 수수께끼와 같다고 비판했다.

근대의 과학은 기존의 철학과 비교할 수 없을 정도로 자연의 실제 모습을 있는 그대로 밝혀주었다. 예컨대 천동설에서 지동설로의 변화는 날로 더 막강해지는 과학의 위상을 보여주었다. 철학의 위기가 도래했다고 할 수 있다. 당시 "이제 철학이 무엇을 할 수 있을까?"라는 회의가 등장했다. 즉 철학이 사실과 전혀 일치하지도 않거나 자연을 제대로 설명하지 못한다면, 그 앎이 실재에 바탕을 두지 않는 상상의 산물로서 무용지물이 되기 때문이다.

과학 만능주의scientism는 그렇게 오래가지 못했다. 과학과 기술의 결합은 식량, 질병, 주거 등 인간의 모든 문제를 해결해주리라 기대했다. 하지만 양자의 결합이 화려하게 빛난 곳은 인간을 살리는 영역(평화)이 아니라 더 효율적으로 죽이는 영역(전쟁)이었다. 과학주의의 꿈이 깨어지면서 동서의 철학은 다시금 활로를 찾을 수 있었다.

중국의 경우 량치차오梁啓超(1873~1929)는 근대의 고향인 유럽을 찾았다가 제1차 세계대전 이후 유럽의 참상을 목격했다. 그는 유럽 근대의 빛나는 성취를 다 부정하지 않지만 유럽 근대를 중국의 근대로 생각해오던 착각에서 벗어나게 되었다. 그는 이렇게 꿈을 깨는 과정을 『구유 심영록歐遊心影錄』에 남겼다.[1] 그는 자신이 유럽에 품었던 환상에서 벗어난 이유를 다음처럼 말했다.

"대체로 사람은 안심입명安心立命할 바탕을 가지면 세상이 여러 가지로 힘들고 괴롭더라도 지나간 것에 버틸 수 있다. 근래 유럽인들에게 이런 것이 없었다. 왜 없었을까? 가장 큰 원인은 '과학 만능'을 지나치게 믿었기 때문이다."[2]

이전까지 중국의 근대 지식인들은 유럽의 과학과 민주주의에 열등 의식을 지니고 있었다. 이 의식에 따르면 과학과 민주주의를 키운 덕분에 유럽이 근대 세계를 만들었고 과학과 민주주의가 없었기 때문에 중국은 근대 세계의 낙후자가 되었다. 하지만 과학이 낳은 전쟁의 상흔은 그간의 열등 의식을 완전히 떨쳐낼 수 있는 엄청난 힘이 되었다. 이러한 자각을 바탕으로 량수밍梁漱溟(1893~1988)은 그간 '동서東西'하면 수직적 관계로 인식해오던 관례를 깨고 '동서 문화東西文化'와 '동서 철학東西哲學'으로 병칭하게 되었다.[3] 즉 동東과 서西가 수직적인

---

1 장핀싱張品興 主編, 『梁啓超全集』第5冊, 北京出版社, 1999 참조.
2 「七 科學萬能之夢」, 위의 책, 2972쪽.
3 이러한 병칭은 1920년대에 『東西文化及其哲學』으로 나타났다. 강중기 옮김, 『동서

관계에서 유형으로 재배치되었던 것이다.[4]

철학은 영광을 되찾기는 했지만 예전처럼 만학의 왕좌라는 타이틀을 완전히 되찾지 못했다. 철학은 근대 이후에 고유한 연구 영역을 주장하는 분과 학문이 학문이게끔 규제할 수 있는 기능을 수행할 수 있으리라고 보았다. 분과 학문이 각개약진하면서 고도로 전문화의 길이 열렸다. 전문화가 진행될수록 분과 학문은 그 내외부에 새로운 벽을 만들기 시작했다. 하나의 분과 학문이 수많은 전공으로 분화되면서 전공끼리 소통이 되지 않을 뿐만 아니라 타 학문과의 소통이 불가능해졌다. 이러한 추세는 철학도 예외가 아니다. 철학도 크게는 동양 철학과 서양 철학에서부터 작게는 시대별(고대, 중세, 근대, 현대), 인물별(플라톤, 공자 등), 주제별, 초점별로 영역이 세분화되었다.[5]

이제 철학은 자기 스스로를 통합하지도 못하게 되었다. 이러한 상황에서 철학이 모든 학문을 규제한다는 소명을 자임하려고 해도 할 수 없게 된 것이다. 이러한 상황에서 철학의 앎은 현실의 다양한 분야와 촘촘하게 연결되는 분과 학문의 앎에 비해 어떤 특별한 우월적 지위를 갖는지 회의적이다. 또다시 "철학이 무엇을 탐구할 수 있을까?"라는 회의가 고개를 들 수밖에 없다.

지금까지 간단하게 철학자들이 '철학의 종언'을 선언하게 된 맥락, 즉 스스로 문을 닫아야 한다는 우려와 불안을 살펴보았다. 실제로 우리나라 대학 학부의 철학과 또는 철학 전공의 문이 닫히고 있다. 하

문화와 철학』, 솔, 2005 참조.

4 우리나라는 당시 일제 강점기였기 때문에 제1차 세계대전 이후의 유럽 위기를 전통 학문을 부활하기 위한 동력으로 삼을 형편이 되지 못했다. 대신에 우리나라는 제2차 세계대전과 해방 그리고 1960~1970년대 이후 산업화와 자본주의의 위기가 심화되자 민족주의의 한 특징으로서 동양 철학을 연구하는 동력을 찾았다.

5 2000년대에 들어서 동양 철학은 1960~1970년대와 달리 전공 이기주의, 학문의 칸막이를 넘어서는 통섭 또는 학제간 연구의 일환으로 존재 이유를 찾고 있다.

지만 동양 철학의 전공자는 '철학의 종언'이 서양 철학에만 해당되고 동양 철학에 해당되지 않는다며 여유를 부릴지도 모르겠다. 세상이 망한다고 해도 낙관주의자는 있는 법이다. 동양 철학사(또는 중국 철학사)를 일별해보면 주자학 또는 성리학이 수립된 뒤에도 이론적 탐구로서 학문(이론)의 완성을 선언하고 실천만 남았다고 본 사람도 있었다. 이것도 맥락은 다르지만 철학의 종언을 외친 것으로 볼 수도 있다.

이처럼 철학의 종언을 말하는 목소리가 터져 나오는 맥락에서 우리는 앞으로 "공자와 『논어』를 도대체 어떻게 연구할 수 있을까?" 검색만 하면 쏟아지는 공자나 『논어』 관련 논문처럼 둘은 여전히 연구할 주제도 아직도 파낼 것이 무궁무진한 광맥인가? 아니면 앞에 뭐가 있는지도 모르고 고개를 숙인 채 관행의 힘에 따라서 공자와 『논어』가 들어가는 논문을 쓰고 있는 것일까?[6] 배를 타고 가려면 어디로 나아가야 하는지 알아야 하듯이 공자와 『논어』 관련 논문을 쓰려면 둘이 다리를 뻗고 누울 자리를 정해야 하지 않을까?[7]

따라서 이 글은 『논어』의 특정 구절을 중심으로 공자의 철학을 증명하려는 형식을 띠지 않는다. 이 글은 공자나 『논어』와 관련된 글이 유의미성을 가지려면 어떤 방향성을 가져야 하는가를 모색하는 데 초

---

6 중국(동양) 철학의 연구 현황과 관련해서 안은수, 「중국 철학 연구의 현황과 전망 —동양철학연구 발표 논문을 중심으로」, 『동양철학연구』 21, 1999; 최영성, 「동양 철학 연구 오십년사」, 『한국 사상과 문화』 10, 2000 참조.

7 이 물음은 공자와 『논어』 연구만이 아니라 동양 철학의 다른 영역과 주제에도 그대로 적용될 수 있다. 과거의 철학 텍스트에서 "뭐하고 하더라!"라는 중계 보도식 연구가 진행된다면, 동양 철학의 연구는 현대 철학의 성과가 될 수가 없다. 따라서 동양 철학계는 "무엇을 어떻게 연구할 것인가?"라는 공통의 질문을 던져야 할 때이다. 중국의 경우 2000년에 들어서 부쩍 종래 동양 철학의 연구가 과연 'Philosophy'로 규정할 수 있는지 의문을 던지고 있다. 거자오광葛兆光 등은 철학哲學이 아니라 사상思想이 동양(중국)의 지적 전통에 어울린다는 주장을 펼치고 있다.

점이 있다. 이러한 글이 이미 논문의 대량 생산 또는 양산의 시대와 맞지 않을지도 모르겠다. 하지만 우리는 "글을 왜 어떻게 써야 하는 가?"라는 질문마저 던지는 것을 포기할 수는 없다. 사회가 아무리 대량 생산의 욕망을 부추긴다고 하더라도 철학의 본령인 "왜?"라는 의문마저 내려놓을 수는 없는 일이다. 아울러 우리가 공자와 『논어』를 앞으로 더 철저하게 모국어로 읽어내야 하는 이유를 살펴보고자 한다.

2. 지식과 지혜

1) 동서 철학의 차이

동서 문화 또는 동서 철학은 같은 점도 있지만 다른 점도 있다. 둘의 차이와 관련해서 "동양은 감정, 서양은 이성", "동양은 지혜, 서양은 지식"이라는 규정이 있다. 이 규정의 진위 여부는 확인되지 않았지만 동서의 차이를 나타내는 규정으로 널리 알려져 있다. 이러한 규정은 량수밍이 동양과 서양을 유형으로 분류하면서 시작되었다고 할 수 있다. 이후에 동서의 차이는 문화 유형론, 비교 철학, 지역학의 분야에서 확대 재생산되었다.[8]

이처럼 동양이 서양에 대해서 반대로 서양이 동양에 대해서 갖는 포괄적 차이는 근대에 있었던 동서의 조우 또는 충돌에서부터 탐구의 대상이 되었다. 이전에도 동서양의 조우는 있었지만 그 양상은 충돌보다 상호 보충의 특성이 강했다. 반면에 근대에 서양과 동양이 만났을 때 자본주의 속성상 충돌을 피할 수 없었다. 유럽의 제국주의는 연

---

8 이러한 문화 차이를 널리 퍼뜨린 책으로는 루스 베네딕트, 김윤식·오인석 옮김, 『국화와 칼: 일본 문화의 틀』, 을유문화사, 1999; 리처드 니스벳, 최인철 옮김, 『생각의 지도: 동양과 서양, 세상을 바라보는 서로 다른 시선』, 김영사, 2004 참조.

료의 확보와 상품의 판매를 위해 식민지를 찾았고 아프리카, 라틴 아메리카 그리고 아시아는 식민지화의 시도에 맞서서 저항했던 것이다. 형식상으로 보면 서양의 근대가 동양의 전근대에 일방적 영향을 준 것으로 볼 수 있다. 특히 승패의 관점에서 보면 충격과 영향의 담론이 우위를 점하게 된다.[9]

하지만 이 충돌은 서양이 동양에 끼친 일방적 영향론의 측면만이 아니라 동서 상호 교섭의 측면에서도 주목할 만하다. 상호 교섭에서 우리는 두 가지 특별한 계기를 놓쳐서는 안 된다. 첫째, 동양은 이질적인 타자로서 서양을 만나면서 자신을 총체적으로 규정하는 작업을 하게 된 것이다. 둘째, 동양은 타자를 인식하면서도 동서양의 차이를 밝히게 된 것이다. 충돌이 일회적이고 찰과상으로 끝났다면 자신을 총체적으로 재검토하고 또 타자와 차이를 규정하려고 하지 않았을지 모른다. 충돌이 '동양적 자아'의 정체성에 대한 부정으로까지 진행되는 만큼, 철저한 부정이든 재발견이든 사고의 총체성 또는 총체적 사고를 촉발시키지 않을 수 없었다.[10]

이렇게 총체적 사고를 촉발시킨 경험으로 우리는 천주교 선교사들의 서학西學에서 찾을 수 없다. 처음에 서학은 중학中學에 없거나 약한 천문학과 기하학 등에 한정해서 교류했지만 점차로 세계의 일원론과 이원론 등으로 논의를 확장시켰다.[11] 이러한 경험이 보유론補儒論의 형식을 띠었지만 결국 기존 학문의 재인식을 가져왔다. 조선의 경

---

9 주류적인 시각은 아니지만 중국이 유럽의 근대를 이끌어냈다는 주장도 있다. 주첸즈朱謙之, 전홍석 옮김, 『중국이 만든 유럽의 근대 : 근대 유럽의 중국 문화 열풍』, 청계, 2003 참조.

10 중국 근대의 지식인들은 총체적 사고를 통해 해체된 동양적 자아를 재구성하려고 했다. 이와 관련해서 천성림, 『근대 중국 사상 세계의 한 흐름 : 사조 · 논쟁 · 인물』, 신서원, 2002 참조.

11 송영배, 『동서 철학의 충돌과 융합』, 사회평론, 2012 참조.

우 최한기崔漢綺를 사상사의 분기점으로 꼽는다. 최한기가 서학을 접촉하면서 단순히 그것에 대한 학습과 소개에 머무르지 않고 음양陰陽과 오행五行 등을 비롯하여 기존 학문의 재인식을 가져왔기 때문이다.

그런데 필자는 오늘날 우리가 '동양의 자문화에 대한 총체적 인식' 시도를 얼마나 제대로 배우고 그 성과를 발전시키고 있는지 궁금하다. 근대의 동아시아는 '중체서용中體西用'(중국), '동도서기東道西器'(한국), '화혼양재和魂洋才'(일본)라는 기치로 동서의 차이와 자문화의 우월성을 정리해냈다. 중체서용 등은 현실적으로 일정한 전략 또는 정책으로 유효한 기능을 수행했겠지만 당시에도 비판을 받았다. 이분법적 분류와 환원이 사실을 제대로 반영할 수 없다는 주장이 제기되었다.

중체서용은 체와 용을, 이질적 대상(실체)인 중국과 서양에게 임시적으로 배당하고 있다. 체용體用은 단일한 실체 또는 동일한 대상을 전제로 하는 관계 개념이다. 성체정용性體情用의 경우 성과 정은 일체一體를 전제하고서 본체와 작용(현상)의 관계로 보는 것이다. 목체시용目體視用의 경우 별도의 존재를 가정하지 않고 볼 수 있는 눈과 보는 동작을 체용의 관계로 보는 것이다.[12] 동과 서의 관계는 성과 정의 관계와 다르므로 체용의 관계가 동서에 적용될 수 없는 것이다. 이것은 결국 중국의 근대가 급박하게 진행되고 임시적인 기치에 의해서 추진되었다는 것을 상징적으로 보여준다.[13]

서두에서 말했던 "동양은 감정, 서양은 이성"과 "동양은 지혜, 서양은 지식"을 근대의 구호식 버전으로 번역하면 '동정서리東情西理', '동

---

12 『朱子語類』권1「理氣」上「太極天地」上 "問道之體用. 曰: 假如耳便是體, 聽便是用. 目是體, 見是用."

13 리쩌허우는 현대 중국의 상황을 타개하려면 서체중용西體中用이 필요하다면서 장즈둥이 제안했던 중체서용中體西用을 전도하는 주장을 펼쳤다. 황희경 옮김, 『역사 본체론』, 들녘, 2004.

명서지東明西知'[14]라고 할 수 있다. 중체서용에 대한 비판은 동정서리
東情西理, 동명서지東明西知의 분류법에도 그대로 적용될 수 있다. "동
양은 감정, 서양은 이성"이라고 하면 "동양의 이성, 서양의 감성"을 배
제하게 된다. 현대 서양 철학에서 이성에 억눌린 감성의 지위를 본격
적으로 재해석하고 있다. 고대 동양 철학에서 묵자墨子, 혜시惠施, 공
손룡公孫龍 등은 이성과 추론 그리고 역설을 통해 보편 원칙을 세우거
나 이론 이성의 한계를 탐구하고자 했다.[15]

이렇다면 우리는 중체서용中體西用과 동도서기東道西器식 부류의
구호를 넘어서서 학적인 측면에서 동양의 총체성을 규명하려는 시도
를 해야 할 때이다. 만약 우리가 여전히 "지식 대 지혜"의 도식에서
동양의 총체성을 찾으려고 한다면, 그 지혜의 정체성을 분명히 할 때
이다. 그렇지 않으면 그 지혜는 학문의 특성이 아니라 의견의 개진에
지나지 않게 된다.

설혹 지혜가 『논어論語』나 공자孔子를 비롯하여 동양 철학의 탐구
방향이자 주제라고 하더라도 그것이 서양 철학의 경우보다 그렇게 분
명하지 않다. 아리스토텔레스는 『니코마코스 윤리학』 제6권에서 참
을 인식하는 것으로 기예(techne), 학문적 인식(episteme), 실천적 지
혜(phronesis), 철학적 지혜(sophia), 직관적 지성(nous) 등 다섯 가지
로 구분했다.[16] 이어서 그는 다섯 가지의 인식 대상을 하나씩 규정했

---

14 노자는 처음과 끝, 근원을 아는 것과 부분, 자잘한 사실을 아는 것을 구분했다.
노자는 "絶聖棄智"(19장)에서 보이듯 '지智'를 부정하지만 "知常曰明"(55장)에서 보
이듯 '명明'을 긍정하고 있다. 이런 점에서 동양의 지혜를 '명明'에 대응시켰다.

15 세 사람의 논리 세계는 정재현, 『고대 중국의 명학』, 서강대학교출판부, 2012 참조.
그레이엄은 묵자의 과학을 체계적으로 밝혔다. 그레이엄A. C. Graham, *Later
Mohist Logic, Ethics and Science*, The Chinese University of Hong Kong, 1978
참조. 그레이엄은 묵자가 겸애兼愛를 말했지만 그 애愛가 뜨겁고 따뜻한 감정보다
비감정적인 의지와 차가운 정의로 이어진다고 보고 있다. A. C. Graham, *Disputers
of the Tao —Philosophical Argument in Ancient China*, Open Court, 1989, 41.

다. 학문적 인식은 필연적이고 영원하며 다르게 있을 수 없는 것을
대상으로 한다. 기예와 실천적 지혜는 다르게 있을 수 있는 것을 대
상으로 하는 점에서 같지만 전자는 제작이고 후자는 행위의 영역에
속한다. 직관적 지성은 원리(근본 명제)를 대상으로 한다. 철학적 지
혜는 가장 영예로운 것들에 관해, 학문적 인식과 직관적 지성이 합쳐
진 것이다.

공자나 『논어』를 비롯하여 동양 철학의 지혜는 아리스토텔레스의
분류 중 어떤 지혜에 가까울까? 가까운 것이 없다면 공자와 『논어』의
지혜는 무엇을 대상으로 하는 것일까? 물론 『논어』와 공자의 지혜가
아리스토텔레스의 분류 중 어느 쪽에 해당되어야 하는 것은 아니다.
그 지혜는 칸트의 정언 명법처럼 보편적 형식을 입안할 수도 있다. 아
니면 규칙 공리주의자처럼 규칙을 도출하는 이성일 수도 있다.

구체적으로 살펴보자. 『논어』의 처음부터 지知가 나온다. "주위 사
람이 알아주지 않아도 성내지 않으면 군자이지 않겠느냐?"[17] 이 지知
가 간단해 보여도 따지면 따질수록 복잡하다. 단순히 사람의 이름이
나 기본적인 사실을 아는 것이라면 이 지知는 철학 용어에 해당되지
않는다. 이 지가 사람이 가진 재능과 능력을 정확하게 평가하다는 뜻
이라면 사회과학의 용어에 가깝다. 이 지知가 어떤 객관적인 사실을
통해서 사람의 됨됨이를 추론한다고 하면 철학 용어가 될 수 있다.

나아가 이 지가 완전한 합일을 나타낸다면 철학을 넘어 종교학 용어
가 될 수 있다. 결국 이 지知의 의미는 이 구절로만 밝혀질 수가 없다.
『논어』 전체의 맥락에서 재조명되어야 한다. 이런 측면에서 『논어』의
지知가 어떤 특성을 갖는지 보다 명료하게 분석될 필요가 있다.[18] 이때

---

16 이창우 외 옮김, 『니코마코스 윤리학』, 이제이북스, 2006.
17 「학이」 1(001) "人不知而不慍, 不亦君子乎?"
18 자오지빈趙紀彬은 공자의 知를 가장 깊이 연구한 사람 중의 하나이다. 그는 공자의

에만 비로소 공자의 지知가 어떤 지혜를 말하고 그것이 아리스토텔레스와 어떤 차이가 있는지 분명해질 것이다.

공자가 말한 지知의 특성을 분석하려면 별도의 전문적인 논의를 필요로 한다. 철학사의 전개를 검토해보면 그 대상(대답)의 후보로 다음을 생각할 수 있다. "사람이 제 역할을 다하는 것", "사람이 사람다워지는 길", "사람과 짐승과 다르게 되는 까닭", "사람과 자연이 하나 되는 것" 등등. 이것은 모두 동양 철학의 텍스트에 이미 나오는 대답이다. 이 대답이 자명하여 더 이상의 규정이 필요 없다고 생각할 수도 있다. 하지만 이 대답은 지나치게 포괄적인 만큼 규정에 맞는 것과 그렇지 않은 것을 구분하기가 명시적이지 않다. 이러한 대답이 과거의 문맥에서 자명했을지 몰라도 지금의 맥락에서 애매하기 그지없다.

따라서 앞으로 '논어論語'와 '공자孔子'의 지향을 지혜로 연결시키려고 한다면 그 특성에 대한 명확한 해명이 요청되는 셈이다. 연구할 방향이 분명한 만큼 이에 대한 정밀한 논의가 절실히 필요하다.

2) 문제 해결의 보고와 문제 해결의 실마리

『논어』는 중국에서 공자 사후 시대마다 재해석되었다. 또 동아시아의 공통 자원으로서 개별 국가의 고유한 맥락에서 재해석되었다. 철학사도 흐름이 있으므로 한번 출발하면 앞으로 나아가기 마련이다. 잘나가던 흐름도 굽이를 만나면 뒤로 되돌아왔다가 다시 앞으로 나아간다. 공자는 서양 철학의 플라톤처럼 늘 되돌아와서 다시 시작하는 출발점이었다. 예컨대 주희도 송나라에서 도학을 제창하면서 공자까지 거슬러왔다가 다시 흘러가는 과정을 되풀이했다. 정약용은 도학으로 인해 유학의 흐름이 잘못된 점이 많다면서 공자로 거슬러가자고 하면

자연 인식이 유비 추리와 의인주의 사고의 특성을 반영하고 있다고 보았다. 신정근 옮김, 『반논어』, 예문서원, 1996 참조.

서 아예 공자가 거닐었던 수사洙泗를 다시 거닐어야 한다고 보았다.[19]

지금도 우리가 지금까지 연구해온 흐름을 더 이상 진행할 수 없다면, 공자로부터 다시 시작해야 할 필요가 있다. 근현대의 연구자들은 실제로 공자 이후의 공자 해석에 반기를 들고서 직접 "공자로 돌아가자!"라는 기치를 내걸었다. 현대에서『논어』는 어떻게 재해석될 수 있을까? 지금까지 진행되어온 재해석을 살펴보면 두 가지 유형으로 정리할 수가 있다.

첫째, 팡둥메이方東美의 재해석이다. 팡둥메이는『중국인의 인생철학』제1장 중국인의 지혜를 '광대화해'(Comprehensive harmony)로 개괄하고 이를 다음처럼 설명했다.

"중국 철학의 지혜는 진실로 그 중용을 잡고 그 대화大和를 보전하였으므로 살아 있는 만물의 본성을 극진히 발휘하여 내외內外의 성도聖道를 합하고, 천지天地의 화육化育을 도와주며, 천지天地의 신공神工에 참여하여 충분히 도덕 자아道德自我의 최고 경계最高境界를 완성할 수 있음을 보여주기 위한 것이다. 그 밖의 다른 문화 유형文化類型과 비교하여 이러한 윤리 문화倫理文化는 가장 온전한 정신을 가지고 있으며, 인생의 행복을 추구하는 데 있어서 실로 막대한 중요성을 가지고 있다."[20]

팡둥메이는『주역周易』과『중용中庸』의 주요 구절을 원용하면서 천인합일天人合一을 '광대화해'로 재해석해내고 있다. 동양 철학의 전공자라면 인용문에 나오는 원전의 맥락을 나름대로 이해하고 있을 수

---

19 이을호는『다산 경학 사상 연구』, 을유문화사, 1966에서 정약용의 사상을 수사학洙泗學으로 규정하기도 했다.
20 팡둥메이方東美, 정인재 옮김,『中國人의 人生哲學』, 탐구당, 1983; 4판 1994, 42쪽.

있다. 선이해를 바탕으로 팡둥메이의 글을 읽는다고 하더라도, 그의 의도를 다 이해할 수는 없다. 그의 용어가 워낙 낯설고 독특하여 무엇을 말하고자 하는지 정확하게 알 수가 없기 때문이다. 자구에 사로잡히지 않고 전체 맥락을 살피면 그가 무엇을 말하고자 하는지 고개를 끄덕일 수는 있다.

문제는 일반 시민이 위 인용문을 보면 난감해할 수 있다. 머우쭝싼은 나름 일반 원칙을 제시했다고 할 수가 있다. 시민은 팡둥메이의 원칙을 이해할 수가 없으므로 그것에 의거해서 어떻게 행위해야 하는지 알 수가 없다. 또 그 원칙에 근거해서 구체적 방안을 도출해낼 수 없다. 부분적으로 동양 철학의 텍스트를 원용하고 부분적으로 현대적 설명을 덧보태고 있지만 일반 시민은 그 의미를 전혀 포착할 수 없었다. 아마 우리가 그들에게 위 인용문을 읽고서 드는 느낌을 솔직하게 말해달라고 하면 "뭔가 심오한 것을 말하고 있는 듯한데 뭐가 뭔지 종잡을 수 없다"라고 말할 것이다. 우리는 지금까지 심오함의 세계에 너무 깊숙이 숨어서 스스로 다른 전공자와 시민들과의 소통을 포기하지 않았는지 자성해볼 일이다.

다음으로 페이샤오퉁費孝通의 길이다. 그는 『중국 사회의 기본 구조〔원제: 鄕土中國〕』에서 『논어』에 나오는 소송 이야기를 하고 있다. 공자는 자신이 소송을 처리하는 데에 특별한 재주가 없다고 선언했다. 다만 자신은 사람들 사이의 분쟁이 소송으로 이어지지 않도록 원인을 없애겠다는 각오를 밝혔다.[21] 그의 희망을 근대 사회의 버전으로 말하면 그는 "법이 필요 없는 세상"을 만들고자 한 것이다. 페이샤오퉁은 공자의 희망에 찬성하지 않았다. 오히려 그는 근대 중국이 법치法治를 도입하는 게 "법이 없는 사회"보다 낫다고 생각했기 때문이다.

---

21 「안연」 13(307) "子曰: 聽訟, 吾猶人也. 必也使無訟乎!"

따라서 그는 이전에 없었던 법치가 어떻게 하면 성공할 수 있을까를 고민했다. 그는 당시 법치가 인권人權을 보장하는 제도로서 현실에 적용되고 있었지만 사회 기구와 사상 관념의 개혁이 없다면 법은 좋은 점보다 병폐를 낳을 것이라고 보았다.[22] 즉 악화가 양화를 내모는 일이 생길 수 있기 때문이다.

공자는 『논어』에서 자신이 소송 업무를 맡는다면 '무송無訟', 즉 송사 없는 사회를 만들고자 한다는 이상(목표)을 피력했다. 이러한 이상이 실현되려면 "무송이어라!"라는 주문과 "무송이고 싶다!"라는 희망만으로 가능하지 않다. 당시는 공동체의 구성원이 서로 잘 알고 있는 친숙한 관계였다. 따라서 갈등과 대립이 일어나더라도 낯선 사람끼리 해결하는 방식으로 문제를 해결할 수 없다. 특히 사람 사이가 예에 의해서 규율되는 예치禮治 사회였기 때문에 법으로 가기 전에 해결될 수 있는 규율 방식이 있었다.

페이샤오퉁은 예치와 법치 사회의 차이를 인식하고 있었기 때문에 법치에 의해 예치의 대체 또는 법치의 일방적 이식만으로 법치의 본래적 기능을 작동하게 할 수 없다는 결론을 내렸다. 그는 예치와 법치의 일정한 공존, 예치적 법치를 인정했던 것이다.

팡둥메이와 페이샤오퉁의 재해석은 아주 판이하게 다르다. 전자는 동양철학 텍스트의 호출과 소환 그리고 부연 설명만으로도 지금의 사회를 그대로 규제할 수 있다고 본다. 반면 후자는 동양 철학 텍스트의 호출과 소환은 일정한 의미를 가지고 있지만 여과 장치를 통해서 가능하다는 제한 조건을 달고 있다.

이렇게 본다면 '논어論語'와 '공자孔子'의 자리는 어디에 있는가? 전자

---

22 페이샤오퉁費孝通, 이경규 옮김, 『중국 사회의 기본 구조〔鄕土中國〕』, 일조각, 1995; 중판 1997, 75~82쪽. 좀 더 읽기 편한 번역으로는 장영석 옮김, 『중국 사회 문화의 원형』, 비봉출판사, 2011 참조.

라면 그것은 언제든지 어디에든 자리를 펴고 깔고 누울 수 있지만 후자라면 자리를 봐가면서 누울 자리를 뻗을 수밖에 없다. 전자는 '논어'를 여전히 시대를 초월하여 모든 문제를 해결할 수 있는 보고로 보는 반면 후자는 '논어'를 시대의 문제를 풀 수 있는 실마리로 보고 있다.

21세기 삶의 지평은 자연 의존적인 소농 경제, 저생산과 저갈등의 사회 모델에 바탕을 둔 도학道學, 약탈적 제국주의와 배타적 민족주의를 동력으로 하는 국학國學의 지평과 같을 수가 없다.[23] 우리는 도학과 국학에 없었던 사회 상황으로 인해 새로운 시대 상황에 직면하고 있다. 고통과 갈등의 발생 기제, 억압과 부자유의 재생산 구조가 시대마다 다른 만큼 팡둥메이식의 환원주의로 해결될 수가 없다. 현재에서 출발하여 동양 철학의 텍스트로 진입하고 다시 반대의 길로 진출하면서 과거와 현재가 교접하는 방식을 찾아야 할 것이 남아 있는 셈이다.

3. 철학사의 맥락과 고리

1) 공자 이전과 공자

공자는 철학사에서 인문 정신을 개척하는 사상가로 평가를 받는다. 물론 후스胡適는 그 지위에다 공자孔子가 아니라 노자老子를 앉혔다.[24] 이 이외에도 연구자에 따라서 주공周公이나 관중管仲을 철학의 창시자로 평가하기도 한다.[25] 일단 공자를 개척자로 본다고 하면 공자

---

23 신정근, 「人文(人權) 유학으로서 21세기 동아시아학의 성립 가능성 모색 ─儒術, 聖學·道學, 中華學, 國學의 궤적과 함께」, 『대동문화연구』 제81집, 2013 참조.
24 민두기 외 옮김, 『중국 고대 철학사』, 대한교과서주식회사, 1985.
25 신정근, 『신정근교수의 동양고전이 뭐길래?』, 동아시아, 2012.

이전과 공자 사이가 어떻게 연결되는지를 설명할 수 있어야 한다. 이와 관련해서 공자 이전도 세 갈래로 나누어서 생각해볼 수 있다.

첫 번째, 갑골문과 금석문을 대상으로 문자학과 종교학 그리고 인류학의 차원에서 공자와 연결을 시도하는 길이다. 근래 갑골문 연구의 축적으로 인해 현행 최초 문자에 깃든 주술呪術 또는 무술巫術과 자연신 등의 초기 사유의 특성과 사회상이 속속들이 드러나고 있다.[26] 하지만 이 단계의 사유를 공자와 곧바로 연결시킬 수 없는 만큼 중간 단계의 해명이 필요하다.[27] 공자 스스로도 『논어』에서 천天에 대한 자연신 신앙을 여전히 품고 있기도 하고 맹세와 위기가 아니면 천天을 인仁, 의義 등과 연결시키지 않고 있다.[28] 즉 공자도 천에 대해 과도기의 특성을 보여주고 있다고 할 수 있다.

이제 우리는 중국 철학의 연구 초기에 성행했던 합리성 신화로부터 자유로운 만큼 신화, 무술에서 공자로 이어지는 과정을 정밀하게 살필 때가 되었다. 다행히 일정 부분은 해독되었지만 아직도 해독되지 않는 갑골문과 출토 문헌이 남아 있는 만큼 초기 사유의 연구는 더 밝혀질 요소가 많다고 할 수 있다.

두 번째, 무술과 자연신이 공자의 인문 정신으로 이어지려면 신정神政과 신탁神託이 인정人政과 인지人知 중심의 사회로 전환이 필요하

---

26 리쩌허우李澤厚, 노승현 옮김, 『학설』, 들녘, 2005; 천라이陳來, 진성수·고재석 옮김, 『중국 고대 사상 문화의 세계』, 성균관대학교출판부, 2008 참조. 후스와 펑유란은 중국 고대 사상을 '무술巫術', '무사巫師'에서 잡는 것을 극력 배제하고자 했다. 그들은 무사가 합리성을 찾으려는 시도에 방해가 된다고 생각했기 때문이다. 리쩌허우와 천라이는 합리성의 신화에 매몰되지 않고 철학사의 사실에 관심을 돌리고 있다.

27 중국보다 오히려 합리성의 신화로부터 자유로운 포르케가 공자 이전과 공자의 사이를 메우기 위해서 많은 노력을 했다. 아직도 보충해야 할 공백이 많이 남아 있다. 알프레드 포르케, 양재혁·최해숙 옮김, 『중국고대철학사』, 소명출판, 2004.

28 「팔일」 13(053) "王孫賈問曰: 與其媚於奧, 寧媚於竈, 何謂也? 子曰: 不然, 獲罪於天, 無所禱也."

다. 이를 위해서 신으로부터 상대적인 독립을 시도하려는 노력이 필요하다. 이 노력은 두 가지 방면에서 추적이 가능하다. 하나는 철학이 아닌 문학과 역사 등의 측면에서 나타난 시도이고 다른 하나는 철학적 사유의 맹아로 볼 수 있는 영역에서 나타난 시도이다. 이와 관련해서 그리스 철학사 연구에서 도움을 받을 수 있다.

그리스 철학이 만개하기 이전에 호머의 서사시, 즉 『일리아드』와 『호메로스』 및 서정시 그리고 비극 작품이 있었다. 이 작품들을 탐구하여 그 안에 신에 의존하면서 고유성을 갖는 인간의 요소를 발견하고자 한다. 이 인간은 주술적 신화적 사고의 영역을 벗어나지 못하지만 이후에 태어난 인간의 원형을 부분적으로 담고 있다.[29]

다음으로 탈레스를 비롯한 자연 철학자들의 대답보다는 질문의 형식에 주목하는 것이다. 탈레스의 "만물의 근원은 물이다."라는 말은 그 속에 "세계는 궁극적으로 무엇으로 되어 있는가?"라는 질문을 담고 있다. 그 무엇임(whatness)이 더 이상 환원이 불가능한 원질이나 원리의 탐구로 이어졌던 것이다.

다시 중국으로 돌아와 보자. 중국에도 '육경六經'처럼 『논어』 이전의 문헌으로 볼 수 있는 자료가 있다. 하지만 텍스트 성립에 대한 과학적 연구를 바탕으로 『논어』에 선행하는 인간의 요소를 찾아내야 한다. 이와 관련해서 최근 연구가 활발하게 진행되고 있는 출토 자료는 기존 전승 문헌에 갇혀 있던 연구의 시야를 확장시켜줄 것이다.

다음으로 공자 이전의 선배 그룹에 대해 시기별, 인물별, 주제별 연구가 진척되어야 한다. 『논어』 안에서도 공자는 류하혜柳下惠, 장무중臧武仲 등을 자신의 선배, 선학으로 지목하고 있고 『서경』과 『시경』 그리고 『좌전』과 『국어』 등을 보면 공자 이전의 성왕聖王과 명군明君

---

29 박종현, 『희랍사상의 이해』, 종로서적, 1985 참조.

그리고 현자賢者 그룹의 존재를 확인할 수 있다. 그들은 저술을 남기지 않고 문헌에 단편적인 발언을 전하고 있다. 우리는 단편의 토막글을 통해서 공자 이전의 인물이 무슨 내용의 질문을 던졌는지를 확인할 필요가 있다. 그렇다고 이를 도통론道統論으로 설명한다면 과거 연구와 차별성이 없어진다. 도통론이 아니라 물음의 내용과 그 의미를 확인한다면 그리스의 탈레스처럼 무엇을 알고 싶어했는지 그 대상과 질문의 형식을 추출할 수 있기 때문이다. 또 이를 통해서 그 질문이 이후의 공자에게 어떤 식으로 이어지는지를 추적해볼 수 있다.

이러한 과정이 밝혀진다면 철학사의 맥락이 한층 분명해질 수 있다. 첫째, 공자 이전 인문 정신의 싹을 찾을 수 있다. 둘째, 공자 이전과 공자 사이의 계승 관계가 드러날 수 있다. 셋째, 이전에 대한 공자의 계승과 비약이 밝혀질 수 있다. 지금은 공자가 명백히 "술이부작述而不作"을 표명했음에도 불구하고 무엇을 어떻게 술述했는지 그 진의를 확인할 수가 없었다.[30] 이 세 가지가 밝혀진다면 공자 이전에서 공자로 이어지는 사다리의 계단이 세세하게 밝혀질 것이다. 아울러 공자가 사다리 어디에다 새로운 칸을 만들었는지 알 수 있게 될 것이다.

2) 공자와 다른 제자백가의 관련

공자가 이전의 사상 자원을 "술이부작"했다고 선언한 적이 있다. 보통 이 발언의 의미를 공자 개인에게 한정시키거나 공자의 겸양으로 본다. 만약 이 발언의 의미를 공자 개인에게만 한정시킨다면 육경과 공자의 특별한 인연을 설명해낼 수 있다. 하지만 그러한 설명은 발언의 학술사적 문맥을 보지 못하게 된다. 묵자, 장자 등을 보면 종종 '육경'의 구절을 인용하거나 '육경'을 언급하는 부분이 나온다. 육경이 특

---

30 「술이」 1(152) "子曰: 述而不作, 信而好古, 竊比於我老彭."

정 개인 또는 학파와 연관성을 갖는다면 이러한 인용과 언급을 설명할 길이 없다. 이런 점에서 보면 "술이부작"은 공자를 비롯한 제자백가가 공통으로 당면한 문제 상황이었다. 그들은 "술이부작"을 학문 방법론이자 학파 형성의 지침으로 수용했던 것이다.

제자백가는 "술이부작"을 지침으로 받아들였지만 그 결론은 제각각 달랐던 것이다. 그 결론의 차이가 바로 제자백가의 형성으로 이어졌던 것이다. 그렇다면 공자는 학문 방법론을 도출해냈지만 제자백가와 공통의 조건에 놓여 있었다고 할 수 있다. 설혹 묵자가 "술이부작"을 부정한다고 하고 "술이차작述而且作"을 내세운다고 하더라도 그는 "술이부작"을 전제로 하기에 가능했던 것이다.[31]

이렇게 본다면 우리는 선진시대 제자백가의 실상을 파악하려면 두 가지 방향으로 나아가지 않을 수 없다. 첫째, 제자백가가 공자 이전의 사상 자원을 수용하는 점만이 아니라 그들이 공통 기반으로 삼는 지점을 설명해내야 한다. 둘째, 제자백가가 제각각 공통의 사상 자원을 독특하게 해석하면서 서로 달라지는 지점을 설명해내야 한다.

이 두 가지를 밝히는 과정에서 우리는 주의해야 할 점이 있다. 사마천司馬遷의 『사기史記』와 반고班固의 『한서漢書』에서는 선진시대의 학술사를 정리하면서 유가, 도가처럼 육가六家와 십가十家의 '학파學派' 개념을 도입했다.[32] '학파' 개념은 사실 학술 연구보다 황실 도서의 분류 작업에서 도입되었다. 하지만 이렇게 후대에 도입된 개념은 과

---

31 묵자는 "술이차작述而且作"을 명시적으로 말하지 않았다. 다음의 구절을 보면 "술이차작"을 말한 것으로 볼 수 있다. 「비유非儒」 하 "又曰: 君子循而不作. 應之曰: 古者羿作弓, 伃作甲, 奚仲作車, 巧垂作舟. 然則今之鮑函車匠, 皆君子也. 而羿伃奚仲巧垂, 皆小人邪! 且其所循, 人必或作之. 然則其所循, 皆小人道也." '순循'을 '술述'로 보면 "循〔述〕而不作"과 "循〔術〕而且作"의 대립 구도를 읽어낼 수가 있다.

32 학파는 『사기』 「태사공자서太史公自序」에 나오는 '논육가요지論六家要旨'의 육가六家와 『한서』 「예문지藝文志」에 나오는 유흠劉歆의 『칠략七略』의 제자십가諸子十家를 가리킨다.

거의 사상가들을 분류하는 기준으로 작용했다. 이 학파는 일군의 사상가들을 동질의 집단으로 묶어서 다른 사상사와 구분하는 기준이 되었다. 아울러 그것은 한 사상사가 학파를 넘나들 수 없는 족쇄로 작용하게 되었다. 따라서 학파는 선진시대의 사상가에게 집단 정체성을 부여하는 장점에도 불구하고 그들을 객관적으로 연구할 수 없게 만드는 단점을 가지고 있다.

그렇다면 학파 개념은 어떤 점에서 선진시대의 사상을 왜곡하게 되는지 살펴보자. 첫째, '잡가雜家'처럼 특정 학파 개념에 포섭되지 않는 사상가가 생겨난다. 예컨대 여불위呂不韋가 편집한 『여씨춘추呂氏春秋』는 '잡가'로 분류되는 대표적인 저술이다. 이때 잡가는 다양한 사상 자원을 풍부하게 소유한 사상가를 긍정적으로 기술하는 것이 아니라 단일성(통일성, 순정성)을 지니지 못한 사상가를 부정적으로 평가하는 것이다. 하지만 "술이부작" 자체는 제자백가가 그 속성상 모두 잡가일 수밖에 없다는 것을 나타낸다. 왜냐하면 제자백가는 태생적으로 '육경六經'＝작作에다 원래 없었던 술述을 덧보태는 것이기 때문이다.

둘째, 단일성(통일성, 순정성)을 상정하게 되면 최소한 두 학파를 넘나드는 사상가는 엄정한 기준을 지키지 못한 평가를 받게 된다. 예컨대 선진시대의 순자荀子, 북송의 왕안석王安石, 조선의 홍대용洪大容은 모두 유가와 법가를 넘나들었다는 점에서 혹독한 비판을 받았다.[33] 이러한 사상적 분위기에서 다양한 갈래의 사상 자원을 학습한 경험이나 종합하려는 시도와 결실은 제대로 평가를 받지 못하게 된다.

---

33 송영배는 장자 사유가 홍대용으로 하여금 세계 중심을 부정하는 원동력이 되었으리라고 지적한 적이 있다. 박희병은 이를 넘어서 묵자와 장자가 홍대용 사상에 차지한 자리를 밝히고 있다. 송영배, 「홍대용의 상대주의적 사유와 변혁의 논리—특히 『장자莊子』의 상대주의적 문제 의식과의 비교를 중심으로」, 『한국학보』 20권 1호, 1994; 박희병, 『범애와 평등』, 돌베개, 2013 참조.

우리는 한 제국의 '학파' 분류 개념에 사로잡힐 이유가 없다. 학파 개념에 갇힌다면 동양 철학 내부의 통섭만이 아니라 동서 철학의 통섭도 불가능하다. 우리는 오늘날 다양한 사상 자원을 '통섭'해야 하는 '융합'의 시대를 살아가고 있다. 이런 점에서 사상가 개인에 초점을 맞추어서 독특한 학적 성취와 상호 비판을 중심으로 철학사를 다시 서술해야 할 일이 남아 있다.[34]

4. 연구의 차별성과 모국어화

17~18세기에 이르면 조선의 학인들은 중국 중심주의를 부정하는 움직임을 보이기 시작한다. 홍대용洪大容(1731~1783)은 '역외 춘추域外春秋'를 통해서 화이華夷의 차별론을 부정하면서 '화'들의 연계를 말했다. 이러한 움직임은 중국과 다른 자문화의 탐구를 호소하는 목소리로 나오기도 했다.

이러한 자의식이 생겨난 데에는 한족 명나라를 멸망시킨 만주족 청淸제국의 등장과 관련이 있다. 1644년 명청明淸의 교체로 인해 동아시아는 이전과 다른 새로운 국면을 맞이하게 되었다. 정치 경제의 우열은 결정되었지만 사상 문화의 권리가 미결정되었다고 여겨졌기 때문이다. 이전의 중국에서는 정치 경제의 권력을 장악하면 동시에 사상 문화의 권력을 장악했다. 청제국은 사상 문화의 권력이 다른 민족에게 옮겨갈 수 있는 논리로 이전과 같은 동시 권력을 주장했다. 이런 측면에서 건륭제乾隆帝는 정부와 민간이 소장한 서적의 선본을 필사

---

34 이러한 관점은 공자 이후의 '유가'를 연구할 때도 그대로 적용될 수 있다. 같은 '유가'라고 하더라도 유가들을 계승 일변도로 볼 것이 아니라 '비판', '부정', '극복' 등의 측면에서 개인의 독특성에 주목할 필요가 있다.

하여『사고전서四庫全書』라는 데이터 베이스 작업을 수행했고,『사고전서총목제요四庫全書總目提要』라는 정리 작업을 실시했다. 위대한 문화 사업은 만주족의 청나라를 중화의 적법한 계승자라고 대내외에 선포하는 일이었다.[35]

『사고전서』와『사고전서총목제요』가 청나라 외부로 나갔다면 문화를 모른다는 만주족의 오명을 벗어났을 수 있었을 것이다. 하지만 그것은 청나라를 벗어나지 못했다. 따라서 "만주족 = 문화 민족"의 등식을 세우려는 청나라의 노력에도 불구하고 청제국 내의 한족, 조선과 일본은 청제국의 그러한 요구를 긍정하지 않았다. 이로써 동아시아는 제각각 중국이 지녀왔던 사상 문화의 권력을 두고 충돌 없는 경쟁 관계에 놓이게 되었다. 이러한 특이한 경쟁 관계는 자문화의 발전으로 이어졌던 것이다.[36]

조선의 경우 이러한 자문화 의식의 각성은 '중화中華' 세계로부터 탈피라는 긍정적 의의를 갖는다. 하지만 이러한 탈피는 '중화' 질서로 상징되는 지배 구조의 변혁으로 나아가지 못했다. 즉 의미 있는 변화를 일구어냈지만 거대한 진보를 추동하지는 못했다. 1894~1895년의 청일 전쟁은 1644년 이래 잠복되어 있던 경쟁 관계가 본격적인 대결 국면으로 치닫는 분기점이 되었다. 이때부터 동아시아는 '중화中華'보다 국학國學의 이름을 내걸며 국민 국가를 완성시키고자 했다.

이 과정에서 우리는 중국이나 일본과 차별적인 방식으로 동양 철학

---

35 켄트 가이, 양휘웅 옮김,『사고전서』, 생각의나무, 2009; 신정근, 「경학사와 학술사의 쟁점으로 본『四庫全書總目提要』의 특징 - 經部의 易類와 書類를 중심으로」,『대동문화연구』75, 2011 참조. 천쓰이는 교감의 부실, 건륭제의 적절한 개입 등을 이유로 들어서『사고전서』의 학술적 의의를 인정하지 않는다. 천쓰이陳四益, 김동민 옮김,『동양 고전과 역사, 비판적 독법』, 글항아리, 2014 참조,

36 신정근, 「人文(人權) 유학으로서 21세기 동아시아학의 성립 가능성 모색 - 儒術, 聖學·道學, 中華學, 國學의 궤적과 함께」,『대동문화연구』제81집, 2013 참조.

을 연구하고 또 현재화시키고 있는가? 18세기에 불었던 자문화의 각성에 견준다면 우리는 현재 연구 방법, 연구 시각, 연구 성과 등 모든 측면에서 연구의 독립성을 주장할 수 있는가? 조선의 학인이 주희의 절대적 권위를 인정하는 정도는 아니더라도 오늘날 우리는 근대 중국어권 연구자(펑유란馮友蘭, 머우쫑산牟宗三, 탕쥔이唐君毅 등)나 일본과 영어권 연구자의 권위를 인정하고 있다. 이제 우리 스스로 학문의 권위를 내세워야 할 때이다. 이 학문의 권위는 우리가 다른 나라와 구별되는 연구 역량을 갖출 때 획득할 수 있는 것이다. 이는 우리의 연구만을 인용하고 외국의 연구를 인용하지 말자는 주장이 아니다. 이런 점에서 우리는 스스로 "지금 내가 동양 철학의 무엇을 왜 어떻게 연구하려고 하는가?"라는 물음을 던지고 그 대답을 제시할 때이다.

아울러 우리가 동양 철학 분야에서 중국 등의 연구로부터 차별성을 가지려면 현재의 문제 상황을 진단하고 미래의 가치 방향과 접목하려는 관점을 정립할 필요가 있다. 우리는 '갑을'로 표상되는 사회적 제 관계의 반인권적 상황, 국제 투기 자본의 유입에 의한 위험, 고용 없는 성장으로 인한 실업, 국가 권력의 사유화, 사회적 제반 영역의 과잉된 세속화, 남북의 갈등과 평화의 취약성으로 위기와 불안의 시대를 살아가고 있다.

이를 해결하기 위해서 실질적 민주주의, 복지, 인권, 배려, 연대의 가치를 통합적으로 사유할 필요가 있다. 이것은 일국만이 아니라 동아시아와 세계가 공통으로 겪는 현상이면서도 각각의 문제가 일국의 시민을 고통으로 밀어넣는 기제와 강도는 각각 상이하다. 우리는 우리에게 맞는 모델을 창출해낼 때 동양 철학의 현재화가 이루어지고 중국 등의 연구와 차별성을 갖게 될 것이다.

동양 철학의 연구자들은 이런 요청에 반대하지 않을 것이다. 그럼에도 불구하고 '동아시아학'은 문학과 사학의 연구자들에 의해 주도되지 동양 철학의 연구자들은 커다란 관심을 기울이고 있지 않다. 이러한 냉담한 반응은 일전에 '아시아의 가치'와 '유교 자본주의'가 뜨거운 관심사로 떠오를 때와 사뭇 다르다.

　이러한 작업을 수행하기 위해서 무엇보다도 먼저 동양 철학의 학술 언어와 일상 언어의 거리를 메워야 한다. 동양 철학의 개념, 예컨대 '조심操心', '(구)방심(求)放心', '성실誠實' 등은 오늘날 여전히 일상 언어로서 친숙하게 쓰이고 있다. 근현대에 들어 유럽과 미국의 언어가 학술 언어의 근원이 되면서 동양 철학의 언어는 학술 언어가 되지 못하고 있다. 불교가 중국에 전래되면서 도가의 언어를 빌려 썼던 격의 불교의 과도기가 있었던 것처럼 근현대의 신학문이 동양학의 언어를 일시적으로 차용하는 자신의 의미를 전달하는 경우가 있다.

　사정이 이러다보니 동양 철학의 언어는 새로운 학술 언어로 등재되지 못하고 더 이상 일상 언어와 접촉할 수 있는 계기가 줄어들고 있다. 이러한 현상이 심화되면 동양 철학 언어의 사어화 현상이 나타날 수 있다. 즉 동양 철학을 하는 소수의 사람들만이 주고받는 언어가 되는 것이다. 왕양명이 '치양지致良知'를 만년에 자신의 철학 종지로 내세웠다. 조선의 성리학자들은 '사단四端'과 '칠정七情'을 가지고 줄기찬 논쟁을 벌였다. 하지만 지금 일상 언어에서 '치양지致良知'니 '사단四端'이니 '칠정七情'이니 하는 말은 없다. 오늘날 언어 사용자들은 '치양지致良知', '사단四端', '칠정七情'이라는 말을 들으면 오히려 "그런 말이 있느냐?"라며 의아한 표정을 지을 것이다. 그것은 외국어라서 외국어 같은 느낌을 주는 것이 아니라 과거의 언어여서 외국어 같은 느낌을 주는 것이다. 이렇게 외국어(외계어) 같은 느낌은 동양 철학을 시대와 격리시키는 요인이다.[37]

---

37 리쩌허우李澤厚의 글쓰기는 이러한 상황을 돌파하는 방법론이 될 만하다. 그는 육구연의 말을 그대로 사용하지 않고 "육경주아六經注我"와 "아주육경我注六經"을 각각 상반되는 글쓰기로 구분했다. 아주육경은 역사의 관점에서 철학 사상의 내용과

이러한 측면에서 우리는 '번역'의 문제를 전혀 새로운 관점에서 생각해봐야 한다. 지금까지 '번역'하면 한문으로 된 동양 철학의 문헌을 한국어로 옮기는 것으로 생각해왔다. 여기서 말하는 '한국어'에 대해서 조금 숙고할 필요가 있다. 언어 사용자는 나이, 성별, 지역, 학력, 직업 등에 따라 독특한 언어를 사용한다. 한문을 잘 아는 사람이 "동양 철학의 문헌을 한국어로 옮길 때"의 한국어는 어떤 한국어일까?

이 '한국어'가 반드시 한문 또는 한자어를 모르는 대부분의 한국어 사용자가 이해할 수 있는 한국어라는 보장이 없다. 또 일상 언어에서는 특히 문어보다 구어를 즐겨 쓴다. 따라서 "막연히 한국어로 옮길 때"의 한국어가 결국 한문과 한자어에 익숙한 동양 철학 전공자가 이해하기 쉬운 한국어일 가능성이 많다. 이러한 번역어는 완전한 한국어 번역이라고 할 수 없다. 이런 번역어는 원문보다도 더 이해하기 어려운 한국어가 될 수 있다.

개념의 독특한 어감과 의미를 살리는 것은 지극히 미묘한 작업이다. 이 '미묘성'을 이유로 일상 언어와 먼 한국어를 고집하게 된다면, 동양 철학의 언어는 점점 일상 언어를 사용하는 한국어 사용자로부터 이질감을 주는 '외계' 언어가 될 것이다. 사람들이 즐겨 쓰지 않는 언어를 암호처럼 사용한다면 그것은 수리 논리에서 사용하는 기계 언어나 논리 실증주의가 사용하는 인공 언어와 같아질 것이다.

모국어를 가다듬는 역할은 문학자에게만 주어져 있지 않다. 철학자들도 사람들이 자신의 사고를 모국어로 표현하고 주장하며 토론하고 이론화할 수 있도록 제 역할을 다해야 한다. 흔히 일상 언어와 철학

형식, 체계와 구조를 설명하여 지식을 전달하고자 한다. 반면 육경주아는 철학사와 철학자를 빌려서 철학 관점을 밝히려고 한다. 「康德哲學與建立主體性論綱」(1980), 리쩌허우李澤厚, 『論康德黑格爾哲學』, 上海人民出版社, 1981. 리쩌허우, 노승현 옮김, 『학설』, 들녘, 2005, 47쪽.

언어의 환류還流에 뛰어났던 사례로 칸트와 하이데거를 실례로 든다. 동양 철학에서도 주희는 신조어를 만들어냈을 뿐만 아니라 그것을 제자들과 일상 언어로 풀이하고 비유하며 자유자재로 사용했다.

이제까지 우리는 동양 철학의 개념으로부터 현실로 내려오는 진행 방향과 개념을 현실에 덮어씌우는 학문 방법에 너무나도 익숙해져 있다. 이 관행은 뒤집을 필요가 있다. 현실과 일상 언어에서 출발하여 논점을 추출하고서 동양철학의 개념과 연계시키기 위해서 올라가는 방향 지시등을 켤 때가 되었다. 이때에야 뒤에 오는 자가용 운전자도 그 방향 지시등의 신호를 이해할 것이다. 그렇지 않으면 동양 철학 연구자는 좌회전 깜빡이를 켰지만 일상 언어의 사용자는 앞차가 어디로 갈지 모르거나 우회전할 거라 잘못 예측할 수 있다. 촌극寸劇이 아니라 비극이다.[38]

5. 맺음말

'공자孔子'와 '논어論語'는 동양(중국) 철학사에서 특별한 의미를 갖는다. 중국 철학사에서 공자는 최초의 철학자로 알려지고『논어』는 최초의 철학 텍스트로 간주되고 있다. 물론 소수의 주장이지만 공자가 아니라 노자나 관중이 최초의 철학자이고『도덕경』과『관자』가 최초의 철학 텍스트로 보기도 한다. 이 때문에 많은 연구자들은 중국 철학에서 공자와『논어』가 특별한 지위를 갖는다는 점을 긍정하고 있다. 그 결과 내외적으로 공자와『논어』의 연구는 과거에서 현재까지

---

38 지금까지 논제 이외에도 최근에『논어』를 예술 철학 또는 미학의 측면에서 연구하려는 성과가 계속해서 나오고 있다. 이와 관련해서도 추가적인 논의가 필요하다. 또『논어』의 주석서 현황과 그 의미에 대해서도 논의가 필요하다.

끊임없이 이어지고 있다.

서양에서 '철학'은 만학의 여왕으로 특별한 지위를 누려왔다. 하지만 과학의 시대가 도래하면서 철학은 무엇을 탐구할 수 있는지 회의의 대상이 되기도 했다. 과학은 실체의 특성과 정체를 검정 가능한 방식으로 제공하는 반면 철학은 검정 불가능한 주장을 펼치고 있기 때문이다. '철학'은 여러 차례 이러한 회의의 시련을 거치면서 자신의 정체를 재정립하고 있다.

공자와 『논어』의 지위도 시대와 상황에 따라 변해왔다. 제자백가의 일원일 때 공자는 경쟁하는 사상가 중의 한 명이었지만 도통의 맥락에서 공자는 성인으로서 절대적 지위를 누렸다. 하지만 근대를 거치면서 공자와 『논어』의 지위는 커다란 변화를 겪었다. 근대 이전에 공자와 『논어』는 공동체를 지탱하는 사상적 보루였지만 근대 이후에 공자와 『논어』는 경쟁하는 사상 중의 하나가 되었다. 중국이 사회주의의 길을 걸으면서 공자와 『논어』는 봉건 문화를 유지하는 과거의 이데올로기로서 부정과 극복의 대상이 되기도 했다.

시대와 상황의 변화를 고려하면 우리는 "공자와 『논어』를 어떻게 연구할 것인가?"라는 물음을 던지지 않을 수가 없다. 철학사를 보면 물음이 달라지면 근원으로 돌아가서 다시 출발을 한다. 주희가 도학道學을 정립한 뒤에 공자로 돌아가서 철학사를 새롭게 인식했고, 정약용은 성리학의 한계를 성찰하면서 "공자로 돌아가자!"로 주장했다. 두 사람이 말하는 공자는 한 사람이지만 그 의미는 달라진다. 즉 공자는 절대 자유를 누리는 성인이 되기도 하고 실천 덕목을 완전히 체현한 영웅이기도 하다.

오늘날 공자는 여전히 성인일 수도 영웅일 수도 없다. 대신에 우리는 공자와 『논어』의 지혜 또는 지식에 관심을 기울일 만하다. 우리는 도덕적 태도를 가지고 바람직한 방안을 선택하여 올바른 삶을 살고자 한다. 바로 이러한 맥락에서 공자와 『논어』는 유효한 지혜 또는 지식을 제안한다고 할 수 있다. 그런데 우리는 공자와『논어』에서 말하는 지혜 또는 지식의 정체가 무엇인지 선명하게 밝히지 못하고 있다.

이런 점에서 공자와『논어』는 수없이 연구되었음에도 불구하고 아직도 연구할 것이 남아 있는 셈이다. 이 이외에도 철학사의 맥락에서 공자와『논어』의 위치를 재정립하고 그 성과를 모국어화하는 노력이 필요하다. 이러한 작업 방향은 공자와『논어』가 중국 철학사에서 제자리를 잡는 길이기도 하고 우리가 공자와『논어』를 현대 철학의 일원으로 재해석하는 길이기도 하다.

제13장 내적 열망에 이끌린 평생 학습론

1. 문제 제기

전근대 동아시아 사회는 한자 문화권이었다.[1] 실생활에서 한자가 상용되지 않고 교과 과정에서 한자 교육이 이루어지지 않는다면 명실상부한 한자 문화권이라고 부르기가 어렵다.[2] 우리나라는 지금 영어 사교육비로 1년에 7조원을 쓰고 있다. 또 취업과 승진 등에서 영어 성적이 절대적인 기준으로 작용한다는 신화가 맹위를 떨치고 있다.[3] 따라서 현대 한국은 한자 문화권에서 영어 문화권으로 이동 중이거나 어떤 영역에서는 이미 영어 문화권에 속한다고 할 수 있다.

이렇게 한자 문화권에서 균열이 생겨나자 개별 국가의 언어와 어휘도 통약 가능성이 점점 줄어들고 있다. 예컨대 오늘날 한·중·일 세 나라는 '공부工夫'의 단어를 공유하고 있다. 하지만 중국어와 일본어에

---

[1] 우리나라는 1884년 갑오개혁 제14조에서 "법률 칙령은 모두 국문으로 본을 삼되, 한문을 붙여서 번역하며, 때로는 국한문을 혼용한다"라고 선언하면서 근대에 들어서 한자 문화권을 재형성하는 계기를 맞이하게 되었다.

[2] 우리나라는 2007년 개정교육과정, 2009년 개정교육과정의 초등학교 편제에서 한자 또는 한문과목이 없다. 송병렬, 「한자 문화권의 재형성과 한국의 한자·한문교육의 현황」, 『한자한문교육』 제26집, 2011, 30쪽.

[3] 이와 관련해서 남태현, 『영어계급사회』, 오월의봄, 2012 참조.

서 한국어의 공부工夫 또는 공부하다의 뜻에 일치되는 단어는 '工夫'
가 아니다. 중국어의 '쉬에시學習' · '두수讀書' · '녠수念書' · '칸수看書'
등과 일본어로 '벤쿄우勉强'가 한국어의 공부에 해당된다.[4]

한자에 주목하면 같은 '공부'라도 중국어에서는 책을 읽는다는 측
면에, 일본어에서는 노력해서 얻은 결과에 각각 방점을 두고 있다. 중
국어 궁푸工夫는 시간, 여가, 때, 노력, 조예, 솜씨 등을 의미하고 쭈어
궁푸做工夫는 숙련하다, 단련하다는 뜻을 나타낸다. 궁푸工夫는 때로
궁푸功夫와 같은 뜻으로 흔히 중국 무술의 일종을 가리키는 것으로
알려져 있지만 '궁푸'는 무술의 종류가 아니라 단련된 기술을 나타낼
뿐이다.

중국어 궁푸工夫는 반성과 성찰 또는 실험과 관찰로 얻어지는 추상
적 이론과 일반 지식을 습득하고 발휘하는 맥락보다는 숙련과 연습,
반복과 모방을 통해서 얻어지는 특수한 기술과 개별 지식을 자유자재
로 구사하는 맥락을 뚜렷하게 드러내고 있다.

오늘날 한국어의 '공부'는 전통적인 한자어 공부工夫의 특성을 가지
고 있으므로 체계적인 교과 과정을 통한 지식의 습득, 이론화 작업을
위한 연구(창작) 활동을 가리킨다.(오늘날 연구와 창작은 공부에서 독립
되는 경향을 보이지만 여기서 포괄해서 다룬다.) 반면 '공부'는 한자어 공
부工夫와 달리 문제 풀이를 통해 점수를 높이거나 자격증 취득을 위해
특수한 기술을 익히는 방식으로도 쓰인다.

공자는 오늘날 '공부'라는 말을 하지 않았지만 학습, 수양, 교육, 관
찰, 연구 등 다양한 문맥에서 공부하는 방법을 말하고 있다. 공자는

---

4 전근대 사상가 중에서 주희는 '工夫'를 가장 빈번하게 사용했다. 그의 용어와 의미가
현대 중국어에 제대로 전해지지 않고 한국 한자어에 온전한 형태로 남아 있다고
할 수 있다. 이와 관련해서 한형조 외,『유교의 공부론과 덕의 요청』, 청계, 2004;
임수무 외,『공부론』, 예문서원, 2007 참조.

『논어』 전체에 걸쳐서 양보와 겸손의 미덕을 강조하지만 단 한 가지 예외가 있다. 그것은 다름 아니라 바로 학學과 관련해서 스스로 주장하고 또 스스로 요구하기도 했다. 즉 그는 자신이 호학好學, 즉 학문의 사랑에 있어서는 누구에게도 뒤지지 않는다고 자부했던 것이다.[5] 이러한 공자의 공부 또는 학문 사랑을 주목한 경우가 있었다. 예컨대 아이반호는 수양의 측면에서 공자 공부의 특징을 '습득acquisition' 유형으로 분류했다.[6] 남상호는 공자가 육경六經을 대상으로 어떤 공부를 했느냐에 주목하여 논의를 펼친 바가 있다.[7]

필자는 이 글에서 평생 교육의 측면에서 공자의 공부론을 살펴보고자 한다. 마침 공자도 스스로 공부와 교육이 인생의 특정한 연령대나 시기에 완성되는 것이 아니라 평생을 통해 지속되는 과정이라는 점을 술회한 적이 있다. 즉 공자는 일찍이 인생을 15세, 30세, 40세, 50세, 60세, 70세 등 6단계로 나누어서 책임의 자각, 성장, 인격의 성숙 등을 말한 적이 있다.[8] 그의 말에 따르면 사람은 연령대마다 주로 문제가 되는 현안을 갖게 된다. 그 현안을 풀어가는 과정이 바로 평생 교육의 자기실현이라고 할 수 있는 것이다. 우리는 공자의 6단계를 둘씩 묶어서 3단계로 압축해서 그가 말하는 공부와 교육의 특성을 살펴보도록 하자.

---

5 「공야장」 29(121) "子曰: 十室之邑, 必有忠信如丘者焉, 不如丘之好學也."
6 아이반호P. J. Ivanhoe, 신정근 옮김, 『유학, 우리 삶의 철학』, 동아시아, 2008 참조.
7 남상호, 「공자의 공부론」, 임수무 외, 『공부론』, 예문서원, 2007, 39~67쪽. 이 이외에도 '전통 시대의 공부'와 관련해서 흥미로운 책들이 있다. 예컨대 설흔, 『퇴계에게 공부법을 배우다』, 예담, 2009; 2013 7쇄와 김영수, 『현자들의 평생 공부법』, 역사의 아침, 2011; 2012 3쇄 참조.
8 「위정」 4(020) "子曰: 吾十有五而志于學, 三十而立, 四十而不惑, 五十而知天命, 六十而耳順, 七十而從心所欲, 不踰矩."

2. 15~30세: 뜻 세우기와 자리 잡기

　공자는 「위정」 4(020)에서 "열다섯 살에 배우려는 뜻을 가졌고 서른 살에 제자리를 찾았다."라며 인생과 공부의 첫 단계가 갖는 의의를 말하고 있다.[9] 배우려고 하지 않는 사람에게 호기심과 궁금증은 일어날 수 없고 지식과 지혜는 까닭 모를 고통의 신호일 뿐이다. 공자는 타인에 의해서 강요되지 않고 제도적인 규정에 의해서 계획된 것이 아니라 사람이 스스로 배움에 대한 강한 내재적인 지향을 가져야 한다는 점을 강조하고 있다.

　사람은 15세에 시작된 학습기를 마치면 어린이와 청소년기를 끝내고 성인이 된다. 물론 아이에서 어른으로 성장이 자연스럽게 일어나지만은 않는다. 통례보다 일찍 어른스러운 아이-어른도 있고, 어른 나이에도 불구하고 어른스럽지 못한 어른-아이도 있다. 이 중에 아이-어른은 천재 또는 영재로 평가받지만 어른-아이는 우인愚人으로 분류된다. 통상 학습은 아이가 어른으로 새롭게 태어나는 필수 코스인 것이다. 출생이 생물학적 제1의 탄생이라면 학습과 공부는 사회학적 제2의 탄생인 것이다.

　이때 우리는 어른이 되는 것을 '성인成人'이 된다고 말한다. 즉 사람으로 태어난 것이 바로 성인이 아니라 공부를 통해야만 성인이 되는 것이다. 단순히 나이 한 두 살 더 먹은 것이 아니라 아이에게 유예된 의무와 역할을 처음으로 맡아서 수행해야 하는 단계이다. 제자리에

---

9 「위정」 4(020) "子曰: 吾十有五而志于學, 三十而立." 『논어』는 공자와 제자 또는 동시대 사람들과 대화를 기록한 책이다. 현재의 편제로는 대화의 시대 순서를 알 수 없으므로 그의 발언을 나이와 짝지어 재구성하기가 쉽지 않다. 이와 관련한 시도가 있었지만 그것의 엄밀성은 합리적 의문의 가능성을 완전히 배제하지 못한다. 『논어』의 내용을 공부와 교육의 3단계에 어울리는 방식으로 공자의 발언을 재구성하고자 한다.

선다(잡는다)는 것은 자신이 맡은 자리에 쭈뼛거리거나 역할에 우왕좌
왕하는 것이 아니라 사회의 주체로 호명될 수 있는 의무를 자각하고
책임에 대응한다는 것을 나타낸다.

공부를 향한 뜻 세우기나 제자리 잡기와 관련해서 공자는 제자와
자신의 경험을 실례로 들고 있다. 제자 염구가 어느 날 공자를 만나서
심각하게 진로를 물어왔다. 자신이 공자의 길(학업)에 동의도 하고 이
해도 하지만 힘이 모자라서 공부를 계속할 수 없겠다고 고백했다. 제
자의 말을 듣고서 공자는 진짜 힘이 모자란 사람은 길을 가던 중에
힘을 다 쓰고서 고꾸라지지만 염구는 힘이 남아 있으면서도 "이만큼
가야지!"라고 선을 긋는 것이라고 비판했다.[10]

염구가 처음부터 공부에 뜻(의지)이 없었던 것은 아니다. 의지에도
강약强弱의 차이가 있다. 세운 뜻이 약할 경우 사람이 "무엇을 해야
지!"라고 했다가도 의외의 어려움을 만나면 금세 뜻을 꺾어버린다. 그
사람은 포기를 하면서 자신의 재능과 힘을 전부 쏟아부었다고 하지만
실제로 다 쏟은 것이 아니라 남은 것이 있고 전부가 아니라 일부만
썼을 뿐이다.

비판만이 능사가 아니다. 어떻게 하면 약한 뜻을 가진 사람이 중도
에 포기하지 않고 뜻을 다시 일으켜 세울 수 있을까? 다시 말해서 시
작 단계에서 품었던 뜻과 의지가 식지 않고 계속 활활 타오를 수 있는
동력을 어디에서 얻는 것일까? 공자는 이를 무지無知에 대한 분노와
유지有知의 즐거움, 즉 분憤과 락樂으로 풀어가고 있다.

초나라의 섭공葉公이 제자 자로子路에게 스승 공자의 평가를 부탁
했다. 사실 평가가 입에 발린 칭찬이나 인상 비평이라면 쉽겠지만 전
체적인 통찰 없이 살아 있는 스승을 왈가왈부하기 쉽지 않다. 전후 사

---

10 「옹야」12(133) "冉求曰: 非不說子之道, 力不足也. 子曰: 力不足者, 中道而廢. 今女畫."

정을 듣고서 공자는 참으로 태연하게 자기 소개서 한 장을 써냈다.

"자네는 왜 이렇게 이야기하지 않았소. 그 사람의 됨됨이는 한 가지
주제에 깊이 열중하다 보면 밥 먹는 것도 잊어버리고, 나아가는 길에
즐거워하며 삶의 시름마저 잊어버려서 앞으로 황혼이 찾아오는 것조차
의식하지 못한 채 늘 젊음을 유지하고 있습니다."[11]

공자의 자기 소개서를 읽으면 한 편의 그림이 그려진다. 중국 문화
에는 글과 그림의 근원이 동일하다고 말하는데, 공자의 글에서도 그
러한 실례를 엿볼 수 있다. 공자가 배움에 대해 얼마나 열정적이며 평
소에 몰입하고 있는지 알 수 있기 때문이다.

밥(경제), 시름(관계), 나이 또는 노화(시간)는 사람이 늘 일상적으로
고민하는 문제이다. 공자는 세 가지 현실적 문제의 중요성을 부정하
는 것이 아니라 그것의 무게를 넘어설 수 있는 원동력으로 분憤과 락
樂을 나란히 배치하고 있다. 공자는 공부의 과정에서 겪는 무지를, 사
람으로 하여금 더 이상 진전을 가로막는 절망과 좌절의 원인이 아니
라 끊임없는 도전 의식을 자극하여 탐구 의욕을 분출시키는 원동력으
로 보고 있다.

무지를 유지로 전환시키는 과정에 고통이 있을지라도 그것은 자유
를 위해 지불할 만한 또는 지불해야 하는 대가이기도 하다. 이처럼 공
자는 공부의 과정을 힘든 사역이 아니라 즐거운 여정으로 보기에 처
음에 세웠던 뜻을 계속해서 펼쳐나갈 수 있었던 것이다. 이를 바탕으
로 해서 공자는 사람이 경제, 관계, 시간의 속박에 짓눌리지 않는 세
계를 창출해냈던 것이다. 그것이 바로 인문人文의 발견이었다.

---

11 「술이」 19(170) "葉公問孔子於子路, 子路不對. 子曰: 女奚不曰, 其爲人也, 發憤忘食,
樂以忘憂, 不知老之將至云爾."

공자가 스스로 "나면서부터 모든 것을 아는 사람"이 아니라고 말했다.[12] 따라서 공자가 학문적 성취를 이루기 위해서는 내재적인 지향만이 아니라 객관적인 조건도 필요했다. 하나는 지식을 습득하는 과정에서 즐겨 보았던 책이고 다른 하나는 무지를 일깨워주는 스승의 존재이다.

전근대의 학술사에서 공자는 오늘날 전해지는 오경五經, 즉『역경』·『서경』·『시경』·『예기』·『춘추』의 저술과 편집에 직간접적으로 간여한 걸로 간주되었다. 공자는 자신의 역할을 분명하게 말했다.

"풀어서 건네주지 없던 것을 새로 만들지 못하고 옛것을 믿고 좋아할 뿐이다."[13]

그가 창작자가 아니라 전수자로서 자임했던 만큼 오경을 직접 저술한 것이 아니라 있던 텍스트를 정리해서 학생들에게 의미를 해석하는 선생의 역할을 했다.

오경은 황하 중하류에 싹튼 다양한 갈래(종족)의 문명을 하족夏族 또는 화족華族 중심의 중화 사상으로 모아놓은 집합체이다. 공자는 『역경易經』을 통해 인간의 운명과 역사의 향배를 성찰하고, 『서書』를 통해 고대의 황금 시대에 해당되는 전설적 제왕과 삼대의 영광을 되새겼고, 『시경詩經』를 통해 감정의 표현과 절제 그리고 시대의 비평과 풍자를 익히고, 『예기禮記』를 통해 사회 질서의 원리와 욕망의 문명화를 모색했고, 『춘추春秋』를 통해 인간의 야망과 중화 질서의 위력을 절감했다.[14]

---

12 「술이」 20(171) "子曰: 我非生而知之者, 好古敏以求之者也."
13 「술이」 01(152) "子曰: 述而不作, 信而好古."
14 신정근, 『신정근교수의 동양고전이 뭐길래?』, 동아시아, 2012 참조.

공자는 오경五經의 언술 주체인 요·순·우·탕·문·무·주공 등을 무한히 존경하면서도 그들의 언행과 공적을 객관적으로 탐구했다. 고대의 성왕들에게 현재는 도달해야 할 이상을 만든 문화의 영웅이면서 동시에 이상의 재현을 위해서 반드시 배워야 하는 학업의 목표이기도 했다. 특히 공자는 평소 꿈에서 주나라의 문화와 제도를 만든 주공을 만난다고 할 정도로 그를 자신의 인생을 이끌어주는 나침반으로 삼았다.[15]

하지만 고대의 성현들은 문헌을 통해 만날 뿐 현실에서 대화를 나눌 수 없었다. 이와 관련해서 당시에도 공자가 누구에게 배워서 학문적 성취를 이루었는지 화제가 되었던 모양이다. 제자 자공은 공자가 어떤 사람을 스승으로 삼아 체계적으로 배운 것이 아니라 이 사람에게는 이것을 저 사람에게는 저것을 배우는 식이었다고 말했다. 이를 학무상사學無常師라고 한다.[16]

공자 스스로도 세 사람이 길을 가다 보면 그 속에 보고 배울 스승이 있기 마련이라면서 언제 어디서든지 배울 준비를 해야 한다고 말했다.[17] 즉 문헌(책)만이 아니라 구체적인 삶의 현실도 공부의 대상이 되는 것이다. 이는 훗날 임제 선사의 "이르는 곳마다 주인이 되고 서 있는 곳마다 진리이다"(隨處作主, 立處皆眞)는 말과 상통한다고 할 수 있다. 공부는 오늘날처럼 학교라는 특별한 장에서 일어나는 활동이 아니라 사회 모든 영역에서 전방위적全方位的이며 전시적全時的으로 일어나는 활동이다. 즉 사회 자체가 학교이자 도량이다.

이렇게 보면 공자는 책만 잡고 그 속에 갇히는 것이 아니라 책과

---

15 「술이」 05(156) "子曰: 甚矣吾衰也! 久矣吾不復夢見周公!"
16 「자장」 22(510) "衛公孫朝問於子貢曰: 仲尼焉學? 子貢曰: 文武之道, 未墜於地, 在人. 賢者識其大者, 不賢者識其小者. 莫不有文武之道焉. 夫子焉不學? 而亦何常師之有?"
17 「술이」 22(173) "子曰: 三人行, 必有我師焉, 擇其善者而從之, 其不善者而改之."

삶 사이를 넘나들면서 내재적인 지향을 끊임없이 일깨워나갔기 때문에
중도에서 포기하지 않고 학문적 성취의 길로 나아갔다고 할 수 있다.

3. 40~50세: 확실성과 인간 한계의 자각

공자는 「위정」 4(020)에서 "마흔 살에 가지 못하는 길과 가는 길을
두고 헷갈리지 않았고, 쉰 살에 하늘의 명령을 깨달았다."라며 인생과
공부의 두 번째 단계가 갖는 의의를 말하고 있다.[18] 사람은 뜻을 세우
고 제자리를 잡았다고 하더라도 불안과 두려움으로부터 자유로울 수
없다. 사람의 선택이 유일신의 보증이나 이념의 확신과 결합하지 않
는다면 조건의 변화, 결과의 유불리有不利, 책임의 다소는 사람을 늘
힘들게 한다. 사람은 제한된 상황에서 자신이 하고 싶은 것과 해낼 수
있는 것, 해서 안 되는 것과 해야 되는 것을 구분하여 둘 사이의 지루
한 시소 게임을 끝내지 않는다면 여전히 앞으로 나아가지 못하고 제
자리에서 맴돌게 된다.

유혹으로 헷갈리고 흔들리지 않는 것은 합리적 의심을 배제하고 독
단적으로 군다는 것이 아니라 합리적 의심을 걷어낼 정도로 검토하고
서도 사고와 행동의 진전을 보지 못하는 것을 가리킨다. 이는 사람이
자신에 대한 신뢰와 확신이 없다는 증거이다. 아울러 확신을 한다고
하더라도 그것은 어디까지나 인간의 개인적 확신이다. 공동체의 지지
와 신뢰를 받을 때 개인적 확신은 시대의 정신과 규범이 될 수 없다.
이때 확신은 인간의 한계를 넘어선 하늘의 명령이라는 객관적 조건과
이어지게 된다.

---

18 「위정」 4(020) "四十而不惑, 五十而知天命."

확실성이 중요하다고 하더라도 그것은 변하지 않은 근거로 이어질 수도 있지만 자칫 앎과 함에서 모두 독선과 독단 그리고 만용으로 이어질 수 있다. 그래서 공자는 실천과 지식 두 분야에서 확실성이 주관적 독선과 독단으로 이어지는 측면에 대해서 경고하는 것을 잊지 않았다.

자로子路는 평소 무용과 결단을 앞세우는 제자이다. 그가 공자에게 군 통수권자가 되었을 때 누구랑 함께 하겠느냐는 질문을 던졌다. 아마 그는 자신이 무용이 뛰어난 만큼 공자가 당연히 자신과 함께 하리라고 생각했을 것이다. 하지만 공자의 대답은 그의 기대와 달랐다.

"맨손으로 호랑이를 때려잡으려다 물려 죽거나 맨몸으로 강을 건너려다 허무하게 빠져 죽어도 후회하지 않을 사람과, 나는 함께 하고 싶지 않다. 반드시 할 일을 앞에 두고 두려워하고 미리 계획을 내서 일을 잘하려는 이와 함께 할 것이다."[19]

자로는 군사가 지식보다는 실천이 중요한 영역이라고 생각했다. 따라서 군사하면 이것저것 비교하고 계획을 세우는 것보다 특정한 상황에서 두려워하지 않고 앞장서는 행동을 중요하게 보았던 것이다. 공자의 학문과 공부가 아무리 실천적 특성이 강하다고 하더라도 공자가 덮어놓고 '실천'만을 외친 것이 아니라는 점을 여기서 확인할 수 있다.

자공子貢은 평소 경제 활동에 종사하면서도 후회 없는 삶에 관심을 가진 제자이다. 그가 관직 생활을 위한 좋은 자세에 관해 묻자 공자는 다음과 같이 대답했다.

---

19 「술이」 11(162) "子路曰: 子行三軍, 則誰與? 子曰: 暴虎馮河, 死而無悔者, 吾不與也. 必也臨事而懼, 好謀而成者也."

"여러 소리를 들어보고서 그중에서 미심쩍은 것은 옆에 제쳐두고 그 나머지를 아주 조심스레 말하라. 그러면 잘못을 덜 하리라. 여러 가지를 찾아보고서, 그중에서 문제가 될 만한 것은 옆에 제쳐두고 그 나머지를 매우 조심스레 실행하라. 그러면 뉘우치는 일을 덜 하리라."[20]

공자는 자로와 자공의 이야기에서 합리적 의심을 해결하지 않고 섣불리 확실성을 갖게 되었을 때 초래하는 부정적 결과를 강조하고 있다. 의심과 의혹을 배제하는 길은 이미 알고 있는 것을 바탕으로 더 많은 앎을 축적하는 것이고 시비를 판단할 수 있는 기준을 세우는 것이다. 공자는 시대의 평가와 예찬에 대해 늘 겸손과 양보의 태도를 보이지만 호학好學, 예禮와 관련해서는 뚜렷한 자의식을 드러내고 있다.

"열 가구만이 사는 작은 마을이라도 반드시 나만큼 충실하고 믿음성이 있는 사람이 있을 것이다. 하지만 나만큼 학문을 사랑하는 이는 없을 텐데."[21]

공자는 이름을 들먹이면서 자신과 호학好學의 동일성을 맹세하고 있다. 이처럼 호학은 인간이 가진 한계 안에서 의심을 배제할 수 있는 믿을 만한 방법인 것이다. 이런 맥락에서 보면 『논어』의 첫 구절의 "배우고 때에 맞춰 몸에 익힌다면 기쁘지 않겠는가?"라는 공자의 감회를 이해할 만하다. 그는 호학을 통해 의심, 의혹 등의 부자유로부터 벗어날 수 있었기에 첫 구절에서 기쁨의 노래를 억제하지 못한 채 그대로 드러낼 수밖에 없었던 것이다.

---

20 「학이」 18(034) "子張學干祿. 子曰: 多聞闕疑, 愼言其餘, 則寡尤, 多見闕殆, 愼行其餘, 則寡悔."

21 「공야장」 29(121) "子曰: 十室之邑, 必有忠信如丘者焉, 不如丘之好學也."

공자는 안연으로부터 자신의 핵심 가치인 사람다움[인仁]에 관한
질문을 받았다.

"스스로 반성하여 소통의 절차(전통 문화)를 밟아가면 평화의 세계를
창출하게 된다. …… 소통의 절차와 어긋난다 싶으면 그쪽을 아예 쳐다보
지 말고, 들으려고 하지 말고, 말조차 건네지 말고, 맞대응하지 말라."[22]

공자는 정치적 학문적 실천의 기준으로 예를 제시하고 있다. 이로
써 사람은 개인의 앎과 함을 예의 기준에 견주어서 타당성을 따지게
됨으로써 독단의 위험을 피하게 된다. 그때 예는 그 자체로서 완결성
을 갖는 것이 아니라 다시 거칠고 우스꽝스런 모습을 세련되고 우아
하며 기계적이며 고지식한 모습을 인간미를 담아낸 사람다움으로 승
화되어야 한다.

공자는 인간의 한계 안에서 확실성을 확보하기 위해서 호학好學과
예禮 그리고 인仁의 가치를 자득한 다음에 자신의 길에 미치지 못하고
자신과 다른 길에 대한 배제의 태도를 분명히 하고 있다.

"색다른 길을 갈고닦다 보면 참으로 가야 할 길에 지장이 생길 뿐
이다."[23]

"가장 뛰어난 지자와 가장 어두운 결핍자의 부류는 변화가 불가능하
다."[24]

---

22 「안연」01(295) "顔淵問仁. 子曰: 克己復禮爲仁. 一日克己復禮, 天下歸仁焉. 爲仁由
己, 而由人乎哉? 顔淵曰: 請問其目. 子曰: 非禮勿視, 非禮勿聽, 非禮勿言, 非禮勿動.
顔淵曰: 回雖不敏, 請事斯語矣." 이 번역과 관련해서 신정근, 『공자씨의 유쾌한 논
어』, 사계절, 2009, 452쪽 참조.
23 「학이」16(032) "子曰: 攻乎異端, 斯害也已."

공자는 호학을 통해서 자신이 찾아내서 예·인과 일치하는 길 이외에 공부할 가치를 인정하지 않는다. 이는 학문의 자유를 상상하지 못하던 절대주의 상황에서 예상할 수 있는 일이다. 아울러 그는 사람의 부류를 상지와 하우 그리고 나머지처럼 세 가지로 나누고서 나머지 부류만 학문의 설득과 대화가 가능할 뿐이라고 그 한계를 설정하고 있다.

「미자」에 나오는 내용은 『논어』에서 다소 엉뚱한 편이다. 이곳에는 공자가 언술 주체가 아니라 언술 객체로 등장하기 때문이다. 당시 혼란한 상황에서 몇몇 사람들은 도시를 떠나 교외로 은둔하는 형태를 보였다. 공자는 노나라에만 머문 것이 아니라 기회를 찾기 위해서 주유철환하면서도 세상 어디에도 속하지 못하고 주변에 있던 은둔자들과 자주 부딪쳤다. 「미자」에는 중심에 들지 못하고 배회하지만 길이 다른 공자와 은둔자의 상호 충돌을 보여준다.

은둔자 그룹 중에서 장저長沮와 걸닉桀溺은 우당탕거리며 모든 걸 휩쓸어가듯 세상의 앞길을 비관적으로 보고 교외에서 농사지으면서 살았다. 그들은 선비를 사람을 피하는(가리는) 부류와 세상을 피하는 (등지는) 부류로 나누었다. 자신들이 피세避世에 속한다면 공자는 피인避人에 속한다는 것이다. 그들은 지금 피인이 아니라 피세를 해야 할 때라고 보았다.

이에 대해 공자는 자신이 발 디딜 곳은 사람 사는 곳이지 새와 짐승이 노니는 곳이라 아니라고 선을 긋는다.[25] 이로써 공자는 자신의 공부가 지향해야 할 곳이 현실의 인간 세상이라는 것을 분명히 했다.

---

24 「양화」 03(454) "子曰: 唯上知與下愚不移."

25 「미자」 06(483) "桀溺曰: 子爲誰? 曰: 爲仲由. 曰: 是魯孔丘之徒與? 對曰: 然. 曰: 滔滔者天下皆是也, 而誰以易之? 且而與其從辟人之士也, 豈若從辟世之士哉? 耰而不輟. 子路行以告. 夫子憮然曰: 鳥獸不可與同羣, 吾非斯人之徒與而誰與? 天下有道, 丘不與易也."

물론 그 세상이 은둔자들의 지적처럼 위험스럽고 희망이 없더라도 공자는 성공과 실패에 연연하지 않고(달리 말하면 실패에도 불구하고) 사회 개선(변혁)을 위한 노력을 포기할 수 없었던 것이다.

동시대의 사람은 공자의 이러한 특성을 두고 "안 되는 줄 알면서도 하려고 하는 사람"으로 나타냈다.[26] 공자는 실패와 불가능 앞에서 좌절한 것이 아니라 쓰러진 지점에서 다시 자신을 일으켜 세워서 한 걸음이라도 더 나아가기 위해서 자신을 던진 인물이었다. 이로써 공자는 사회 정치적으로 실패했지만 역사적으로나 학문적으로나 성공과 실패를 넘어서 독자적인 세계를 일구어냈던 것이다. 즉 성공의 도취와 자만이 아니라 실패의 반성과 겸손이 오히려 인간의 내면을 풍부하게 만들고 세계와 의미상으로 더 깊숙하게 만나게 할 수 있다. 이는 일종의 실패의 존재론이라고 할 수 있다.

공자가 일군 독자적인 공간은 사람다움의 세상이고, 증자曾子의 말을 빌린다면 "인문人文으로 친구를 불러 모으는" 인문人文의 세상이라고 할 수 있다.[27] 이 인문의 세계는 사람을 빨아들여서 결코 벗어나지 못하는 블랙홀과 같은 역할을 했다. 앞서 살펴보았듯이 공자는 경제, 관계, 시간이 주는 속박으로부터 벗어날 수 있는 인문의 세계를 발굴해냈다. 여기서 그치지 않고 공자는 자신의 제자들과 함께 인문의 공동체를 세우고자 했던 것이다. 바로 이러한 열망으로 인해 다소 숫자가 과장되었을 수 있지만 공자는 3,000명의 제자와 함께 하는 아카데미, 즉 학교를 꾸릴 수 있었던 것이다.(『사기』 「공자 세가孔子世家」)

안연顏淵은 공자의 인문 세계를 맛본 뒤에 그 치명적인 매력을 다음처럼 읊었다.

---

26 「헌문」 41(389) "子路宿於石門. 晨門曰: 奚自? 子路曰: 自孔氏. 曰: 是知其不可而爲之者與?"

27 「안연」 24(318) "曾子曰: 君子以文會友, 以友輔仁."

"선생님을 우러러볼수록 더욱 높아만지고 뚫고 들어갈수록 더욱 단단해 보인다. 바라보니 어느 틈에 앞에서 손짓하더니 문득 뒤에서 채찍질하시네. 선생님은 차근차근 배우는 사람을 이끌어가는구나. 각종 고전 자료로 나의 세계를 넓히고 전통 의식으로 나의 행위를 규제하게 하신다. 아 이러니 내가 그만두고 싶어도 차마 그럴 수 없네. 이미 나의 모든 재주를 다 쏟아부었지만 나의 눈앞에 우뚝 서 계시는 듯하다. 따라가고자 하지만 어찌 해볼 길이 보이지 않네."[28]

안연의 그만두고 싶어도 차마 그럴 수 없다는 욕파불능欲罷不能은 염구의 힘이 모자란다는 역부족자力不足者와 극명한 대비를 이룬다. 공자의 인문 세계를 맛보기만 하면 머물 수는 있지만 떠날 수 없는 매력을 가지고 끊임없이 지적 자극을 생성시키는 열정을 길어낼 수 있었다.

다른 제자 자공은 자신과 공자의 인문 세계를 각각 어깨 높이의 담장과 몇 길 높이의 담장으로 구분하고 있다. 자신의 세계는 어깨 너머로 모두 바라볼 수 있지만 공자의 세계는 입문하지 않고서 그곳의 아름다움을 다 맛볼 수 없다고 부연했다. 나아가 자공은 다른 현인은 언덕의 높이로 누구라도 넘어갈 수 있지만 공자는 해나 달과 같은 존재로 누구도 손상시킬 수 없는 절대적 가치를 갖는다고 평가했다.[29] 제자가 아니라 공자를 만나본 국경 관리자도 기회를 찾지 못해서 돌아

---

28 「자한」 11(221) "顏淵喟然歎曰: 仰之彌高, 鑽之彌堅. 瞻之在前, 忽焉在後. 夫子循循然善誘人, 博我以文, 約我以禮, 欲罷不能. 旣竭吾才, 如有所立卓爾. 雖欲從之, 末由也已."

29 「자장」 23(511) "子貢曰: 譬之宮牆, 賜之牆也及肩, 闚見室家之好. 夫子之牆數仞, 不得其門而入, 不見宗廟之美, 百官之富. 得其門者或寡矣." 「자장」 24(512) "叔孫武叔毀仲尼. 子貢曰: 無以爲也! 仲尼不可毀也. 他人之賢者, 丘陵也, 猶可踰也, 仲尼, 日月也, 無得而踰焉. 人雖欲自絶, 其何傷於日月乎?"

다니는 공자의 처지를 비관해할 게 아니라 공자의 시대적 역할에 주
목하라고 했다. 그러면서 오늘날에도 널리 쓰이는 표현인데, 공자를
시대의 목탁木鐸으로 일컬었다.[30]

4. 60~70세: 여유와 자유

공자는 「위정」 4(020)에서 "예순 살에 어떤 소리에도 합리적인 요
소를 찾았고, 일흔 살에 마음이 하고 싶은 대로 따라 가더라도 기준을
넘어서지 않았다."라며 인생과 공부의 마지막 단계가 갖는 의미를 말
하고 있다.[31] 60, 70세가 되면 공부하지 않는 게 아닌가 생각할 수 있
다. 앞서 보았듯이 공자는 내재적인 동기에 이끌려 즐겁게 공부하느
라 세월이 가서 나이를 먹는 줄 모른다고 했다. 오늘날 말로 하면 공
자는 일찍부터 평생 학습(공부) 또는 영구 학습을 주창했다고 할 수
있다.

이런 맥락에서 보면 60, 70세에는 이전 단계와 다른 특성을 보일
뿐이지 결코 공부를 그만둘 수는 없는 것이다. 즉 인생에서 각각의 연
령대는 다른 연령대와 구분되는 그 나름의 특성을 가지고 있고, 바로
그 특성으로 인해 연령대에 걸맞는 고유한 학습 또는 공부가 가능한
것이다. 우리나라에서 공부나 교육은 늘 입시와 연관되면서 그것이
문제 풀이와 같은 고역의 특성을 드러내고 있다. 이로 인해 공부는 탈
출해서 그만두어야 할 대상처럼 여겨지고 있다. 오늘의 공부와 공자

---

30 「팔일」 24(064) "儀封人請見. 曰: 君子之至於斯也, 吾未嘗不得見也. 從者見之. 出曰:
二三子何患於喪乎? 天下之無道也久矣, 天將以夫子爲木鐸." 공자 사후에 그의 평가
는 부침을 보이지만 인류의 스승이나 왕으로 불리었다. 예컨대 '문선왕文宣王'은
왕의 호칭이고, '지성선사至聖先師'는 스승의 호칭이었다.
31 「위정」 4(020) "六十而耳順, 七十而從心所欲, 不踰矩."

의 공부를 비교한다면 서로 접점이 없어 보인다.

60세의 이순은 논리적 분석보다는 심미적 종합에 특성을 보이면서 어떠한 주장을 들어도 합리적 해석 가능성을 찾아낸다. 70세에 이르면 욕망과 본능의 충동으로부터 벗어나서 도덕의 자연화가 일어나게 된다. 이러한 심미적 자연적 경향으로 인해 그는 순 임금의 고대 음악 연주를 들으며 그 속에 푹 빠져서 세 달 동안 고기 맛을 몰랐고 음악이 주는 깊은 감동에 헤어나지를 못하기도 했다.[32]

공자는 자신의 공부와 학생의 교육에서 암기와 주입식 교육보다는 자기 주도적 계발식 교육을 선호했다.

> "무지에 분노하지 않으면 갈 길을 터주지 않고 표현에 안달하지 않으면 통겨주지 않았다. 사물의 한 면을 제시해주어 그것으로 나머지 세 면을 추론하지 못하는 이에게는 되풀이해서 지도하지 않았다."[33]

학생이 모른다고 하더라도 그것은 절대적인 무지를 뜻하지 않는다. 특정한 시점에서 물음에 대한 답을 스스로 찾을 수 없다는 뜻일 뿐이다. 이때 선생이 답답해하는 학생에게 해답을 세세하게 알려줄 수도 있고, 꾹 참으면서 스스로 해답을 찾아가도록 안내할 수 있다. 이 중에서 공자는 학생이 중도에서 포기하지 않도록 실마리를 던져주지만 결코 정답을 제시하지 않는다. 학생들은 이러한 안내 과정을 통해서 스스로 해답을 찾는 것이다. 그는 이 과정에서 뚱딴지같은 소리와 엉뚱한 이야기를 듣게 되지만 그것을 얼토당토않은 말로 내치지

---

32 「술이」14(165) "子在齊聞韶, 三月不知肉味. 曰: 不圖爲樂之至於斯也."

33 「술이」08(159) "子曰: 不憤不啓, 不悱不發. 擧一隅, 不以三隅反, 則不復也." 이와 비슷한 학습법으로 「학이」15(015)의 "고왕지래告往知來", 「공야장」09(101)의 "문일지이聞一知二" 또는 "문일지십聞一知十" 등이 있다.

않았다.

일례를 들어보자. 자공子貢은 평소에 빈부貧富의 갈등에 관심이 많았다. 그는 이 주제와 관련해서 평소 생각을 깊이 하다가 어느 날 나름대로 결론에 이르게 되었다. 어느 날 그는 공자와 함께 있으면서 이야기를 나눌 기회를 가졌다. 마침내 그는 자신의 결론, 즉 "가난하더라도 있는 자에게 알랑거리지 않고 재산이 많더라도 없는 자에게 뽐내거나 건방을 떨지 않는다면 어떨까요?"에 대한 공자의 평가를 물었다.

그의 생각에 이 정도의 수양만 해도 무례하고 안하무인의 야성을 넘어선 단계로 교양 있고 세련된 군자로 봐도 손색이 없을 듯했다. 공자는 "괜찮지만 그 수준은 가난하더라도 올바른 길을 즐거워하고, 재산이 많더라도 전통 문화를 좋아하는 것에는 미치지 못한다."고 평가했다. 공자가 보기에 자공의 해결책은 소극적으로 보였다. 그래서 그는 보다 적극적인 방안을 제시했던 것이다.

자공은 공자의 말을 듣고서 곧바로 일전에 『시경』에서 배운 구절을 떠올렸다. 즉 자신의 소극적인 길에서 공자의 적극적인 길로 나아가는 것이 "다양한 재료를 자르는 듯 거칠게 가는 듯이 또 쪼는 듯 곱게 다듬는 듯이"라는 구절과 연결된다고 보았기 때문이다. 이에 공자는 학생의 성장을 반기며 이제 자네와 더불어 시를 논의할 만하다며 칭찬한 적이 있다.[34]

자공과 공자의 일화는 「팔일」 08(048)에 나오는 자하子夏와 공자 사이의 일화같이 『서경』 「열명說命」 하의 "가르침은 배움의 반이다"라는 효학반敩學半, 『예기禮記』 「학기學記」의 "가르침과 배움은 서로 도움이 된다"라는 교학상장敎學相長의 실례에 해당된다. 자하가 옷감의

---

34 「학이」 15(015) "子貢曰: 貧而無諂, 富而無驕, 何如? 子曰: 可也, 未若貧而樂, 富而好禮者也. 子貢曰: 詩云: 如切如磋, 如琢如磨, 其斯之謂與? 子曰: 賜也, 始可與言詩已矣, 告諸往而知來者."

바탕과 무늬의 관계를 묻자 공자가 그림의 바탕과 채색의 관계에 연결시켰다. 자하는 이를 사람의 수양에 적용해서 바탕(성정)과 예의 관계에다 적용했다. 더 나아가 공자가 「자한」 23(233)에서 "후배가 무서운 법이다"라는 후생가외後生可畏의 경우에 해당된다고 할 수 있다.

공자는 질문에 모든 것을 다 말하지 않고 학생이 생각의 실마리를 이어갈 수 있는 자료를 제시하고서 학생 스스로 의미의 전체적 연관성을 찾도록 만든다. 이 과정은 공자가 스스로 공부를 하는 방법이면서 동시에 제자들을 가리키는 방법이기도 했다. 공자가 꼭 60이 아니더라도 이순耳順이 아니면 학생들의 말은 선생의 논리적인 검열에 재단을 당해 할 말을 잊고 선생님의 말을 금인 양 은인 양 받아 적기만 했을 것이다. 공자는 학문적 성취를 위해서 자신과 학생이 자기 주도적인 방식으로 성장할 수 있도록 하기 위해서 기다리는 시간적 여유를 아낌없이 베풀었다고 할 수 있다. 이 여유가 바로 기다림과 이끌기로 짜이는『논어』의 말로 하면 분계憤啓와 비발悱發, 하나로 합치면 계발啓發 ─ 소크라테스의 산파술과 비슷하다 ─ 과 감동의 학습법이라고 할 수 있겠다.

춘추전국 시대에 일국의 제후가 국가를 따지지 않고 재능 있는 선비를 초빙해서 관직을 제공하여 국정의 쇄신을 기도했다. 상앙, 추연, 순자 등의 제자백가들은 바로 이러한 분위기에서 각국을 돌아다니며 유세, 일종의 공개 채용의 테스트를 통해서 학식을 펼칠 기회를 얻었다. 또는 유력한 귀족 가문에서 선비를 우대하는 양사養士의 풍토가 널리 퍼져 있었다.

하지만 공자처럼 공무원(교사) 신분도 아니고 관직에 추천하거나 제공할 만한 영향력도 없고 물질적 혜택을 주지 못하면서 강학을 한 경우는 극히 이례적이라고 할 수 있다. 어찌 보면 그는 민간인 신분으로 학원을 운영했으므로 오늘날로 말하면 무자격 강사의 불법 과외를 했다고 할 수 있다. 당시의 사회 정치적 혼란으로 인해 통제력이 느슨해진 탓도 있겠지만 그의 학식과 인격은 불법의 시비를 일으키지 않을 정도로 탁월했다고 할 수 있다.

공자는 오늘날 등록금 때문에 대학 가기도 힘들고 대학 가서도 힘든 상황과 달리 "마른 고기 이상을 내서 입학 의식을 차리면 누구에게도 배움의 기회를 제공할" 정도로 개방적으로 학원을 운영했다.[35] 이는 "교육 과정에 소속이나 출신 등의 부류를 구별하지 않는다"라는 유교무류有敎無類의 원칙으로 정리되었다.[36] 이는 시대적 한계 때문에 실질적인 보편 교육으로 이어지지는 못했겠지만 귀족과 평민의 신분을 가리지 않고 교육의 기회를 제공하는 근대의 이상을 부분적으로 선취했다고 할 수 있다. 물론 이러한 교육관은 훗날 과거제의 폐단을 낳기도 했지만 현실(현세)의 문제를 교육과 수양으로 풀려고 하는 학습 사회 또는 도량 사회의 특성을 그 안에 담고 있다고 할 수 있다.

5. 맺음말 : Philosophy의 대응어는 호학好學이다

공자는 공부에서 내재적인 열망에 따라 뜻을 세우는 것을 출발점으로 삼았다. 그런 열망에서 배운 것은 사람이 삶의 다양한 분야에서 제자리를 잡도록 안내해준다. 열망이 쉽게 사그라지지 않으려면 무지를 고통이 아니라 분노를 느껴서 해결해야 할 지적 자극으로 받아들여야 한다. 사람은 이를 바탕으로 내재적 열망을 분출할 수는 있지만 독선과 독단으로 이어질 수 있다.

이를 피하기 위해서 공자는 호학好學과 전통 규범 그리고 사람다움

---

35 「술이」 7(158) "自行束脩以上, 吾未嘗無誨焉."
36 「위령공」 39(434) "有敎無類." 자오지빈은 '교教'를 교육이 아니라 군사 훈련으로 본다. 신정근 외 옮김, 『반논어』, 예문서원, 1996 참조.

등을 기준으로 삼으면서 인간의 한계 안에서 확실성의 근거를 굳건히 세우고자 했다. 마지막으로 공자는 학습과 교육의 장에서 기다림과 이끌기 사이의 다양한 변주를 허용하는 여유 지대를 설정하고서 일종의 산파술에 해당하는 분계憤悱와 비발悱發 그리고 감동의 방법을 통해서 자기 주도적 계발의 꽃을 피우게 했다.

철학哲學은 동아시아 학문 전통에 없던 말이다. 그것은 근대 시기에 서양의 문화로 소개된 *Philosophy*를 번역하면서 새롭게 태어난 말이다. 번역자는 니시 아마네西周(1829~1897)이고, 참조한 것은 주렴계의 『통서通書』에 나오는 "성희천聖希天, 현희성賢希聖, 사희현士希賢"(성인은 하늘과 같아지기를 바라고, 현인은 성인과 같아지기를 바라고, 사인은 현인과 같아지기를 바란다)의 구절이다.[37] 어원으로 보면 *Philosophy*가 좋아하다와 학문의 결합이라는 점에서 그는 자기 번역의 타당성을 확신했을 것이다.

짧은 시간 안에 급하게 번역하다 보니 두 전통의 동이同異를 세밀하게 음미할 여유가 없었다. 니시 아마네의 번역도 마찬가지이다. 번역의 과부하를 이기지 못하고 '철학'이라는 어설픈 번역어를 만들어낸 것이다. 전적으로 그의 탓이라고 할 수는 없지만 어설픈 작명으로 인해 아시아에서 '철학'이 사람들로 하여금 학문을 평생 좋아하는 방향으로 만들지 못하고 대학에서 잠깐 배우는 데에 그치게 만들었다. 다들 '철학'하면 좋은 학문을 공부한다고 하면서 금방 "어려운 걸 하시네요"라는 말을 덧붙인다. 이 말은 자신이 결코 철학의 초대에 응하고 싶지 않다는 거절의 뜻을 담고 있다.

다시 번역을 생각해본다면 *Philosophy*는 호학好學으로 옮겨진다면 가장 잘 어울린다고 본다. 먼저 공자의 호학好學과 *Philosophy*는 의미

---

37 이와 관련해서 백종현, 『독일 철학과 20세기 한국의 철학』, 철학과현실사, 1998 참조.

상으로 완전하게 일치한다. 기이한 조합이 아니라 친근한 조합은 학습(공부)의 사랑이 한때 불타올랐다가 꺼지는 것이 아니라 사그라지지 않고 영원히 계속 활활 타오르는 과정이라는 의미를 잘 드러낼 수가 있다. 이때 호학은 공자가 결코 멈춘 적이 없는 평생 공부(학습)로서의 특성을 무엇보다도 잘 대변한다고 할 수 있다.

참고문헌

『공양전』

『관자』

『국어』

『노자』

『논어』

『맹자』

『墨子』

『史記』

『서경』

『시경』

『예기』

『元史』

『장자』

『좌씨전』

『주역』

『春秋繁露』

『漢書』

『淮南子』

王陽明, 『王陽明全集』, 上海古籍出版社, 2013.

陸九淵, 『陸九淵集』, 中華書局, 1980.

朱熹, 『朱子語類』 全8卷, 中華書局, 1986.

陳榮捷, 『傳習錄詳註輯評』, 學生書局, 1983.

陳確, 『陳確集』 上下, 中華書局, 2009.

A. C. Graham, *Later Mohist Logic, Ethics and Science*, The Chinese University of Hong Kong, 1978.

A. C. Graham, *Disputers of the Tao —Philosophical Argument in Ancient China*, Open Court, 1989.

B. 슈워츠, 나성 옮김, 『중국 고대 사상의 세계』, 살림, 2004.

De Bary ed., *Self and Society in Ming Thought*, New York: Columbia Univ. Press, 1970.

H. Fingarette, "The problem of the Self in the Analects", *Philosophy East & West*, v.29, n.2, 1979, 129~140쪽.

H. 입센, 김광자 옮김, 『인형의 집』, 소담출판사, 2002.

H. 핑가레트, 송영배 옮김, 『공자의 철학』, 서광사, 1991.

J. H. 미드, 나은영 옮김, 『정신·자아·사회: 사회적 행동주의자가 분석하는 개인과 사회』, 한길사, 2010.

M. 베버, 박성수 옮김, 『프로테스탄티즘의 윤리와 자본주의 정신』, 문예출판사, 1990.

P. J. Ivanhoe, 신정근 옮김, 『유학, 우리 삶의 철학』, 동아시아, 2008.

가노우 요시미츠加納喜光, 동의과학연구소 옮김, 『몸으로 본 중국사상』, 소나무, 1999.

가오원高文, 「野合圖考」, 『四川文物』 1995年 01期.

고영희, 「근대중국에서의 공자-임어당의 『자견남자』·『공자의 지혜』를 중심으로」, 『유학연구』 제31집, 427~446쪽.

김경일, 『공자가 죽어야 나라가 산다』, 바다출판사, 1999.

김영수, 『현자들의 평생공부법』, 역사의 아침, 2011; 2012 3쇄.

김예란, 「언어로 하는 폭력, 언어에 대한 권력」, 『지식의 지평』 18호, 2015, 123~138쪽.

김용옥, 『도올 논어 1』, 통나무, 2000.

김태길, 『검은 마음 흰 마음』, 민중서관, 1968.

김학주 옮김, 『서경』, 명문당, 2002.

김호기 외, 『지식의 최전선』, 한길사, 2002.

남기현 옮김, 『춘추공양전』, 자유문고, 2005.

남상호, 「공자의 공부론」, 임수무 외, 『공부론』, 예문서원, 2007.

남태현, 『영어계급사회』, 오월의봄, 2012.

노승영, 「영어는 성차별적, 한국어는 신분차별적 언어?」, 『오마이뉴스』, 2014.07.07 기사.

도몬 후지童門冬二, 『長篇小說 論語とソロバン: 澁澤榮一に學ぶ日本資本主義の明白』, 東京: 祥傳社, 2000.

동함董含, 『三岡識略』(1644~1697)

라오쓰광勞思光, 『新編 中國哲學史』1권, 桂林: 廣西師範大學出版社, 2005; 2007 2쇄.

량수밍梁漱溟, 강중기 옮김, 『동서문화와 철학』, 솔, 2005.

량치차오梁啓超, 張品興 主編, 『梁啓超全集』第5冊, 北京出版社, 1999.

루스 베네딕트, 김윤식・오인석 옮김, 『국화와 칼: 일본 문화의 틀』, 을유문화사, 1999.

류다린劉達臨, 『孔子與性文化』, 東方出版社, 2012.

류짜이푸・린강, 오윤숙 옮김, 『전통과 지식인─공자와 루쉰의 대결』, 플래닛, 2007.

류환劉桓, 「墻盤銘文札記」, 『故宮博物院 院刊』 2004, 제1기 총제111기.

르네 지라르, 김진식 옮김, 『희생양』, 민음사, 2007.

리쉐친李學勤 주편, 《십삼경주소 정리본》 제12책, 『예기 정의』, 북경: 北

京大學出版社, 2000.

리쩌허우, 노승현 옮김, 『학설』, 들녘, 2005.

리쩌허우李澤厚, 황희경 옮김, 『역사본체론』, 들녘, 2004.

리쩌허우李澤厚, 「康德哲學與建立主體性論綱」(1980), 『論康德黑格爾哲學』, 上海人民出版社, 1981.

리쭝우, 신동준 옮김, 『난세를 평정하는 중국 통치학』, 효형출판, 2003.

리처드 니스벳, 최인철 옮김, 『생각의 지도 : 동양과 서양, 세상을 바라보는 서로 다른 시선』, 김영사, 2004.

마샤오후馬小虎, 『魏晉以前個體自我的演變』, 北京 : 中國人民大學出版社, 2004.

마아이민麻愛民, 「墻盤補釋」. 『考古與文物』 2003, 제6기.

마아이민麻愛民, 「墻盤與文獻新證」, 『語言研究』 2003, 제23권 제3기.

미나미 히로시, 서정완 옮김, 『일본적 자아』, 소화, 2002 2판 1쇄.

바이자오제白照杰, 「漢代四川野合圖考釋」, 『東方企業文化·天下智慧』 2010年 9月.

박병석, 『중국 상인 문화』, 교문사, 2001.

박병호, 『한국법제사』, 민속원, 2012; 2015 2쇄.

박성희, 「때론 매개된 폭력이 더 폭력적이다」, 『지식의 지평』 18호, 2015, 139~156쪽.

박양숙 옮김, 『대대례』, 자유문고, 1996.

박재범 옮김, 『묵자』, 홍익출판사, 1999.

박종현, 『희랍사상의 이해』, 종로서적, 1985.

박희병, 『범애와 평등』, 돌베개, 2013.

백종현, 『독일철학과 20세기 한국의 철학』, 철학과현실사, 1998.

사마천, 정범진 외 옮김, 『사기 세가』, 까치, 1994.

사카이 타다오酒井忠夫, (增補)『中國善書の研究』, 國書刊行會, 2000.

서정수, 『존대법의 연구 : 현행 대우법의 체계와 문제점』, 한신문화사,

1984; 2쇄 1997.

설 흔, 『퇴계에게 공부법을 배우다』, 예담, 2009; 2013 7쇄.

송병렬, 「한자 문화권의 재형성과 한국의 한자·한문교육의 현황」, 『한자한문교육』 제26집, 2011.

송영배, 「홍대용의 상대주의적 사유와 (思惟) 변혁의 논리 ─ 특히 『장자莊子』의 상대주의적 문제 의식과의 비교를 중심으로」, 『한국학보』 20권 1호, 1994

송영배, 『동서 철학의 충돌과 융합』, 사회평론, 2012.

쉬쉐타오許雪濤, 「對齊物論中吾的解釋學解讀」, 『學術研究』 2002, 제9기, 36~42쪽.

쉬커첸徐克謙, 『莊子哲學新探: 道·言·自由與美』, 北京: 中華書局, 2005; 2006 2쇄.

시부사와 에이치, 노만수 옮김, 『논어와 주판』, 페이퍼로드, 2009.

시부사와 에이치, 민승규, 『논어에서 보는 경영의 윤리적 기초』, 삼성경제연구소, 간행년도 미상.

시부사와 에이치, 안수경 옮김, 『한손에는 논어를 한손에는 주판을』, 사과나무, 2009.

시부사와 에이치澁澤榮一, 『論語と算盤』, 東京: 國書刊行會, 1985.

시부사와 켄澁澤健, 홍찬선 옮김, 『철학이 있는 부자』, 다산라이프, 2008.

신동준 옮김, 『춘추좌전 1, 3』, 한길사, 2006.

신명호, 『고종과 메이지 시대 ─ 무엇이 조선과 일본의 운명을 결정했나』, 역사의 아침, 2014.

신정근, 「경학사와 학술사의 쟁점으로 본 『四庫全書總目提要』의 특징 ─ 經部의 易類와 書類를 중심으로」, 『대동문화연구』, 75, 2011.

신정근, 「논어를 어떻게 읽어볼 것인가? ─ 역사 허무주의자(김경일교수)에 대한 답변」, 『공자학』 제10권, 2003, 3~39쪽.

신정근, 「동양고전은 왜 처세로 읽히나」, 『경향신문』, 2012.6.22.

신정근, 「사익추구의 정당화 : 원망의 대상에서 주체의 일원으로-『논어』·明淸 시대의 상업서를 중심으로」, 『동양철학』 제32집, 2009.

신정근, 「전국시대 心 주제화의 서곡」, 『유교사상연구』 제18집, 2003.

신정근, 「朱子의 仁과 知 관계에 대한 해법-"멍청한 仁者"의 문제를 중심으로」, 『동양철학연구』 81집, 2015.

신정근, 『공자씨의 유쾌한 논어』, 사계절, 2009.

신정근, 『공자씨의 유쾌한 논어』, 사계절, 2011 3쇄.

신정근, 『공자의 숲, 논어의 그늘』, 심산, 2006.

신정근, 『동양철학 인생과 맞짱 뜨다』, 21세기북스, 2014.

신정근, 『동중서: 중화주의의 개막』, 태학사, 2004.

신정근, 『사람다움의 발견』, 이학사, 2005.

신정근, 『사람다움이란 무엇인가?』, 글항아리, 2011.

신정근, 『신정근교수의 동양고전이 뭐길래?』, 동아시아, 2012.

신정근, 『철학사의 철학』, 글항아리, 2012.

쓰에후지 다카히로末藤隆弘, 『東洋の思想·宗教と企業の活力: 經營の心を刷新する』, 東京: 日本圖書刊行會, 1997.

아리스토텔레스, 이창우 외 옮김, 『니코마코스 윤리학』, 이제이북스, 2006.

아사노 유이치, 신정근 외 옮김, 『공자 신화 : 종교로서 유교형성 과정』, 태학사, 2008.

아즈마 쇼지 지음, 스즈키 준·박문성 옮김, 『재미있는 사회언어학』, 보고서, 2001.

안은수, 「중국철학 연구의 현황과 전망 ―동양철학연구 발표논문을 중심으로」, 『동양철학연구』 21, 1999.

알프레드 포르케, 양재혁·최해숙 옮김, 『중국고대철학사』, 소명출판, 2004.

양정타이楊正泰 校注, 『明代驛站考 附 一統路程圖記·士商類要』, 上海古籍出版社, 1994.

양정타이楊正泰 校注, 『天下水陸路程·天下路程圖引·客商一覽醒迷』, 山西人民出版社, 1992.

엠마누엘 레비나스, 강영안 옮김, 『시간과 타자』, 문예출판사, 1996; 5쇄 2001.

옌칭양顔淸洋, 『關公全傳』, 臺灣學生書局, 2002.

오금성 외, 『명청 시대 사회경제사』, 이산 2007.

왕웨이디王維堤·탕수원唐書文, 『春秋公羊傳譯注』, 上海: 古籍出版社, 1997.

위잉스余英時, 정인재 옮김, 『중국근세종교윤리와 상인정신』, 대한교과서주식회사, 1993.

이민수 옮김, 『공자 가어』, 을유문화사, 2003

이병철, 『호암어록: 기업은 사람이다』, 호암재단, 1997.

이병철, 『호암자전』, 중앙M&B, 1986.

이상옥 옮김, 『예기』상, 명문당, 1985 초판; 1993 중판.

이영선, 『명대 민간종교 연구』, 한국학술정보, 2008.

이용주, 「도의와 책임의 경영철학 ─ 시부사와 에이이치의 '논어주의'에 대하여」, 『유학연구』 제28집, 2013.

이을호, 『다산경학사상연구』, 을유문화사, 1966.

이익섭, 『사회언어학』, 민음사, 1994; 개정 1쇄 2000.

임수무 외, 『공부론』, 예문서원, 2007.

임종수, 「임조은의 道一敎三論」, 『동양철학연구』 53, 2008.

자오지빈趙紀彬, 신정근 옮김, 『반논어』, 예문서원, 1996.

장리원張立文, 『中國哲學範疇發展史』, 中國人民大學出版社, 1995.

전광진, 「중국 청동기 史墻盤 명문에 대한 문헌학적 연구」, 『중어중문학』 제24집, 1999.

정병섭 옮김, 『예기집설대전 단궁 상』, 학고방, 2013.

정수덕程樹德, 『論語集釋』, 北京: 中華書局, 1990.

정재현, 『고대 중국의 명학』, 서강대학교출판부, 2012.

조긍호, 『선진유학사상의 심리학적 함의』, 서강대학교출판부, 2008.

주첸즈朱謙之, 전홍석 옮김, 『중국이 만든 유럽의 근대 : 근대 유럽의 중국문화 열풍』, 청계, 2003.

지재희 · 이준녕 옮김, 『주례』, 자유문고, 2002, 170~171쪽.

차오톈성曹天生, 김장호 옮김, 『중국상인, 그 4천 년의 지혜』, 가람기획, 2000.

차이상쓰蔡尙思, 『孔子思想體系』, 上海人民出版社, 1982.

천라이陳來, 진성수 · 고재석 옮김, 『중국고대사상문화의 세계』, 성균관대학교출판부, 2008.

천성림, 『근대중국 사상세계의 한 흐름 : 사조 · 논쟁 · 인물』, 신서원, 2002.

천쓰이陳四益, 김동민 옮김, 『동양 고전과 역사, 비판적 독법』, 글항아리, 2014.

천징陳靜, 「吾喪我 : 莊子齊物論解讀」, 『哲學研究』 2001, 제5기, 49~53쪽.

최봉영, 『한국 사회의 차별과 억압 : 존비어 체계와 형식적 권위주의』, 지식산업사, 2005.

최영성, 「동양철학 연구 오십년사」, 『한국 사상과 문화』 10, 2000.

최영찬 외, 『동양철학과 문자학』, 아카넷, 2003.

추이다화崔大華, 『莊子歧解』, 鄭州: 中州古籍出版社, 1988.

켄트 가이, 양휘웅 옮김, 『사고전서』, 생각의나무, 2009.

쿵위제孔玉傑, 「試論許衡的'治生'說及其歷史意義」, 『學習論壇』제21권 제2기, 2005.2.

탕광샤오唐光孝, 「四川漢代'高媒圖'畵像磚再討論」, 『四川文物』 2005年 02期.

탕린쉬앤唐林軒, 「明淸小說中的棄儒從商現象」, 『湖南工程學院學報』 제
　　16권 제3기, 2006.9.

탕린쉬앤唐林軒 · 쑹겅춘宋耕春, 「難以棄舍的'儒'之情結」, 『湖南工程學院
　　學報』 제18권 제2기, 2008.6.

테라다 타카노부寺田隆信, 『山西商人の研究: 明代における商人および商業
　　資本』, 東洋史研究會, 1972.

티모시 브룩, 이정 · 강인황 옮김, 『쾌락의 혼돈: 중국 명대의 상업과 문
　　화』, 이산, 2006 2쇄.

팡둥메이方東美, 정인재 옮김, 『中國人의 人生哲學』, 탐구당, 1983; 4판
　　1994.

팡쉬둥方旭東, 「儒學史上的治生論」, 『學術月刊』 제38권 6월호, 2006.6.

페이샤오퉁費孝通, 이경규 옮김, 『중국사회의 기본 구조〔鄕土中國〕』, 일
　　조각, 1995; 중판 1997.

페이샤오퉁費孝通, 장영석 옮김, 『중국 사회문화의 원형』, 비봉출판사,
　　2011.

한국유교학회 편, 『유교와 페미니즘』, 철학과현실사, 2001.

한상봉 역주, 『태상감응편』, 다운샘, 2002.

한상일, 『이토 히로부미와 대한제국』, 까치, 2015.

한자경, 『자아의 연구』, 서광사, 1997.

한형조 외, 『유교의 공부론과 덕의 요청』, 청계, 2004.

허우아이치侯藹奇 외 譯注, 『太上感應篇』, 三秦出版社, 2006.

홍성화, 「명대 후기 상업서를 통해 본 객상의 윤리의식」, 『중국사연구』
　　제56집, 중국사학회, 2008.

후스胡適, 민두기 외 옮김, 『중국고대철학사』, 대한교과서주식회사, 1985.

| 後記 |

　나는 지금 사회적으로 『논어』의 연구자로 널리 알려져 있습니다. 아마 『마흔, 논어를 읽어야 할 시간』의 영향이리라 생각이 됩니다. 하지만 『논어』는 내가 매달리고 있는 연구 대상 중에 하나입니다. 전작 『논어의 숲, 공자의 그늘』과 신작 『공자의 숲, 논어의 그늘』을 보면 알 수 있듯이, 나는 동양 철학의 자아 · 지식 · 언어 · 구원 · 책임 문제를 집요하게 탐구해오고 있습니다. 아직 최종적인 글이랄까 매듭을 지을 만한 글의 수준에 이르지 못했지만 그 주제들을 여전히 끈덕지게 물고 늘어지고 있습니다. 신작도 같은 주제를 깊이 파고든 중간 결산이라고 할 수 있습니다. 언제 최종적인 연구 결과가 나올지 모르지만 묵묵히 가다보면 길이 보이리라는 생각으로 나아가고자 할 뿐입니다.

　신작은 공자와 『논어』를 주된 연구 대상으로 삼고 있습니다. 아마 출간 소식을 들으면 이런 질문이 나오리라 예상이 됩니다. "아직도 공자와 『논어』에 대한 연구가 남았느냐?" "전생에 공자와 무슨 인연이 있었던 게 아니냐?"라는 말을 듣곤 합니다. 그 말을 처음 들었을 때 "예!" 하며 깜짝 놀랐습니다. 지금 생각해보면 "그럴 만도 하다"라는 생각이 듭니다. 그렇지 않으면 왜 그토록 공자와 『논어』에 대해 많은 글을 쓰는지 납득하기가 쉽지 않기 때문입니다. 특별한 인연은 없습니다만 공자와 『논어』는 다른 문제를 다루더라도 돌아와서 확인해야 할 거점입니다. 거점을 버리고 앞으로 나아갈 수 없으니 계속 그 언저리를 맴돌 수밖에 없습니다. 서양 철학도 근대와 현대 철학자들이 숱하게 있습니다만 여전히 플라톤과 아리스토텔레스가 연구 주제가 되고 있습니다. 이것은 동양 철학의 공자와 비슷한 상황이라고 할 수 있습니다.

나는 『논어』라는 책을 읽는 것만이 아니라 후대 학자들의 주석과 연구를 살피고 취푸曲阜를 비롯한 공자의 유적지를 찾아다니면서, 현장에서 공자를 만나려고 합니다. 이 만남을 조만간에 나올 "맹자의 인문 기행"과 함께 "공자의 인문 기행"으로 내놓을 예정입니다. 다른 제자백가나 후대의 사상가들도 틈 나는 대로 인문 기행의 대상으로 삼아 여행을 하려고 합니다. 아울러 『논어』에 대한 엄밀한 번역도 해볼 요량입니다. 따라서 신작 『공자의 숲, 논어의 그늘』은 나의 『논어』와 공자에 대한 사랑이 진행 중에 있음을 나타낸다고 할 수 있습니다.

성균관대학교 유교문화연구소에서 발간하는 '유교문화연구총서'의 18번째 책으로 나오기까지 도움을 준 성균관대학교 유교문화연구소 식구들인 모영환·임종수 책임연구원과 설준영·정균선·김자림·김수마로 조교와 성균관대학교 출판부 안대회 부장님과 신철호 선생님께 깊은 감사의 마음을 전합니다.